美学原理

MEIXUE YUANLI

柯汉琳◎编著

广东高等教育出版社
Guangdong Higher Education Press
·广州·

图书在版编目（CIP）数据

美学原理/柯汉琳编著．—广州：广东高等教育出版社，2015.3
（2017.10 重印）
ISBN 978－7－5361－5253－3

Ⅰ.①美…　Ⅱ.①柯…　Ⅲ.①美学理论－高等学校－教材
Ⅳ.①B83－0

中国版本图书馆 CIP 数据核字（2014）第 268874 号

广东高等教育出版社出版发行
地址：广州市天河区林和西横路
邮政编码：510500　电话：（020）87553735
http://www.gdgjs.com.cn
广东省教育厅教育印刷厂印刷
787 毫米×1 092 毫米　16 开本　20.5 印张　2 插页　380 千字
2015 年 3 月第 1 版　2017 年 10 月第 3 次印刷
印数：3 001～5 000 册
定价：49.00 元

目　　录

第一章 绪　论

美令人神往，令人陶醉。

美不是物质财富，不能给人们带来荣华富贵，但是，没有美，我们这个世界就将像没有春天、没有阳光、没有花香、没有鸟语，漆黑一团；没有美，我们的生活就没有生机、没有活力、没有情趣、没有欢乐，死水一潭；没有美，人心就会像一块荒原、一口死井，人与人之间就没有热情、没有爱心、没有友谊。梁启超说得好："我确信'美'是人类生活一要素，或者还是各种要素中之最要者，倘若在生活全内容中把'美'的成分抽出，恐怕便活得不自在，甚至活不成。"①

正是因为有了美，我们的生活才显得丰富多彩，我们的人生才显得充实完满。

人总是渴望美，追求美。这是人的天性，人之常情。因为人不是动物，不愿作为"粗陋的实际需要的俘虏"②，无论在什么地方，人类总是希望把美带到他的生活中去。

人类最初是赤条条来到世间的，那时不知道美，也不懂得去追求美，只是在后来漫长的社会实践中才懂得了美，懂得了对美的追求。人类对美的追求的开始，正是人类意识的一次伟大觉醒，是人类从粗糙的野蛮性中解放出来，从动物的人走向文明的人的重要标志，是历史的一次伟大飞跃。从此，人类的历史，也就是不断地追求美、创造美的历史。

美，已成为人类崇高的理想，成为衡量一个人、一个民族、一个社会的文化品位和文明程度的重要尺度。一个人的审美化程度越高，他离动物性就越远，就越是一个全面的人；一个民族的审美化程度越高，这个民族就越是一个伟大的民族；一个社会的审美化程度越高，就越是一个文明的社会。我们应让美遍布于我们的生活、社会之中，让美永驻于我们每个

① 梁启超：《饮冰室文集》卷三十九《美术与生活》。引自北京大学哲学系美学教研室：《中国美学史资料选编》下，北京：中华书局 1981 年版，第 408 页。

② 马克思：《1844 年经济学哲学手稿》，刘玉坤译，北京：人民出版社 1979 年版，第 79 页。

人、每个民族和整个人类的心灵之中。

学习美学的目的就是要通过本课程去了解、掌握美学的一系列基本知识和理论，并将其运用于我们的生活和艺术活动之中，提高个人、民族的审美素养和社会生活的审美品位。

学习美学，必须先了解什么是美学、美学研究什么这一最基本的问题。

第一节　美学的学科内涵

美学并不神秘，但也不那么简单。不神秘，是因为美就在我们身边，生活中处处有美学知识；不简单，是因为美学是一种学问、一种知识体系，不是个别美的事实、个别审美经验的同义词，而是美的现象和经验的集中概括，是一门跨学科的、涉及多方面知识的理论学科。美学中有许多理论是相当深奥的，有些问题至今仍被人们称作“历史之谜”、“理论之谜”。当我们跨进美学王国的大门时，就会发现，它涉及的问题既丰富有趣又复杂深广。

要知道什么是美学，必须了解美学的形成和发展的历史。

一、美学的形成和发展

总的说，美学既古老又年轻。

说它古老，是因为它源远流长，它的萌芽至少可以追溯到奴隶社会初期，甚至更早。人类的美的意识和创造，在原始时代的中后期就已经存在。旧石器时代，也就是人类文明初露曙光的时代，丁村人的尖状形、球形、橄榄形石器工具，山顶洞人均匀、规整的石器工具以及磨制光滑、有刻纹的装饰品等，都是人类早期美的创造的痕迹（如图1－1所示）。

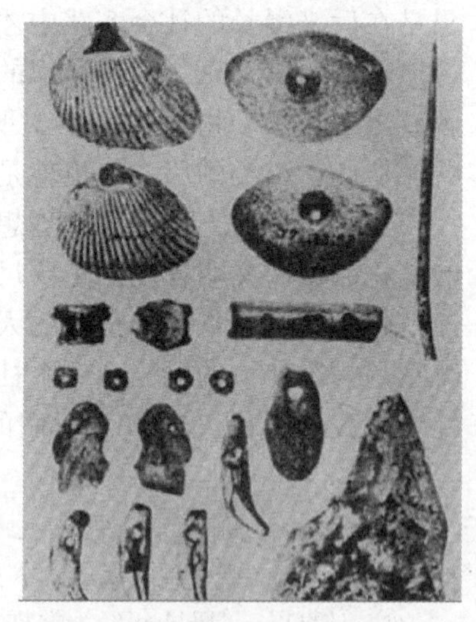

图1－1　旧石器时期的石器

到了新石器时期，彩陶制品更是初民令人惊叹的美的创造力的体现。

但作为一种美学思想，例如关于

美是什么的理论思考并有文字记录，则是文明时代之初才开始的。

首先看看西方。早在公元前6世纪，古希腊哲学家毕达哥拉斯（Pythagoras，约前580—前500）就提出："美是和谐与比例。"① 他在观察宇宙时感到宇宙非常美。那么，宇宙为什么美？他思索后的结论是：因为宇宙是和谐的。但是，宇宙又为什么会是和谐的呢？据说有一次他路过一家打铁的人家，听到里面打铁发出的叮叮当当的声音非常和谐，他进去一看，有四位打铁匠抡着四把铁锤有秩序地一个挨着一个地锻打一块烧红了的铁块，这和谐的声音就是这样发出来的。他把四把铁锤称了一下，发现它们的重量分别是6、8、9、12斤，而这几个数字中前三个与12的比依次是：1∶2，2∶3，3∶4（如图1－2所示）。这个比的顺序很有规律，如果依此类推下去就是：1∶2，2∶3，3∶4，4∶5，5∶6……

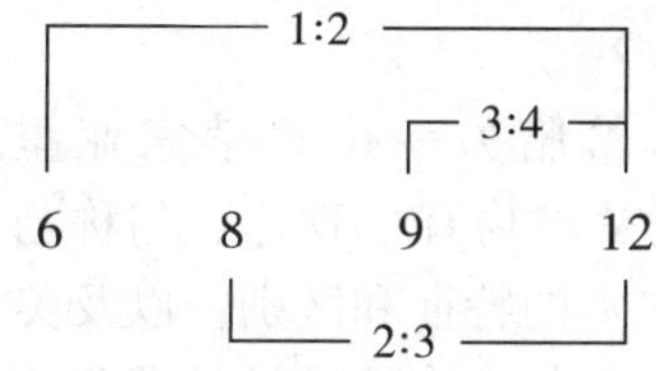

比例排列关系：1:2，2:3，3:4……

图1－2 声音和谐与数的比例排列关系

毕达哥拉斯由此认为，声音和谐是由一种有规律的数的关系决定的。他进而推论说："整个天体就是一种和谐和一种数。"② 宇宙的和谐是由数的有规律的关系造成的，因此美就是数的有规律的关系形成的。所以他说，哪里有数哪里就有美。毕达哥拉斯还提出了著名的黄金分割定律。黄金分割的内容是：把一段线段 AC 分割为 AB、BC 两段，如图1－3所示，当短线段 AB 与长线段 BC 的比值等于长线段 BC 与整条线段 AC 的比值，其比值约为0.618，这就是黄金分割，即最佳的分割。

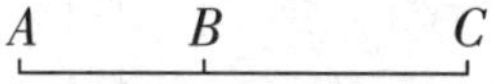

A　　B　　　C

图1－3 黄金分割

线段比：

$$\frac{AB}{BC}=\frac{BC}{AC}=\frac{1}{1.618}=0.618$$

①② 北京大学哲学系美学教研室：《西方美学家论美和美感》，北京：商务印书馆1980年版，第13～14页。

在毕达哥拉斯看来，黄金分割是最佳、最美的比例。长方形的宽与长之比如果符合这个比例，那么，这样的长方形就是所有长方形中最美的。

公元前 4 世纪，古希腊哲学家柏拉图（Plato，前 427—前 347）写了专门论美的文章《大希庇阿斯》，文章借他的老师、大哲学家苏格拉底（Sokrates，前 469—前 399）之口向另一位哲学家希庇阿斯提出了“美是什么”这个问题，希庇阿斯开始时做了幼稚的回答，说“美就是一位漂亮小姐”[①]。这一回答混淆了本质与具体事实、一般与个别的关系，以个别的具体事实代替一般本质。苏格拉底指出，美是什么的问题要回答的是使一切事物成为美的那个原因、品质是什么的问题，也就是“美自身”是什么的问题（也是柏拉图的观点）。苏格拉底还探讨了“美就是有用的”、“有益的就是美的”等观点的是与非，但都被他自己否定了。最后，柏拉图提出：美是理念。[②]

公元前 3 世纪，古希腊另一位哲学家亚里士多德（Aristotle，前 384—前 322）提出，美是事物有“秩序、匀称与明确”[③] 的形式。他在《诗学》中论述了各种艺术的特征和区别，以及美、丑、滑稽、悲剧、喜剧等问题，使《诗学》成为古希腊最早的美学专著。亚里士多德之后，西方美学研究不断，美学专著层出不穷。

在中国，据记载，西周末期就有了“美是和谐”的观点，如史伯提出“和”是多样统一的观点，“声一无听，物一无文，味一无果”，就是强调多样统一才是和谐。[④] 楚国人伍举与楚灵王谈“章华之台”的美时提出“美为善”的观点：“夫美也者，上下、内外，小大、远近皆无害焉，故曰美。”[⑤] 春秋时期，如单穆公同周景王谈乐时说：“夫乐不过以听耳，而美不过以观目。若听乐而震，观美而眩，患莫甚焉。夫耳目，心之枢机也，故必听和而视正。”[⑥] 老子（约前 571—前 471）在《道德经》中提出美与丑、美与真的关系。他说：“天下皆知美之为美，斯恶已；皆知善之

---

① 柏拉图：《柏拉图文艺对话集》，北京：人民文学出版社 1959 年版，第 169 页。

② 柏拉图：《柏拉图文艺对话集》，北京：人民文学出版社 1959 年版，第 181、183 页。

③ 北京大学哲学系美学教研室：《西方美学家论美和美感》，北京：商务印书馆 1980 年版，第 41 页。

④ 《国语·郑语》。

⑤ 《国语·楚语上》。

⑥ 《国语·周语下》。

为善，斯不善已。”[①] 又说：“信言不美，美言不信。”[②] 庄子继承了老子的美论，提出“天地有大美而不言”[③]，认为道为大美；而道之为美，在于自然无为；美是无为而无不为的境界。

孔子（前551—前479）也强调善为美。他主要谈君子之美、人格之美。在回答子张问的“何为五美”时说：“君子惠而不费，劳而不怨，欲而不贪，泰而不骄，威而不猛。”[④] 在谈邻里之美时说：“里仁为美。”[⑤] 孟子继而提出“充实之谓美”。他在谈到人“何为善？何为信”时说：“可欲之谓善，有诸己之谓信，充实之谓美，充实而有光辉之谓大……”[⑥] 也是主张善为美。此后诞生了中国最早论述音乐艺术的美学著作——公孙尼子的《乐记》。魏晋以后，中国历史上还产生了刘勰的《文心雕龙》、陆机的《文赋》、司空图的《二十四诗品》、严羽的《沧浪诗话》等一系列美学论著。

上述说明，西方和中国美学的源头都是非常古老的。此后几千年中，中西美学思想一直不断发展、不断丰富。但无论是西方还是中国，古代美学思想总的来说是零散的、单一的，并且和其他科学混合在一起，没有形成独立学科。

作为一门独立学科来说，美学直至近代才正式诞生和建立，至今不过两百余年。18 世纪初，意大利历史哲学派美学家维柯（G. B. Vico，1668—1744）就提出“新科学”的概念，建议建立一门有别于历史和哲学的“新科学”来研究美的问题。到了 18 世纪中期，德国哲学家鲍姆嘉通（A. G. Baumgarten，1714—1762）于 1735 年发表了《关于诗的哲学沉思录》，提出应建立一门专门研究人的情感、感性认识的学科；1750 年他出版了《美学》一书，正式把这方面的研究称为美学，这标志着美学作为一门独立学科诞生了。因而，美学又是年轻的。

美学诞生之后，西方美学大体沿着三个方向发展：

一是哲学美学方向。即沿着传统美学研究的道路，主要从哲学高度上探讨、阐述美和艺术的本质问题。走这条道路的美学家主要有德国的康

---

① 《老子·二章》。
② 《老子·八十一章》。
③ 《庄子·知北游》。
④ 《论语·尧曰篇》。
⑤ 《论语·里仁篇》。
⑥ 《孟子·尽心下》。

德、谢林、席勒、黑格尔、叔本华，法国的柏格森，意大利的克罗齐，美国的杜威，等等。

二是心理学美学方向。即从心理学的角度，侧重研究人的审美心理，解释人为何产生美感、美的艺术的创造与审美心理的关系等问题。走这条道路的美学家主要有德国的费希纳、立普斯（Theodor Lipps，1851—1914），英国的柏克，奥地利的弗洛伊德，美国的阿恩海姆，英国的冈布里奇，等等。

三是社会学美学方向。主要从社会、历史的经济、政治、文化等方面研究美和艺术的问题。走这条道路的美学家主要有德国的格罗塞，法国的丹纳，俄国的别林斯基、车尔尼雪夫斯基、普列汉诺夫，等等。

马克思主义美学主要是哲学、社会学的美学。马克思主义美学由马克思、恩格斯创立，普列汉诺夫、卢卡契等发展和丰富。

鸦片战争之后，中国逐步介绍和引进西方美学，王国维、梁启超、蔡元培、鲁迅及朱光潜、宗白华、蔡仪、李泽厚等在介绍西方美学和建设中国式现代美学方面都做出了突出贡献。

现代世界美学流派林立，中国当代美学研究也发展得很快，中华人民共和国成立后，美学研究经历了起始期（20 世纪 50 年代中期至 60 年代初期）、探索期（20 世纪 70 年代中期至 80 年代中期）和跨跃期（20 世纪 80 年代中期以后）三个时期，已取得了重大的突进和丰硕的成果。未来美学研究的空间将更为宽广，美学必将更加多样性地发展。

二、美学研究的对象和基本问题

研究对象（或范围）是决定一门学科性质的重要因素，任何科学都有特定的对象，人们一般是根据研究对象来确定某一门学科是什么学科的，美学也不例外。

鲍姆嘉通在《美学》中提出：“美学是感性认识的科学。”但他在这句话前面又使用了“自由艺术的理论”、“低级认识论”、“美的思维的艺术和与理性思维类似的思维的艺术”几个表述，这就显得关于美学的研究对象问题不够明确。

后来，关于美学的研究对象问题，美学界也多有争论，主要有以下几种意见：

第一，认为美学以“美的领域”为对象，因此，美学是研究美的领域的学科。中国当代美学家蔡仪等持这种观点。早在 20 世纪 40 年代，蔡仪在《新美学》中就提出了“美的领域”问题，认为美学是“以美的全

领域为对象"[①]。"美的全领域"指的是："包括美的存在，美的认识和美的创造；也就是包括美、美感和艺术。"[②] 到了20世纪80年代，蔡仪在《美学原理》中重申了这一观点。[③]

第二，认为美学以艺术为对象，因此，美学是艺术观、艺术哲学。黑格尔、车尔尼雪夫斯基及中国当代美学家朱光潜等持这种观点。如黑格尔认为，美学"科学所讨论的并非一般的美，而只是艺术的美"，所以，"美学的正当名称"应是"艺术哲学"，确切地说，就是"美的艺术的哲学"[④]。车尔尼雪夫斯基说："所谓美学假使不是整个艺术，特别是诗歌的共同原则的体系，那又算什么呢？"[⑤]

第三，认为美学以人对现实的审美关系为对象，是一门以研究审美关系的科学。苏联的涅陀希文、斯托洛维奇等，中国当代美学家李泽厚（20世纪80年代前）等，持这种观点。涅陀希文等认为："美学这个科学部门所研究的是人对现实的审美关系的一般发展规律、特别是作为特殊的社会意识形态的艺术的一般发展规律。换句话说，美学研究人对现实的一般审美关系，尤其是它们的高级形式——艺术。"[⑥] 李泽厚关于美学对象的看法是："美学基本上应该研究客观现实的美、人类的审美感和艺术美的一般规律。其中，艺术美应该是研究的主要对象和目的……他们是以审美关系（主观反映客观，美学认识论）为轴心的一个整体。所以，概括地说，审美关系就是美学研究的对象。"[⑦]

第四，认为美学以美感经验为中心对象，是一门以研究美感经验为中心的科学。西方18世纪以后的心理学美学学派一般持这种观念，李泽厚于20世纪80年代也转向这一观点，如上所说，他曾主张美学以人对现实的审美关系为对象，但后来又认为审美关系的说法不太清楚，于是提出：

---

① 蔡仪：《美学论著初编》上，上海：上海文艺出版社1982年版，第212页。

② 蔡仪：《美学论著初编》上，上海：上海文艺出版社1982年版，第203页。

③ 蔡仪：《美学原理》，长沙：湖南人民出版社1986年版，第5页。

④ 黑格尔：《美学》第一卷，朱光潜译，北京：商务印书馆1979年版，第3~4页。

⑤ 车尔尼雪夫斯基：《车尔尼雪夫斯基论文学》中卷，辛未艾译，上海：上海译文出版社1983年版，第178页。

⑥ 凌继尧：《苏联当代美学》，哈尔滨：黑龙江人民出版社1986年版，第82页。

⑦ 李泽厚：《美学论集》，上海：上海文艺出版社1980年版，第179页。

“美学——是以美感经验为中心研究美和艺术的学科。”① 高尔泰也持这种观点，认为美学“必须尊重具体的感性事实，以研究审美经验为中心，通过审美经验来研究美，通过审美经验来研究艺术”②。

本书作者赞成第三种观点，即美学是以人对现实的审美关系为中心，以艺术为主要对象的一门哲学人文科学学科。“关系”是由主、客体双方构成的，马克思说：“既然这是一种关系，这就表示其中包含着两个相互关联的方面。”③ 这才能涵盖客体方面的美、主体方面的审美意识和主客体统一的产物艺术美等问题，从而避免了狭隘化、片面化。

如何理解审美关系的内涵呢？审美关系是人与现实形成的各种关系中的一种特殊关系，它不同于实践关系。实践关系是人通过物质行为，运用物质工具，展开意志去改变外界事物的存在方式，以求善为根本目的而与现实建立起来的关系。审美关系中，审美主体的活动不是物质行为而是一种意识活动，它不改变外部世界的存在方式，也不追求实际利益的善。审美关系也不同于认识关系（理论关系）。认识和审美都属于意识活动，但认识是通过概念、逻辑推理，展开理智去把握客观世界的规律（真），以求真为根本目的。审美不以概念为中介，在心理上主要展开情感活动去把握客观世界的美，以求美为根本目的。审美关系是审美主体和审美对象之间的一种特定关系，是人们以感性直观和情感体验为特征的方式去把握客观世界的美，对对象做出审美评价的人与现实的关系。

美学以人与现实的审美关系为研究对象，其涉及的“关系领域”的具体问题或研究范围就应该包括以下三个方面：一是审美关系的客体方面，即审美对象问题，主要研究美的本质、美的表现形态及审美范畴，前者称为哲学的美学，后者称为审美形态学；二是审美关系的主体方面，即审美意识问题，主要研究人对美的反映、把握的心理形式、特征、过程等，核心问题是美感，这部分也称为心理学美学；三是审美关系主客体的统一方面，即美的创造和成果问题。美的创造包括艺术美的创造、实用物质产品美的创造、人的美的创造等，相应地形成艺术美学、技术美学、美育学。其中艺术是美学研究的中心对象，因为艺术是美和美感的集中体现，是人类审美创造的典型形态和最高形态，美学的种种问题都必须通过

① 李泽厚：《美学的对象与范围》。见《美学》第3期，上海：上海文艺出版社1981年版。

② 高尔泰：《论美》，兰州：甘肃人民出版社1982年版，第149页。

③ 《马克思恩格斯选集》第2卷，北京：人民出版社1972年版，第123页。

艺术来理解和解释。概括地说，美学就是研究人对现实的审美关系的一般规律的学科，是研究客观存在的美、人对美的审美反映以及美的创造规律的哲学人文科学学科。

三、美学与哲学、文艺学等学科的关系

美学与哲学、文艺学、伦理学、心理学等有什么联系和区别？

美学本来从属于哲学，在西方，美学长期作为哲学的一部分。早在古希腊时期，希腊人就把人的心灵世界分为知、情、意三部分，并作为哲学研究的对象。当时已有了对“知”的研究，称为逻辑学；还有了对“意”的研究，称为伦理学；对“情”的研究的学科（即后来形成的美学）虽未形成，但也属于哲学的范围。因而，从古希腊开始的美学思想的产生到18世纪中期美学学科的诞生，美学一直从属于哲学。这是一种学科传统。如果说，哲学是关于人的世界观的学说，那么，美学就是作为人的世界观的组成部分的审美观、艺术观的学说，当然是构成哲学的一部分。从历史看，哲学上的每一重要观点、思潮的发展变化都会引起美学理论的变革，例如随着西方古代哲学的客体哲学在近代向主体哲学的转变，美学也从以美的本质为研究重心转向以美感经验为研究中心。今天的美学虽然已作为一个独立学科诞生并发展了，美学完全隶属于哲学的时代已结束，但是，它与哲学仍然存在着密切的血缘关系，哲学对美学的影响仍然是深刻的。

美学常被等同于艺术学，因为其研究的中心对象是艺术。鲍姆嘉通在《美学》中说美学是一种“自由艺术的理论”①，谢林、黑格尔以及朱光潜等都把美学看成文艺理论，这是把美学研究范围狭隘化了。实际上，美学研究的范围比艺术学宽广，它研究艺术美，也研究艺术以外的美，如自然美、社会美等，因此艺术学只能看作美学的重要组成部分。此外，两者对艺术的研究重点也是不同的，文艺学或文艺理论研究艺术的一般本质规律，美学则研究艺术的审美本质、审美规律和艺术美创造的特殊规律等。美学是哲学通向文艺学或文艺学通向哲学的桥梁，是一般艺术学的深化、本体化、哲学化。因此，美学与文艺学的关系是非常密切的，文艺学的基本理论往往成为美学的理论基础，而美学既对文艺学的研究具有指导意义，又往往要从文艺学中吸收理论营养，两者你中有我，我中有你。

美学与伦理学关系十分密切，无论是在中国还是在西方，美学一开始

---

① 鲍姆嘉通：《美学》，简明、王旭晓译，北京：文化艺术出版社1987年版，第13页。

就与伦理学难分难舍，因为美离不开善，在伦理领域，美甚至就是善的象征。在中国古代，美学就从属于伦理学，对美的本质问题的思考几乎都是关于伦理的，特别是关于人格理想的；今天的美学仍然与伦理学的研究、与人的善的研究分不开。但美学不等于伦理学，美学不仅涉及善的问题，美学中关于善的问题也远不仅是伦理问题。

美学与心理学的关系不可分割，人们对美的感受和判断都是心理学的问题。近代以来，美学家们越来越看重人为什么会觉得某物是美的和凭什么判断某物是美的，即审美经验问题，而这些都涉及心理学问题。因此，可以说，离开心理学的美学研究是不可能的，而且，现代美学已经是越来越依赖于心理学的研究。

美学与自然科学，如生理学、经济学、政治学、物理学、生物学等均有密切联系。

总之，美学是一门综合性、边缘性、跨学科性的哲学社会科学学科。

第二节　学习美学的意义和方法

一、学习美学的意义

美学和人类整个物质生活和精神生活都有广泛而深刻的联系，美学的问题无处不在，无处不发生影响。因此，学习、掌握美学理论和知识具有深远而现实的意义。

1. 美学对日常物质生活的意义

美是人类物质生活文明的标志之一。通过学习美学，掌握美的规律并运用于物质生活的各个领域，必然推动整个社会文明的发展。

日常物质生活包括人的衣食住行等。从人的衣着服饰的美化、烹调饮食到居住环境的美化，都离不开美学知识。人类在生存条件获得一定满足之后，必定进而要求美的享受，所以，服饰从防寒保暖上升为美服美饰；对食物的要求从“饱食”上升为“美食”；对居住环境的要求从“安居”上升为“美居”……如墨子所云：“食必常饱，然后求美；衣必常暖，然后求丽；居必常安，然后求乐。”[①] 现代人对物质生活的要求，已离不开美的要求。但是，怎样才能提高物质生活的审美化程度呢？通过美学的学

① 北京大学哲学系美学教研室：《中国美学史资料选编》上册，北京：中华书局1980年版，第22页。

习，我们将会得到启示。

2. 美学对物质生产活动的意义

马克思指出，人是按照美的规律塑造物体的。这里指的是生产劳动。现代生产文明离不开美学，由此形成了一门特殊的实用美学——技术美学（劳动美学）。

把美学运用于生产领域，主要可以解决如下两个问题：

一是劳动条件，即劳动环境的审美化问题，包括光线、色彩、温度、气味、音响等环境因素的审美化。劳动环境的审美化程度越高，劳动者身心越健康，生产效率越高；反之，劳动者身心受摧残，生产效率下降。实验证明，各种环境因素如果符合一定的审美要求，可以提高劳动效率，减少工伤事故等。此外，高度的生产文明，可以培养人们高尚的审美趣味，培养人们热爱美的事物，憎恨一切丑恶畸形现象。

二是技术产品，即劳动产品的审美化问题，从机器设计、商品生产到交通设施、城市建设，都离不开美学知识。人类一切生活产品都要寻求实用与审美相结合，使产品审美化。这不仅影响人们对产品的审美感受，也直接影响经济效益，因为现代产品的市场竞争不仅是技术的竞争，同时也是美的竞争，在同等功能的情况下，美者必胜。大量事实证明，美对于产品经济效益的影响是巨大的。

目前，许多国家都建立了产品设计的美学研究机构，在工科大学开设了美学课。美国麻省理工学院开设了近百种人文学科，其中包括美学、艺术学。我国目前逐渐重视美学，一些理工大学成立了艺术研究室，开设了艺术和美学课程。这些事实表明，美学在技术生产、科技研究和设计领域越来越受到重视，美学的应用空间越来越大。

3. 美学对艺术活动的意义

美学史上，许多美学家都非常强调美学对艺术的指导意义。鲍姆嘉通指出，美学对于各种艺术理论有如北斗星。[①] 谢林说：“没有美，艺术是不存在的。”[②] 别林斯基认为：“美是艺术的必不可缺的条件，没有美也就不可能有艺术。”[③] 朱光潜也指出：“研究文学、艺术……如果忽略美学，

① 鲍姆嘉通：《美学》，简明、王旭晓译，北京：文化艺术出版社 1987 年版，第 36 页。

② 鲍桑葵：《美学史》，张今译，北京：商务印书馆 1985 年版，第 412 页。

③ 《别林斯基选集》第三卷，满涛译，上海：上海译文出版社 1980 年版，第 582 页。

那是一个很大的欠缺。"①

美学对艺术活动，包括艺术创造、艺术欣赏、艺术批评和研究都具有指导性意义，因为艺术从根本上说是一种美的典型形态，是按照美的规律创造出来的。可以说，不懂得美，不懂得美学，也就不懂得艺术。例如，艺术家在进行艺术创造时，处处要考虑美的原则、美的选择、美的形式处理、美的理想表现等。从古希腊的《米洛的维纳斯》（1820年发掘于米洛岛，高2米，古希腊时称作阿芙罗狄忒，罗马时才称为维纳斯，爱与美的象征）、《拉奥孔》，到文艺复兴时期米开朗琪罗的《大卫》、达·芬奇的《蒙娜丽莎》，到19世纪罗丹的《老娼妇》（又称《欧米哀尔》）的创造，其中所运用的美学知识就是典型的例子。如：《米洛的维纳斯》的身姿采用S形，S形在古希腊被认为是最美的曲线；身体由头顶到肚脐的长度与从肚脐到脚底的长度的比等于从肚脐到脚底的长度与全身长度的比，比值约0.618，这正是古希腊人认同的最美的比例。

美常常成为艺术创作的动力。许多艺术家正是因为被美的事物激发起强烈的情感而开始创作的，绘画《大地的女儿》就是在张志新烈士的崇高美德激发之下创作的；美还能激发创作的灵感，罗丹在他的工作室中置放了维纳斯雕塑，据他自己说就是要"借以激起自己的灵感"；等等。

美学对艺术欣赏也具有根本性指导意义。懂得美学，我们就能更好地欣赏艺术作品，更深刻地把握到艺术作品的美。如：《米洛的维纳斯》，许多人都熟悉它，但不一定懂得它如何运用形式美的规律进行创造；《拉奥孔》为什么没让老拉奥孔在极其痛苦时张口吼叫？《老娼妇》又为什么以一极丑的形体作为表现对象？等等。懂得了美学，我们就能把握和理解它们的美的创造的奥秘。

4. 美学对培育理想人格的意义

人的审美化程度，也是衡量人的文明程度的尺度之一。

美学实际是一种人学，而且可以说是最高级的人的哲学，它不仅研究美的事物和人的关系，而且直接研究人自身的本质如何完满实现的问题。人的本质的完满实现，就是一种理想的人格、全面的人格。而全面的理想人格，既不是单纯的伦理型人格，也不是单纯的智力型人格，它应是伦理、智力、审美三者高度统一，也就是真、善、美高度统一的人格。我们讲社会文明，讲现代化，首先就应是讲人的精神文明，讲人格的现代化，而这种现代化人格必须是具有审美素养的理想人格。

---

① 朱光潜：《谈美书简》，上海：上海人民出版社1980年版，第6页。

美学的意义在于通过总结审美教育的规律、途径、方法，引导人们有意识地接受美的教育或自我美育，培养良好的审美心理素质，自觉地建构自己的理想人格。对于教育工作者来说，还可以使他们懂得如何运用美的规律去雕塑教育对象的美的心灵。

苏霍姆林斯基指出："美是一种心灵的体操——它使我们的精神正直、良心纯洁、情感和信念端正。"[①] 就是说，美对培养优良品德具有积极意义。美还可以培养人的智力，无数事实证明，一个对美有高度敏感力、欣赏力的人，往往也是最具有高度智力和创造性的人。

总之，美学知识的学习和普及，将有助于推动社会文明的发展。

二、学习美学的方法

本书涉及和阐述的是美学的基本知识和理论，属于美学概论或美学基本原理的范畴。因此，这里主要强调三点基本要求：

首先是理论与实际相结合。在学习美学基本理论的同时，要加强对审美事实和现象的观察与研究，包括现实生活、艺术品的审美事实和现象的理论概括。美学是建立在事实、作品的基础上的，所以要有较丰富的生活和艺术的审美经验，要对各种艺术品有较广泛的接触，要运用美学理论去分析、解决现实和艺术中的审美实践问题。

其次是要扩大学科知识领域。美学的跨学科性质很突出，涉及多个领域的知识，因此要求学习者要有较广泛的人文科学、社会科学以及某些自然科学的知识，特别是与本学科关系密切的哲学、文艺学、伦理学、历史学、心理学、生理学等学科的知识。正如朱光潜说的："研究美学的人如果不学一点文学、艺术、心理学、历史和哲学，那会是一个更大的欠缺。"[②] 要学贯中西，纵观古今，把各种知识尽可能地融会贯通起来，才能更好地理解现实和艺术中的种种审美现象，深入地思考美学中的诸多理论问题。

最后是要提高理论思维能力。美学既具体又抽象，它的研究对象是具体的，但它的理论概括是相当抽象的。事实一旦抽象，有人就会觉得乏味，不习惯。但是，正如德国艺术史家格罗塞说的："没有理论的事实是迷糊的；没有事实的理论是空洞的。"[③] 理论不能不抽象，否则不能揭示

① 苏霍姆林斯基：《给教师的建议》上，刘殿坤译，北京：教育科学出版社1999年版，第146页。

② 朱光潜：《谈美书简》，上海：上海人民出版社1980年版，第6页。

③ 格罗塞：《艺术的起源》，蔡慕晖译，北京：商务印书馆2005年版，第2页。

事物的本质。为此，学习者也应养成抽象的习性，要逐步培养自己的理论思维能力。恩格斯说："一个民族想要站在科学的最高峰，就一刻也不能没有理论思维。"① 周扬在《关于美学研究工作的谈话》中也指出："美学中的基本理论问题，如美的本质，美感、艺术与社会生活的关系，真善美的关系等，都是一些高度抽象的复杂的问题。我们不能要求对这类理论问题的探讨都直接地与某个非常具体的实际问题联系起来，那是一种狭隘的简单化的做法，把美学基本理论的研究随意地斥之为从概念到概念、理论脱离实际是不对的。"②

美学理论是在人类社会实践中产生、发展的，随着人类社会实践的发展，美学理论也不断发展。因此，我们要以马克思的实践论为指导，用流动、发展的眼光去学习并在实践中不断地重新认识和丰富美学理论。这样，美学的学习才是鲜活的。

【思考题】

1．为什么说美学既是古老的又是年轻的？

2．为什么说美学思想诞生于人类文明社会之初？

3．美学作为独立学科建立之后主要沿着哪些方向发展？

4．关于美学的研究对象，有哪些观点？你赞成哪种观点？为什么？

5．什么是审美关系？审美关系与人对现实的实践关系、认识关系有什么不同？

6．为什么说艺术是美学研究的主要对象？

7．如何认识美学与哲学的关系？举例论述。

8．如何认识美学与文艺学的关系？举例论述。

9．为什么说美学是一门综合学科？

10．你认为学习美学具有什么现实意义？举例说明。

---

① 《马克思恩格斯选集》第 3 卷，北京：人民出版社 1972 年版，第 467 页。

② 周扬：《关于美学研究工作的谈话》。引自《美学》第 3 期，上海：上海文艺出版社 1981 年版。

第二章　美的本质

客观世界中的许多事物，经常给人以美的感受，例如自然界中沁人胸怀的山光水色、社会生活中令人心动神往的人物事件、艺术世界中琳琅满目的艺术珍品。那么，它们因何而美？所有美的事物之所以美的共同原因或共有品质是什么？这就是本章要探索和阐述的问题，即美的本质，或美是什么。

美的本质问题，是美学中最基本的理论问题，也是探索和解决其他美学问题的前提和基础。由于种种客观的和主观的原因，以及问题本身的复杂性，人们对美的本质一直存在着不同的理解，并且纷争不断，至今仍没有一个普遍认同的美的定义，所以，美的本质问题一直被称为一个历史之谜、理论之谜。但这个谜却又是美学最基本的问题，这个问题不仅关系着美学理论的建构，而且直接制约着人们的审美实践活动，影响着人们对美的欣赏、评价和创造，也关系到人的全面发展和人生境界的提升。因此我们必须努力去揭开它的奥秘。

正如本书绪论指出的，对美的本质的认识，据记载，西方早自古希腊、中国早自殷周时期就开始了。在两千多年的历史过程中，无数哲学家、艺术家、伦理学家从不同角度发表了关于美的本质的看法，形成了种种美的本质观。本章将先介绍中外古今关于美的本质的一些有代表性的观点，再论述本书的认识。

第一节　美的本质的历史探索

一、西方美学史上对美的本质的探索

2 400 多年前，古希腊大哲学家苏格拉底与希庇阿斯关于美的本质问题展开了生动机智的讨论。苏格拉底发问：美是什么？希庇阿斯认为这是一个微不足道的问题，立刻回答：“美就是一位漂亮的小姐”、“美就是一

个漂亮的糖罐"、"美是黄金"等。[1] 希庇阿斯的回答遭到苏格拉底的驳斥和挖苦，苏格拉底指出，他要求回答的问题是，使许多具体的美的事物成为美的那个原因或品质是什么，即找出"加到任何一件事物上面，就使那件事物成其为美"的那个"美本身"，那才是美的本质。[2] 美的本质是一个"一般"的问题，是从许许多多美的具体事物中抽象出来的具有普遍性的共同品质，而希庇阿斯却用个别的事物（如"小姐"、"糖罐"、"黄金"等）来回答苏格拉底的"一般"的问题，这显然是一个逻辑错误。就如我们问"人的本质"是什么，你却回答说"人的本质就是张三李四"，这叫作答非所问。接着，苏格拉底与希庇阿斯对当时流行的关于美的看法做了批判性的考察，驳倒了诸如"美就是恰当"、"美就是有用"等观点，但却没能找到完满的"美本身"的定义，他们难以解答使一切事物成为美的事物的品质究竟是什么的问题。最后正如柏拉图所感叹的："美是难的。"[3]

尽管"美是难的"，但是，2 000 多年来，西方对美的本质的探索从没间断过。大体说来，西方对美的本质探索有两条不同的道路，并形成了各自不同的观点。

（一）从精神意识中探索美的本质

这里的"精神"指的是西方哲学中所说的"客观精神"、"宇宙精神"，或"上帝精神"。"意识"指人的主观意识。从这条道路探索美的本质，无疑是唯心主义的，但某些观点却具有启发意义。

1. 柏拉图的"美是理念"说

古希腊的柏拉图是欧洲美学史上第一位对美的问题进行深入思考的哲学家。他提出了著名的"美是理念"说或"分享"说，建立了他的本体论美学。他认为美的本质就是美的理念。人世间具体的、个别事物的美是多样的、易变的、相对的，只有上界的美的理念才是美本身。它绝对存在，一切美的事物都以它为泉源。他说："这种美是永恒的，无始无终，

---

① 柏拉图：《文艺对话录》，朱光潜译，北京：人民文学出版社 1980 年版，第 180 页。

② 柏拉图：《文艺对话录》，朱光潜译，北京：人民文学出版社 1980 年版，第 188 页。

③ 柏拉图：《文艺对话录》，朱光潜译，北京：人民文学出版社 1980 年版，第 210 页。

不生不灭，不增不减的。它不是在此点美，在另一点丑；在此时美，在另一时丑；在此方面美，在另一方面丑。它也不是随人而异，对某些人美，对另一些人就丑。……它是永恒地自存自在，以形式的整一与它自身同一；一切美的事物都以它为源泉，有了它，那一切美的事物才成其为美……”①

柏拉图认为美的源泉的理念是精神性的实体，即“宇宙精神”或“上帝精神”。这种精神是万物的本源，真实的存在，是第一性的；现实界具体事物是第二性的，是由“理念”派生的，只是“理念”的影像或摹本。万事万物之所以美，是因为“分享”了理念。这种美本身是超感觉的，要认识美不能凭借感觉或理智，也不能凭艺术的创造或欣赏，只能凭“灵魂回忆”或“迷狂”。

柏拉图认为理念世界是真实世界，客观世界并不真实，只是理念的影子，而摹仿自然的艺术就是“影子的影子”。在《理想国》中，他举例有三种床：神造的床，木匠造的床，还有画家画的床。只有神造的床才是床的理念，是真实体；木匠根据床的理念制造出个别的床，它只近似真实；而画家画的床，只是摹仿个别的床的外形，它与真实体隔得更远，更不真实。

柏拉图的上述观点，否认了美的客观现实根源和基础，认为“美本身”是脱离个别美的事物而存在的精神实体，颠倒了物质和精神的关系，把人的意识中的概念归于上帝并抽象化、绝对化、实体化，这种美的理念仅是一种空洞而抽象的概念，是精神意识绝对化、形而上学化的产物。但是他在研究美的本质问题时，提出了颇有价值的观点：第一，他区分开了“美本身”和具体的美的事物，探讨了美的事物之所以成为美的根源的问题，即美的普遍性问题，以及“美本身”与具体事物的差别，这是很深刻的；第二，他讨论了关于美的各种定义，有助于人们从多方面去思考美的本质。

古罗马的普罗丁，中世纪的奥古斯丁、亚奎那等继承了柏拉图的观点。他们认为最高的美和现实美的源泉是“太一”，上帝是一切美的源泉和创造者，万事万物之所以美是因为神住在里面。美的事物变动不居，美却始终不变，亘古不变。

① 柏拉图：《文艺对话录》，朱光潜译，北京：人民文学出版社 1980 年版，第 272 页。

2. 休谟的"美在感受"说

休谟（David Hume，1711—1776）是英国经验主义的集大成者。关于美的本质问题，他指出："美并不是事物本身里的一种性质。它只存在于观赏者的心里，每一个人心见出一种不同的美。这个人觉得丑，另一个人可能觉得美。每个人应该默认他自己的感觉，也应该不要求支配旁人的感觉。要想寻求实在的美或实在的丑，就像想要确定实在的甜与实在的苦一样，是一种徒劳无益的探讨。"①

休谟把美与丑都解释为某种形状在人的心灵中所产生的效果，这种效果之所以能产生，是由于人心的特殊构造。休谟认为快乐是美的本质，"快乐和痛苦不但是美和丑的必然伴随物，而且还构成了它们的本质"②。快感也就是美感。休谟从审美主体的生理、心理方面来揭示美的起源，提出"效用说"和"同情说"。根据效用说，美并不在对象本身，而在对象适合人的效益或便利的观念；同情说则借助同情的想象，能够分享到这种利益或便利，别人觉得美的对象自己也会觉得美。

休谟单从主观方面规定美的本质，未能认识到美的客观现实基础。但其观点揭示了美感的主观心理特征，描述了一些重要的审美心理现象，具有某些合理的因素。他的思想对康德美学，特别是19世纪的心理学派美学如立普斯的移情说和谷鲁斯的内摹仿说等，产生了很大影响。

3. 康德的"审美判断四契机"说

康德（Immanuel Kant，1724—1804）是德国古典哲学和美学的奠基人。他把审美判断称为趣味判断或鉴赏判断。在他看来，美的问题完全是主观鉴赏的问题，审美的特质即是美的本质。康德从质、量、关系和情状四方面分析了审美判断，再由此推断美的本质。

首先，从质的方面来看，美的特点是无利害感。审美的快感和客体的性质无关，它没有任何利害上的欲求，是一种自由的愉快。康德区分了三种不同的快感：感官满足的快适涉及直接的利害关系，道德的赞许是理性上的利害关系，它们都对客体有欲求，只关心实践活动和欲望的满足；而审美的快感却不涉及利害，不是欲望的满足，审美活动不关心对象的存在和性质，只是对对象形式的静观。由此，康德对美的第一契机做出总结："鉴赏是凭借完全无利害观念的快感或不快感对某一对象或其表现方法的

① 北京大学哲学系美学教研室：《西方美学家论美和美感》，北京：商务印书馆1980年版，第108页。

② 休谟：《人性论》下册，北京：商务印书馆，1983年版，第334页。

一种判断力。”[①]

其次，从量的方面来看，美的特点是无概念而又有普遍性。康德认为审美判断都是单称判断，因而是主观的、个别的，但它又有主观的普遍性，即你认为是美的东西，别人都会觉得美，因为人们在主观上都具有共同的“心意状态”，有“共同感受力”，即“人同此心，心同此理”。因此，审美判断就具有“普遍传达能力”，对每个人都有意义，美的普遍性是一种主观的普遍性。于是他对美的第二契机结论为：“美是那不凭借概念而普遍令人愉快的。”[②]

再次，从关系上来看，美的特点是没有目的的合目的性。康德认为，从客观的合目的性上来说，审美判断没有目的；从主观的合目的性上来说，审美判断又有目的。审美对象的外在形式符合我们各种心理认识功能（知解力和想象力）的自由和谐活动，从而唤起我们主观情感上的愉快，这就是审美的合目的性，主观的合目的性即指形式上的合目的性。康德对美的第三契机总结为：“美是一对象的合目的的形式，在它不具有一个目的的表象而在对象身上被知觉时。”[③]

简单地说，无目的指审美不涉及对象的内容，只涉及形式，所以无利害，审美只不过是单纯涉及对象的颜色、声音、花纹、素描的形式美。进而，美是无利害的形式美。这是形式主义美学观。

最后，从情状上来看，美的特点是没有概念的必然性。康德认为，审美对象对任何人都具有必然性，必然引起审美快感。这种主观的必然性何以可能？康德认为，依据在于审美时的“心意状态”或情感，即人类共同的情感——“共通感”。“共通感”是感情上的赞同，而不是理智上或概念上的赞同，起作用的是人类认识诸能力的自由活动。康德假定这种共同感是先验的，人人具备的。因此，审美判断虽是个别的却可以普遍传达，根据人人共有的“共通感”，人们对美的事物的判断将不会是私人的，而是一种共同的情感，我们将会赋予它“范式”的性质，即建立一个理想的规范，要求旁人也必然地赞同我们的判断。由此，康德总结美的

---

① 康德：《判断力批判》上卷，宗白华译，北京：商务印书馆 1995 年版，第 47 页。

② 康德：《判断力批判》上卷，宗白华译，北京：商务印书馆 1995 年版，第 57 页。

③ 康德：《判断力批判》上卷，宗白华译，北京：商务印书馆 1995 年版，第 74 页。

第四契机结论为："美是不依赖概念而被当作一种必然的愉快的对象。"①

康德的审美判断四契机的学说，探讨了审美功能的特殊性，揭示了审美现象中的复杂性和矛盾性，鲜明地突出了美的本质问题。审美判断（美）不涉及利害，不是实践活动，却有与实践活动类似的快感；它不涉及概念，不是认识活动，却需要想象力和知解力的和谐运作；它只是对象在形式上对主体心理引起的快与不快的感情，它是主观的、个别的，却又有普遍必然性和社会性。这些观点具有深刻性和启发性，但他把一切都建立在先验"共通感"的假定之上，其哲学基础是主观的，其基本思想倾向是主观主义和形式主义。康德美学成为现当代资产阶级美学的源头，对黑格尔及后来各种美学理论影响很大。

4. 黑格尔的"美是理念的感性显现"说

黑格尔（Hegel，1770—1831）是德国古典哲学的集大成者。关于美的本质，黑格尔首先肯定美是理念，美作为理念本身是真的。而当这种真的概念直接和它的外在现象处于统一体时，"理念就不仅是真的，而且是美的了"。于是他给美下了定义："美是理念的感性显现。"②

黑格尔全部哲学大厦的基石是理念或绝对理念，也即绝对精神。他认为万事万物的本质和基础是绝对精神，但理念并不是抽象的，它客观存在于感性世界之中，也不是静止的，而是复杂的。黑格尔认为一切事物都是理念在其发展过程中衍化而来，理念的发展经历三大阶段：逻辑阶段（绝对精神阶段）、自然阶段（物质阶段）和精神阶段（社会精神阶段）。

逻辑阶段是纯粹思维的阶段，属于逻辑学研究的范围，绝对理念通过纯粹思维和纯粹理性的形式来发展自己，还见不出美；在自然阶段，绝对理念外在化或异化为自然界，属于自然哲学研究的范围，绝对理念表现为自然物质的感性形式，能显现出美，但自然美有诸多缺陷，并不是真正的美；到了精神阶段，绝对精神重新回复到与它本身相适应的精神形式，属于精神哲学研究的范围，这一阶段产生了艺术、宗教和哲学等，其中艺术是真正的美。

黑格尔的论点"美是理念的感性显现"，认为美或艺术应当是理性内容和感性形式的辩证统一体。美是理念，但这理念必须要用感性事物的具体形象表现出来，成为可以供人观照的艺术作品。这一定义包括三方面的

---

① 康德：《判断力批判》上卷，宗白华译，北京：商务印书馆 1995 年版，第 79 页。

② 黑格尔：《美学》第一卷，朱光潜译，北京：商务印书馆 1979 年版，第 149 页。

内容：一是理念，即绝对理念，这是内容、目的、意蕴；二是感性显现，这是外在表现；三是这两方面的统一，也即理性和感性、内容和形式、一般与特殊的统一。绝对理念在艺术中找到了适合显现自己的形式，即理念内容和艺术感性形式高度辩证统一，因而艺术是真正的美，美即艺术。黑格尔以哥特式建筑艺术为例，具体说明美是一种精神的外化，即理念的感性显现。他认为哥特式建筑符合基督教崇拜的目的，建筑的整体结构、设置与基督教的教义和内在精神协调一致。

黑格尔认为“只有通过心灵而且由心灵的创造活动产生出来，艺术作品才成其为艺术作品”①。“美是理念的感性显现”的意义在于：强调了理念内容的感性化，感性形式的心灵化；绝对理念出于自我认识的需要，把自己显现为感性的形象。黑格尔还论及美是人的创造结果，认为美是人的自我复现，美的对象是人“自己的外在现实”，等等。

黑格尔提到的绝对理念、感性显现及二者的统一体，实质上都是精神性的，因此，他关于美的本质的定义根本上否定了现实是美和艺术的源泉，其性质明显是主观的。但其美论贯彻了辩证法，包含了对立统一的基本原则，因而又含有许多合理的因素，比起前人对美和艺术的理解更为深刻。

（二）从客观事物本身探索美的本质

坚持从客观事物本身而不是从精神意识去寻找美的本质，是唯物主义的。其中一些观点也给后人提供了有价值的启示。

1. 亚里士多德的美在于事物的“形式的整一”说

亚里士多德是柏拉图的学生，古希腊美学思想的集大成者，欧洲美学思想的奠基人。亚里士多德批判了柏拉图的理念论，强调一般只存在于个别之中，除了个别事物之外，不存在一般的“理念”。亚里士多德充分肯定了现实世界的真实性，在研究方法上不再从抽象的哲学思辨出发，而转为从具体事实和艺术实践出发，他的美学主要表现为艺术理论。

亚里士多德认为，美不是理念，美的本质只存在于具体的美的事物之中。他提出美在于形式的观点，一切事物美不美，取决于事物本身的形式，而不在于理念。他认为，柏拉图假定一个美的理念，然后认为事物的美是由于对理念的“分有”，而理念是美的本质，这样就把事物的美和美的本质割裂开来，这是不正确的。因为美的本质与美的事物是不能割离

① 黑格尔：《美学》第一卷，朱光潜译，北京：商务印书馆1979年版，第49页。

的，离开美的事物，美的本质也就无所依存。所以，美必须“合于美的本质”①。美与美的本质是统一的，这种统一表现为形式的整一。他说：“一个美的事物——一个活东西或一个由某些部分组成之物——不但它的各部分应有一定的安排，而且它的体积也应有一定的大小；因为要倚靠体积与安排，一个非常小的活东西不能美，因为我们的观察处于不可感知的时间内，以致模糊不清；一个非常大的活东西，例如一个一万里长的活东西，也不能美，因为不能一览而尽，看不出它的整一性……”②

从亚里士多德这段阐述中可以看出，“形式”在这里指的是外在形式即感性的形状。虽然亚里士多德对“形式”的解释不太确定，有时指外在形式，有时指内在形式，但不管如何，从他总的思想倾向看，“形式”是作为批判柏拉图的理念所提出来的与理念对立的概念。亚里士多德关于美的本质的观点，肯定了美在于事物的形式和比例。与柏拉图不同，他不是从超感性的理念世界出发，而是在客观的现实世界中去寻求美和艺术的本质，具有朴素的唯物主义的观点。亚里士多德看到了美的事物所必需的特定的感性形式，而且努力在客观事物中去发现它们，在艺术实践中产生了很大影响。

文艺复兴时代的美学家、艺术家对自然美的本质的理解，基本上接近亚里士多德。例如，阿尔伯蒂就认为自然美美在自身形式的和谐，“美就是各部分在其所存在的整体中的某种一致和协调；这种一致和协调符合于和谐（自然的绝对的和原初的本原）所要求的严格的数量、限制和方位”③。这里所说的各部分的一致协调，指的就是事物的形式。再如达·芬奇，他认为，美就是事物的质的形态，而质的形态就是量的比例，“美感完全建立在各部分之间神圣的比例关系上”④。

2. 柏克的美在于事物中“能引起爱或类似情感的性质”说

17—18世纪英国著名的哲学家和美学家，英国经验主义美学杰出代表柏克（Edmund Burke，1729—1797）认为美的本质具有客观性质。他首先批判了当时流行的关于美的学说，即美在比例说、美在效用说和美在

① 亚里士多德：《形而上学》，吴寿彭译，北京：商务印书馆1981年版，第134页。

② 亚里士多德：《诗学》，罗念生译，北京：人民文学出版社1962年版，第25～26页。

③ 阿尔伯蒂：《建筑论》第1卷，引自《马克思列宁主义美学原理》上册，北京：生活·读书·新知三联书店1961年版，第63页。

④ 达·芬奇：《芬奇论绘画》，戴勉编译，北京：人民美术出版社1979年版，第60页。

完善说，然后才提出关于美的看法。他说："我们所谓美，是指物体中能引起爱或类似情感的某一性质或某些性质，我把这个定义只限于事物的单凭感官去接受的一些性质。"①

柏克把美的客观性质归结为七个方面的性质：第一，比较小；第二，光滑；第三，各部分见出变化；第四，这些部分不露棱角，彼此像熔成一片；第五，身材娇弱，不是突出地现出孔武有力的样子；第六，颜色鲜明，但不强烈刺眼；第七，如果有刺眼的颜色，也要配上其他颜色，使它在变化中得到冲淡。这些就是美所依存的特质，这些特质起作用是自然而然的，比起任何其他特质，都较不易由主观任性而改变，也不易由趣味分歧而混乱。② 柏克认为美的这些感性性质能使人在生理上感到舒畅和轻松愉快，"松弛舒畅却是美所特有的效果"③。

柏克的观点体现了英国经验主义美学的一般成就与缺陷。他采用经验归纳的方法，从对象的客观性质和主体的生理结构两方面，系统研究了美的感性特质，在肯定美的客观属性以及与主体感受的关系等方面富有启发性，也具有合理的因素。但柏克的美论存在严重的缺陷，他主要运用生物学的观点，从人的生理感受上研究美，把美感等同于生理快感，未能从人的社会性与历史发展高度去看待美的根源和本质，因此还未能达到真正科学的水平，具有片面性和形而上学的特点。

3. 狄德罗的"美在关系"说

狄德罗（Denis Diderot，1713—1784）是法国启蒙主义美学最主要的代表。关于美的本质问题，他提出"美在关系"。狄德罗的美的定义为："我把凡是本身含有某种因素，能够在我的悟性中唤起'关系'这个概念的，叫作外在于我的美；凡是唤起这个概念的一切，我称之为关系到我的美。"④

狄德罗划分出两种美：一种是外在于我的美，即客观事物本身的美。这种美不以人的主观感觉为转移，是客观事物的性质，如罗浮宫的美；另

① 北京大学哲学系美学教研室：《西方美学家论美和美感》，北京：商务印书馆1980年版，第118页。

② 北京大学哲学系美学教研室：《西方美学家论美和美感》，北京：商务印书馆1980年版，第122页。

③ 北京大学哲学系美学教研室：《西方美学家论美和美感》，北京：商务印书馆1980年版，第122～123页。

④ 狄德罗：《狄德罗美学论文选》，张冠光等译，北京：人民文学出版社1984年版，第25页。

一种是关系到我的美，即主观认识上的美，这种美离不开审美主体——人，完全是相对的。狄德罗提出："从我们的角度来看，存在着两种美，真实的美和见到的美。"① 真实的美是从客观事物本身各组成部分之间的关系来看到的美，比如花的美，指在它的构成部分之间看到了秩序、安排、对称等关系；见到的美（相对美）指通过比较一物与他物的关系而得到的美，如法国古典主义剧作家高乃依的悲剧《贺拉斯》有一句卓越的台词："让他死!"随着剧情和关系的进展，这句话显得崇高而伟大，在比较中人们才会感受到它是"最美的言辞"。"因此，美总是随着关系而产生，而增长，而变化，而衰退，而消失。"②

狄德罗不仅承认美的客观性，而且看到了美的认识的复杂性，美的概念具有历史发展和相对性。他力图寻找美的客观基础和根源，强调在关系中，即在事物和现象的相互联系中去把握美，并且肯定人的主观对美的认识的作用，这是宝贵的历史贡献。但由于受机械唯物主义世界观的局限，狄德罗还未能正确处理主观与客观、相对与绝对的辩证法，在具体论述中时常自相矛盾，而且"关系"的范畴含义不清，过于宽泛模糊，未能联系社会历史发展来论述。

4. 车尔尼雪夫斯基的"美是生活"说

车尔尼雪夫斯基（N. G. Chernyshevsky，1828—1889）是19世纪60年代俄国革命民主主义者。关于美的本质，他提出的著名命题是"美是生活"。普列汉诺夫称之为"天才的发现"。这个定义是车尔尼雪夫斯基美学思想的核心。

车尔尼雪夫斯基在美学上的目标是要建立唯物主义和现实主义的美学，反对充满幻想和感伤情调的消极浪漫主义和纯艺术论。在批评流行的美的定义之后，他认为美不在天国，而在人间，"美是生活"。他说："任何事物，凡是我们在那里面看得见依照我们的理解应当如此的生活，那就是美的；任何事物，凡是显示出生活或使我们想起生活的，那就是美的。"③

---

① 狄德罗：《狄德罗美学论文选》，张冠光等译，北京：人民文学出版社1984年版，第25页。

② 狄德罗：《狄德罗美学论文选》，张冠光等译，北京：人民文学出版社1984年版，第29页。

③ 车尔尼雪夫斯基：《艺术与现实的审美关系》，北京：人民文学出版社1979年版，第4页。

车尔尼雪夫斯基提及的生活主要指人类的社会生活。在他看来，美的事物和现象就存在于客观的现实生活之中，“真正的最高的美，正是人在现实世界中所遇到的美，而不是艺术所创造的美”[①]。他认为客观现实中的美是彻底的美，完全令人满意的。他提出：“美的事物在人心中所唤起的感觉，类似我们当着亲爱的人时洋溢于我们心中的那种愉悦。我们无私地爱美，我们欣赏它，喜欢它，如同喜欢我们亲爱的人一样。由此而知，美包含着一种可爱的、为我们的心所宝贵的东西。”[②] 在他看来，爱美、爱生活，是出于人的本性，这里明显带有人本主义的印记。

车尔尼雪夫斯基看到由于经济地位的不同，不同的阶级有不同的生活方式和生活概念。他把农家美女和上流社会的美女加以对比，盛赞农家少女的美和农民的生活方式和价值追求，认为上流社会的价值观是对人的本性的扭曲和损害。

车尔尼雪夫斯基的哲学思想是费尔巴哈的人本主义，他对美和生活的理解也是从人本主义出发的。他提出的“美是生活”的定义，是美学史上的重大贡献，指明了从客观的人类社会生活探求美的本质的新方向，但由于他对“生活”的概念还没有完整、科学的认识，未能从历史发展、辩证的角度看待美的本质，因此，还没有真正解决美的本质问题。

上面介绍了马克思主义以前（或接近同时代）西方一些美学家关于美的本质的重要观点。其中部分美学家从精神世界去探索美的本质，把美的本质归结为理念、绝对精神、审美感受、主观心灵等，尽管含有辩证法的因素，但从根本上颠倒了物质与意识的关系，在论述主客体的关系时抽象地发展了人的主观能动性；部分美学家把美的本质归结为客观事物的外在特征和属性，肯定了美在客观事物本身，有正确的因素，但是没能从社会历史实践和历史发展的角度看待美的本质，不能从主客体的辩证关系去探讨美的本质。他们都未能真正揭示美的真实面貌，但也提出了一些有益的具体看法，如：柏拉图区分了“美的事物”与“美本身”，康德指出美的无利害、无欲望特质，黑格尔的感性显现，等等，都有可取的合理内核。从亚里士多德到车尔尼雪夫斯基，他们坚持唯物主义，把美学从神秘

---

① 车尔尼雪夫斯基：《艺术与现实的审美关系》，北京：人民文学出版社 1979 年版，第 11 页。

② 车尔尼雪夫斯基：《艺术与现实的审美关系》，北京：人民文学出版社 1979 年版，第 6 页。

世界拉到现实世界，这是正确的，特别是车尔尼雪夫斯基的命题非常深刻，具有转折性意义。但他们或机械，或笼统，仍未真正揭示美的本质。这些问题，待后面谈我们的认识时做进一步批判分析。

二、中国美学史上对美的本质的探索

（一）从善（功利）的角度认识美

从善（功利）的角度谈论美的本质，或者说，以善解美，是中国最早的一种美论。这种美学观最初源于实用功利观念。

在甲骨文中，已有美、善两字。东汉许慎在《说文解字》中对美做了解释："美，甘也。从羊从大。羊在六畜主给膳也。美与善同意。"最古老的"善"作为饮食上"膳"，指对人类物质生活的满足。这就是一种实用功利观念。《国语·楚语上》关于"伍举论美"的记载说，伍举认为"美也者，上下内外，小大远近，皆无害焉，故曰美"[①]。伍举的观点强调，美的根本是对人"无害"。无害就是有利，就是善，而善就是美。可见，那时虽有美、善两字，但美大体与以实用功利性为内涵的善是一个意思。

后来，善的内涵逐步扩大到精神世界，凡是对人有利有益的事物包括人的言行皆视为善。于是，善成为伦理学的核心范畴，被用以标示一切对人、对社会有利的人的伦理道德行为。这样，美的本质便一般地被理解为伦理道德上的善。同时，美有时也被用于表示能引起人们感官快适和精神愉快的对象或对象的性质。

1. 孔子的美论

孔子（前551—前479）是中国古代最伟大的思想家、教育家，儒家学派的创始人。

孔子主要从伦理道德的善去理解美。在《论语》中，"美"字出现了十次，其中意思相当于道德的善的有八次，说明孔子基本上以善为美。孔子有时也把美与善区分开来，如在《八佾》篇中说："子谓《韶》：'尽美矣，又尽善也。'谓《武》：'尽美矣，未尽善也。'"[②]《韶》乐是歌颂

---

① 北京大学哲学系美学教研室：《中国美学史资料选编》上，北京：中华书局1980年版，第9页。

② 《论语·八佾》。

尧舜的音乐，尧舜素以仁德著称，所以，《韶》乐内容“尽善”，又由于乐曲声音宏壮动听，故又“尽美”。《武》乐是歌颂周武王的音乐，周武王以武力定天下，不符合孔子的政治主张，所以内容未做到“尽善”，但《武》乐极为威武雄壮，动人心魄，故称得上“尽美”。

孔子指出美与善密切联系而不可分，也肯定了美的独立地位，但从总的思想趋向上看，他认为美从属于善，在《论语》中有不少地方强调善是美的决定性因素。在《里仁》篇中，他提到“里仁为美”，即与有仁德的人在一起，这样才算是美的。在《尧曰》篇中孔子谈到“五美”：“君子惠而不费，劳而不怨，欲而不贪，泰而不骄，威而不猛。”这“五美”就是五种善德。

孔子认为美不同于善，美以形式取胜；但美决定于善，美和善应该实现高度的统一。在《雍也》篇中孔子提出“文质彬彬”的命题：“质胜文则野，文胜质则史。文质彬彬，然后君子。”[①] 就人的修养而言，“质”指人的内在道德品质，“文”指人的文饰。孔子认为，一个人缺乏文饰就会粗野，反之，一个人单有文饰而缺乏内在的道德品质，则会虚浮，只有“文”、“质”统一起来，才成为一个君子。“文”与“质”的统一，也就是“美”和“善”的统一。这是孔子创立的一个重要的美学命题，也体现了孔子的审美理想。

2. 孟子的美论

孟子（前385—前304）是孔子的孙子子思的学生，儒家的重要代表人物之一，世尊称为“亚圣”。

孟子发展了孔子的以善为本的美学观，高扬人格美。他主张“人性善”，认为人的品德、仁义、善信等道德思想和品质，是人的本性所固有的，是先天的，与生俱来的，而非后天所形成的。他说：“仁、义、礼、智，非由外铄我也，我固有之也。”[②] 人的善心只是道德的萌芽，要具有完美的道德，还必须通过道德的修养，发挥自己固有的善性。

孟子在美的观点上提出了“充实之谓美”的论点。美是“充实”，即将仁、义、礼、智的道德原则扩充到人的容貌、形色、行为等各个方面，实现人的内在美好品德与外在容貌的和谐统一。焦循的《孟子正义》云：“充满其所有，以茂好于外。故容貌硕大而为美。美指其容也。”这表明

① 《论语·雍也》。

② 《孟子·告子上》。

美既要有充实的内容（“善”与“信”的统一），又要有华茂的形式。美是形式与内容的统一，二者缺一不可。在孟子看来，“美”包括“善”，“美”高于“善”。

孟子强调了仁、义、礼、智等品德是美的根源，美和善是密切联系的。这些观点与他的“人性论”和“养性”的观点一致，具有先验唯心论的色彩。

3．荀子的美论

荀子（约前313—前238）是战国时期重要的思想家，儒家思想的重要代表人物。荀子的基本思想与孔子一致，又具有明显的法家色彩。在美的观点上，荀子认为美和善密切相关。

荀子主张“人性恶”。他认为人性的美不是先天的，不是与生俱来的，而是后天的学习和教育的结果。他说：“性者，本始材朴也；伪者，文理隆盛也。无性则伪之无所加；无伪则性不能自美。”① 所谓“伪”，就是指人为，是与自然相对而言的。自然产生的人“性”是恶的，只有经过后天的学习礼义、道德教育才能变成“善”。“无性”，没有原始的质朴的材料，学习和教育也就无以依附；“无伪”，即不通过道德教育和礼义的学习，则“性”不能单靠自身而成为美。所以，美是后天学习和教育的结果，与社会环境、伦理道德密切相关。

荀子提出：“君子知夫不全不粹之不足以为美也。”② “全”和“粹”指学习道德和礼义，既有学识的全面、品德的高尚，还有操守的坚定，这是做人的根本。只有“及至其致好之也”，才能“权利不能倾也，群众不能移也，天下不能荡也。生乎由是，死乎由是，夫是之谓德操”。③ 修身达到“全”与“粹”的境界，就可以成就君子之“美”。美与德、善存在密切的联系。

荀子概括乐的政治功能是“和”。他认为音乐可使人“血气和平”，进而使人“耳目聪明”，再进而使整个社会“美善相乐”，取得“移风易俗”、“天下皆宁”的社会效果。④ 荀子的乐论是通过音乐对社会伦理、习俗乃至政治的作用，说明美对善亦有重要的影响和作用。荀子虽认为善是美的灵魂，但仍承认美有独立于善的特点，肯定了形式美具有一定的独立地位。由于荀子的“天人”观是唯物主义的，而且特别强调人认识自然、

---

① 《荀子·礼论》。

②③ 《荀子·劝学》。

④ 《荀子·乐论》。

利用自然、改造自然等方面，从而使得他的美论具有实践论的萌芽，这是他的美学观杰出的地方。

4. 墨子的美论

墨子（约前480—前420）是墨家学派的创始人。墨子的美学思想，集中表现于他提出的“非乐”的主张。

墨子提出：“仁之事者必务求兴天下之利，除天下之害，特以为法乎天下。”[①] 墨子承认美声、美色、美味、美居的存在，也承认这些美能给人带来快乐。但墨子认为这些审美享乐“亏夺民食之财”，“不中圣王之事”，“不中万民之利”。他认为音乐艺术之美，并不能帮助百姓解除吃不饱、穿不暖、劳苦而不得休息的“巨患”，相反，大搞音乐还会加深人民的灾难与痛苦。他强调审美活动必须服务于功利的目的，否则再美也是无用的。墨子所强调的功利有很明显的狭隘性与实用性。他提倡“非乐”是针对文艺被上层贵族把持的情况，批判他们耽于声乐而置百姓死活于不顾，要求以“兴天下之利，除天下之害”来衡量文艺的价值，这是有进步意义的；但是他把百姓的利益和要求理解得过于狭隘，把文艺和发展生产对立起来，把文艺和解决百姓“三患”对立起来，这又是片面的。

实际上墨子并非否定追求美的合理性，在论述“非乐”的主张时，他提出了“食必常饱，然后求美；衣必常暖，然后求丽；居必常安，然后求乐”、“先质而后文”的命题，说明了美与功利、美与善的关系，包含着审美和艺术活动要以一定的物质生活条件为基础的思想，也肯定了美是升华，具有合理的因素。

（二）从道境的角度理解美

1. 老子的美论

老子是中国道家学派的创始人。老子哲学的最高范畴是“道”，“道”先于天地万物而生，自本自根，无始无终。在老子那里，“道”是构成世界的本体，是宇宙生成的动力、万物运行的规律、人类行为的依据。道生成一切：“道生一，一生二，二生三，三生万物。”[②] 道的本性是“无”，是“有”的本根。“天下万物生于有，生于无。”[③]

---

① 《墨子·非乐》。

② 《老子·四十二章》。

③ 《老子·四十章》。

道生一切，决定一切，道是大美，“大音希声，大象无形”[①]。最高的美是道境，超越感官存在，需要用心灵领悟。而一切美的存在都是道的存在，道渗透在一切具体的美的存在当中。道是自然无为的，“人法地，地法天，天法道，道法自然”[②]，“道之尊，德之贵，夫莫之命而常自然”[③]，合乎本性的存在方式是遵循道的存在方式，也就是一种道境。从美学角度而言，这种自然本真的存在方式、自然无为的道境就是美。老子对美的本质的探索具有本体论的意义。

老子还明确地将“美”与“善”区别开来，认为“美”不仅是在与“善”的区别中显示自己的规定性，而且“美”是相对于它的对立物“恶”（丑）而存在的。他说：“天下皆知美之为美，斯恶已；皆知善之为善，斯不善已。有无相生，难易相成，长短相形，高下相盈，音声相合，前后相随。”[④] 就是说，美和丑、善与恶是相互比较、相互依赖而存在的。

老子的美论对中国古典美学产生了深远的影响。

2. *庄子的美论*

庄子（约前 369—前 286），道家学说的创始人之一，继承和发展了老子的思想。庄子认为，“道”是客观存在的、最高的、绝对的美，“天地有大美而不言，四时有明法而不议，万物有成理而不说。圣人者，原天地之美而达万物之理，是故圣人无为，大圣不作，观于天地之谓也”[⑤]。

天地之“大美”就是“道”。“道”为天地的本体。圣人“观于天地”，也就是观“道”。庄子提出“游心于物之初”，即游心于“道”，也就是对“道”的观照，能够达到对“道”的观照，就能“得至美而游乎至乐”[⑥]。这是人生最大的快乐，从而实现审美的人生。如何实现对“道”的观照？观照者胸中必须排除一切生死得失福祸的功利考虑，达到“心斋”、“坐忘”的境界，也就是达到“无己”、“丧我”的境界，才能实现对“道”的体悟，进入高度自由的“至美至乐”的境界。庄子把这种精神境界称之为“游”。“游”是“无为”，“乘天地之正，而御六气之辩，

---

① 《老子·四十一章》。

② 《老子·二十五章》。

③ 《老子·五十一章》。

④ 《老子·二章》。

⑤ 《庄子·知北游》。

⑥ 《庄子·田子方》。

以游无穷”，没有功利目的，没有利害计较，不受束缚，高度自由的境界即审美境界。总之，在庄子看来，道之所以是大美，就在于它的无为而无所不为，而无为而无所不为的超脱人生就是美的人生。

庄子还认为，作为宇宙本体的“道”是最高的、绝对的美，而现象界的“美”和“丑”则不仅是相对的，也可以互相转化，而且在本质上没有差别。在《齐物论》篇中，庄子说：“厉与西施，恢恑憰怪，道通为一。”[①]“厉”是病癞，借比丑女，西施是美女，大千世界千奇百怪，千形万状，都是“道”的表现形式，都是同一的，“美”和“丑”的客观标准也完全取消了，“美”、“丑”就成了纯粹主观的东西了。《知北游》中提到“臭腐复化为神奇，神奇复化为臭腐”，万物都是气交通化合而成，本质上都是气，美和丑、神奇和臭腐并没有差别，它们可以互相转化。

庄子的美论本源于道论，虽具有相对主义的特点，但对中国美学的影响很大。

（三）从禅境的角度理解美

这里指禅宗的美论，以六祖慧能（638—713）为代表。

禅宗是佛教在中国发展的产物，又称佛心宗、宗门，是汉传佛教宗派之一，始于菩提达摩，盛于六祖慧能，中晚唐之后成为汉传佛教的主流和象征。佛教于东汉传入中国后，独立发展产生了禅宗、天台宗、华严宗三个中国本土佛教宗派，其中以禅宗最具代表性。可以说禅宗就是中国式佛教。六祖慧能是禅宗实际上的创始人和代表。

禅宗是个综合性学派，在思想上，主要属于大乘佛教如来藏学派，重视本性清净，但也受到中国传统文化中的道家文化、儒家文化学派的影响。

禅宗是在谈佛学境界时涉及美的。佛性，亦意译如来性、觉性、如来藏，原指佛陀本性，后来就发展为众生觉悟之因，众生成佛的可能性。禅宗主张“人人皆有佛性”，《六祖坛经》说：但识众生，即能成佛，若不识众生，觅佛万劫不得见也。……离众生无佛心。强调了佛性人人本有，自性即佛，崇高的佛性就在人的自性之中，佛性就成为人心中的一种本性。但因现实中一切众生，无始至今，为杀盗淫妄、愚痴贪，迷却自性，像“日月常明，只为云盖覆，上明下暗，不能了见日月星辰”，所以虽有佛性，皆不能见。那么，人怎样达到佛性境界呢？六祖云：“无念为宗，

① 《庄子·知北游》。

无相为体，无住为本。”① “无念”，就是“不落心事，是谓无念”②，即不落入受污染了的意识和阿赖耶识。“无相”，就是“外对万法，能离于相，得清净体”③。何为“无住”？前两句“无念为宗，无相为体”是证果的境界，“无住为本”是修因的法要。所谓“无住”，就是说要破执。此外，六祖又云：“不住六尘心始清。”④ “六尘”是指色、声、香、味、触、法。能不住六尘，心地才能清净；心有执着，就不够清净。所以禅宗认为必须不执着于物，“不于境上生心”，不生贪念，不被五光十色的尘世现象引诱迷惑，经常保持清净的心态，身处污浊尘世，心却一尘不染。就是说，无羁无缚地处身于人世，就可与道相应，获得解脱。《六祖坛经》云：“于一切法不取不舍，即见性成佛道。”禅宗把拥有这一人生境界称为“无念”，所谓人生的禅境就是“无念”的境界，息意去欲、清净无为的“真如”境界。这种境界就是美。像“泱泱白云，顺风而回，渊渊绿水，盈坎而颓”（嵇康），像“采菊东篱下，悠然见南山”（陶潜）的那种境界，就是这种禅宗境界，就是人生境界的美。

三、中国当代对美的本质的探索

中华人民共和国成立初期，美学界展开了一场大讨论，这场讨论集中在美的本质问题上，论题主要围绕美是主观的还是客观的，抑或是主客观统一的。这场讨论参加人数之多，影响之大，是中国历史上从未有过的。它的最大成果是确认了马克思主义在中国美学领域的指导地位。学者们都从马克思主义经典作品中寻找论据，尽管存在着不同的理解，但在对马克思主义的态度上都是真诚地信服，认真地学习，而且尽可能地把握运用。

这场讨论一直持续到 1966 年，取得了丰硕的成果，为日后美学勃兴奠定了基础。在这场大讨论中，在关于美的本质的看法上，形成了四个美学学派，这就是“主观论美论”学派、“客观论美论”学派、“主客观统一论美论”学派和“客观性与社会性统一论美论”学派。

（一）主观论美论

主观论美论认为美是主观的。这一派观点以吕荧、高尔泰为代表。1953 年，吕荧发表意见认为：“美是人的观念。”他说：“美，这是人人都知道的，但是对于美的看法，并不是所有的人都相同的。同是一个东西，

① 《六祖坛经·定慧品》。

②③④ 《禅宗六祖大鉴禅师传》。

有的人会认为美，有的人会认为不美，甚至于同一个人，他对美的看法在生活过程中也会发生变化，原先认为美的，后来会认为不美；原先认为不美的，后来会认为美。所以，美是物在人的主观中的反映，是一种观念，而任何观念都是以社会生活为基础而形成的，都是社会的产物、社会的观念。”①

吕荧很看重社会生活对美的观念的决定作用。他说：“美是生活本身的产物，美的决定者，美的标准，就是生活。凡是合乎人的生活概念的东西，能够丰富提高人的生活，增进人的幸福的东西，就是美的东西。”②由美是社会的产物，进而到美是由人决定的、由人的“生活概念”决定的。这样，由社会决定的，改变成由人的概念决定的。人的概念是主观的，美自然就是主观的了。③ 吕荧又说：“美是人的社会意识。它是社会存在的反映，第二性的现象。”④ 总之，吕荧认为美不是客观存在，而是人的意识。当然，他认为这种意识受社会生活的制约，“是在一定的社会生活中和历史条件下的客观存在”，所以作为美的观念是有客观性的。很明显，吕荧的“客观性”与下述蔡仪的“客观性”完全不同，后者是指物的“自然属性”，前者是指人的意识。换言之，吕荧认为美就在人的客观存在的主观意识中，物的美与不美由这种意识来决定，自然美也不例外。

主观论美论的另一代表人物高尔泰在《论美》一文中也极其干脆地说：“有没有客观的美呢？我的回答是否定的，客观的美并不存在。”⑤ 他说：“美，只要人感受到它，它就存在，不被人感受到，它就不存在，要想超美感地去研究美，事实上完全不可能。超美感的美是不存在的，任何想要给美以一种客观性的企图都是与科学相违背的。”⑥

高尔泰把美看作美感，看作人的感觉。美感或感觉都是人对事物的评价，所以美就是人对事物的感觉和评价。他说：“美底本质，就是自然之

---

① 吕荧：《美学问题——兼评蔡仪教授的〈新美学〉》，载《文艺报》，1953年第16～17期。

② 吕荧：《吕荧文艺与美学论集》，上海：上海文艺出版社1984年版，第416页。

③ 吕荧：《美学问题》，载《文艺报》，1953年第16期。

④ 吕荧：《美是什么》。《美学问题讨论集》第4集，北京：作家出版社1959年版，第3页。

⑤ 高尔泰：《论美》，兰州：甘肃人民出版社1982年版，第1页。

⑥ 高尔泰：《论美》，兰州：甘肃人民出版社1982年版，第4页。

人化。"[1] 而所谓"人化"，对于美来说，就是"感觉的过程"，即意识化。美离不开人的感觉，美发生在人的头脑中，人的心灵是自然美之源泉；美的产生，是人在对自然的认识与评价中完成的。[2] 他正是用这种观点来论述自然美的本质的："我们凝望着星星。星星是无言的，冷漠的，按照大自然的律令运动着，然而我们觉得星星美丽，因为它纯洁，冷静，深远。一只山鹰在空中盘旋，无非是想寻找一些食物罢了，但我们觉得它高傲、自由，'背负苍天而莫之夭阏，搏扶摇而上者九万里'……""实际上，纯洁、冷静、深远、高傲、自由……""与星星，与老鹰无关，因为这是人的概念"。[3]

既然美不在自然物本身，而在于人的感觉、评价，那么，高尔泰的结论就是："人的心灵是自然美之源泉。"[4] 这种美论可谓绝对主观论。

（二）客观论美论

客观论美论认为美是客观的，与人无关。这一派观点以蔡仪为代表。蔡仪基本上以马克思列宁的认识论为其美论的哲学基础。他说："美的根本问题就是认识论的问题"[5]，"现实美不以人的主观意识为转移，不是美感产生美，而是现实美引起美感"[6]。又说："美与人无关，自然界事物的美在于自然界事物本身，人类之前就已存在，客观事物的美在于客观事物本身。""作为欣赏对象的客观事物的美，不是由欣赏者的主观意识所外加的；自然界事物的美也不是由什么人的或社会的关系所外加给它的。"[7]

在肯定美是客观的之后，蔡仪进一步论述美的原因，即"究竟怎样的客观事物才是美的客观事物呢？美的客观事物须具备着怎样的本质的属性条件呢？"[8] 他的回答是："我们认为美的东西就是典型的东西，就是个别之中显现着一般的东西；美的本质就是事物的典型性，就是个别之中显现着种类的一般。"[9] 这就是著名的"美是典型"的美论。

---

①②③ 高尔泰：《论美》，兰州：甘肃人民出版社 1982 年版，第 8 页。

④ 高尔泰：《论美》，兰州：甘肃人民出版社 1982 年版，第 33 页。

⑤ 蔡仪：《论车尔尼雪夫斯基的美学思想》。引自《美学论著初编》下，上海：上海文艺出版社 1982 年版，第 861 页。

⑥ 蔡仪：《美学原理》，长沙：湖南人民出版社 1985 年版，第 111 页。

⑦ 蔡仪：《美学论著初编》下，上海：上海文艺出版社 1982 年版，第 951 页。

⑧ 蔡仪：《美学论著初编》下，上海：上海文艺出版社 1982 年版，第 237 页。

⑨ 蔡仪：《美学论著初编》下，上海：上海文艺出版社 1982 年版，第 238 页。

在他看来，美的本质就是个别中显示着一般，自然美也不例外。例如：狮子、老虎之所以美，就在于它们既具有狮子、老虎的个别性，却又体现了动物的一般性；梅花、青松之所以美，就在于它们既具有梅花、青松的个别性，却又显示了植物的一般性。蔡仪说，这是“天然属性”、“自然属性”，是它们“本身固有的”，与人无关。蔡仪后来在其他文章中一再坚持这种观点，认为“美是在于客观事物本身，自然界事物的美是在于自然界事物本身。……自然界事物的美的性质是它本身所固有的自然性质……”①。总之，在蔡仪看来，自然美是绝对客观的，于人类出现之前就存在着。这种美论可谓绝对客观论。

蔡仪后来又提出典型的规律即是美的规律，美的规律是规定事物所以为美的规律；凡是符合美的规律的东西就是美的，美的本质就是美的规律。

（三）主客观统一论美论

主客观统一论美论认为美不在客观，也不在主观，而在主客观的统一中。这一派观点以朱光潜为代表。朱光潜反对美是客观的，也反对美是主观的，而认为美在心物之间，心是主，物是客，因此美是主客观的统一。为了说明这种观点，他提出了“物”和“物的形象”两个概念，并做了区别：“物”是自然物，称作“物甲”，是自然形态的，是第一性的，可以脱离人而存在；“物的形象”是美感对象，称为“物乙”，是意识形态的，是第二性的，不可以脱离人而存在。“物”是艺术创作的素材，而“物的形象”是艺术品。美不属于“物”，而属于“物的形象”，是人主观意识加工的结果。朱光潜把未经主观意识加工的事物称为“物甲”，还不是美；把经过主观意识加工的事物称为“物乙”，“物乙”才是美。用公式表示为：

物甲 + 人的主观意识 = 物乙 = 物的形象 = 美

对于上述观点，朱光潜具体论述说：“美感的对象是‘物的形象’而不是‘物’本身。‘物的形象’是‘物’在人的既定的主观条件（如意识形态、情趣等）的影响下反映于人的意识的结果，所以只是一种知识形式。在这个反映的关系上，物是第一性的，物的形象是第二性的。但是这‘物的形象’在形成之中就成了认识的对象，就其为对象来说，它也可以叫做‘物’，不过这个‘物’（姑简称物乙）不同于原来产生形象的那个‘物’（姑简称物甲），物甲是自然物，物乙是自然物的客观条件加

① 蔡仪：《美学论著初编》下，上海：上海文艺出版社 1982 年版，第 951 页。

上人的主观条件的影响而产生的，所以已经不纯是自然物，而是夹杂着人的主观色彩的物，换句话说，已经是社会的物了。美感的对象不是自然物，而是作为物的形象的社会的物。”①

为了加强说服力，朱光潜引用了苏轼的《琴诗》予以说明。该诗云：“若言琴上有琴声，放在匣中何不鸣？若言声在指头上，何不于君指上听？”朱光潜阐释说，“琴声”作为一种美，单有琴不能形成，单有弹琴人的手指也没有琴声，只有手指和琴弦统一即主客统一，才能形成琴声的美。朱光潜用手指的作用比喻人的意识作用，这是不对的，这里姑且不论，按照朱光潜以“手为意识”这种解释，那就是说，自然美本来就不存在，只是由于自然经过人的意识作用之后，形成“自然形象”之后才有自然美。很明显，在朱光潜的论述中，表面上看，美在主客观的统一之中，但实际上取决于人是否对它施加意识作用。同一自然物由于人们对其意识作用不同，也就形成了不同的自然美，这就是他常说的，美感影响美。这种观点说到底还是主观论，朱光潜用这种观点解释自然美，和黑格尔的“自然美不能自美，自然美因人的意识而美”的说法颇为相似。总体看来，他的主客观统一论还是偏于主观的。

（四）客观性与社会性统一论美论

客观性与社会性统一论美论认为美既是客观的，又是社会的。这一派观点以李泽厚为代表。李泽厚不同意客观论，也不同意主观论。他认为不能离开人来谈美，“离开人（即离开人的生活，离开自然与人的客观关系），自然美便不存在”②。但他也反对把自然美看作人的主观评价、主观意识作用的结果，而认为“自然在人类社会中是作为人的对象而存在着的。自然这时是存在于一种具体社会关系之中，它与人类生活已休戚相关地存在着一种具体的客观的社会关系”③。既然这种社会关系是客观的，那么存在于这种社会关系中的自然美也就是客观的，不以人的意志为转移的，不是人的主观评价的结果，也“不是人类意识情趣之类的主观所能决定的或主观意识加上去的东西”④。“美是不依赖人类主观的美感的存在而存在的，而美感却必须依赖美的存在才能存在。美感是美的反映、美的

① 朱光潜：《朱光潜美学文集》第3卷，上海：上海文艺出版社1983年版，第34页。

② 李泽厚：《美学论集》，上海：上海文艺出版社1980年版，第192页。

③④ 李泽厚：《美学论集》，上海：上海文艺出版社1980年版，第61页。

模写。”[1] 这样，李泽厚实际上认为美包括自然美都是自然与人的统一，正如他自己说的，也可以说是一种主客观统一论。但又正如他所强调的，他的主客观统一，是统一在人类的社会实践上，而不是像朱光潜所说的，统一在人的主观意识上。因此，人们一般把李泽厚的美论——自然美论称作“实践派”美论。这样，李泽厚的美的客观性、社会性的内涵就是：美是社会生活中不依存于人的主观意识的客观现实的存在，美客观地存在于人类社会生活中，这是美的客观性；美又是社会实践的产物，是现实对实践的肯定，而实践是社会的，所以美是社会的，这是美的社会性。简言之，美既是不能脱离人类而存在，又是不依存人类的意识而存在的。它是社会的，又是客观的。

李泽厚的美论——自然美论的理论基石是“人化自然”说。他在谈到自然美时指出：“自然对象只有成为‘人化的自然’，只有在自然对象上‘客观地揭开了人的本质的丰富性’的时候，它才成为美。所以，高山大河等自然现象本身，并不如旧唯物主义所形而上学地认为的那样，有所谓美的客观存在。自然本身并不是美，美的自然是社会化的结果，也就是人的本质对象化的结果。”[2]

那么，“人化自然”是怎样形成的呢？或者说，自然是怎样“人化”的呢？朱光潜、高尔泰认为，“人化”就是“意识化”；而李泽厚则认为，“人化”就是“实践”作用。他说：“实践在对于现实的关系上，构成主观方面，这一主观方面对于它面对的客观现实起着客观作用，并将自己物化为客观现实。例如，生产斗争是人类最基本的实践，通过这种实践，人在自然界打上了自己的意志的印记，使自己对象化，同时也使对象人类化。现实就这样成为人的现实。”[3]

李泽厚认为自然美形成的秘密在于“人化”，而“人化”就是人类社会实践，美是实践的产物。于是人们问：某些自然物，人类实践无法涉及，如星空、太阳、月亮，它们的美难道也是实践的结果吗？李泽厚对此做了解释：“所谓‘人化’，所谓通过实践使人的本质对象化，并不是说只有人直接动过的、改造过的自然才‘人化’了，没有动过、改造过的就没有‘人化’，而是指通过人类的基本实践使整个自然逐渐被人征服，从而与人类社会生活的关系发生了改变，有的是直接的改变（如荒地被

---

① 李泽厚：《美学论集》，上海：上海文艺出版社 1980 年版，第 18 页。
② 李泽厚：《美学论集》，上海：上海文艺出版社 1980 年版，第 25 页。
③ 李泽厚：《美学论集》，上海：上海文艺出版社 1980 年版，第 144 页。

开垦，动物被驯服），有的是间接的改变（如花鸟能为人欣赏），前者常常是局部的、可见的改变，而后者却更多是整体的、看不见的改变，前者常常是外在自然形貌的改变，后者却更多是内在关系的改变，而这些改变都得属于‘人化’这一范畴。所以，人化的自然，是指人类社会历史发展的整个成果。”①

总之，李泽厚认为，美，包括自然美，就其本质说，它只存在于“人化自然”中，是人类社会实践的产物，是人的本质力量的对象化，因而也是现实对人的社会实践的肯定。

李泽厚在上述基本理论的论述中还提出：美是真与善的统一；美是合规律性与合目的性的统一；美是人的本质力量的对象化；美是自由的象征，等等。比较全面的定义是：“美是人类的社会生活，美是现实生活中那些包含着社会发展的本质、规律和理想而用感官可以直接感知的社会形象和自然形象。”②

除上述四大派别之外，后来也出现了一些美学新观点，但其中多数始终超不出上述派别的观点。下面阐述本书对美的本质的初步认识。

第二节　美的本质的初步探求

美的本质并不是指某个具体的审美对象，而是指美的事物之所以美的一般规律和内在必然性，即美本身或美的品质。运用马克思主义哲学的指导对于我们研究美学是十分重要的。

美，实质上是人与外部世界的价值关系的反映，是一种特殊的价值。美的本质可以从价值关系的角度来考察。③

一、美是特殊的价值现象

（一）美是一种价值

人与外部世界之间存在着多方面的关系，除了实践关系和认识关系之

① 李泽厚：《美学论集》，上海：上海文艺出版社 1980 年版，第 173 页。

② 李泽厚：《美学论集》，上海：上海文艺出版社 1980 年版，第 59 页。

③ 关于美是一种特殊价值的论述可参阅柯汉琳：《篱侧论稿》，北京：中国社会科学出版社 2007 年版。

外，还有与这两种关系相互联系又有区别的价值关系。不同的关系有不同的产物，价值关系就是人的需要和能满足需要的对象的关系，价值就是这种关系的产物。某事物如果能满足人的某种需要，如有益于人的生存和发展或精神需要，我们就认为这事物是有价值的，或者说这一事物体现了某种价值。如粮食、空气、阳光，对人的生存和发展是有益的，有价值的；石头、沙土、水泥可用作建筑材料，也是有价值的。有价值的东西，我们就称之为价值物，价值物就是体现着某种价值的东西。

从事实现象看，美显然能满足人的需要，对人有益，它已是人类社会生活不可缺少的东西。虽然不能说有益的就是美的，但是，却可以肯定美对人有益，美能满足人的精神需要，美能娱人耳目、悦人心志、畅人心神。《兰亭集序》写道："仰观宇宙之大，俯察品类之盛，所以游目骋怀，足以极视听之娱，信可乐也。"美能给人心灵的抚慰、平衡人的心理、激发人对生活的热情、激发人的创造冲动和灵感，或使人暂时忘却生活中的不幸和忧愁，忘却自己的局限。总之，美能给人带来欢乐，甚至能激起人们去为美的生活而斗争。蔡元培曾说："爱美是人类性能中固有的要求"，"如其能够将这种爱美之心因势而利导之，小之可以怡性悦情，进德养身，大之可以治国平天下"。[①] 就是说，美是一种价值，被称为美的事物就是美的价值物。当我们说某一事物美的时候，就因为它满足了我们的某种需要，同时我们也确认了这一事物是有价值的美的价值物。

人类的价值追求始于自身的生存需要。从人类诞生之日开始，人类就开始了价值追求的历史。为着维持自身生存的需要，人类首先要向大自然索取物质生存资料，于是，人类对自然界的物质需求和满足物质需求的自然界之间，就构成了最初的价值关系。人类最初的价值观念就是这种物质性价值关系的反映，它以能否维持自身的生存为价值准则，所谓"物的有用性"，于初民来说就是直接的物质有效性，即实用价值。狩猎时期，野兽有价值，谷物无价值；到了农耕时代，谷物才成为价值对象，而许多还看不出是否于人类生存有益的自然物如矿石等，对他们来说无所谓价值。远古时代的价值关系范围是极其狭窄的，进入价值领域而成为价值物的，只局限于可供温饱之物，那时人类的价值观念还是生物学意义上的价值观念。

---

① 蔡元培：《蔡元培美育论集》，长沙：湖南教育出版社 1987 年版，第 291 页。

（二）美是一种精神价值

人的需要多种多样，归纳起来主要有两大类：一类是满足实际生活，主要是物质生活的需要，如温饱、生存、发展的需要；一类是满足精神生活的需要，如精神享乐、心理平衡、抚慰心灵、追求理想、自我实现、尊重、爱、友谊、信仰的需要等。

外界物也相应地满足人的这两种需要，如阳光、春风等自然物本身可以满足人实际生活的需要，而阳光、春风的美也可以给人带来欢乐，使人精神上得到满足。生活必需品满足人的实际生活需要，而艺术美则满足人的精神需要。因此，价值领域也相应包括两大领域：实用价值领域和精神价值领域。

美不能给人带来温饱，不能作为面包填饱肚子，或作为衣物受用。王国维曾说："美之性质，一言以蔽之，曰：'可爱玩而不可利用者是也。虽物之美者，有时亦足供吾人之利用，但人之视为美时，决不计其利用之点。其性质如是。故其价值存于美之自身，而不存乎其外。"[①] 徐悲鸿的马不能骑，齐白石的虾不能吃……美不能满足人的实际物质需要，它不是实用物质价值。但如前所述，美能使人愉快，给人带来欢乐，使人精神上得以满足，这表明，美是一种非实用性的精神价值。

美作为一种精神价值，是人类在物质需要获得一定的满足之后伴随着精神需要的产生而产生的。

如前所说，人类最初只有单一的物质需要。随着社会物质生产水平的提高和人自身的发展，人的需要逐渐从单一的生物需要，从"粗鄙的物质需要"发展为多样化的社会需要。在生存资料得到满足之后，人类开始主动要求多方面发展自己，多方向性地寻求生活需要和享受，正如恩格斯指出的："一旦有了生产，所谓生存斗争便不再围绕着单纯的生存资料和发展资料进行，而要围绕着享受资料和发展资料进行。"[②] 这就扩大了价值对象的领域，构成了种种新的复杂的价值关系。美，就是在这样的社会历史条件下应运而生，成为人类精神需要的特殊对象。如原始人最初捕获各种野兽、飞禽，只是为了吃它们的肉，就是说，唯有供吃的肉才有用，因而才有价值。但是后来他们发觉，那些本来没有实用价值的部分，

---

① 王国维：《王国维遗书·静庵文集续编》第5册，北京：商务印书馆1940年版，第23页。

② 《马克思恩格斯选集》第3卷，北京：人民出版社1972年版，第572页。

或者直接装饰在自己身上，或经过粗陋制作再加在自己身上之后，竟然“可以作为他的力量、勇气或灵巧的证明和标记”[①]，满足他们的荣誉感如对异类的胜利的纪要和备忘录，因而也是“有用”的。正是由于这种作用，开始引起了审美的感觉，它们开始被认定“是美丽的”，成为人类生活的一种需求的对象。显然，“需要是最好的教师”[②]，美是人类的新的生活需要和能满足这种需要的自然物的关系的产物。这种新的生活需要不再是纯粹的物质需要，而被认定“是美丽”的对象物如各种装饰品，也不再是纯粹维持人类生存的物质资料，不再是纯粹满足温饱的需要的价值物，而是作为满足精神需要的对象。这样，作为能满足人类精神需要并引起精神愉悦的精神价值的美便诞生了。

（三）美作为一种精神价值与物质价值的关系

正如马克思所指出的，人类一切需要都发源于“粗鄙的物质需要”。因此，作为精神价值的美，它的产生是以物质性实用价值为前提和基础的（当然也与人的生理的、心理的物质基础有关）。一方面，如上所述，精神价值只有在人类获得较丰富的物质价值的条件下才可能产生，如墨子所云：“食必常饱，然后求美；衣必常暖，然后求丽；居必常安，然后求乐。”[③] 另一方面，大量作为美的精神价值本来就是物质价值，例如，被作为“美食”的价值本来是就是“饱食”的价值物，被拿来欣赏的石刀本来就是实用于宰割兽肉的价值物。普列汉诺夫曾指出，原始人用黏土、油脂或植物汁液涂抹过的身体被认为美，最初就因为这些东西涂抹身体有益于保护身体免受蝇蚊咬伤。所以，普列汉诺夫说：“从历史上说，以有意识的功利观点来看待事物，往往是先于以审美的观点来看待事物的。”[④]“使用价值是先于审美价值的。”[⑤]

由于美的产生以物质性实用价值为前提和基础，因此，最初美的意义和物质性实用价值并非界线分明，“有用的东西是和装饰的东西合在一起的”[⑥]。例如山西许家窑发现的狩猎时期的石球，表面光滑，已具有美的价值，而它不仅原来就完全出于实用的需要，具有实用价值（抛掷时速

---

①②④⑤⑥　普列汉诺夫：《论艺术》，曹葆华译，北京：生活·读书·新知三联书店1964年版，第117、133、108、125、109页。

③　北京大学哲学系美学教研室：《中国美学史资料选编》上，北京：中华书局1980年版，第22页。

度快，便于狩猎)，而且在它作为一种美的装饰之后仍然与实用价值结合在一起。再说“美”字的来源，有两种考察：一种解释是“美”即“羊大为美”。在《说文解字》中写道：“美，甘也。从羊从大。羊在六畜主给膳也。美与善同意。”说明美最初与实用的“膳”或“善”相通。另一种解释，认为“美”是表现人的形象。从美字的初文（见图2－1）来看，表现为一个人头插雉尾正手舞足蹈，是“舞人”的形象。这一看法认为美字体现了美和人体、装饰以及艺术的关系。但要知道，远古人类最初并非为了美而是为祈祷猎狩野兽而跳舞的。对农作物，古代也有称为美的，如孟子曾说：“五谷者，种之美者也。”① 这里的“美”与“善”、“好”同意，也体现了美与实用的关系，因为五谷对于人类的物质生活有重要的实用价值，所以被视为美。总之，美的价值最初或指实用价值，或直接由实用价值转化升华，或隐藏着某种实用内容，都与实用的“善”纠缠在一起。

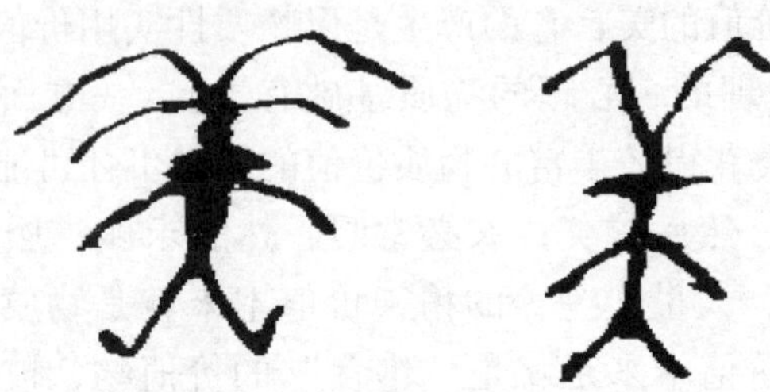

图2－1　美字的初文

后来的“以善为美”的“善”虽然包含了更加丰富复杂的内容，特别是伦理道德的内容，如孔子的“里仁为美”、孟子的“充实之谓美”等，都指道德的善，但“善”的意义长期与实用价值难分难离，也即美的意义长期与实用价值难分难离。因为一般情况下，一种事物如果对人类生活无益有害，就很难被确认为善，因而也就很难被确认为美。直到今天，许多美的事物，都可以追溯到它的实用渊源：温暖的阳光、和煦的春风、新鲜的空气被认为美，最初就与其直接有利于农作物的生长特别是直接有益于人类生存密切相关；桂林山水、西湖风景被认为美，也不能说最初与它们作为人类的生活环境更有实用价值无关。今天许多美的价值，仍

① 焦循：《孟子正义·告子章句上》。引自《新编诸子集成》，北京：中华书局1987年版，第801页。

然可以看到它的实用渊源，即使一些形式美，如鱼纹图案[①]（见图2-2）、鸟兽图案，也有它的实用渊源，只是由于它们不断演变、不断抽象化，原来的实用内容已积淀为形式，人们也就忘记了它的实用来源。

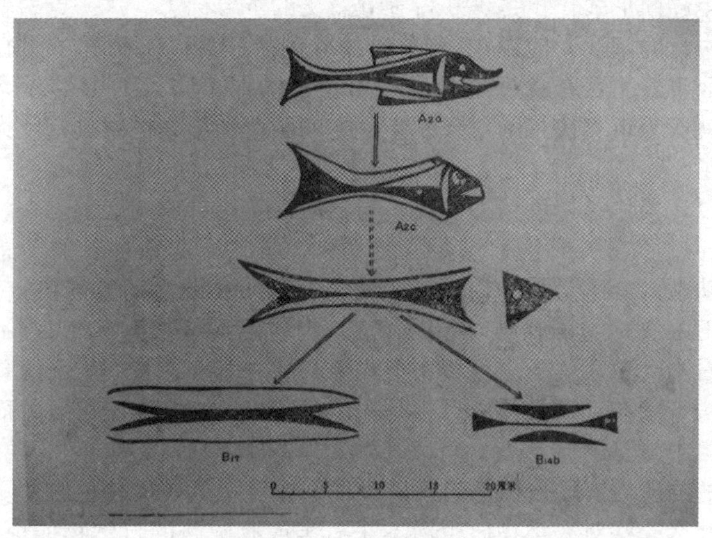

图2-2　**鱼纹图案**

许多形式美如对称、均衡、统一、整一等被认为美，就始于人类在长期实践活动中体会到这些形式上的组合规律对人类改造客观世界有直接用途（如建筑因此而稳固）。所以，我们说美蕴藏着实际的功利内容，美一开始就只有“依存美”，无所谓“纯粹美”。美作为一种精神价值，它和实用物质价值存在着千丝万缕斩不断的联系。

但是，美作为一种精神价值，毕竟不同于实用价值。在长期的历史发展过程中，原来以实用为美的事物，其实用价值已被以扬弃的形式包含在美的价值之中，人类对实用对象的态度已由实践的态度转向观照的态度（审美态度），对象才获得了独立的审美价值。普列汉诺夫在谈到使用价值先于审美价值的问题之后指出：“一定的东西在原始人的眼中一旦获得了某种审美价值之后，他就力求仅仅为这一价值去获得这些东西，而忘掉这些东西的价值的来源，甚至连想都不想一下。”[②]

---

① 中国科学院考古研究所：《西安半坡》，北京：文物出版社1963年版，第185页。

② 普列汉诺夫：《论艺术》，曹葆华译，北京：生活·读书·新知三联书店1964年版，第125页。

人们游览桂林山水、西湖胜景而感到审美的愉悦，不再因为想到它是一处实用的生存环境；后人欣赏石刀，绝不是因为想到它有宰割兽肉的功效才感到美。可以说，随着实用内容的逐步被扬弃，美便逐步趋向形式化，而美趋向形式化正是美获得独立意义的重要标志。这一点，普列汉诺夫曾有中肯的阐述，他说："当狩猎的胜利品开始以它的样子引起愉快的感觉，而不管是否有意识地想到它所装饰的那个猎人的力量或灵巧的时候，它就成为审美快感的对象，于是它的颜色和形式也就具有巨大而独立的意义了。"①

所以，美作为一种精神价值，与物质性实用价值的区别之一，就是前者直接通过形式（形象）满足人的精神需要，引起精神上的美感；后者以实用功利内容满足人的物质需要（包括物质实践活动的需要），主要引起生理上的快感（快感可以导向美感，但快感不等于美感）。看不到这种区别，看不到美在其历史行程中形式上的独立意义，我们就无法理解：为什么一头野猪在远古人类心目中是美的，苍松、梅花无美可言，而在后来人们心目中野猪不仅不美，而且丑得很，苍松、梅花、星星、月亮这些并无明显的物质性实用价值的自然物反而成了高级的美的价值物；更无法理解：为什么一些对人类物质生活本来有害或有威胁的自然物如惊涛恶浪、凶兽，也成为人们欣赏的对象，成为美的价值物；当然，也无法理解：为什么并无物质实用意义的艺术（特别是抽象艺术）成为人类生活不可缺少的必需品。

首先，美作为一种精神价值，不体现主体对对象的实质性物质要求，主体在观照美的过程中没有伦理实践行为，主体不占有、消耗、消灭对象，只是对对象做出价值判断和评价，从中获得精神上、内心上的满足。就是说，精神价值只需在精神性欣赏活动中实现自身的价值。而实用价值则体现了主体对对象的物质欲望，主体要实现自己的物质需要，必须采取伦理实践行为去占有、消耗、消灭对象，实用价值才成为现实。换言之，实用价值只有在物质性消费中才实现自身对主体的价值。

其次，物质性实用价值在人的享受过程中被消耗，它的存在是相对短暂的，而精神价值却不因主体的享受而被消耗，它还保留着供第二个、第三个……审美者欣赏的一切价值，它的存在是长久的。

再次，美作为精神价值既然不体现主体对客体的物质欲望，审美主体在审美活动中不为物质欲望所纠缠，那么，审美者就不以渴而思饮的态度

---

① 普列汉诺夫：《论艺术》，曹葆华译，北京：生活·读书·新知三联书店 1964 年版，第 118 页。

观看一幅有一池清水的画，也不带着荒淫好色的眼光观看维纳斯雕像。主体的审美活动即价值评价活动摆脱了外在羁绊，是一种具有“令人解放的性质”的自由自在的活动，主体可以自由自在地遨游美的世界，因此，美是自由的精神价值。

（四）美是一种特殊的精神价值

美是精神价值，但精神价值的范围是宽广的，能满足人的精神需要的除了美之外，还有科学知识、伦理规范等。

科学知识是人通过理性的生命活动把握客观真理的产物，它能使人得到精神的受用和满足，但那是理性的启示和满足。伦理规范是社会意志的表现，也是人的理性生命活动的结果，是通过社会理性去制定和实现的，它是为满足人的社会理性要求（调节人与人、人与社会之间的关系）而诞生的，它引起的愉快也是理性的。而美的价值是人与外部世界审美关系的产物，它是为满足人的情感、心灵的需要，主要通过情感体验的生命活动把握世界的结果，它引起的愉悦主要是情感愉悦。如读一部《共产党宣言》，我们感到满足，会被书中关于资本主义社会人与人之间的关系的论述所吸引而激动，但那是因为受到理性的启示；读巴尔扎克的《人间喜剧》，我们的美感主要是情感上的激动、心灵愉快和人生境界的提升。

从实质上说，美是凭借一定的形象体现着真与善的内容的。科学是真、道德是善（广义的善当然不仅仅是道德范畴），美作为真与善的统一，与科学真理、道德规范密切相关。但美又不等于真，也不等于善。科学真理成为人的精神价值，主要在于它满足了人的理性需要，即认识世界的需要。而对科学真理的认识，一方面主体要以客体的客观规律为转移，立足于客体；一方面要以概念为中介，主观愿望服从社会理性。这样，科学真理作为一种精神价值就带有普遍的社会意义而不带个人主观色彩，它一经形成，就成为全社会所采纳的知识。

美这种精神价值主要凭借主体的情感体验而获得，情感虽以理性为基础却不等于理性，它相对于理性而言带有非理性的成分，主观色彩明显。首先，美的判断与评价就带有突出的个性特征，常常因人因时因地因事而异，所谓“月是故乡明”就是如此，康德的美必具有普遍性的论断显然绝对化。其次，人们对科学真理的追求，直接目的就是改造客观世界，它更接近于实用价值。美使人从内心上得到满足，虽然也可以导向实践（如《国际歌》激起千千万万的工人群众走向伟大的斗争），但它作用于实践必须经过一个对人的精神潜移默化的影响过程这一中间环节，因而与实用价值离得远些。

道德规范与美的关系更密切，以至符合某种道德规范的品德被称为“美德”。但道德规范这种价值主要是由人的理性需要所产生的，又是靠社会理性去制定的，本质上也是理性的产物。在伦理道德领域，首先，个人情感、个人理性都要服从社会理性，因此，道德规范就是一定时代、一定阶层、一定阶级和一定民族的普遍性要求，以至成为一种模式，个性特征几乎完全隐退。其次，道德规范直接约束人们的伦理实践行为，并通过人们的伦理实践行为来体现，它不仅有直接显著的功利性，而且更接近实践。这一切都表明，美和道德规范也是两种不同的价值。

总之，美既不同于物质性实用价值，也不同于其他精神价值。它本质上是人的精神享受需要（主要是情感需要）和满足这种需要的对象的关系反映，是一种能引起主体情感愉悦的特殊的精神价值。美就是一种特殊的价值现象。

二、美是主客体的关系范畴

黑格尔指出，一切事物都“存在关系中”，而这种关系“乃是每一实存的真正性质”，“关系就是自身联系与他物联系的统一”。[①]

价值不是物自身的自然属性（物理的、化学的属性），物的自然属性只是价值的物质承担者，只提供价值的客观条件。石片的锋利性不是价值，只有当它被人类用于宰割兽肉等活动时才具有相应的价值。人的需要也不是价值，它只是人的客观属性，有需要而得不到满足，何来价值？价值取决于价值关系的两个方面——主体和客体的统一。因此，价值既不是主体的范畴，也不是客体的范畴，而是主客体的“关系范畴”。正如马克思所说的：“‘价值’这个普遍的概念是从人们对待满足他们需要的外界物的关系中产生的。”[②]

美作为一种特殊价值，也是一种“关系范畴”。美是因人而生的。人类出现之前，大自然无所谓美丑；有了人，有了人的精神享受的需要，大自然才放射出美的光芒。客体的自然属性只是美的载体，在没有与人建立特定审美关系时，它只是美的潜能或条件，而不是美。当这些属性满足了主体精神享受的需要，引起了主体的精神愉悦、情感激动即美感时，对象对于人来说才具有美的属性，才表现为美。从主体来考察，主体精神需要

① 黑格尔：《小逻辑》，贺麟译，北京：商务印书馆1980年第2版，第281页。

② 《马克思恩格斯全集》第19卷，北京：人民出版社1979年版，第406页。

必须凭借客体来实现，没有客体，需要等于虚无。所以，美虽然不是客体的自然存在，却通过客体体现它的感性存在，美因此不是虚无缥缈的，美具有实在的形象性。这样，我们就可以说，美是主体特殊精神需要的物化、客体化，又是客体属性的人化、主体化；或者说，美既是自然的人化，又是人化的自然，这是同一事物的两个方面。任何把美看作人的主观意志的产物或当作物的自然属性的观点都是片面的。

“主观论美论”认为，事物本身没有美，事物成为美取决于人对它的感受和做出的评价。其立论的依据是：同一事物，有人觉得它美，有人不认为它美；甚至同一个人对同一事物，有时觉得它美，有时又不认为它美，所以美是主观的。

如果说美是主观的，我们可以质疑：为什么人们都说桂林山水美，而不觉得普通的山水像桂林那样美？这能凭主观来决定吗？为什么人们说舒伯特的《小夜曲》、贝多芬的《田园交响曲》美，而不说城市的噪音美？主观能决定这一切吗？主观有太多的随意性和不确定性，单纯从人的主观意识寻找美的根源必然碰壁。

不错，在实际审美活动中，我们常常可以看到这种现象：同一事物，有人觉得它美，有人不认为它美；同一个人对同一事物，有时觉得它美，有时又不认为它美，甚至以美为丑或以丑为美。例如，太阳美吗？有人说太阳美，以至常常把它作为英雄和伟大人物的象征来歌颂，但《水浒传》中一首民谣却唱道：“赤日炎炎似火烧，野田禾稻半枯焦。农夫心内如汤煮，楼上王孙把扇摇。”农夫们此刻一点也不觉得太阳美。黄金美吗？它那金灿灿的光芒，多少人赞美它，可莎士比亚却看到了罪恶。竹子美吗？中国人总觉得竹子美，以至把它当作人的高风亮节的象征，苏轼因之云：“可使食无肉，不可居无竹。”可杜甫偏偏觉得竹子可恶，有诗句为证：“恶竹应须斩万竿。”狼美吗？人们常常把恶人称作“虎豹豺狼”，诅咒丧尽天良的人是“狼心狗肺”，但裴多菲在《狼之歌》中却衷心赞美它的“坚韧”和“视死如归”。苍蝇美吗？鲁迅把它作为丑的事物以比喻专舔战士的血的敌人，可荷马史诗中却用它形容士兵的勇敢……凡此种种，有人由之以为，客观的美并不存在，美并无客观标准，美恶皆在其心，事物美与不美全由人心来决定。

其实，美与恶，事物的美与不美，都是客观存在的现象，人的主观意识是无法改变它的。人们之所以对同一对象有美恶的不同体验，并非对象能因人忽美忽恶，不可捉摸，没有客观性，而是因为欣赏者的眼光、视角不同或联想不同造成的。由于审美主体主观因素不同，结果他们从对象看到不同的东西，创造了不同的“审美意象”，实际上并没有改变对象本身的美或丑。《刘子·正赏》说，昔有二人评玉，一人说好，一人说丑。为什么呢？刘子说：“夫玉有定型，而察之不同，非苟相反，瞳睛殊也。”审美主体的意识活动只能在观念中使对象变形，却不能在实际上影响对象的美丑，正如《淮南子·说山训》所云：“美之所在，虽污辱，世不能贱。恶之所在，虽高隆，世不能贵。”就是说，美是有客观性的。从另一角度看，许多事物，你觉得美，往往旁人也觉得美，而且被普遍认同。例如桂林山水，人们就普遍说它美。这说明桂林山水有着不以人们的意志为转移的客观美。桂林山水的美，对于具体的个人来说，你感觉到它，它是美的；你不去感觉它，它也作为美的山水存在于天地之间，照样美，主观论自然美论显然站不住脚。主观论者有一个逻辑错误，就是总把“美的观念”等同于“美”。因此，他们认为，美就是人对对象做出的美的评价（观念、意识）。对此，正如朱光潜所驳难的：“美的观念”是否就等于“美”呢？说二者相等，就无异于说“花的观念”就等于“花”。依吕荧的逻辑，只要有“美的观念”，就有美，我们大可睡在床上把眼睛闭起，让“美的观念”在脑里打转，于是艺术美、社会美、自然美等等“万美皆备于我”了。①

与主观论相反的“客观论美论”不承认美的生成与人有关，它总是在自然属性与美之间画等号，结果必导出人类诞生之前已存在着美的论断，因为物的自然属性确实随物的存在而存在，当然也就先于人类而存在了。然而，许多具有某种自然属性的事物，甚至在人类出现很长的岁月之后也没有成为美的对象。例如，原始狩猎时期，人类虽然生存在长满鲜花的地方，但不曾用花来装饰自己，而只从动物身上取得装饰材料，如鸟的羽毛、动物的牙齿和骨头、皮毛之类。更早的时候，甚至动物身上这些材料也被一概丢弃。在他们居住的洞穴里，他们画过动物，却从未描绘过植物。在进入农耕时代之后，植物和鲜花才逐渐成为装饰材料。这表明，不与人的生活发生某种联系的自然物尽管有其某些自然属性，也没有作为一种美而存在。正如马克思所指出的：“人的对象不是直接呈现出来的自然对象。”②“只有当对象对人说来成为人的对象或者说成为对象性的人的时候，人才不致在自己的对象里面丧失自身。只有当对象对人说来成为社会的对象，人本身对自己说来成为社会的存在物，而社会在这个对象中对人

---

① 朱光潜：《朱光潜美学文集》第3卷，上海：上海文艺出版社1983年版，第92页。

② 《马克思恩格斯全集》第42卷，北京：人民出版社1979年版，第169页。

说来成为本质的时候，这种情况才是可能的。”[①] 就是说，只有当自然对象与人发生联系之后，才能成为人的对象，自然美的产生才是可能的。正如格林童话《睡美人》中的美人一样，只有经过王子的吻才能从百年沉睡中复活过来。

客观论美论者总认为，坚持自然美与人无关、自然美美在自然物本身的自然属性上，诸如比例、对称、秩序、均衡、整一、体积等自然属性或这些自然属性之间构成的关系，就是坚持了唯物主义。有的学者更明白地说，美就是一种“物质”：“美是客观的，是不依赖人的意识（精神、思维）而存在的，是属于物质存在范畴的。”[②] 把自然美等同于自然物，把美当作科学对象的物质——可称可量、可触可摸的物质，是经不起推敲的。论者之所以把美看作物质，是误把事物的属性当成物质，如论者接着说：“牡丹花之所以为美，就是由于它存在着美的属性，所以它才会给人以美感。”[③] 这样，美的属性就成了“物质”或物质的“自然属性”了。如果依照“美是自然属性”和“美是物质”论者的观点，既然美是物质，当然早于人类而存在，而承认物质先于人类而存在或不依人类意志而存在，就仿佛是唯物主义的。可是，正如主观论美论论者所质问的，美可以用化学方法分析出来吗？它作为物质的原子结构是怎样的呢？这就不易回答了。我们还可以质问，爱情是一种美，但爱情是一种物质吗？人生境界的美是物质吗？阳光的美等于阳光吗？衣服的美等于衣服吗？……美之于自然物，正如愤怒或喜悦的神态之于脸部肌肉一样，前者并非物质，后者才是物质，愤怒或喜悦决非脸部肌肉固有的自然属性，而是与社会发生某种关系才生成的附着于物的价值现象。

把美看作主观意识的产物，无疑是唯心主义的；而把美看作物的自然属性，以为大自然生来就是人类的精神食粮，就存在着美，专供后来的人类欣赏的，这实际上也是一种神秘的、宿命的唯心主义，无异于宗教的所谓上帝创造世界的时候就赋予每种物种一定的目的性，如猫被创造出来是为了吃老鼠，老鼠被创造出来是专供猫吃的一样，岂非咄咄怪事？马克思在批评庸俗经济学家把价值看作物固有的自然属性的观点时指出：“这是粗俗的唯物主义，也是同样粗俗的唯心主义，甚至可以说是拜物主义，因为这种唯心主义把社会关系当作物所固有的天性而归之于物，从而把物神

① 《马克思恩格斯全集》第42卷，北京：人民出版社1979年版，第125页。
② 王明居：《通俗美学》，合肥：安徽教育出版社1985年版，第27页。
③ 王明居：《通俗美学》，合肥：安徽教育出版社1985年版，第28页。

秘化了。”①

三、美是社会实践的产物

美是关系范畴，是主客体的统一。那么，它是通过什么中介而达到统一的呢？

朱光潜的“主客观统一论”认为，是通过人的主观意识统一起来的。这种观点用来说明美的欣赏和艺术创造是可以的，而用来说明美的产生根源则是不合理的。

在马克思看来，实践既是人的本质力量客观外化的手段，也是人和自然界之间的联系环节，没有这个环节，人就永远不能改变自身与自然界的对立关系，也就不可能发现大自然的美。所以，他批评费尔巴哈的要害在于“对事物、现实、感性，只是从客体的或者直观的形式去理解，而不是把它们当作人的感性活动，当作实践去理解，不是从主观方面去理解”。“费尔巴哈想要研究跟思想客体确实不同的感性客体，但是他没有把人的活动本身理解为客观的活动。所以，他在《基督教的本质》一书中仅仅把理论的活动看作是真正人的活动，而对于实践则只是从它的卑污的犹太人活动的表现形式去理解和确定。所以，他不了解‘革命的’、‘实践批判的’活动的意义。”② 马克思与费尔巴哈的根本不同，就是把人不仅看作感性存在，而且主要是看作为实践主体。在人与自然界关系的根本转变过程中，在自然向美生成的过程中，人的实践是根本的。

马克思在批评资产阶级庸俗经济学家关于人和自然的关系首先是理论关系的论调时指出：“人们决不是首先‘处在这种外界物的理论关系中’。正如任何动物一样，他们首先是要吃、喝等等，也就是说，并不‘处在’某一种关系中，而是积极地活动，通过活动来取得一定的外界物，从而满足自己的需要。”③ 就是说，外界物成为人类的价值物，成为能满足人类需要的对象，首先必须依赖于人类“积极的活动”——实践（基本形式是生产劳动）。

美作为一种价值，也不是凭人的意识活动取得的，从根本上说，它也是人类“积极活动”的结果，是实践的产物。审美价值来源于人类的社

① 马克思：《政治经济学批判大纲》第三分册，北京：人民出版社 1979 年版，第 340 页。

② 《马克思恩格斯选集》第 1 卷，北京：人民出版社 1972 年版，第 16 页。

③ 《马克思恩格斯全集》第 19 卷，北京：人民出版社 1979 年版，第 405 页。

会实践，因为实践克服了人与自然互为对立、彼此疏远的关系，使自然被人类认识，从而才有可能成为人的价值对象和美的对象。

远古时代，人类对自然不理解，把它看作一种神秘的敌对力量而互相对立，正如马克思指出的："自然界起初是作为一种完全异己的，有无限威力的和不可驯服的力量与人们对立的，人们和它的关系完全像动物和它的关系一样，人们就像牲畜一样服从它的权力……"① 在这种关系中，人类对自然只有恐惧，而不会把它当作美来欣赏，自然对人类无所谓美的问题。只有在人类经过长期的劳动实践，在改造客观世界中认识了自然，掌握了自然之后，人和自然的互相疏远，异己的关系才转化为亲善的关系，自然才成为人的自然——"人化自然"，自然才成为人的价值对象和美的对象。例如阳光成为美的对象，只有人类经过长期的劳动实践，认识了阳光对人类生活的意义之后才有可能；花草成为美的对象，也是人类通过实践认识了它对人类生活的意义之后才有可能。马克思认为："感性世界决不是某种开天辟地以来就存在的、始终如一的东西，而是工业和社会状况的产物，是历史的产物，是世世代代活动的结果，其中每一代都在前一代所达到的基础上继续发展前一代的工业和交往方式，并随着需要的改变而改变它的社会制度。"② 自然界对人类来说是什么，取决于人的实践活动，外部世界只是在实践过程中才显示出自己的全部丰富性。脱离了主体人的实践活动，自然界对人来说，就是一种没有任何规定性的纯有。只有随着人类实践活动的发展，以及人的本质力量的丰富性在对象世界中的不断展开，美的价值才能不断丰富发展起来。

美是实践的产物，而实践的能力恰恰是人最根本的本质力量，所以美与人的本质有着不可分割的密切联系。马克思说："人类的特性恰恰就是自由的有意识的活动"③，"人的本质力量并不是单个人所固有的抽象物，在其现实性上，它是一切社会关系的总和"④。在这个总和中，人的自然属性和精神属性，在社会历史的实践过程中，共同构成了人的本质。这种本质是灌注到个性鲜明的生命个体当中，使人成为一个有机的生命整体。马克思说："人以一种全面的方式，也就是说，作为一个完整的人，把自

---

① 《马克思恩格斯全集》第3卷，北京：人民出版社1979年版，第35页。

② 《马克思恩格斯全集》第3卷，北京：人民出版社1979年版，第48页。

③ 马克思：《1844年经济学哲学手稿》，刘丕坤译，北京：人民出版社1985年版，第53页。

④ 《马克思恩格斯全集》第1卷，北京：人民出版社1979年版，第60页。

己的全面的本质据为己有。”① 因为人是一个有生命的有机整体，所以人的本质力量不是抽象的概念，而是生生不息的生命力量。每一个具有自我意识的人，都力图把自己的本质力量，通过实践的活动，最充分、最彻底地表现出来。人在展开审美活动的时候，就是把自己的本质力量全面地在对象当中展现出来的过程。当一个人的本质力量得到了完美的表现，实现了自己的目的和愿望，就感到满足、幸福、愉快，感到自己与现实处于和谐、自由的关系，这时就产生了美感。因此，审美活动是一种特殊的审美实践，处于审美关系中的人，才是全面的人、丰富的人、完整的人。

由上说明，美是人的本质力量的确证，是现实对人的本质的肯定，因为实践活动正是人类本质的体现，实践能力是人的根本性的本质力量。

人的本质力量其实正是人的内在价值。因此，当我们说美是人的本质力量的确证，是现实对人的本质的肯定时，也就是说，美是人的内在价值的确证，是现实对人的内在价值的肯定。换句话说，美是人的内在价值通过实践所转化的外在价值，它闪烁着人的内在价值的光辉。

美是实践的产物，那么，美就具有社会性，因为实践是社会的。美既然是社会的，就具有历史时代性，它会随着历史的发展而发展。同时，美具有民族性，某些美特别是社会美往往具有一定的阶级性。

四、美是真与善的统一

美同人类社会实践有不可分割的联系，在美的本质探索中，常常涉及真与善两个范畴。真、善、美作为对于人类的不同价值，其本质及其相互间的关系，只有结合人类的社会实践才能得到科学的解释。

（一）美与真

真，指事物的客观规律。人要“按照美的规律来建造”，其前提和基础就是要认识和把握这一规律，使自己的实践活动与客观世界的必然性相契合。真，不以人的意志为转移，如春夏秋冬的变换、地球的运转等，在人类出现之前就存在。真理则指人符合客观实在的认识。

真本身不是美。事物的客观规律本身无所谓美不美的问题，只有当真和人类生活实践联系起来时，只有当它被人类所认识并被运用于改造客观世界的实践活动的时候，才有美的意义。例如作为自然规律的感性形式的整齐一律、对称均衡等，由于被人类所认识，被人类运用于创造性实践活

① 《马克思恩格斯选集》第 1 卷，北京：人民出版社 1972 年版，第 77 页。

动中，运用于产品设计之中，成为人的智慧、力量的表现，因而才成为美，如建筑物的对称形式。真与美的区别在于：第一，真是客观规律本身，美是通过社会实践，在掌握客观规律的基础上，肯定人的本质力量和价值的生动形象；第二，真是求知的对象，引起人们去追求真理，了解客观世界的必然性和规律，而美是欣赏的对象，是对人的本质力量的全面确证。

真是美的基础。人的实践活动和创造的产品、社会形式等，也只有符合客观规律的真时，才可能是美的。如对自然的开发活动，如果破坏了自然的生态平衡，就是不美的；一种社会形式如果违背了历史前进的客观规律，就是不美的；一件具体的物质产品，如果违背了客观规律，功能就会受到破坏或丧失了功能，不符合人的需要，便难以使人感到美；人自身也必须符合真的规律才可能美。

艺术的“真”则不同于一般所说的“真”，它指艺术虚构的合情合理性，也即符合情理和生活本质规律之真。如果“真”指事实的真，那么，这种艺术则不一定美。歌德说，美在于“真与不真之间”，和中国古代提倡“似与不似之间”的观点一样，恰恰是对艺术创造的要求。

总之，真必须和人类生活联系起来之后，才有成为美的可能。美必须以真为基础，但真必须在和人类生活的联系中表现为对生活的肯定性的积极形式，才构成美的基础。病毒危害人们的健康和生命，这是真，但不美，因为它对人类生活来说是否定性的、消极的。

（二）美与善

善，指客观事物符合人的需要、目的、利益的功利价值。如阳光雨露符合人的生存需要，是善。狭义的善主要指伦理道德符合社会、人类调节人与社会、人与人、人与自然的关系的需要和利益。善是在人类出现之后才产生，人类出现之前自然万物不存在着符合或不符合人的目的性即需要和利益问题，就无所谓善不善的问题。

善是美的基础。一般说，凡是符合人的需要、目的的东西就可以称之为善，反之就是恶。但还要进一步指出，人的需要、目的本身必须与社会发展规律相一致，符合人的普遍利益，这才是真正的善。一事物如果对人有害即不善，人们就很难认为它是美的。一堵危墙，很难使人感到美；正在威胁着人的生命安全的洪水猛兽，很难被称作美；严重威胁着人的生命健康的血吸虫，更没有人说它是美的。所以，亚里士多德早就说过：“美是一种善，其所以引起快感正因为它是善。”[①] 在道德领域内，不善就不美，善几乎等于美，所以，《论语》使用“美”一词时几乎就是道德的“善”的意思。鲁迅曾说：“在一切人类所以为美的东西，就是于他有用——于为了生存而和自然以及别的社会人生的斗争上有积极意义的生活形象。”[②] 这里所谓“积极意义”就是善。

总之，善是美的灵魂，美以善为前提。

但是，善的不一定美，如粪便作为一种肥料有益于农作物终究有益于人类，可谓善，但不美。许多事物从一个角度看是不善的、丑的，而从另一个角度看是美的，因为它们有善的一面，也有不善的一面，这取决于我们从什么角度去看对象。而当对象美的一面压倒或遮蔽了不善的一面时，人们往往只把对象作为一个整体的美来欣赏，这也是正常的。例如，天鹅好像是一种并不善良的禽鸟，它不允许鹅、鸭接近它而且往往会把它们咬死。不过，纵然是真的，这一点也不妨碍我们在富有诗意的想象中把少女比作天鹅：这是美的力量。为什么呢？因为天鹅的外在形式的美压倒了它不善的内容的一面。据科学研究发现，蝴蝶对农作物和人类生存有一百多种危害，但人们对它的美的歌唱依然不绝，同样因为蝴蝶的外在形式的美遮蔽了它不善的内容的一面。

美和善是有区别的，主要表现在：第一，善直接与功利相联系；而美和功利的联系是间接的，功利潜伏在形象中。衡量一个事物是否善，是以社会功利为客观标准的，美却可以超越社会功利。第二，善虽有形式，但主要体现在内容上的功利性质；美在内容和形式统一的基础上，注重形式，美是内容显现为生动的形象。第三，善是意志活动的对象，它引起的是功利心理；而美是欣赏的对象，它唤起的是情感的喜悦。

总之，美不同于真和善，但美离不开真与善。因此，我们的结论是：美是真与善的统一，也就是合规律性与合目的性的统一。

五、美是具体生动的形象

美是一种精神价值，是主客体的统一，是社会实践的产物，是真善的统一。这是我们对美的本质的基本看法，是对美的本质是什么的抽象规定。

---

① 北京大学哲学系美学教研室：《西方美学家论美和美感》，北京：商务印书馆1980年版，第41页。

② 《鲁迅全集》第4卷，北京：人民文学出版社1959年版，第207页。

美的本质，或者说，美自身，是抽象的规定，但是美又不是扑朔迷离、虚无缥缈的，它总是通过一定的感性形式表现出来的。换句话说，美其实是一种本源现象，它本身固然从来不出现，但它又反映在各种不同事物的具体表现中，是可以目睹的。黑格尔说："美只能在形象中见出。"[①]即是说，美是一种具体而又生动的感性形象存在，美固然不等于形式，但美又表现为形式，没有形式、形象，就没有美，这是美的基本特征之一。如人的美，必须通过有血有肉的躯体和具体的言谈举止及服饰等外在形象表现出来。

美表现为形式，不等于任何形式、形象都是美，它必须是生动的，如自然美，像"秋风萧瑟，洪波涌起；日月之行，若出其中；星汉灿烂，若出其里……"，像"楚塞三湘接，荆门九派通。江流天地外，山色有无中……"，像"日照香炉生紫烟，遥看瀑布挂前川。飞流直下三千尺，疑是银河落九天"，等等，就是自然美的生动形象。没有形象就没有美，形象不生动，美也不成立。

美以生动的形象出现，因而具有感染人、娱乐人的特殊功能。自然美生动的形象，可以"极视听之娱"，其乐亦无穷也。这是自然美的强大的感染力。白居易《长恨歌》描写杨贵妃的妩媚姿容："回眸一笑百媚生，六宫粉黛无颜色。"足见美的形象的生动性和感染性。《陌上桑》罗敷美貌的感染力量："行者见罗敷，下担捋髭须。少年见罗敷，脱帽著帩头。耕者忘其犁，锄者忘其锄。来归相怨怒，但坐观罗敷……"这是人的形象美的感染力，等等。当然，这种感染作用主要是"动情"的作用，与科学中的形象作用是不同的，后者是为了实现说理的效果。所以，美激起的是以情感为核心的美感活动，而科学的真激起的是对真理的渴求，以及理智的满足与愉快。

美不是直接诉诸人的理智，而是诉诸人的情感，以情感染人、激励人、愉悦人。任何美的对象，都能激发人的感情，甚至令人心灵颤动，如醉如痴，让人们在精神上获得极大的愉悦与满足。因此，审美境界是一种自由的、高级的人生境界；审美活动使人的生命得到陶冶、提升和拓展，促使人的本质力量得到全面发展，造就具有自由的、超越精神和理想追求的人，使人成为身心健康、和谐、完美的人。

综上所论，我们给美的本质做如下的概括：

美是一种根源于人类社会实践，体现着一定社会内容和人的本质力量

---

① 黑格尔：《美学》第一卷，朱光潜译，北京：商务印书馆1979年版，第161页。

的、合规律性（真）与合目的性（善）相统一、具有生动形象而令人情感愉快的精神价值。

【思考题】

1. 西方美学史上探索美的本质主要通过哪些途径？试做简要的评价。

2. 西方美学家对美的本质的看法和他们的哲学观点有什么联系？

3. 如何理解和评价康德、黑格尔对美的本质的论述？

4. 中国美学史上对美的本质的探索有哪些途径？

5. 中国美学史上对美的本质的探讨有什么特点，试做简要的评价。

6. 如何理解和评价以孔子为代表的先秦儒家学派对美的本质的认识？

7. 中国当代学术界对美的本质的探讨有哪几派？具体观点是什么？你自己对美的本质有何认识？

8. 为什么说美是一种特殊的价值现象？

9. 为什么说美是一种关系范畴？

10. 为什么说美是社会实践的产物？

11. 为什么说自然美存在于人化自然中？

12. 如何理解美是客观性与社会性的统一？

13. 为什么说美是闪烁着人的内在价值的光辉？

14. 美与真、善的关系是如何的？

第三章　审美对象（上）

美的本质，是一种抽象的规定。但是，任何美都不可能是一种无显现的本质存在，而只能在形象中见出。这些有具体形象的，客观上与人构成一定审美关系，能引起人的审美感受的事物，就是审美对象。

审美对象纷繁万态，那么，它可以划分为哪些类型，各具有什么特征，这是美学理论中的一个重要问题。

在中西美学史上，美学家们对审美对象的划分不一而足。目前一般有两种划分方法，一是根据美存在的不同领域把美划分为自然美、社会美、艺术美，一是根据真善关系及其表现形态的特点把美划分为优美、崇高、悲剧、喜剧等范畴。本书在吸收、综合传统的分类方法和研究的基础上加以调整，从两个方面划分和阐述各种类型的审美对象：一是根据世界发展所经历的“自然—人—文化”的客观历史过程，把审美对象划分为自然物理世界（自然）、人自身世界和文化世界三大领域的美；二是从真善关系及其表现形态的特点把审美对象划分为优美、崇高、中和，悲剧、喜剧、悲喜剧，及丑、荒诞等若干审美范畴。①

本章先阐述不同领域的审美对象。

这里，自然物理世界的美指的是以物理现象的集合所构成的人的外部自然（不包括人的内部自然）的美；人自身世界的美指的是人的整体美，即肉体组织（特殊自然）与精神统一的美和人的活动的美；文化世界的美指的是人的创造物包括全部物质文化、精神文化、制度文化的美。

必须说明的是，这种区分并不与流行的现实美与艺术美的分类矛盾，只是在概念内涵的理解和划分角度、划分范围上不完全一致而已，所以，本书也不否认或抛弃自然美、社会美或现实美等这些习惯称谓，下文有的地方也会使用这些概念。

---

①　本章和下一章关于美、审美范畴的分类和论述参见柯汉琳：《美的形态学》第二版，广州：中山大学出版社，2008 年。

第一节　自然物理世界的美

自然物理世界的美，指的是以物理现象的集合所构成的、客观存在于人之外的、非人为的物质世界的美，即习惯称谓的自然美。这里之所以称为“自然物理世界”，是因为要与“自然”的本来内涵做区别。为此，必须对自然美的“自然”略做说明。

本来，“自然”并非单指人们通常所说的自然界或物理大自然的自然。它有多层含义，英文中“nature”一词既指物理大自然，也指“本性”、“性格”等；中国古代文化观念中，自然既指物理大自然、宇宙、“天”，也指人的本性、欲望等。所以，“自然”的本来内涵应包括人的外部自然（物理世界的大自然）和人的内部自然（人的肉体组织和内在的自然本能）。我们常说人是自然的一部分，所指就是人的内部自然，或称作人的生物自然。但是，无论如何，人的生物自然已不同于一般自然，它已具有超自然的属人的特征，属于特殊的自然。

基于这种认识，我们把人自身的美包括人的生物自然的美作为一个统一独立的美的世界来讲，而不把人的生物自然与物理世界的大自然合而论之。这里讲的物理世界的自然美，就是通常所说的“大自然”的美，依照习惯，也为叙述的方便，下文仍称为自然美。

一、自然美的发现

广袤无际的大自然，在人类诞生之前已度过了漫长而孤寂的岁月。那时的自然，并无所谓美不美的问题。当人类降临于这个大千世界的时候，大自然便不再孤寂。然而，大自然对人类并不亲善，它给人类提供了一个生存的环境，却时时给人类制造种种灾难——洪水、猛兽、烈日、暴雨、雷电、严寒、冰雹……时时威胁着人类的生存，无情吞噬人类的生命。脆弱的幼年人类对大自然一无所知，在自然祸害面前一筹莫展。自然在人类心目中不仅是冷漠的、陌生的、神秘的，而且是可怕的；自然力的强大与人类的弱小，使自然成为主宰，人只能处于自然奴仆的地位。正如马克思指出的：“自然界起初是作为一种完全异己的，有无限威力的和不可驯服的力量与人们对立的，人们和它的关系完全像动物和它的关系一样，人们就像牲畜一样服从它的权力……”① 原始时代漫长的岁月中，中西各民族

① 《马克思恩格斯全集》第3卷，北京：人民出版社1979年版，第35页。

的祖先和自然的关系都处于这种状况。当人类在自然面前处于这种服从、屈服、奴仆地位的时候，人类断然不可能用审美眼光来看待自然。自然对于人类无所谓美，自然在初民眼中不是审美对象，而是被人格化了的神，是不可知的神秘力量的幻象。只要这种宗教意识占有了人类，自然就不可能以美的形态呈现于人类面前。

随着人类社会生产力的发展和人类对大自然的逐步理解并取得一定的支配能力之后，人与自然互相疏远和对立的关系才逐步发生变化。进入文明社会之后，无论是中国还是西方，人在意识上已从对自然的服从观念和奴仆地位中解脱出来，在实践上不再把自己"当作某种驯服的自然之力来驱使，而是当作主体来看待……作为支配一切自然之力的活动出现在生产过程里面"①。只有在这种情况下，自然才作为一种美呈现于人类面前，人才可能把自然作为美来欣赏。

中西方民族对自然美的发现并不同步。进入文明时代之后，西方人在相当长的历史时期中一直把自然和人类看作一种对立的"二元存在"。尽管古希腊时期也有人赞美过自然，如毕达哥拉斯就说过，宇宙是和谐的（和谐就是美），自然是美的；赫拉克利特（Heraclitus，前540—前470）也说过："自然是由联合对立物造成的最初的和谐。"② 但是，从总体上说，西方人那时并不把自然作为美的对象来体验和赞美，而把自然看作一个几何的世界、真的世界。古罗马神学风行的时候，神学美学把自然看作远离"太一"的黑暗的领域。特别是进入中世纪以后，神权统治不仅使生活中一切美好的事物被笼罩于黑暗之中，连自然美也被当作"恶魔"。这种神权意识甚至影响到文艺复兴时期部分人的心理，例如当时有人途经瑞士，当他面对着大自然的美好风光时，竟赶紧忏悔，认为是魔鬼在诱惑。

中世纪的最后一位诗人同时又是新时代的最初一位诗人但丁（Dante，1265—1321）第一个向神学自然观发起挑战，他通过铿锵有力的诗句，使人们"对于清晨的新鲜空气和远洋上颤动着的光辉，或者暴风雨袭击下的森林的壮观有所感受"③。但丁对自然美的发现和礼赞，开了文艺复兴新自然观的先河。文艺复兴时代人文主义思潮的兴起是人们倾心于自然

---

① 马克思：《政治经济学批判大纲》第三分册，北京：人民出版社1979年版，第250页。

② 北京大学哲学系外国哲学史教研室编译：《古希腊罗马哲学》，北京：生活·读书·新知三联书店1957年版，第19页。

③ 布克哈特：《意大利文艺复兴时期的文化》，何新译，北京：商务印书馆1979年版，第294页。

美的根本动力，因为，对于神学的批判，必然使人们不再面向上帝、幻想彼岸，而是面向现实、面向此在。因而，他们对于美，不再相信在上帝那里，而在现实和自然中；人是美的，自然也是美的。如达·芬奇就赞叹了大自然缤纷多彩、花样无穷、令人心旷神怡的美，并鼓动人们要去“关心自然创造物的美和世界的装饰”①，用艺术把自然美永久地留在人间。在当时大量的艺术品中，除了达·芬奇，还有如佛兰德斯画派的风景画及后来成为教皇的希尔维优斯的回忆录，诗人博亚尔多、阿里奥斯托、阿尔伯蒂的诗歌，薄伽丘的小说，等等，都以巨大的热情赞美了大自然的美。②

十七八世纪以后，自然作为一种美得到更加普遍的肯定。例如 19 世纪德国生物学家、业余画家海克尔认为，自然界不仅有满足我们耳目声色的感性美，而且有包含在统一性和秩序性中的理性美；既有精致缜密的微观美，又有神秘无限的崇高美。他认为，大自然是人们寻求美和艺术享受的广阔天地，“自然界的美与伟大是无穷无尽的宝藏，它向每一个有眼睛和审美观的人贡献出源源不断的绝妙的赠品……”③ 这种观点，可以说代表了近代以来西方人普遍的自然美的意识。在艺术领域中，无论是拜伦、雪莱、华兹华斯、柯尔律治的诗篇，还是康斯太勃尔、柯罗、荷兰画派、巴比松画派的风景画，都闪烁着自然美的光彩，洋溢着艺术家们对自然美赞叹的激情。

中国人对自然美的肯定和赞美则自进入文明社会以后一以贯之。周朝初期，我们的祖先已开始从宗教意识的自然观中觉醒，自然山水逐步从神秘气氛中解放出来，人们从对自然的恐惧氛围中转而视自然为亲善伴侣。在商朝人的青铜器中，人和自然物象处于同一图景时，人仍然处于被支配和隶属的地位：各式各样的饕餮纹样和那些张开血盆大口的兽形青铜钺以及虎、龙、夔的形象，都令人感到一种诡秘阴森的气氛和摄人心魄的原始力量，令人恐惧。周初以后，青铜器动物纹样发生了明显变化：原先那种狰狞的、令人恐惧的形象少见了，代之而起的是优美、富于变化的动物轮廓；清新的装饰风格代替了繁复沉重的风格。正如郭沫若所说：“饕餮失其权威，多缩小而降低于附庸地位，如鼎簋等之足。夔龙夔凤等，化为变相夔纹、盘夔纹……大抵本期之器，已脱去神话传统之束缚。”④ 这种变

① 达·芬奇：《芬奇论绘画》，戴勉编译，北京：人民美术出版社 1979 年版，第 18 页。

② 布克哈特：《意大利文艺复兴时期的文化》，何新译，北京：商务印书馆 1979 年版，第 297 ~ 301 页。

③ 海克尔：《宇宙之谜》，上海：上海人民出版社 1974 年版，第 25 页。

④ 郭沫若：《青铜时代·彝器形象学试探》，北京：人民出版社 1954 年版，第 320 ~ 321 页。

化表明，人与自然的关系至少在周初开始转向亲善。再翻开一部收集了西周以后数百年间诗歌作品的选集——《诗经》，我们可以看到大量对花草虫鱼的描写和咏唱（这种描写与咏唱多达300多条）。这一事实有力地表明，我们的祖先在周代已表现出一种酷爱自然的天性。此后两千多年，人与自然这种亲善关系和人对自然美的肯定，一直像一条粗大的红线贯穿于中国整个历史过程。中国人反复咏唱的就是一首大自然的颂歌："会心处，不必在远。翳然林水，便自有濠、濮闲想也。觉鸟兽禽鱼，自来相亲"（《世说新语·言语》）；"何必丝与竹，山水有清音"（左思《招隐二首》）；"采菊东篱下，悠然见南山。山气日夕佳，飞鸟相与还"（陶渊明《饮酒·其五》）；"俯仰终宇宙，不乐复何如"（陶渊明《读山海经·其一》）；"少无适俗韵，性本爱丘山"（陶渊明《归园田居·其一》）；"白鸥兮飞来，长与君兮相亲"（李白《鸣皋歌送岑征君》）；"相看两不厌，惟有敬亭山"（李白《独坐敬亭山》）；"君子之所以爱夫山水者，其旨安在？丘园，养素所常处也；泉石，啸傲所常乐也；渔樵，隐逸所常适也；猿鹤，飞鸣所常亲也……"（郭熙《林泉高致·山水训》）；"与谁同坐，明月清风我"（苏轼《点绛唇》）；"十笏茅斋，一方天井，修竹数竿，石笋数尺，其地无多，其费亦无多也。而风中雨中有声，日中月中有影，诗中酒中有情，闲中闷中有伴。非唯我爱竹石，即竹石亦爱我也"（郑板桥《题画》）……这些咏唱，正如歌德所说，中国人有一个特点，"人和大自然是生活在一起的"[①]。也正如有的中国学者所指出的："在世界古代各文化系统中，没有任何系统的文化，人与自然曾发生过像中国古代这样的亲善关系。"[②] 这就是中国人世代相承的独特的自然意识。

人类对自然美的发展经历了漫长的历史过程，中西方的自然意识的发展过程也很不相同。但是今天，无论是东方还是西方，自然美作为一种客观存在的美已普遍得到承认和肯定，人们愈来愈对自然美心向神往，保护大自然的美，也已成为一种世界性的风气。

二、自然美的本质特征

人类发现自然美之日，几乎也就是人类对自然美的本质进行哲学思考之时。美学史上，对美的本质的探索就是从自然美开始的，而关于美的本质的种种论争，焦点也集中在自然美上。

---

① 爱克曼辑录：《歌德谈话录》，朱光潜译，北京：人民文学出版社1978年版，第112页。

② 徐复观：《中国艺术精神》，沈阳：春风文艺出版社1987年版，第193页。

在西方，当毕达哥拉斯发出“宇宙是美的”的惊叹时，他就思考着：宇宙为什么美？经过一番沉思，他的结论是：美是和谐，宇宙是和谐的，因而宇宙是美的。他进而大胆推论：“宇宙的组织”是由“数的关系”所构成的“和谐体系”，因而宇宙是美的。所以，“哪里有数，哪里就有美”。虽然毕达哥拉斯这种见解有一定的经验为依据，但毕竟只是一种推测，用一个假定的“数的关系”来说明宇宙美的秘密，显然带有明显的唯心主义色彩。

柏拉图承认自然存在着美，但他又认为自然美来自理念。理念是至高无上的美，真正的美，是使一切事物成为美的“美本身”。自然之所以美，是因为自然摹仿了理念，或有部分理念。然而，理念完全是柏拉图主观臆设的一种“精神”，是柏拉图本人也不能证明它的存在的“东西”，用它来解释自然美的本质，无疑是一种典型的唯心主义。古罗马的神学家普罗丁和中世纪的神学家奥古斯丁、阿奎那都继承了这种观点。如普罗丁认为自然美之所以美，是因为“分享”了“太一”即神明的理性光辉；奥古斯丁认为自然美和万物的美一样，都是上帝的创造，都是从上帝那里得到形式和光辉的结果。他们都对自然美做了唯心主义和神秘主义的神学解释。

在17—18世纪的英国经验主义美学中，仍然可以见到这种神秘主义的自然美论。例如夏夫兹博里（Shaftesbury，1671—1713）认为，自然的美、宇宙的美是造型的普遍的自然，即自然神——“天帝”所创造的。所以，他把宇宙看作“神的艺术作品”①。

黑格尔根据他的“美是理念的感性显现”的命题，认为自然美是“理念的最浅近的客观存在”②，它属于较为低级的美。人们为什么会认为自然物美呢？他说：“自然美只是为其他对象而美，这就是说，为我们，为审美的意识而美。”③ 所谓“为审美的意识而美”，意思就是为人们在自然物面前“产生一种概念的朦胧预感”④。“朦胧预感”是一种不确定的抽象的领悟。例如，“根据我们对于生命的观念”即人的生活观点和习惯来判定动物的美丑。他说，人对生命的观念是“活动和敏捷”，不喜欢懒散，那么，对于一切懒散、笨拙的动物，如两栖动物、某些鱼类、鳄鱼、

① 朱光潜：《西方美学史》上，北京：人民文学出版社1979年版，第215～216页。
② 黑格尔：《美学》第一卷，朱光潜译，北京：商务印书馆1979年版，第149页。
③ 黑格尔：《美学》第一卷，朱光潜译，北京：商务印书馆1979年版，第160页。
④ 黑格尔：《美学》第一卷，朱光潜译，北京：商务印书馆1979年版，第167页。

癞蛤蟆、许多昆虫，我们不产生美感。人对生命的观念要求贞洁，因而对混种动物，如作为鸟与四足兽混合的鸭嘴兽，虽然会感到惊奇，却不觉得它美。一些动物，如老虎、狮子等与人的勇敢、强壮、敏捷的心情契合，因而显得美。[①] 黑格尔对自然美本质的解释，显然否定了自然美的客观性，完全把自然美的秘密归结于人的心灵的审美活动，把自然美的本质解释为主观心灵和心情投射的产物，显然是一种唯心主义自然美观。

与上述道路不同，西方另一派美学家主张从自然事物本身的某些属性去阐述自然美之所以美的原因。例如亚里士多德提出美在于形式的观点，一切事物包括自然的美不美，取决于事物本身的形式，而不在于理念。"形式"指的是外在形式即感性的形状。虽然亚里士多德对"形式"的解释不太确定，有时指外在形式，有时指内在形式，但它是作为批判柏拉图的理念所提出来的与理念对立的概念，他指出这个"形式"存在于事物本身，所以，亚里士多德的自然美观大体上可以说是唯物主义的。

柏克认为美是事物本身的某些性质，即"能引起爱或类似情感的某一性质或某些性质"[②]。这样，他就首先肯定了自然美的本质要在美的事物中去寻找。那么，"某些性质"指什么呢？他认为，美（优美）的事物的特征即美的真正原因是形式上的小巧、光滑、逐渐变化、不露棱角、娇柔、颜色鲜明、不强烈等；而崇高事物的特征是巨大、凹凸不平、奔放不羁，常采用直线、阴暗、朦胧、笨重、强烈等。这是一般事物包括自然物的美的原因（或崇高的原因）。这种观点虽然是唯物的，却又是机械的。

车尔尼雪夫斯基认为："构成自然界的美的是使我们想起人来（或者，预求人格）的东西。自然界的美的事物，只有作为人的一种暗示才有美的意义。"[③] 进而，他认为自然美总是与人类的利益、生命要求密切联系着的，例如，"太阳和日光之所以美得可爱，也就因为它们是自然界一切生命的源泉，同时也因为日光直接有益于人的生命机能，增进他体内器官的活动，因而也有益于我们的精神状态"[④]。车尔尼雪夫斯基显然对自然美的感性因素不太在意，但他抓住自然事物内在性质与人类生活的联

① 黑格尔：《美学》第一卷，朱光潜译，北京：商务印书馆 1979 年版，第 169 ~ 170 页。

② 柏克：《论崇高与美》。引自北京大学哲学系美学教研室：《西方美学家论美和美感》，北京：商务印书馆 1980 年版，第 118 页。

③④ 车尔尼雪夫斯基：《艺术与现实的审美关系》，周扬译，北京：人民文学出版社 1957 年版，第 11 页。

系，这对揭示自然美的本质无疑具有十分重要的意义。

中国古代的自然美论十分丰富。以老庄为代表的道家是自然美最热烈的赞美者，也是对自然美的本质最深刻的思索者。他们的自然美论主要体现在其宇宙论之中。在老子学说中，宇宙就是他在《道德经》中反复所说的"天地"、"万物"的统一体。老子宇宙论的中心问题就是关于宇宙本根问题。何为宇宙本根？老子的回答是"道"。"道"为天地万物之初，先于天地万物而存在，并化生天地万物。所以，离开了"道"，天地万物就不存在。老子指出，"道"的本质规律是"无为而无不为"。这一道论为庄子对自然美的解释奠定了哲学根基。庄子多次提到和明确肯定了"天地之美"，即自然美。那么，自然美何以美？庄子认为，因为天地万物体现了"大美"——"道"。而"道"又何以为"大美"呢？庄子说，因为"道"具有"无为而无不为"的特点。"无为"就是无所追求，自然而然，即老子所说的"辅万物之自然而不敢为"。总括起来说，在庄子看来，自然美之所以美，其秘密在于它的"自然"无为，在于合规律性与合目的性的统一。

儒家没有直接说明自然美因何而美，但他们总是从山水中感受到人生的某种道德境界而欣然快乐。孔子的所谓"知者乐水，仁者乐山"就是把山水之美与人生道德境界联系起来的一种经验概括。荀子谈到孔子对"水"的体验时说："孔子观于东流之水，子贡问于孔子曰：'君子之所以见大水必观焉者，是何？'孔子曰：'夫水，大遍与诸生而无为也，似德。其流也埤下，裾拘必循其理，似义。其洸洸乎不淈尽，似道。若有决行之，其应佚若声响，其赴百仞之谷不惧，似勇。主量必平，似法。盈不求概，似正。淖约微达，似察。以出以入，以就鲜洁，似善化。其万折也必东，似志。是故君子见大水必观焉。'"①

再如，谈到玉石，孔子曾答子贡说："夫玉者，君子比德焉。温润而泽，仁也；栗而理，知也；坚刚而不屈，义也；廉而不刿，行也；折而不挠，勇也；瑕适并见，情也；扣之，其声清扬而远闻，其止辍然，辞也。故虽有珉之雕雕，不若玉之章章。《诗经》曰：'言念君子，温其如玉。'此之谓也。"②

上述即所谓"比德"，以自然事物比附人的道德，即从自然事物中可以体会到人的道德境界。人们之所以乐山乐水，之所以以自然山水为美，

① 《荀子·宥坐》。

② 《荀子·法行》。

正是因为从自然山水中联想到人的道德境界。换言之，在儒家看来，自然美之所以美，就因为它暗示了人的美德，人从中发现自我的高尚人格。

两千多年来，中外哲人和美学家、艺术家们对自然美的本质的解释，给我们留下的思想资料是无比丰富的。本书关于自然美的本质的观点，实际上已在第一章讨论美的本质时阐述过，这里再强调，自然本来没有所谓美不美的问题，自然美是人类在长期改造自然的社会实践中实现了自然与人的有机统一之后，在自然成为“人化的自然”、成为满足人的精神享受的价值对象之后，自然美才生成。所以，从根本上说，自然美是人类社会实践的产物，是合规律性与合目的性的统一，是真与善的统一的自然形象。

自然美作为美的一种形态，和其他美的形态一样，具有美的一般特点，就是生动的形象性和强烈的感染性。除此之外，它还具有以下特征。

1. 无目的性

这里所说的“无目的性”，不是康德的“审美无目的性”，即不是指审美中的无概念和无利害关系，更不是宗教教义中所说的“上帝创造的目的性”（所谓自然万物和它们的美都是上帝预先的有目的的安排），它指的是它所具有的非人为的、不体现人的意图的自在给定性。黑格尔在谈到自然美是“各个差异的部分和方式都融化成为一个整体”[①]，即每一具体自然现象的美都应该是一个“协作一致”的统一体时说：“这种统一体却必须显得是没有意图的统一体，所以不应现出抽象的目的性。各部分既不应以达到某固定目的的手段为那目的而服务的身份而成为观照的对象，也不应在结构和形状中失去它们彼此之间的差异。”[②] 就是说，自然美作为一个统一体，各部分的组合并不是人为的好像按一定的规律有意安排的。人的直接创造物就不同了，例如建筑物的窗子大小、排列方式，是有意图地按一定规律设计的；军营里的士兵一律穿一样的制服，也是有意图的安排。自然美的无目的性，实际上就是庄子所说的“无为”。自然美无目的、无意图，但又显得极有规律，天地的运转、四季的变换、春草遇雨而绿、百花逢春而艳……一切都是有规律的，因而也就显得好像有目的、有意图。然而，这规律却不是人外加的，而是自然“内在的必然性”，或天然如是性，即自然本身“本然”的规律在起作用，一切都是自然而然的，也就是庄子所说的“无所为而无所不为”。

①② 黑格尔：《美学》第一卷，朱光潜译，北京：商务印书馆 1979 年版，第 162 页。

2. 偏于形式美

任何美包括自然美都是内容与形式的统一。黑格尔说："美的要素可分为两种：一种是内在的，即内容；另一种是外在的，即内容所借以现出意蕴和特性的东西。"① 任何事物的美，我们都可以将其分为内在美和外在美——形式美的两种要素。但是，现实世界中有的美是偏于内在的，如人的美等；有的则明显偏重于外在形式的美，自然美就是如此。自然美不是没有内容，但内容是什么，人们有不同的理解，黑格尔认为，自然美的内容就是理念，这当然是唯心主义的。有人说自然美的内容主要是物理、化学元素，如此推论下去，自然美的内容早在人类出现之前已存在了。其实，自然美的内容在于它与人类社会生活的联系之中，体现于对人类生活的功利作用。然而，这种内容始终是模糊的。与人的美作一比较，其差异就显而易见，人的美的内容非常明确，如道德、智慧、情感、意志等，而一座山的美，其内容就显得模糊不清。人引起美感，主要在其内在美；而自然引起美感，却在其形式的美，如黑格尔所指出的，万象纷呈的自然美之所以"引人入胜"，在于它"现出一种愉快的动人的外在和谐"②。总之，自然美的基本特征之一，就是偏于形式美。

形式美就是事物自身形式的特质所构成的美，它包括静态形式美和动态形式美。静态形式美主要指适宜、整齐、对称、均衡、对比、有层次、有疏密、有主次、多样统一的状态。动态形式美主要指在对立、差异、流转、变化、有节奏、有韵律的运动中呈现的状态。自然美的形式美是这两个方面的统一。所以，自然美可以被直接感知和把握，它引起的美感主要是形式美感。自然美的形式是由其自身的客观规律性所确立的。因此，如果说美本质上是真与善的统一的话，自然美就是一种偏重于真——规律性的美。这种规律性没有道德内容，也没有阶级内容，所以，"山水之美，古今同谈"。

3. 变易性

一切事物莫不在运动、变易之中，而宇宙自然更是一个变易不息的大流。《论语》云："子在川上曰：逝者如斯夫！不舍昼夜。"③ 其深刻意义正在于说出了一个真理：世间万物皆生生不已，瞬息万变，大千世界犹如

---

① 黑格尔：《美学》第一卷，朱光潜译，北京：商务印书馆1979年版，第25页。

② 黑格尔：《美学》第一卷，朱光潜译，北京：商务印书馆1979年版，第170页。

③ 《论语·子罕》。

川流不息。庄子云："万化而未始有极也。"[①] "物之生也，若骤若驰。无动而不变，无时而不移。"[②] 皆言一切事物均在变化流转之中。《易传》多次讲到宇宙变化的法则："在天成象，在地成形，变化见矣。"[③] "易穷则变，变则通，通则久。"[④] ……自然美既然以自然物为载体，就必然随自然本身的变化流转而变易无穷。同一自然美，不仅四时变化无穷，就是早暮昼夜，也时时不同。例如，以山为主体的自然景观，王维曾做如下描述：

> 早景则千山欲晓，雾霭微微，朦胧残月，气色昏迷。晚景则山衔红日，帆卷江渚，路行人急，半掩柴扉。春景则雾锁烟笼，长烟引素，水如蓝染，山色渐青。夏景则古木蔽天，绿水无波，穿云瀑布，近水幽亭。秋景则天如水色，簇簇幽林，雁鸿秋水，芦岛沙汀。冬景则借地为雪，樵者负薪，渔舟倚岸，水浅沙平。[⑤]

宋代郭熙、郭思也有类似的描绘：

> 真山水之云气，四时不同：春融怡，夏蓊郁，秋疏薄，冬黯淡。真山水之烟岚，四时不同：春山澹泊而如笑，夏山苍翠而如滴，秋山明净而如妆，冬山惨淡而如睡。[⑥]

自然美的变易性，一方面，使之生生不息，常变常新，给人无穷的意味；另一方面，客观上也就难以被人"挽留"了。

三、自然美的分类

如果按照"自然分类"法，即根据自然美所附着的自然物的性质不同进行分类，则自然美可以分为无机自然的美和有机自然的美两大类。无机自然美又可以分为简单无机自然美和复杂无机自然美，有机自然美则可分为植物美和动物美。

1. 无机自然美

无机自然美指的是没有生命的自然物的美。如泥土、岩石、矿藏、结

---

① 《庄子·大宗师》。
② 《庄子·秋水》。
③ 《易传·系辞上》。
④ 《易传·系辞下》。
⑤ 王维：《画学秘诀·山水论》。
⑥ 郭熙：《林泉高致·山水训》。

晶体、山水、太阳、星星、月亮等的美。这种美的载体——无机自然物，最重要的特点是无生命，是一种毫无灵魂的物质存在。所以，黑格尔说这种自然物和它的美是看不出心灵性的，它是“自在”的，却不是“自为”的。但这种自然物已经不是“太极之初，浑沌未分”的状态，而是在物质运动中形成的已具有一定水平的机械的组织形式，例如某种均衡、匀称、对称、和谐、整一。正是这种组织形式，使之在与人类生活发生联系之后成为美的因素。

无机自然美的载体所达到的组织形式有不同的水平和层次，由此可以分为两个等级，即简单无机自然和复杂无机自然，相应地也形成简单无机自然的美和复杂无机自然的美。简单无机自然作为第一个级别，指的是那些“纯然以机械的物理的方式分立的个别的物体”①，这种自然物缺乏整体的统一性。如石头，既无完整的组织，也没有自觉的灵魂统摄各个组成因素和部分，不像人体，割下来的手就失去存在的意义，因为人体有一种统摄身体各部分的生命。所以，无机自然的美属于一种缺乏整体统一性的简单的美。复杂的无机自然是无机自然界中较高一级的自然。其特点是，虽无生命，但有内在的统一性，是一个整体，其中各部分或因素既独立存在，又“都统摄于同一系统”②。例如太阳、星星、月球等，一方面，它们各自是一个独立体；另一方面，它们在诸天体构成的整个系统中又有一定的位置，有一种内在的统一性，它们都处在一种必然的关系系统中，互相依存地作为一个整体而存在着。所以，这种无机自然的美是一种有整体统一性的较为复杂的自然美。

2. 有机自然美

有机自然美指的是有生命的自然物的美，包括动植物的美。有机自然物是自然发展的更高阶段，它已不是一个机械组织的世界，而是一个充满生机、体现着生命运动的生物有机世界。所以，有机自然美是一种活形象的美。有机自然物的另一个特点是具有生命的内在统一性和外在的统一性，同时具有内在与外在的统一整体性。黑格尔谈到这一特点时用一事实说明：当生命体的某一部分有某种感觉时，生命体可以在无数处同时感觉到。他还用另一事实说明：当人的手从身上割下来时，手就失去了存在的意义，它很快就腐烂，因为它脱离了生命整体。可见，有机自然美就是一种由生命统摄的高度统一的美。

---

① 黑格尔：《美学》第一卷，朱光潜译，北京：商务印书馆 1979 年版，第 149 页。

② 黑格尔：《美学》第一卷，朱光潜译，北京：商务印书馆 1979 年版，第 150 页。

有机自然美有植物美与动物美两个层次。植物有生命，但正如黑格尔所说的："植物没有受到生气灌注的主体性以及这种主体性的感觉的观念性的统一。"[①] 就是说，植物没有意识，没有作为主体性的感觉，它的生命过程千篇一律，不能选择生存空间，经常受困于外在条件（如气候、土壤等因素），所以，在有机物中，它又是低级的生物。它的美固然与生命的生机有关联，但主要还是体现于外在感性因素，正如车尔尼雪夫斯基所说，主要是由于植物的"色彩的新鲜、茂盛和形状的多样"[②] 所决定的。动物不仅有生命，而且有感觉和"初级意识"，它的生命过程虽然主要仍属于自然过程，但也表现出生物界中最高的自为性，例如它能够选择生存空间，变换生存环境，逃避威胁，主动进击等等。所以，动物的美既与它的外在形式诸如对称、丰满、色彩等有关，但已明显体现于其生命力的蓬勃旺盛和生命体的高度统一性。

必须指出，自然物与自然美不是一回事。因此，不能把无机自然的美称作低级的自然美，把有机自然的美称作高级的自然美，把动物美看作比植物美更高级的自然美。例如，不能说太阳、月亮、星辰、金刚石、雨花石的美一定比动植物的美低级，梅花、松柏的美必比动物的美低级。有生命的自然物往往显出一种生机勃勃的美，但自然物的美不美或美到何等程度，并非仅仅根据其是否有生命来说明和论定的。有关美的高低级问题，关键要看其内在方面真善的统一程度和外在方面形象的生动性程度以及内在美与外在美有机统一的程度，而不是单从美所附着的事物本身的性质上去断定，否则，美就失去了自身的意义。

第二节　人自身世界的美

大自然是一个大宇宙，人则是一个小宇宙。古希腊第一个百科全书式的学者德谟克利特（Democritus，约前460—前370）就说过："人是一个小世界。"[③] 如果说，美是自然界的一种最伟大的秘密的话，那么，人就

① 黑格尔：《美学》第一卷，朱光潜译，北京：商务印书馆1979年版，第177页。

② 车尔尼雪夫斯基：《生活与美学》，周扬译，北京：人民文学出版社1957年版，第10页。

③ 北京大学哲学系外国哲学史教研室编译：《古希腊罗马哲学》，北京：生活·读书·新知三联书店1957年版，第107页。

是这个秘密的秘密。因为，人才是美的真正创造者。人不仅是美的创造者，人自身这个小世界就是一个美的世界，而且是我们所能感觉到的现实世界中最高的美。

人来自自然界，本来就是自然的存在物，是物质世界链条上的一个环节。但是，人又是超自然的社会存在物和文化存在物；他既是自在的存在物，又是自为的存在物；他和其他生命体一样生存于自然世界，却又能够认识、改造、支配自然世界；他和动物一样有生命、有灵魂，但动物不能区别自己和它生存的世界，动物没有“精神”（黑格尔曾指出，“精神”不同于灵魂。“精神”主要指人的思维、认识能力）。所以，同样有肉体，动物只能说是有灵魂的肉体，而人却是有灵魂有精神的肉体；动物也“生产”，但动物的生产无目的，只是一种本能活动，它只生产自身，不创造自然，人的生产却是自由自觉的有目的的意志活动，他不仅生产自身，而且生产整个自然界；动物不会创造和运用工具，人能创造和运用工具进行生产；动物不会创造符号，因而动物无文化，人却能创造和运用符号去创造文化（狭义），因而人不仅生活于自然世界，也生活于自己创造的文化世界……总之，人不再以自身的自然存在为其本质，而是以社会—文化存在为其本质。因此，我们有理由把人的美作为一个独立的世界的美来论述。这里所说的“人的自身世界”不同于“人的世界”。“人的世界”除了指人自身，还包括“人的自然”和人创造的“社会—文化世界”，而“人的自身的世界”指的是人作为一种存在物及其所发出的活动，“人的自身世界的美”指的就是人作为一种存在物的美和他的活动的美。

一、人自身世界美的发现

人类对自身美的认识始终与人类对自身价值的认识联系在一起。

人类并非一开始就意识到自身的价值和美。在愚昧时代，人在大自然的威力面前无能为力，于是把大自然看作一种不可抗拒的力量，并把这种力量想象为一种凌驾一切的“神”之所为。这样，人“觉得在神面前，自己毫无价值，他只有在对神的恐惧以及在神的愤怒之下的颤抖中才得到提高”①。那时人类不可能把人自身看作一种美。这是自然崇拜和神力崇拜的必然结果。

进入文明时代之后，人类对自身的价值和美才逐步觉醒。文明初期，

① 黑格尔：《美学》第二卷，朱光潜译，北京：商务印书馆1979年版，第96页。

希腊人虽然没有完全摆脱自然崇拜和神力崇拜的窠臼，例如赫拉克利特断然说，人虽然比猴子美丽，但人在神面前也是丑陋的；柏拉图在思考美的时候也说，只有神、上帝才是至高无上的美。这类观念在西方直到中世纪还有影响力。但总的来说，人对自身的价值和美的认识已随着文明的到来而逐步觉醒。赫拉克利特虽然说人不如神美，但他毕竟肯定了人是一种美，并断定人比动物美。公元前 5 世纪，随着希腊科学文化事业的繁荣发展，人类对自身的力量深信不疑，并逐步认识到，世界不是由神主宰的，也不是由神来衡量的，人才是真正主宰和衡量一切的伟大力量。希腊智者派的早期代表人物普罗泰戈拉（Protagoras，约前 490—前 420）说："人是万物的尺度，是存在的事物存在的尺度，也是不存在的事物不存在的尺度。"① 这是第一次对人的价值不折不扣的肯定，实际上也是对神的否定。而对神的否定和对人的价值（智者派主要肯定人的智慧）的肯定，必然推动人类对自身的美的认识和肯定。

德谟克利特正是从人的智慧开始，首次对人的美做了多方面论述。其后，苏格拉底、亚里士多德等都高度肯定了人的美。从古希腊大量的雕刻作品中可以发现，当时人们对人的美的肯定和礼赞，已经蔚成风气。表面看，这些艺术作品是在狂热地赞美神，实际上，正如马克思所说，古希腊的神说穿了就是人自己，是凡间理想的人的化身。法国文艺理论家、文艺史学家丹纳（H. A. Taine，1828—1893）曾用大量事实证明，希腊人在他们的雕刻作品中，总是把地上的英雄当作天上的神来歌颂。整个古希腊的人本学思潮，其核心精神就是对人的价值和美的赞扬。

进入古罗马时代，希腊人的人本精神在共和制和帝政初期还有较大的影响，但是，帝政后期，神学泛起，对人性的肯定转向对神性的礼赞。被称为新柏拉图主义哲学创始人的普罗丁重新把美归还神和上帝，他以其"太一"为根据，把美分为两大类，即此岸的美和彼岸的美。彼岸的美即神明的美、天国的美，是最高的美。人属于此岸的美，人的美来自神明的烛照。进入中世纪以后，神被进一步推上至高无上的圣坛，人的价值遭到空前的贬斥。基督神学教义大肆宣扬，人是有罪的，罪在人有肉体，有肉体就有欲求，有欲求就必然堕落，人类祖先亚当和夏娃就因欲求而堕落。所以，古希腊以来大量礼赞人的美的作品，尤其是歌颂人的感性美（肉体）的雕塑品都被当作罪孽加以清洗，维纳斯雕像更被当作妖女而被大

① 北京大学哲学系外国哲学史教研室编译：《古希腊罗马哲学》，北京：生活·读书·新知三联书店 1957 年版，第 138 页。

量销毁。人的价值和美被彻底否定了。

文艺复兴时期，新兴资产阶级在对神权猛烈批判的同时，重新肯定了人的价值和美。这是对人的一次伟大的否定之否定，是对古希腊人本主义的复兴和高扬。神学的枷锁被打开了，于是，人的尊严、人的美重新受到热烈的歌颂。但丁在《神曲》中坚定地宣布："我实实在在敢说：人的高贵，就其许许多多的成果而言，超过了天使的高贵，虽然天使的高贵，就其统一性而言，是更神圣的。"[①] 到了莎士比亚，对人的美的肯定和礼赞就显得毫不含糊和坚定彻底了。在《哈姆雷特》中，他借剧中人之口说道："人是多么了不起的一件作品！理性是多么无穷！仪表和举止是多么端庄，多么出色！……宇宙的精华，万物的灵长！"这是一支响亮而神圣的"人之歌"！是对古希腊"人是万物的尺度"的旗帜的高扬，是人类在经历了中世纪的磨难之后最普遍最清醒的自我觉醒和肯定。

这一时期，有人写专著，大谈人的美，如费伦佐拉写的《论妇女的美丽》；许多诗人、艺术家则热情洋溢地通过艺术作品歌颂了人的美，像达·芬奇的《蒙娜丽莎》，波提切利的《维纳斯的诞生》，拉斐尔的《圣母玛丽亚》，米开朗琪罗的《大卫》、《亚当与夏娃》（《创世纪》之一）等，都是对人的美的充分肯定和讴歌。正如丹纳在论述这一时期的美术作品时所说的，他们都竭力去创造"一批庄严健美，生活高尚的人体，令人想到更豪迈，更强壮，更安静，更活跃，总之是更完全的人类"[②]。

文艺复兴以后，西方对人的美的肯定始终是主流。虽然有的科学家、哲学家也不断谈到人的某些缺陷和局限性，但人是宇宙精华、人是自然界中最伟大的美的观念已成为西方近代以来的普遍观念。

中国古代对人的美的发现和赞美同样开始于文明时代之初。当希腊人提出"人是万物的尺度"的时候，中国人已提出了另一响亮的口号："惟人为万物之灵。"[③] 其时，对人自身的美进行具体而热烈的礼赞的，主要体现于中国第一部诗歌总集《诗经》中。这些古老的诗歌，或赞美猎人的勇武仁智之美，或歌唱妇女的雍容华贵、艳丽照人之美，都给人留下深刻印象。不过，那时人们对人自身的美的认识，主要还是一种感性认识。春秋以后，人们才真正从理性上来理解人的美。从那时开始，中国人对人

① 但丁：《神曲·飨宴篇》。

② 丹纳：《艺术哲学》，傅雷译，北京：人民文学出版社 1963 年版，第 76 页。

③ 此说见于《尚书·泰誓上》，古文本《尚书》记载商周之事，此说当产生于商周时代，足见中国人对人的价值、人的美的发现是非常古老的。

的美的认识主要建立在一般人生论的哲学基础上。中国古代的人生论从天人关系开始，其中心问题是人在宇宙中的位置问题。中国古代哲学正是由此来肯定人的价值和美的。春秋时代第一个高度和明确肯定人的卓越地位的是老子。他说："故道大，天大，地大，人亦大。域中有四大，而人居其一焉。人法地，地法天，天法道，道法自然。"① 老子把人看作宇宙中"四大"之一，与天地同一，又实高于一般事物之上。

其后，荀子认为人"最为天下贵"，因为人具有万物所不具有的性质："水火有气而无生，草木有生而无知，禽兽有知而无义，人有气有生有知亦且有义，故最为天下贵也。"② 先秦之际儒家所作的《礼运》对人的地位也大加肯定："人者，其天地之德，阴阳之交，鬼神之会，五行之秀气也。""人者，天地之心也，五行之端也。"人是天地间万物中唯一有德者，又是唯一有知有觉者，所以既是天地之德，又为天地之心，非一般的物可以比拟。

到了汉代，董仲舒进一步肯定了人在宇宙中的崇高地位。他说："天地人，万物之本也。天生之，地养之，人成之……三者相为手足，合以成体，不可一无也。"③ "天地阴阳木火土金水九，与人而十者，天之数毕也……起于天至于人而毕，毕之外谓之物，物者投所贵之端而不在其中，以此见人之超然万物之上而最为天下贵也。人下长万物，上参天地，故其治乱之故，动静须逆之气，乃损益阴阳之化，而摇荡四海之内。"④

上述对人在宇宙中的地位的肯定和对人的价值的高扬，其后一直贯穿于中国整个哲学和伦理学。两千多年来，在中国人心目中，人是天地间之至美，为美中之灵秀。当然在中国哲学史上，也有人认为人是渺小的。例如庄子就以宇宙之无穷，极言人之无足轻重；甚而以为，人不过天地之附庸，毫无独立地位。庄子这些说法不能理解为对人的价值的否定，他也说过"天地与我并生，万物与我为一"⑤，认为人与天地有同一的价值、同一的美。

先秦至两汉的人论明显偏重于对人在宇宙中地位的探究和偏重于对人的德行学识的肯定。而到了魏晋时代，才真正把人作为审美对象来肯定和

① 《老子·二十五章》。

② 《荀子·王制》。

③ 董仲舒：《春秋繁露·立元神》。

④ 董仲舒：《春秋繁露·天地阴阳》。

⑤ 《庄子·齐物论》。

"品藻"。这和魏晋人们从对自然的"比德"到自觉以其为"畅神"的对象一样，表明了这一时代人们对人的审美意识的觉醒。翻开《世说新语》，我们就可以发现，这时对人的赞美和肯定已经不仅仅是伦理评价，而且是对人的风神仪容的审美评价了。魏晋时代对人的美的发现和他们对自然美的发现是不可分割的，他们以自然美比拟人的美，由人联想到自然，又从自然反观人，这正是"天人一体"的哲学观在对人的审美认识上的体现。此后一千多年，中国人对人自身美的礼赞，几乎一直是沿着这种审美情趣延续下来的。

人类在发现人的美的同时，也必然产生关于人如何才美的观念。这种观念是随着历史的发展，随着人对自身世界的了解和认识不断加深而发展的。从人类对人的美的发现和认识规律说，必然由感性到理性，由外在到内在，最后才是整体的综合认识。

二、人自身世界美的构成

人是"现实的、单独的、肉体的人"，又是"真实存在着的、活动的人"。[①] 所以，人自身世界的美既包括作为"感性的对象"的灵与肉统一的美，又包括人的"感性的活动"的美。这两个方面的统一，才构成了整体人的美。

（一）作为感性对象的人的美

人作为感性的对象，是有生命、有灵魂、有意识的对象，是精神与肉体的统一。因此，人作为感性对象的美包括形体的美和精神的美。

1．形体美

人的形体美在自然界一切生命的载体中是最高的美。

人的形体美的载体是人的形体。人的形体即血肉之躯，是人存在的现实，没有形体的人是不存在的。

人的形体是物质运动的最高产物。"生命是整个自然界的结果"[②]（无机物—简单有机物—高分子有机物—蛋白体—生命），而人体则是生命之果的最高形式。人体是一个结构复杂、变化微妙而又高度和谐严整的整体。

人类对自身形体的崇拜早在旧石器时代就出现了，但是对形体美的发

① 《马克思恩格斯选集》第3卷，北京：人民出版社1972年版，第50页。

② 《马克思恩格斯选集》第3卷，北京：人民出版社1972年版，第528页。

现和欣赏则开始于文明时代之初。古希腊人已把人的形体看作高于一切其他生命体的美来欣赏，同时他们又通过艺术创造尤其是雕刻艺术的创造去表现人的形体美。例如，表现男性形体美的作品，像《阿纳维索斯的库罗斯》、《美男子》、《皮翁比诺的阿波罗》、《掷铁饼者》、《持矛者》、《赫拉克勒斯》、《赫尔美斯与小酒神》、《牧羊神》、《望楼上的躯干》等，充分生动地表现了男性形体的刚健之美、力量之美。如表现女性形体美的作品，像鲁多维奇宝座浮雕中的《阿芙洛狄特的诞生》、《吹笛的少女》，像《命运三女神》、《胜利女神》、《蹲踞的维纳斯》、《米洛的维纳斯》、《尼多斯的阿芙洛狄特》等，表现了女性形体健壮而富于变化、线条起伏转折、神态婀娜妩媚的美，令人感到处处“能激起富有感官的柔情”。除了古希腊，步入文明时代的古埃及也创造了像《女性小雕像》、《纳弗尔蒂雕像》、《手持莲花的少女》、《运送供品的妇女》、《宴会中的舞女》等作品，古印度也创造了像《青铜舞女像》、《持拂药叉女》、《树神药叉女》、《逗弄鹦鹉的药叉女》等作品，都从不同角度表现了人的形体美的风采。

中国在步入文明时代之后，虽然没有否定人的形体美，但不像西方那样对人体美津津乐道，也很少在艺术上赤裸裸地表现人体美。为世人瞩目的敦煌莫高窟中的唐代彩塑，尤其是那些精美的观音塑像，或如北周428窟窟顶平棋上的那组“飞天”、北魏257窟窟顶平棋上的那组“飞天”，确实是对人体美的生动刻画，这些作品从不同角度表现了女性形体独特的魅力，但这种热烈的赞美和艺术表现在中国古代毕竟是极其有限的，也并非赤裸裸的，不是严格意义上的裸体艺术。1977年在我国甘肃酒泉丁家闸五号墓中发现的东晋十六国时期墓中壁画的裸女像，是迄今为止所发现的严格意义上的人物裸体画（也是最早的裸体画）。画中一女性，手持类似扫把的东西作扫地状，体态丰腴，腹、臀、腿均肥满。这种赤裸裸地表现和肯定人的肉体美的艺术作品，在中国古代几乎绝无仅有。一般说，中国古代的裸体艺术不刻意地真切地去表现人体的具体细节，而往往通过概括化、抽象化将其与现实拉大距离。如被称为“东方维纳斯”的四川北山菩萨像，虽然也极富于女性形体美，体态婀娜、肌肤莹润、神情妩媚。但与西方“维纳斯”像比较起来，其显著特点是，凡富于感官刺激的部分，都予以简化。总之，中国古代对肉体的诱惑强调节制，所以，即使在艺术上赞美人体美，也多为《诗经》式的，着重于仪态容貌，对肉体的赞美总是含蓄的。

人体为什么是美的，并且是一切生命体中美的桂冠呢？人们有种种不同的回答。有人从人体本身的结构形态、形状、色泽、比例等自然属性上去理解。例如，毕达哥拉斯认为“美是和谐”，人体美也在于和谐，一切对立因素的均衡、匀称、合比例都属于和谐，而人体之所以美，就因为它各部分的比例对称。毕达哥拉斯派中的雕刻家波里克勒特甚至写了《论法规》一书，专门研究人体各部分的数量比例；另一位毕达哥拉斯派库里什普说，人体的美，“在各部分之间的对称——例如各指之间，指与手的筋骨之间，手与肘之间……”的对称。[①] 这种观点，即从形体的结构组织形式上理解人体美的实质，在西方美学史上较为普遍。例如，达·芬奇认为人体美应严格符合如下比例：头长与身高的比为1∶8；头长与胸厚的比是1∶1；双臂展开的距离与身高的比是1∶1；等等。就是说，人体之所以美，在于有严格的比例。英国启蒙运动时期，画家兼艺术理论家荷加斯（W. Hogarth，1697—1764）则从线条美的角度看人体，认为蛇形线——曲线、波状线等是最美的线条，它“赋予美以最大的魅力”[②]。而人体之所以美，就因为它的“肌肉和骨骼各由这些美的曲线构成”[③]，所以，“人体较之自然创造出来的任何形体具有更多的由蛇形线构成的部分，这就是它比所有其他形体更美的证据，也是它的美产生于这些线条的证据”[④]。他还认为，由于女性形体的曲线更突出，加之皮肤更具“丰满性”，肌肉更具“柔软性”，整体上更显得柔和流畅、多样变化，因而较之男性形体更美。法国现代著名雕塑家罗丹在谈到雕塑家应善于发现人体美时，表达了这样的观点：人体之所以美，在于“人体轮廓的壮丽节奏”、“静穆和谐”、“十分匀称、稳定、健美而有神采”。[⑤]

人的形体美固然表现在形式上，但人体美的根本内涵不仅仅是形式。黑格尔认为，人体比动物美，是“因为人体到处都显出人是一种受到生气灌注的能感觉的整体。他的皮肤不像植物那样被一层无生命的外壳遮盖住，血脉流行在全部皮肤表面都可以看出，跳动的有生命的心好像无处不在，显现为人所特有的生气活跃，生命的扩张……”[⑥] 在论述雕刻艺术时，黑格尔又区别了两种肉体，一种叫作“灵魂的肉体”，一种叫作“精神的肉体”。精神与灵魂不同，灵魂只涉及生命，精神却涉及思想、意

---

① 北京大学哲学系美学教研室编：《西方美学家论美和美感》，北京：商务印书馆1980年版，第14页。

② 荷加斯：《美的分析》，杨成寅译，北京：人民美术出版社1984年版，第45页。

③④ 荷加斯：《美的分析》，杨成寅译，北京：人民美术出版社1984年版，第59页。

⑤ 罗丹：《罗丹艺术论》，沈琪译，北京：人民美术出版社1978年版，第90页。

⑥ 黑格尔：《美学》第一卷，朱光潜译，北京：商务印书馆1979年版，第188页。

识、感情、目的等。动物的肉体是灵魂的肉体，人不仅有生命（有灵魂），而且有思想意识，所以人的肉体是精神的肉体。[1] 因此“人的躯体不是一种单纯的自然存在，而是在形状和构造上既表示它是精神的感性的自然存在，又表现出一种更高的内在生活，因此就不同于动物的躯体，尽管它和动物的躯体大体上很一致”[2]。车尔尼雪夫斯基则从“美是生活”的观点出发，认为人体的美也基于人的生活。他断定：“凡是我们看见其中表现了生活，尤其是表现了使我们陶醉的那种生活，我们自己也倾心向往的那种生活的那一点，就是我们认为人体美的那一点。”什么样的生活呢？那就是“思想和心灵的生活”。[3] 他把人体美与人的生活联系起来，而不像黑格尔那样与理念联系起来，这就比黑格尔更为深刻。

我们认为人体美之所以美，是因为人体具有最复杂、最生动、最严格的造型，有鲜明的量感、质感、节奏感、韵律感、严整感。进一步说，因为人体是物质与精神在最高层次上的融合统一，体现了高级生命的特征，是最富于意味的形式。从根本上说，人体美是人类社会实践的历史成果，是人类在改造客观世界的同时改造了人自身形体的结果。因此，人体美体现了人类伟大的创造力，显示了人改造自身的本质力量，它既是自然的又是创造的，是造化之功与人的伟大创造力相统一形成的美。

2．精神美

精神美指人的心灵世界的美。精神不同于生命或灵魂，精神指人特有的思想、观念、情感、意志等。古希腊把人的心灵世界划分为三大部分，即“知”、“情”、“意”。“知”涉及智慧；“情”即感情，包括“欲”；“意”即意志，涉及道德等。当然，人的心灵世界是极其复杂的，现代心理学、生理学还发现了“无意识”等领域。但上述三个部分是主要的，人的精神美主要涉及这三个领域的美。

道德美，或称美德，是人们在调节人与人、人与社会的关系中所表现出来的一种高尚的品质，是一种善的价值。道德只存在于人类之中，因为只有人类才有“关系”，人——每个具体的人都处在“你”与“我”与“他”的关系之中，有了“关系”，才有调节的问题，才有道德的产生。而“动物不对什么东西发生返回到自身的‘关系’，而且根本没有‘关

---

①② 黑格尔：《美学》第三卷上册，朱光潜译，北京：商务印书馆 1979 年版，第 127 页。

③ 车尔尼雪夫斯基：《生活与美学》，周扬译，北京：人民文学出版社 1957 年版，第 7 ~ 9 页。

系'；对于动物说来，它对他物的关系不是作为关系存在的"[①]。所以，动物之间不存在着道德问题，只有人类才有道德问题。

中国传统文化极重视人的道德问题。在中国古代哲人看来，道德即"人道"，人道与天道、地道并列，都与宇宙的本根"道"相通。宇宙本根是道德的最高准则，人之道德乃宇宙本根的体现，又与天地之道一致，因而也就是人的精神世界的根本，立人先立德便成为中国传统理想人格的基本要求。西方古希腊时代也谈"德"，不过，他们所说的"德"包括智慧和做人的规范；后世哲人谈"德"则主要指做人的规范，并认为德在人的心灵世界占着重要地位，如：但丁说，人不应像走兽一样活着，而应当追求知识和美德，他认为美德是与野蛮抗争的一种心灵武器；培根则把美德比作心灵的宝石，认为有了这块宝石，人的心灵才是美好的；等等。古人在使用"道德"这一概念时，一般是在褒义的意义上使用的。其实，道德有善恶美丑之分，"善"德才是"美德"。在现实生活中，不同阶级、不同民族、不同个人都会有不同的道德观念和规范，但道德的美丑善恶是有客观标准的。凡有利于社会进步、符合人民利益的，即合规律合目的的道德就是美的，否则就是丑的或恶的。

智慧，指人的认识能力，主要指思维能力或思想能力。古希腊人所说的"知"和"理性"大致属于智慧的范围。孔子所说的"仁义礼智信"中的"智"、孟子所说的"心之官则思"中的"思"也属于这个范围。但先秦所说的"知"就较复杂，有时指感觉、知觉能力，有时指思维能力，不过总的说都较接近智慧的意思。智慧乃人独有的"心智"能力，也是人之所以高于动物的本质属性和根本标志。赫拉克利特为什么说"最美丽的猴子与人类比起来也是丑陋的"呢？他说，因为"人人都禀赋着认识自己的能力和思想的能力"[②]。亚里士多德说人和动物都有感觉能力，但人却有理性，所以他把人定义为"理性动物"。黑格尔也指出："'思想'确是人类必不可少的一种东西，人类之所以异于禽兽者以此。所有在感觉、知识和认识方面，在我们的本能和意志方面，只要属于人类的，都含有一种思想"，"禽兽没有思想，只有人类才有思想，所以只有人类——而且就因为它是一个有思想的动物——才有'自由'"。[③] 恩格斯

① 马克思、恩格斯：《德意志意识形态》。引自《马克思恩格斯选集》第1卷，北京：人民出版社1972年版，第35页。

② 北京大学哲学系外国哲学史教研室编译：《古希腊罗马哲学》，北京：生活·读书·新知三联书店1957年版，第27页。

③ 黑格尔：《历史哲学》，北京：生活·读书·新知三联书店1956年版，第46、111页。

进而指出："我们比其他一切动物强"，就因为我们——人"能够认识和正确运用自然规律"，能用理性思维来对待人与自然、人与社会的种种关系。[①] 所以，人类能驾驭自然、改造自然；能制造工具、扩大自己征服宇宙的能力；能创造符号，创造文化；能辨是非真假，能识美丑善恶，等等。这些才能正是人的智慧的现实体现。毫无疑问，智慧作为人的本质力量之一，它本身就是一种美。

智慧与美德有内在联系。一个人、一个社会的道德风范之美和文明程度，往往与人、社会群体的认识水平相关联；野蛮人道德水平的低下也与其理性水平低下不可分割。但智慧不等于美德，有智慧不等于有美德。只有当智慧与美德相结合，即真（智）与善（德）统一时，智慧才显出美的光芒。

意志，作为人的精神世界的一部分，指的是人为实现某种预定目的自觉支配其行为的心理过程和主观志向。有没有意志，也是人与动物的区别之一。恩格斯说："人离开动物界愈远，他们对自然界的作用就愈带有经过思考的、有计划的，向着一定的和事先知道的目标前进的特征。"[②] 人的一切行为都有目标、有目的，所以，人的行为是必然的，而非动物性的"本然"。对此，中国古代哲学中有精辟的论述，如明代王阳明说："志，气之帅也，人之命也，木之根也，水之源也"，"志不立，如无舵之舟，无衔之马，漂荡奔逸，终亦何所底乎？"[③] 没有意志，一切行为就是盲目的。清初王船山指出，如果人只任其自然，则与动物无异："顺用其自然，未见其异于禽兽也！"[④] 戴震也说："夫人之异于物者，人能明于必然；百物之生，各遂其自然也。"[⑤] 意志，在人的精神世界中占有重要地位，中国古代思想家历来十分重视。如孔子说："三军可夺帅也，匹夫不可夺志也。"[⑥] 苏轼说："古之立大事者，不惟有超世之才，亦必有坚忍不

---

① 恩格斯：《自然辩证法》。引自《马克思恩格斯选集》第 3 卷，北京：人民出版社 1972 年版，第 518 页。

② 恩格斯：《自然辩证法》。引自《马克思恩格斯选集》第 3 卷，北京：人民出版社 1972 年版，第 516 页。

③ 《王阳明全集·悟真录》。

④ 王夫之：《船山思问录·内篇》。

⑤ 《孟子字义疏证》。

⑥ 《论语·子罕》。

拔之志。”[1] 所以，在中国传统文化观念中，意志一直被当作人格修养和美德的一个构成因素。西方哲人也极重视意志，如费尔巴哈就把意志看作性格的力量。

意志作为一种美，表现在主体向着预定目的前进中的坚决性、坚定性、顽强性和积极进取、义无反顾的精神上，但必须体现真善的统一、合规律性与合目的性的统一，否则就会成为盲目的顽固性，就失去美的意义。

情感，在人的心灵世界中是一种极复杂的心理现象。它是人们对特定事物和活动的体验性心理反应，如喜怒哀乐。古人云：“性之感于物而动，则谓之情。”[2] 可见，“情”乃人性之表现。情与“欲”关系密切，古人往往把两者当一回事，称为“情欲”。柏拉图认为情欲属于人性的低劣部分，它使人格败坏堕落。这种观点不免片面。情与欲有联系又有区别，“欲”多指本能要求，“情”则是“欲”的精神升华，属于社会人的人性因子。正如别林斯基所说：“在具有情欲的人和具有感情的人之间，距离非常之远。”[3] 人如果仅仅停留在本能的“欲”的水平上，则与动物无异；人之高于动物，恰恰因为能超越本能的“欲”而升华为“情”。人“欲”尚不应贬斥，更何况人“情”？一个缺乏感情的人，何异于行尸走肉？情也有美丑之分，关键要看引发特定感情的特定事物性质如何。凡是对假、丑、恶事物做出“否定性”心理反应之情（如愤怒、厌恶、不满等）或对真、善、美事物做出“肯定性”心理反应之情（如高兴、喜欢、满意等），就是美的；反之则是丑的。美好的情感，能使人性充实，生命富有，精神生活色彩斑斓；美好的情感，又是构成人的审美心灵和造成丰富的审美感觉力的核心元素；美好的情感，也是推动人们追求真理和为人类壮丽事业献身的巨大动力。美好的情感是人对宇宙人生深刻认识的结果，是建立于人的理性基础上的。因此，情感要成为一种美，必须与理智相统一。只有当情与理达到高度和谐时，人性才是真正的完满美好。

人的精神美是上述因素的有机统一。人的素质的美、气质的美，主要是通过这几个方面的有机统一体现出来的。完美的人是形体美和精神美的统一，但精神美始终是本质性的美。人的形体美随着时光的流逝总会消

---

① 《晁错论》。

② 朱熹：《答徐景光》。

③ 《别林斯基选集》第二卷，满涛译，上海：上海译文出版社 1979 年版，第 448 页。

失，人的精神美却能超越形体美的有限而获得永恒。

（二）人的感性活动的美

人不仅以感性的对象存在着，而且以感性的活动存在着。因此，人自身世界的美还包括人的感性活动的美。在马克思主义看来，“历史不过是追求着自己目的的人的活动而已”[①]。人的本质、人的价值只有通过人自身的活动才表现出来。同样，人的美，尤其是内在美，也只有在自身的活动中才呈现出来。人的活动是多方面的，主要是实践活动和社会交往活动。

1．实践活动的美

人的实践活动，这里指的是人的一切现实的感性活动，例如劳动生产、社会斗争、科学实验等。其中最基本最重要的是劳动生产。

劳动生产，也称物质生产，是人为着物质生存的需要向自然界索取物质资料的实践行为。它是人类的“第一个历史活动”，“人类生存的第一个前提”，也是“一切历史的第一个前提”。[②] 人类为了创造历史，必须能够生活；而为了生活，首先必须解决衣、食、住等问题。因此，物质生产必然成为人类第一个历史活动形式，它是社会存在的基础，也是历史发展的基本动力。人类活动的美，首先就表现在体力与智力相统一的生产劳动之中。

生产劳动作为人类活动的基本形式，它之所以能成为一种美，从根本上说是因为它体现了人的“自由自觉”的创造性。自由自觉的创造性生产劳动就是一种美的形态。这里所说的自由，首先指的是合规律性，即人掌握了自然的客观规律，由必然王国进入自由王国，以主体的身份支配自然的那种自由；其次，指人在劳动中处于主体地位，不仅支配自然，也支配自己的劳动能力。换言之，具有自由本质的生产劳动，就是劳动者作为支配一切自然力的主体出现在生产过程之中，同时劳动者对个人的劳动能力拥有自我支配权利的劳动。这样的劳动，才“被看作自我实现主体的物化，也就是实在的自由”[③]，才是“‘完整的主体’……的全部才能的自由发展中产生的创造性的生活表现”[④]。劳动的自觉，主要指劳动主体

① 《马克思恩格斯全集》第2卷，北京：人民出版社1979年版，第119页。

② 《马克思恩格斯选集》第1卷，北京：人民出版社1972年版，第32页。

③ 《马克思恩格斯全集》第46卷下册，北京：人民出版社1979年版，第112页。

④ 《马克思恩格斯全集》第3卷，北京：人民出版社1979年版，第248页。

在劳动之前和劳动过程中具有明确的目的性和主动参与的特征。首先，这种劳动不是盲目的、无目的的、无意识的，不像动物那样虽然生产却不知道为什么生产，而是具有一定的目的性、意志性和指向性，劳动主体在劳动过程一开始就是“经过思考的、有计划的、向着一定的和事先知道的目标前进”[①]；其次，自觉也指人不把劳动仅仅作为自然欲望和谋生的需要，而是同时也看作一种享受、一种必需，是真正合乎人的目的的，从而他的劳动才可能是自愿的。由上表明，“自由自觉”就是合规律与合目的的统一，也就是真与善的统一，美的劳动就是一种合规律性与合目性相统一的即真与善相统一的劳动。既然这种劳动是自由自觉的，劳动主体把劳动看作一种必需，那么，他的智慧、才能就能充分发挥，就会真正“把劳动当作体力和智力的活动来享受”[②]，从而感到一种自由创造的喜悦。这种劳动就具有审美性质，就是一种美的形态。

在不同的历史阶段，人类生产劳动的性质和审美内涵也是不同的。在社会分工形成之前的原始社会，生产劳动停留在极其低下的水平上：一方面，人类对自然规律缺乏认识，工具粗糙，生产力低下，劳动水平没有走出“必然王国”，其劳动的自由性是极其有限的；另一方面，那时人的需要仍然局限于粗糙的物质需要，仍然没有从自然欲望中摆脱出来，劳动只被当作一种维持生存的手段，而不是同时作为一种享受的活动来对待。这样，尽管那时人们共同劳动，彼此平等，产品分配公平，劳动不是他人强制下的行为，人人自觉参加，这些因素的确使原始劳动具有了一定的审美意义，但是，从总体上说，原始劳动的美仍然处于低级阶段。社会分工以后，人类生产劳动获得了巨大的发展，对自然规律的掌握使人类从必然王国逐步迈进自由王国，生产效率大大提高。人类对自身物质性的需要逐步摆脱了动物方式，新的需要包括精神享受的需要发展起来了，人们在生产劳动中的创造性也大大发展了，劳动的美的因素增大了。

但是，另一方面，社会分工也带来了人与人之间的不平等，从而出现了劳动的“异化现象”。马克思曾把分工称作“人的活动这种异化了的和外化的形式”[③]。异化劳动就是劳动者通过自己的劳动产生了自己的对立面，劳动产品由劳动者创造出来，却不为劳动者所有，而且反过来奴役自己，“死物”支配了活人；而劳动者则只把劳动作为谋生手段，劳动不是

---

① 《马克思恩格斯全集》第 3 卷，北京：人民出版社 1979 年版，第 516 页。

② 《马克思恩格斯全集》第 23 卷，北京：人民出版社 1979 年版，第 202 页。

③ 《马克思恩格斯全集》第 42 卷，北京：人民出版社 1979 年版，第 144 页。

目的；在劳动中人成了机器，人的主体性丧失了，而人的主体性一旦丧失，也就是不自由的，既然不自由，就谈不上自觉，也就不能充分发挥自己的创造性。这就是异化劳动的本质和特征。异化劳动不美，但在异化劳动中人的本质没有完全丧失，劳动主体仍要按照美的规律创造，因而仍然能够创造美的珍品。

人类只有克服了劳动的异化状态，使劳动达到自由自觉的、真善统一的、富于创造性的时候，劳动才能真正成为美的形式。

2. 交往活动的美

人类感性活动的另一种基本形式是交往活动。马克思认为，交往和生产是考察社会历史发展的两个对应性范畴。[①] 交往是人类社会客观存在的人的活动现象。自从有了人类，也就有了人与人之间的交往，它是人与人之间相互联系、相互作用的基本方式和过程。人自身世界的美也体现在这种方式和过程中。

人类的交往活动是在物质生产活动的基础上建立起来的。人类要征服自然，向自然索取生活资料，就必须结成一定的关系，人的交往活动就发生了，而交往的结果，反过来推动物质生产的发展。如马克思、恩格斯所说："某一个地方创造出来的生产力"，其往后的发展，"取决于交往扩展的情况"。[②] 所以，交往活动与生产活动是互为前提和条件的。

随着人类征服自然的能力和生产力水平的提高及生活方式的多方面发展，人们相互交往的范围也相应扩大了，不仅有物质生产方面的交往，也有了精神方面的交往。这样，人类的交往就形成了物质交往和精神交往两大基本形式。物质交往指的是在物质生活中人们相互间的物质、能量的交换；精神交往指的是在精神生活中人们相互间思想、政治、道德、文化、情感等方面的沟通和往来。

人类的交往活动是一种复杂的活动，其中也有美丑之分。一般来说，正常的交往活动，可以扩大个体的体力和智力，例如在生产活动中，人们通过交往，结成一种群体的活动方式，从而克服了个人能力的局限性，增大了征服自然的力量，有利于生产的发展，既合规律性又合目的性，这种交往就具有审美的性质，人们在这种交往中就会感到一种精神喜悦，这种交往也就是一种美。朋友之间的交往、爱情关系的交往、一般人与人之间

---

① 马克思、恩格斯：《德意志意识形态》中关于"交往和生产力"部分。引自《马克思恩格斯选集》第 1 卷，北京：人民出版社 1972 年版，第 60 ~ 61 页。

② 《马克思恩格斯选集》第 1 卷，北京：人民出版社 1972 年版，第 60 页。

的交往，如果实现了规律性与目的性的统一，体现了真与善的内容，那么，这些交往就是美的。反之，一切违背真善或真善分裂的交往，就会使人与人之间的交往变得丑恶或庸俗。

以上是关于人自身世界的美的阐述。人这个小宇宙比其他任何事物都要更加复杂，人对自身的认识永难穷尽，还有待于人们不断去探索和进一步描述。

第三节 文化世界的美

一、文化世界美的内涵和范围

文化世界是现实中又一绚丽多彩、美不胜收的广阔世界。关于文化世界的含义和范围，因人们对“文化”概念的不同理解而会有不同的界定。

什么是“文化”？自从“文化学”诞生以来，人们下的定义至少几百个。英国文化史家雷蒙·威廉斯（Raymond Williams，1921—1988）经过研究之后做了这样的概括：“以18世纪末为界限，在这个时期以前，文化一词主要指‘自然成长的倾向’，以及——根据类比——人的培养过程。但是到19世纪，后面这种文化作为培养某种东西的用法发生了变化，文化本身变成了某种东西。它首先是用来指‘心灵的某种状态或习惯’，与人类完善的思想具有密切的关系。其后又用来指‘一个社会整体中知识发展的一般状态’，再后是表示‘各类艺术的总体’。最后，到19世纪末，文化开始意指‘一种物质上、知识上和精神上的整体生活方式’。”①

后来各派文化学家比较一致的意见是，必须把文化看作人的活动产物，文化作为人类群体的成就，体现在感性产品中。但是，哪些产品可称文化呢？有人主张指精神产品，如科学、哲学、宗教、艺术、法律、风俗习惯等；有人主张指一切物质的和精神的产品。前者也称为“小文化”，后者也称为“大文化”。在这里，我们采用的是“大文化”的概念，主张文化包括物质文化、精神文化和规范文化。文化世界的美主要包括这三种文化的美。

文化是人有意识的创造物，是人的生命活动的结果，没有人就没有文化。文化是人类凭借工具和符号所创造的，动物不能创造、运用工具和符

① 雷蒙·威廉斯：《文化与社会：1780—1950》，高晓玲译，长春：吉林出版集团有限责任公司2011年版。

号，所以，动物始终不能创造文化，所谓“文化世界”，从来并且永远只能是人的世界。

马克思认为，人类的文化产品，都是“人类的生活的对象化”[①]，“是一本打开了的关于人的本质力量的书，是感性地摆在我们面前的人的心理学”[②]。就是说，文化产品，是对象化了的人的本质。所谓对象化，就是主体使自己的活动从主体的存在方式转化为客观对象的存在，或者说，就是把人的某种本质力量和观念凝聚并表现于活动对象上。

物质文化产品是人的物质实践力量和智力相统一的对象化形态，精神文化产品则是人的观念、智力、想象、幻想、信仰、理想等心灵生活的对象化形态，它们实质上都是人的本质的现实肯定。文化世界之所以是一种美，从根本上说，正是因为它是人的本质和生活的生动显现，是人的“作为自己的本质即自己的生命表现的对象”[③]。自然美也是人的本质力量的对象化，但自然美并非人有意识地直接创造出来的，不是人的本质力量的直接显现。

文化世界的产品是自然界中本来就不存在的东西，它是人类不满足于自然界现成的资料而直接运用自己的智力、体力创造出来的用以满足自己生活需要的产品。作为一种美，它是人的本质力量的直接显现。因此，如果说，人类通过自然美反观自身始终是朦胧的、模糊的话，那么，通过文化产品的美，人类则能够直接地、明确地看到自身的创造力。例如，面对某一处自然美，我们很难从中感悟到人的本质力量，而面对万里长城、金字塔、罗浮宫，却能够非常自然地惊叹人类的伟大创造力。自然美的产生完全可以和人的意志、意向、意欲、理想、情感、愿望无关，没有任何自然美是“作为预期的自觉的目的发生的”[④]（至于人有意识改造、创造的“自然美”如园林之美，它已不是本来意义上的自然美——“原生自然美”，而是文化世界的美了）；而文化现象，是人“在社会历史领域内进行活动”的产物，“全是具有意识的、经过思虑或凭激情行动的、追求某种目的的人”创造的成果，没有任何一种文化产品的产生没有人的“自觉的意图”和“预期的目的的”。[⑤] 正是在这一意义上，我们说文化世界的美是打开了的人的本质的书，是感性地呈现于我们面前的人类心灵的心

① 《马克思恩格斯全集》第42卷，北京：人民出版社1979年版，第37页。
② 《马克思恩格斯全集》第42卷，北京：人民出版社1979年版，第97页。
③ 《马克思恩格斯全集》第42卷，北京：人民出版社1979年版，第168页。
④⑤ 《马克思恩格斯选集》第4卷，北京：人民出版社1972年版，第243页。

理学；而文化美的历史，也就是人的本质力量包括人的物质实践能力和心理能力的发展史。

人类创造的文化产品可能是美的，也可能是丑的，其中的关键仍在于是否体现了真善的统一。凡是实现了真善的统一并有生动形象的文化产品就是美的，反之则是丑的。而要达到真善的统一而成为美，就必须按照美的规律，创造性地将自我的本质力量对象化，使文化产品呈现为生动的形态。

二、文化世界美的类型

文化世界的美可以分为物质文化美、精神文化美和规范文化美三大类型。

（一）物质文化美

物质文化指的是人类通过物质实践的方式加工自然物并赋予自然物以社会形式的东西，即自然物的“人化形式”。它包括劳动文化、生产工具—工艺技术文化、生活环境文化、生活方式文化（饮食、居住、服饰、日常用品、交通通信工具等）等。物质文化作为人类物质生活需要的创造物，它必须以自然对象的客观存在为前提，但不是自在形态的自然；它是人改造过的自然对象，其中已经物化了人的社会劳动，体现着人的实践意志、实践智慧和实践能力。因此，物质文化便直接成为人类征服自然、驾驭自然的本质力量的标志。

物质文化的美是以物质文化产品为载体的美，它不同于物质文化产品本身，也不完全取决于体现于物质文化产品中的人类征服自然的能力和技术水平的高低。但是，一般地说，人类征服自然的能力和技术水平的发展又能够推动物质文化产品美的创造，因而，物质文化产品的美在一定意义上说又体现了人类征服自然的能力和技术水平的高低，成为人的本质力量发展水平的折光反映。例如现代生产器械的美和原始人使用的石斧的美，无论如何都不可同日而语，它们毕竟反映了人类征服自然的本质力量的巨大差异。

物质文化的美离不开它的载体即物质文化产品，但却并非与物质文化与生俱来。当人类首次使用石器工具的时候，人类就创造了自己的物质文化，但并没有创造物质文化的美。物质文化的美只是在原始时代的较高级的历史阶段才产生的，即在原始人有了美的朦胧要求之后产生的，期间经过了漫长的岁月。然而，它却是人类整个文化世界美的最早领域，因为物质生产本身就是人类“第一个历史活动”，从而注定了它成为人类创造的“第一文化”。物质文化的美就是人类文化世界美的第一个领域。

随着社会生产力的不断发展和人们审美意识、审美水平和审美创造能力的提高，物质文化美的天地不断扩大，美的程度也不断强化。在现代科学技术突飞猛进和人们审美追求高度自觉化的今天，物质文化愈来愈朝着高技术与高艺术一体化的理想境界推进，物质文化珍品更无不对着我们放射出灿烂的美的光辉。

物质文化的美不同于物质文化本身，但又必然与物质文化的本质规律相联系。物质文化既然作为人对自然物加工改造的产物，那么，它就是人的活动和自然力作用的共同结果，从而具有双重性质：一方面，它保留了自然物质的特征，受制于某种自然规律；另一方面，它体现着人对自然物质及其规律的认识、掌握和创造能力，同时又体现着人对自然的价值关系。作为物质文化的美，无疑正是建立在这一基础上。

物质文化产品有美与不美的区分，只有那些既符合自然物质本身的客观规律（真），又符合人的某种物质需要（善）的物质文化产品，才具有审美的意义，才可能是美的。而物质文化产品要达到真与善的统一，归根到底，取决于人对自然规律的认识、掌握和按照一定的目的去创造（使之具有某种功能价值），即取决于人的本质力量。所以，物质文化产品的美就其本质而言并不在于它的“物质层面”，而在于其中所物化的人的本质力量和产品的功能价值。就是说，物质文化产品的美不等于形式，它体现着人的本质力量，建立于功能价值的基础上，以真善统一为其本质内容，但它又必然要通过形式表现出来，呈现为形式美。

物质文化的形式美，就是由线条、色彩、尺度、比例、节奏、韵律、结构和质材（自然物质）自身特点等因素，通过人的创造组合所形成的有机统一的形象美。这些因素的不同组合，便产生了物质文化产品千姿百态的美，给人以种种不同的审美感受。

（二）精神文化美

精神文化也可以称为观念文化，指的是人类对世界——包括对人的外部世界和人自身世界的精神活动（思考、体验、想象、幻想等）所形成的社会观念的对象化形式。政治、法律、伦理、科学、宗教、艺术等都属于精神文化的范畴。

精神文化体现着人对世界的基本认识和观点，也体现着历史形成的人类思维方式、情感、意志、价值观念、价值取向、审美情趣、道德观念等文化心态、社会心理，是一种深层文化。

人类诞生之日起就开始有精神活动，但不构成文化，精神文化是人类社会发展到一定历史阶段之后才产生的。精神文化的原始形态主要是原始艺术和原始宗教，原始精神文化的美主要通过原始艺术与宗教的糅合形态表现出来。原始艺术的最早形态是装饰品，而“它的成熟形态便是原始社会的巫术礼仪，亦即远古图腾活动”[①]。稍后又出现了神话、传奇和传说等原始文学的精神文化。[②] 然而即使是最原始的艺术形态——装饰，也是在人类物质生产活动已经过了漫长岁月、已创造了大量物质文化产品之后才出现的。再则，人类最初并没有纯粹的意识，也没有纯粹的精神生产，它只作为物质生产的附庸与物质生产交织为一体，因而也没有纯粹的精神文化，只是在人类社会发生了第一次“真正的分工”之后，精神生产才作为一个独立部门发展起来，才有了真正独立的精神文化。所以，精神文化的形成远在物质文化之后。

物质文化美是在物质文化出现并经过了漫长的岁月之后才产生的，而精神文化美却几乎随精神文化的诞生而诞生。可以这么说，精神文化的起源就是精神文化美的起源。为什么？我们可以拿最早的精神生产的产物装饰来分析——就以装饰的最原始形式——人体装饰来说。德国艺术史家格罗塞（Ernst Grosse，1862—1927）在《艺术的起源》一书中，通过对被恩格斯称作“社会化石”的现代原始部族的大量材料的考察说明，原始人进行人体装饰的动机虽然非常复杂，例如：有的画身是为了“避免鬼的逼害”，有的画身是为了“使敌人恐惧”或“使女人欣羡”，有的在身体上画上兽类形象是因为视某种兽类为他们同族者的保护神，有的在肉体上蠡痕或刺纹是为了表示已将自己贡献给神灵，有的画身是作为部族的标志，有的画身是为了证明自己的勇气，有的画身是以为某种装饰物可作护身符，有的画身是为了吸引异性，有的画身蕴涵的意义我们至今一无所知；但不可否认，其中有的就包含着朦胧的审美欲望，而那些非出于审美的装饰，有的显然“是根据审美态度加过一番工夫使它们有更高的艺术价值”。[③] 这就表明，精神文化产生的时候，精神文化美也就萌芽了。精

① 李泽厚：《美的历程》，北京：文物出版社 1981 年版，第 4 页。

② 马克思：《摩尔根〈古代社会〉一书摘要》，北京：人民出版社 1972 年版，第 54 ~ 55 页。

③ 格罗塞：《艺术的起源》，蔡慕晖译，北京：商务印书馆 1984 年版，第 51、81、77 页。

神文化美的萌芽也就是艺术的萌芽。

必须指出，最初的精神文化美主要出于实用的目的，或直接服务于物质生产，或直接加入宗教、巫术礼仪等活动。因而，最初的精神文化美主要体现于物质生产过程，凝结于物质产品，或体现于原始宗教文化之中，而原始宗教文化又往往直接服务于物质生产。这样，原始时代的美的精神文化产品往往也就是美的物质文化产品或宗教文化产品。原始歌舞，是艺术，又是一种狂热的巫术礼仪活动；新石器时期的彩陶，是艺术，又是物质产品，它的各种图案纹样，看似纯粹的艺术，实又是作为图腾的标志或巫术的手段，等等。只有到了体力劳动和脑力劳动分工之后，只有在精神生产作为一个独立部门发展起来，并且，只有在人类摆脱了单纯的物质需要，产生了精神享受的审美需要之后，“真正的艺术”即真正的精神文化美才诞生。这个时代，应该是野蛮时代的高级阶段和文明时代之交或文明时代初期（黑格尔认为原始艺术——象征艺术只是“过渡到真正艺术的准备阶段”①；恩格斯认为文明时代“是真正的工业和艺术产生的时期”②）。

精神文化在获得独立发展之后，仍然受着物质生产的普遍规律的支配，并“随着物质生产的改造而改造”③。因此，精神文化及精神文化美的性质特征和发展，从根本上说，仍然必须从精神文化与物质文化的历史联系中去理解。

与物质文化的美比较，精神文化的美具有以下特征。

1. 观念性

任何美都表现为一定的形式，但美不等于形式，任何美都是有一定内容的形式。精神文化是人类观念活动的产物，它创造的是观念世界，无论它的形式有什么不同，都直接作为某种观念的显现。它的美一般来说不是纯粹的形式，而是体现着一定观念如人对于世界的认识、情感和社会理想、人生观、审美观等的形式。一件艺术作品的美固然通过形象表现出来，但艺术形象的美绝非仅仅在形式，艺术形象的美直接凝结着人的“心灵性”的东西，即某种观念，对于艺术来说，主要是某种审美情思。宗教往往利用艺术为自己创造美的形式，而这种形式例如图像就是宗教意识的显现。科学也如此，例如化学元素周期表的秩序美或某一理论公式的

---

① 黑格尔：《美学》第二卷，朱光潜译，北京：商务印书馆1979年版，第21页。

② 《马克思恩格斯选集》第4卷，北京：人民出版社1972年版，第23页。

③ 《马克思恩格斯选集》第1卷，北京：人民出版社1972年版，第270页。

简洁美，都体现着人对世界的认识。总之，精神文化的美作为一种美的形式，都是人的某种观念的显现，这就是它的观念性特征。

2. 意象化

与上述特征相联系的是精神文化的意象化特征。精神文化不同于物质文化的一个重要特征就是创造活动所凭借的手段不同：物质文化凭借的手段是工具，精神文化凭借的手段是符号。前者通过工具改变自然物的形态，说到底只是创造一种新的物象，后者则通过符号表达一定的观念，因而它创造的就是一种意象。精神文化的意象不等于美，但精神文化的美必定要通过意象体现出来，没有意象就没有精神文化的美，正是在这个意义上，我们说精神文化的美是意象化的。

符号有实物符号（包括直接采用自然界的材料或略作加工的自然材料）和人为符号（人通过想象创造的符号，如语言）两大类。精神文化的意象也可分为实物符号意象和人为符号意象两种，前者如一块用来表示“硬”的观念的石头或最初用以象征祖先的动物图腾（实物图腾），后者如文学艺术或宗教、科学中的图像等。精神文化的美就包括实物符号意象的美和人为符号意象的美两大类。不过，随着人类创造能力的提高和整个文化的发展，人为符号成为主要符号，因而精神文化的美主要是人为符号意象的美。

3. 自由性

精神文化的美比起物质文化的美来说，是一种更为自由的美。这种区别，从根本上说，是由两种文化生产的不同规律所决定的。物质生产始终受到物质世界客观规律即必然性的制约，受到生产力发展水平和工具科学化程度的限制；再则，物质文化的美毕竟依附于物质产品，不能不受到物质产品的材料、结构和生产手段的限制，主体不能充分自由地创造。大工业生产时代，生产力水平和科学技术水平获得高度发展，主体有了更多的自由，如掌握规律的自由，但由于物质生产方式的群体化、流水化和大机器代替了人的想象力、主动性，加之严格的规范化，又使个人的自由创造性受到严重束缚，所以，物质文化产品的美往往成为一种模式，只是依附于生产的目的而一定程度上失去了自身的自由性。关于物质世界客观规律的制约造成的不自由问题，马克思在《资本论》中虽然指出人类可以通过“联合”的方式，“合理地调节他们和自然之间的物质变换，把它置于他们的共同控制之下，而不让它作为盲目自然力量来统治自己”，以争取人在物质生产中的自由，但他仍认为“自由王国”不在物质生产领域，“自由王国只有在生活的必需和世俗的因素所规定的劳动终止的地方才真正开始，因此按照事物的本性来说，它存在于实际物质生产的范围之外”。[①] 这段话显然认为物质生产的不自由还因为囿于“生活的必需和世俗的因素”，就是受实用功利目的支配。只要我们注意一下现代商品生产的审美设计，就可以发现它们的美是如何与世俗的实用目的——商业意图紧密联系着的。而美一旦被实用目的所纠缠，也就不是自由的美。精神文化生产则不同，它正是马克思所说的“自由王国”的生产领域。精神文化生产固然“受生产的普遍规律的支配”[②]，也不可避免地受到历史和现实的制约，但相对来说，它仍保持较大的自由度。因为它始终保持着“精神的自律”。所谓“精神的自律”，就是指精神文化作为一个特殊的文化系统所具有的独立自足的内在规律性，它主要不是指产品的外在形式规律，而是指人的精神活动的特殊规律，主要包括三点。

一是精神文化生产不直接和完全受物质世界客观规律的支配，也不直接和完全受社会生产力水平、科学技术水平的制约。事实证明，人类生产力水平和科学技术水平较低的阶段，精神文化可能获得繁荣发展；反之，生产力水平和科学技术水平发展了，精神文化却滞后以至萧条。艺术就是如此，如马克思所说：“关于艺术，大家知道，它的一定繁荣时期绝不是同社会的一般发展成比例的，因而也绝不是同仿佛是社会组织的骨骼的物质基础的一般发展成比例的。”[③] 马克思这里讲的是艺术与物质生产的不平衡关系，这种关系也可以看作艺术等精神文化生产与社会生产力和科学技术水平的不平衡关系。这种不平衡正好表明精神文化生产有自己的规律。

二是精神文化生产表现为马克思所说的“精神个体性的形式”而不像工业生产那样的群体共同劳作。虽然每个个体在从事精神文化生产时要受到一定社会群体意识的影响，但其生产过程还是一种个体形式，即使在群体合作的形式中，思维活动也具有主体的独立性质，因而活动主体具有较充分的自由性。

三是精神文化生产偏重的是精神的自身价值，如真理、知识、美善等，马克思称之为“自由的精神生产”[④]，即体现了较充分的“意志自律”，不受“他律”如外在环境、实际功利目的以及个人情欲所支配，既

---

① 《马克思恩格斯全集》第 25 卷，北京：人民出版社 1979 年版，第 926 页。

② 《马克思恩格斯全集》第 42 卷，北京：人民出版社 1979 年版，第 121 页。

③ 《马克思恩格斯选集》第 2 卷，北京：人民出版社 1972 年版，第 112 ~ 113 页。

④ 《马克思恩格斯全集》第 26 卷第 1 册，北京：人民出版社 1979 年版，第 296 页。

超越于外物，又超越于私我，因而必定更为自由。

上述三个特征在不同的精神文化美中当然还存在着差异。例如，精神文化美都具有观念性特征，然而在科学、哲学、道德形态中的美显然偏于理性或意志的观念，而在艺术、宗教中的美则偏于情感或情绪的观念；它们的美都是意象化的，但科学、哲学、道德形态中的意象美侧重于明理，而艺术、宗教中的美则侧重于表情，以至我们可以把前一种意象美称作理性意象美，后一种意象美称作情感意象美；在自由性方面，科学、哲学、道德形态毕竟受到社会理性、概念的束缚，它们更直接联系着社会功利目的，自由度较小，而艺术恰恰在这些方面有更自由的超越，艺术活动才是一种“真正自由的劳动”①。艺术作为美，才是一种真正自由的美，才是精神文化美的最高形态。艺术是整个文化世界中美的典型形态，也是所有美的形态中的典型，我们将在后面阐述。

（三）规范文化美

规范文化是人类在交往活动中所形成的处理个体与他人、个体与群体、个体与社会间关系的一种文化形态，包括经济规范、政治规范、法律规范、道德规范以及婚姻规范、家庭规范和人们对社会事务的参与方式、行为方式的规范等等。各种社会习俗、风俗都属于规范文化。规范文化之所谓“规范”，并不是由某一个别的人来确定的，而是由一定的社会共同体在处理各种现实关系中制定或约定并得到共同体成员确认、自觉遵守的文化产物。规范文化的最高形态是“制度”，也称为制度文化。规范文化实际上是一定社会共同体的某种精神，如伦理观念、信仰、意志、情感、理性或社会理想等的对象化。因此，它其实也是一种精神文化，不同的是，它落实在人的行为方式和人与人之间的现实关系上，因此可以看作一种特殊的精神文化。

人类的规范文化早在原始时代就开始出现，它最初产生于物质生产活动的过程中。当人类为着生存结成一定社会关系并相互间做出某种承诺而共同劳动的时候，最初的规范文化就产生了。如在原始群体的经济活动中，关于如何分工，产品如何分配，如何消费，如何照顾妇女、儿童以至产品如何储藏，等等，都依照一定的协议和规定进行。这种协议和规定就是最早的规范文化。原始宗教仪式、原始婚姻关系等，都是有一定法则的，不仅是一种形式，而且是一种“制度”，都是原始规范文化。进入文

① 《马克思恩格斯全集》第46卷，北京：人民出版社1979年版，第113页。

明时代以后几千年的历史中，各种各样的规范文化可谓汗牛充栋，不计其数。

中国大概称得上世界上规范文化最丰富、最完备的国度。早在夏、商、周三代，统治阶级就大兴制礼作乐之举，以“敬天事祖”、“慎终追远”为由，制定了一套套的生活法则，规范人们的行为。据《礼仪》记载，就有所谓“士冠礼”、“士昏礼”、“士相见礼”、“乡饮酒礼”、“乡射礼”、“燕礼”、“大射礼”、“聘礼”、“公食大夫礼”、“丧礼”、“士丧礼”、“既夕礼”、“士虞礼”、“特性馈食礼”、“少牢馈食礼”、“有司礼”等。《礼记》也记述了先秦的种种礼仪，如《王制》讲官职等级待遇，《祭统》讲祭天地山川、社稷宗庙礼；《丧服大记》讲丧礼；《曲礼》、《内则》讲个人生活准则礼；《中庸》讲人格修养礼；等等。以孔子为代表的儒家还制定了一整套的伦理道德规范、等级关系规范等等，如发端于孔子、完成于董仲舒的一套“三纲五常”，在漫长的封建社会中一直成为中国人的人际关系、道德修养的规范（“三纲”侧重外部规范，五常侧重内心规范）。两千多年中，中国人就生活在这种繁复无穷的“礼文化”环境中。

规范文化不等于美，但规范文化也往往与人类群体的某种审美观念、审美理想相融合，因而也包含或体现了某种美。这正是我们讨论规范文化的美的依据。由于时代、民族、阶级的关系，各种规范文化的性质、形态极其复杂，有的规范文化具有一定的审美意义，甚至可以作为一种美的形态来看；有的规范文化则与美相冲突和相对立；有的规范文化在特定历史阶段是美的，而随着历史的发展，失去了它的审美意义。

拿中国典型的规范文化“礼”来说，礼的制作，史书云其乃是为“敬天事祖”或“卒民以事神”而作。但正如王国维所说：“实皆为道德而设。”[①] 归根到底还是统治阶级的“治人之道”[②]。“礼，经国家，定社稷，序民人，利后嗣者也”、“夫礼，所以整民也”。[③] 可见，礼的制作一开始就带有神灵的迷信色彩，所谓“事祖”、“事神”不过是以神权、族权的权威使民自觉服从于礼治、礼律、礼制、礼教，最终还是服从于王权（王权神授）而已。“礼”作为一种外部规范，强调个性消融于群体，即所谓“克己”；强调等级，不准“犯上”，造就了人身依附关系；强调天

---

① 王国维：《殷周制度论》。

② 《礼记·祭统》。

③ 《左传·庄公二十三年》。

理，从主张“节欲”到“禁欲”到“灭人欲”，否定人的需要和人性的伸张；等等。这正是“礼”的历史惰性的表现，就此而言，“礼”与人性存在着严重的冲突，与美是对立的。《红楼梦》的悲剧冲突，正是人性的必然要求与礼教压制的悲剧性冲突。但另一方面，“礼”在中国历史上也确实产生过一种巨大的文化整合力和社会凝聚力，对社会的稳定和民族文化传统的绵延发展起了积极作用。就是说，中国古代“礼”的道德规范中也包含着某些“美德”因素，这正是它的美之所在。

与“礼”相联系相对应的是“俗”。“俗”也是一种重要的规范文化。《说文》训“俗”为“习也”，说明它是一种习惯性的生活方式和行为方式；郑玄《周礼注》释“俗”为“土地所生习也”，又说明它是一种地域性很强的生活方式和行为方式。概之，所谓“俗”就是一定地域一定人类群体约定而共同遵守的生活规范和行为规范。一般说，“俗”先于“礼”，“礼”本于“俗”，“礼”是“俗”的升华。“俗”具有地域性，所以只在一定地域范围和一定民族中具有规范意义。例如汉民族的婚丧祭祀活动就不同于少数民族，而同是汉民族，北方与南方的婚丧祭祀活动形式也不同。

“礼”在“俗”的基础上形成，但“礼”一般是经过统治阶级的加工提炼（或经过某些思想家的改造，并由统治阶层认定），形成一种“理想形态”的行为规范，并凝结为一定的典章制度，使之具有“法”的意义，要求普遍遵守。所以，“礼”与“俗”相比，“礼”是君临一切的。“俗”与“礼”一样也是一种调控社会的机制，“礼俗，以驭其民”①。“礼则上之所以制民也，俗则上之所以因乎民也。因乎民也无所制乎民，则政废而家殊俗；无所因乎民，则民偷而礼不行也。……礼俗以驭其民者，其民所履唯礼俗之从也。”② 可见，“礼”与“俗”虽有所不同，但本质上都在于“驭其民”。

“俗”作为一种规范文化，同样是美丑混杂，具有两重性。民间许多习俗并非起源于人对世界的科学认识，恰恰相反，大多数是因迷信、无知和误解引起的。例如民间丧葬仪式和祭祀祖先的活动习俗，就源于人们相信灵魂不死和相信存在着另一个世界的迷信观念；后人把举行隆重的葬礼和为死去的亲人供奉各种陪葬品看作是一种“敬孝”，其实最初恰恰是因相信人死后有灵魂的观念所支配，甚至是由于恐惧死者灵魂对后人的惩罚

① 《周礼》。

② 王安石：《周官新义》。

而自然形成的，“敬孝”观念只是后来的事。所以，对于这种风俗就不能作为一种美的文化规范来看。而古代统治阶级高层人物死后用活人陪葬，如果也说是一种“俗”的话，那便是一种泯灭人性的、与美完全对立的恶俗了。另外一些民间习俗，如端午节赛龙舟、中秋节吃月饼等，其起源本身就是一种美的历史佳话，这种习俗体现了民间对美善事物的崇敬和对美好安宁生活的向往，其本质就是美的；同时，这种习俗所表现出来的形式也是生动的。这种风俗就具有强烈的审美意义。

总之，规范文化是否具有审美意义，这要看它是否体现了真善统一的内容，同时也看它是否表现为生动的形式。

【思考题】

1. 什么是审美对象？审美对象的一般分类是怎样的？

2. 从审美对象的存在领域对美进行分类，怎样更具合理性？结合本书的“三分世界”分类法谈谈你的看法。

3. 如何理解自然物理世界的美即自然美的内涵？自然美与人的关系如何？为什么说自然美存在于“人化自然”中？

4. 中西方历史上对自然美的发现和认识有什么不同？请用具体事实说明。

5. 自然美具有哪些特点？

6. 请论述中西方历史上对人的美的认识及差异。

7. 人自身世界的美是由哪些方面构成的？

8. 如何理解人的实践活动的美？异化劳动为什么不美？克服劳动的异化应从哪些方面努力？

9. 什么是文化和文化世界的美？物质文化美与精神文化美的联系和区别如何？

10. 精神文化的美具有什么特征？

11. 为什么说作为精神文化的艺术美是美的典型形态和最高形态？

12. 什么是制度文化和制度文化的美？

第四章　审美对象（下）

依照真与善的对立统一关系和外在特征进行分类，可以把审美对象分为优美、崇高、中和与悲剧、喜剧、悲喜剧等审美范畴，这些审美范畴也是美的基本范畴。随着艺术实践和美学理论的发展，审美范畴进一步扩大，丑和荒诞等也被列入了审美范畴的范围，本教材将一并阐述。

必须指出的是，优美、崇高、中和涵盖一切领域的美，而悲剧、喜剧、悲喜剧及丑、荒诞作为审美形态只存在于艺术之中。

第一节　优　美

优美是美的基本范畴之一，也称为“秀美”、“婉秀”、“典雅”、“优雅”等。中国古代美学所说的“阴柔之美”就是优美；司空图在《二十四诗品》中所说的“纤秾”、“委曲”、“冲淡”、“典雅”、“绮丽”，或苏轼所说的“流丽”、“婀娜”等等，总的说都属于优美的范畴。

在一切美的范畴中，优美有着特殊的地位。由于它最早被人们所发现和接受，也可能由于它与人类天性、人类情感的协调与融和，人们不仅最早研究它，而且在美的范畴扩大之后，仍然把它视为“理想的美”、“真正的美”、“纯美”，或把它看作美的“中心范畴”、“元范畴”。优美在整个古典艺术时期一直被视为理想形态的美。

一、美学史上的优美论

古希腊人说美是一种和谐，美是形式上的秩序、匀称与明确，这显然是就优美而言的。苏格拉底说有一种“形式美”，这种美能“引起快感，并不和痛感夹杂在一起”；又说：“我的意思是指有些声音柔和而清楚，产生一种单整的纯粹的音调，它们的美就不是相对的……而是绝对的，是从它们的本质来的。它们所产生的快感也是它们所特有的。”① 这种美指的就是优美。到了古罗马时期，西塞罗（M. T. Cicero，前106—前43）才真正提出了优美与崇高（他称为威严）的问题，他说：“我们可以看到，美有两种，一种美在于秀美，另一种美在于威严；我们必须把秀美看做是女性美，把威严看做是男性美。”② 这一时期朗吉弩斯（Longinus，213—273）的著作《论崇高》也提出了优美与崇高两种修辞风格，该著作拿崇高与优美比较说，优美就像“小溪小涧”、“星星之火”，它具有“明媚”、“明亮”的特点。③ 可见，从古希腊至古罗马，优美论已存在了。但那时对优美的说明毕竟是相当零碎和有限的。

自觉、深入的理论分析，直到近代美学才开始。首先是柏克在《关于崇高与美的观念的根源的哲学探讨》中说：“我们认为美指的是物体中能够引起爱或类似的感情的一种或几种品质。”④ 他说的美就是优美。柏克把优美确定为一种“爱的对象”。那么，怎样的事物才是“爱的对象”即优美呢？他从量的方面考虑并归纳出几个性质特征：“第一，比较地说是小的；第二，是光滑的；第三，各个部分的方位要有变化；第四，这些部分不能构成棱角，而必须互相融为一体；第五，要有娇柔纤细的结构，不带任何显著的强壮有力的外貌；第六，它的颜色要洁净明快，但不能强烈夺目；第七，假如它不得不有一种显眼的颜色，那这种颜色就必须同其他颜色一起构成多样的变化。”⑤

柏克在归纳了上述几个特征之后，又专节讨论了娇柔、优美、优雅和美观等，其实都属于优美的范畴。谈到优美所特有的心理效果，柏克说：“美的对象的另一个主要的特点是：它们的各个部分的线条不断地变换它的方向；但它是通过一种非常缓慢的偏离而变换方向的，它从来不迅速地变换方向使人觉得意外，或者以它的锐角引起视觉神经的痉挛或震动。”

---

① 柏拉图：《文艺对话集》，朱光潜译，北京：人民文学出版社1963年版，第298～299页。

② 西塞罗：《论义务》。引自鲍桑葵：《美学史》，张今译，北京：商务印书馆1985年版，第138页。

③ 朗吉弩斯：《论崇高》第35章。引自北京大学哲学系美学教研室编：《西方美学家论美和美感》，北京：商务印书馆1980年版，第49页。

④ 柏克：《关于崇高与美的观念的根源的哲学探讨》。引自《古典文艺理论译丛》第5辑，北京：人民文学出版社1963年版，第38页。

⑤ 柏克：《关于崇高与美的观念的根源的哲学探讨》。引自《古典文艺理论译丛》第5辑，北京：人民文学出版社1963年版，第59页。

因此，优美具有一种“令人愉快的松弛舒畅”的“特有的效果”。①

其后，康德的“美论”即优美论认为，优美使人直接产生快感，所以它属于“鉴赏判断”而不是“智力的情感”，但其原因说到底还是在于优美所特有的形式。他认为，优美是“建立于对象的形式，而这形式是成立于限制中”。就是说，优美是一种有限形式。有限形式不会给人造成任何压抑感，因此优美“直接在自身携带着一种促进生命的感觉，并且因此能够结合着一种活跃的游戏的想象力的魅力刺激”，即能直接产生积极的愉快。②

康德之后，席勒（Schiller，1759—1805）在《论秀美与尊严》和《美育书简》中对优美也做了深刻论述，他的观点甚至被一些美学家看作“后来的优美论的根基”③。席勒认为：“美可以同时期待产生松弛和紧张两种作用。松弛的作用可以使感性冲动和形式冲动各自安分守己，紧张的作用可以使两种冲动都保持其力量。”④ 席勒又说：“理想的美，尽管是不可分割的和单一的，但在不同的关系中却显示出融合性和振奋性。在经验界中存在一种融合性的美和一种振奋性的美。”⑤ 他所说的可以产生“松弛作用”的美或显出“融合性”的美就是优美。

席勒之后，对优美做过深入研究的不乏其人。英国的斯宾塞（Spencer，1820—1903）从事物的自然特征所引起的人的生理感觉的角度来规定优美，认为优美的印象起源于“筋力的节省”。如，人在运动时动作愈显得轻巧不费力，就愈使人觉得优美。德国的移情论者立普斯则认为，优美是一种无意识、无意志的美，不带刚性、尖锐性、粗犷性的美，虽不是无力，但没有斗争，是显示着生活中自由的自我发展的美。他说，凡不是猛烈的、粗暴的、强霸的，而是以柔和的力侵袭我们，也许侵入得更深些，并抓住了我们内心的一切，便是“优美的”。此外，伏尔盖特（Johannes Volkelt，1848—1930）认为人的感性的东西与精神的东西的调和、均衡状态就是优美。柏格森（Henri Bergson，1859—1941）认为，优美是于外界的运动中被感知的某种轻巧。英国美学史家李斯托威尔（Listowel，

① 柏克：《关于崇高与美的观念的根源的哲学探讨》。引自《古典文艺理论译丛》第5辑，北京：人民文学出版社1963年版，第67页。

② 鲍桑葵：《美学史》，张今译，北京：商务印书馆1985年版，第357～358页。

③ 竹内敏雄主编：《美学百科全书》“优美”条目，哈尔滨：黑龙江人民出版社1986年版。

④⑤ 席勒：《美育书简》第16封信，徐恒醇译，北京：中国文联出版公司1984年版。

1906—1997）于1933年出版的《近代美学史评述》在考察了近代美学史上各种优美论之后，也提出了他对优美的见解。他说，优美作为“一种引人注目而重要的美，这就是普遍承认的蜿蜒而又优雅的曲线美”；“它和它所属的整个种类一样，共同具有没有冲突、矛盾或任何痛苦的特点，但是，在观赏者身上产生优美印象的却是十分有限的一些事物”。[①] 他主张优美是“一种看到的或想象到的心理上或物理上力量的消耗的节省”[②]（这种观点来自斯宾塞的优美是在有生命的物体身上精力消耗的节省）。他也赞成优美是精神方面和感性方面的和谐和没有冲突的观点，并认为女性比男性显著。

中国古代说的“阴柔之美”实即优美。“阴柔”在中国本非作为美的范畴而出现的，而是一个宇宙哲学范畴。古人认为宇宙乃“阴”与“阳”两极所构成。“阳刚”与“阴柔”虽作为宇宙哲学范畴出现，但古人却以此推及人生以至美学、艺术各个领域。如朱光潜所说：“中国古代哲人观察宇宙，似乎都从艺术家的眼光出发，所以他们在万殊中见到的共相为‘阴’与‘阳’……这种观念在一般人脑里印得很深，所以历来艺术家对于刚柔两种美分得很严。”[③] 可以说，中国人以艺术家的眼光看宇宙，又以哲学家的眼光看艺术，所以很早就把阳刚与阴柔看作两种美的特质了。

明确将“阳刚”与“阴柔”作为美学范畴加以阐发的是清代的姚鼐。他说：“鼐闻天地之道，阴阳刚柔而已。文者，天地之精英，而阴阳刚柔之发也。”[④] 谈到阴柔之美时，他指出：“……其得于阴与柔之美者，则其文如升初日、如清风、如云、如霞、如烟、如幽林曲涧、如沦、如漾、如珠玉之辉、如鸿鹄之鸣而入寥廓。”[⑤]

此外，清代黄钺说，阴柔之美“有如艳女，有如佳儿”。到了王国维，便在阴柔与阳刚之美的基础上提出优美与壮美的概念：“美之为物有二种：一曰优美，一曰壮美。”[⑥]“美学上之区别美也，大率分为二种，曰

① 李斯托威尔：《近代美学史评述》，蒋孔阳译，上海：上海译文出版社1980年版，第230页。

② 李斯托威尔：《近代美学史评述》，蒋孔阳译，上海：上海译文出版社1980年版，第231页。

③ 朱光潜：《朱光潜美学文集》第1卷，上海：上海文艺出版社1982年版，第230页。

④⑤ 郭绍虞：《中国历代文论选》第3册，上海：上海古籍出版社1980年版，第510页。

⑥ 王国维：《红楼梦评论》。引自郭绍虞、罗根泽：《中国近代文论选》下册，北京：人民文学出版社1981年版，第746页。

优美，曰宏壮。”王国维认为优美即平常所说的美，曰“普通之美”。他根据康德的学说，认为美与审美都无利害之关系，我们能超越利害关系而观物，则此时“吾心宁静之状态，名之曰优美之情，而谓此物曰优美”。他又认为美不涉及内容（不关心欲望），美只存在于对象的形式，于是断定，“由一对象之形式不关于吾人之利害，遂使吾人忘利害之念，而以精神之全力沉浸于此对象之形式中，自然及艺术中普通之美，皆此类也”①。既然优美在形式，怎样的形式才是优美呢？他说：“一切优美皆存于形式之对称、变化及调和。”② 王国维的优美论可以说是中国第一个理论形态的优美论，虽然其观点主要受康德影响，但从另一角度说，也是传统的“阴柔之美”概念的发展。值得注意的是，他的优美论还同传统的“意境论”结合了起来，并提出这样的观点：“无我之境，人惟于静中得之。有我之境，于由动之静时得之，故一优美，一宏壮也。”③ 就是说，无我之境为优美，有我之境为壮美。这种创见，可谓中西合璧。

二、优美的本质特征

中西美学史上关于优美本质特征的种种学说，都不乏精辟之见，但其中也不免存在着某些片面性，有的则陷于唯心主义窠臼。例如：柏克从事物本身的感性形式上寻找优美的特征，这是唯物主义的，但他企图用有限的若干形式特征去概括优美事物繁复无穷的形式规律，不免形而上学。他提出优美是一种能引起“爱”的情感对象，提出优美感以快感为基础，接触了一些实质性问题，但“爱”、“快感”的内容却是模糊而宽泛的。康德指出优美是一种有限形式，有一定道理，但他没有进一步说明这种有限形式的特点；他把优美归结为形式引起的知解力和想象力的自由协调，而形式之所以符合人的这种心理能力，则是先天的安排，这就使他的优美论必定既是形式主义的，又是唯心主义的。席勒提出优美的融合性和松弛作用等，都比较中肯地说明了优美的某些特点，但他对“融合性”并未做出充分说明。优美固然不是一种复杂的美，人们争论也不多，但也绝不

① 王国维：《古雅之在美学上之位置》。引自《中国美学史资料选编》下，北京：中华书局1981年版，第435页。

② 王国维：《古雅之在美学上之位置》。引自《中国美学史资料选编》下，北京：中华书局1981年版，第434页。

③ 王国维：《人间词话》。引自《中国美学史资料选编》下，北京：中华书局1981年版，第434页。

是已经被解释得十分清楚的一种美。

从根本上说，优美是一种和谐的美。所谓“和谐”就是协调、调和、融合。中国古代先人在谈到音乐时说：“八音克谐，无相夺伦”①、“其声和以柔”②。其中的“谐”与“和”都是协调的意思。“无相夺伦”，说明和谐包含着有序；“和以柔”，说明和谐与柔美互为因果，有和必有柔；柔即优美，以和为根本。那么，和谐又是怎么形成的？在古希腊，毕达哥拉斯认为和谐是由“数的关系”造成的，音乐如此，宇宙也如此。无论中国还是西方，所谓“和谐”都不是单一、同一，不是无差异与斗争，而是斗争与冲突所达到的高度协调状态。正如黑格尔所说：“各因素之中的这种协调一致就是和谐。和谐一方面见出本质上的差异面的整体，另一方面也消除了这些差异面的纯然对立，因此它们的互相依存和内在联系就显现为它们的统一。”③ 优美就是一种这样的和谐的美，是一种既包含着差异又总体协调一致的美。优美的和谐不仅表现在形式上，也表现在内容上，还表现在形式与内容的关系上和主体与客体的关系上。

1．*形式上的和谐*

形式上的和谐指的是构成优美的各种形式因素处于协调平和、多样统一的状态之中，上面谈到的比例、对称、有序、均衡主要指的就是形式上的和谐；小、柔、曲、细、圆、滑、静或冲淡、秀丽、幽雅、清新、轻盈、流畅、明媚、伶俐等等，都是具体的表现形态。自然界中的溶溶明月、徐徐春风、潺潺流水、幽幽花香、小桥流水、荷塘月色、小白兔、天鹅、桂林山水等都是形式和谐的优美事物；女性的形体也是典型的优美。在艺术美中，抒情诗文、山水画、交谊舞、小步舞曲、小夜曲等都以形式上的和谐而成为优美艺术的典型样式。作为优美艺术的一般形式规律，主要是曲线、柔和的乐音和旋律、抒情话语、冲淡的色彩等。例如《米洛的维纳斯》，黑格尔说它具有“秀雅，温柔和爱的魔力”④；罗丹说希腊女性塑像的身体具有一种“委婉的运动”、“全身稳静优美”、“安宁、优美、平衡”⑤，主要就指其形式的和谐，它无疑是艺术中典型的优美作品。

---

① 《尚书·舜典》。

② 《礼记·乐记》。

③ 黑格尔：《美学》第一卷，朱光潜译，北京：商务印书馆 1979 年版，第 180～181 页。

④ 黑格尔：《美学》第三卷上册，朱光潜译，北京：商务印书馆 1979 年版，第 180 页。

⑤ 《罗丹艺术论》，沈琪译，北京：人民美术出版社 1978 年版，第 106～107 页。

2．内容上的和谐

内容上的和谐主要指社会事物及艺术内容的和谐，在中国古代美学中主要指情与理的和谐统一。情理和谐统一最初是作为一种伦理道德规范或人格理想提出来的，实际上也是一种社会优美的观念。这种观念早在殷周时代就存在着，到了孔子便更加明确化。孔子反复强调的“乐而不淫”、“哀而不伤”、“怨而不怒”和“温柔敦厚”等，就是要求情（包括欲）与理的和谐统一，即以理（包括礼）节情，使之不走极端。中国古代美学不仅认为优美人格要达到情理和谐统一，而且艺术的内容也要达到情理和谐统一。春秋时代吴公子季札观乐，就曾说《周南》、《召南》是“美哉！……勤而不怨矣”；《邶》、《鄘》、《卫》是“美哉！……忧而不困者也”；《豳》是“美哉！……乐而不淫”；《小雅》是“美哉！……怨而不言”。[①] 后来孔子评《诗经》也说：“《诗》三百，一言以蔽之，曰：‘思无邪。’”[②] 这都表明中国古代美学认为优美的艺术在内容上也要以理节情，在喜、怒、哀、乐、怨等情感掌握上要与理结合，相互制约，使之“执中”、平衡，即和谐统一。古希腊人也如此，他们的优美观念，无论于人于艺术，其所强调的都是和谐自由的精神。黑格尔曾指出：“希腊人的意识所达到的阶段，就是‘美’的阶段。”古希腊人是“自由的主体”，他们的“美”的理想就是“自由”，而自由就是和谐。换言之，优美必须在内在精神方面表现为自由的和谐。优美事物由于内容和谐，不显对立、冲突、斗争，因而体现为一种宁静状态；艺术的内容也较单纯。例如《米洛的维纳斯》，它表现的是爱情，但不是具体的爱情，没什么复杂内容，没有冲突，正如莱辛所说的：“对雕塑家来说，女爱神维纳斯就只代表爱。”[③] 黑格尔也说，它只是“牢牢把握住精神表现中的一些常住不变的特点，把它们反映在面孔神色和身体姿态上”[④]。中国古典艺术在内容上也多表现为单纯，如短小诗文、小令，一般只表现某一情感片断或描绘某一生活情景，情节较为简单。这正是优美艺术的重要特征之一。

3．内容与形式的和谐

优美在内容与形式的关系上也相互协调统一。孔子所说的“文质彬

---

① 《左传·襄公二十九年》。

② 《论语·为政》。

③ 莱辛：《拉奥孔》，朱光潜译，北京：人民文学出版社 1979 年版，第 54 页。

④ 黑格尔：《美学》第三卷上册，朱光潜译，北京：商务印书馆 1979 年版，第 130 页。

彬，然后君子”，实际就是强调优美人格必须是内在精神与外在形体、言行的协调统一。席勒曾提出美是“活的形象”，指出“活的形象”作为美就是内容与形式的统一。“美不应只是生命，也不应只是形象”，而应是“实在与形式的统一、偶然性与必然性的统一、受动与自由的统一”。[①] 作为人的美，就是感性肉体与理性内容的统一。扩而言之，一切美的最高理想都“要在实在与形式的尽可能完善的结合与平衡里去寻找”[②]。黑格尔也认为优美是内容与形式的和谐统一。他认为古典艺术就是这种美的体现，而希腊雕刻则是这种美的典范，因为它的“内容和完全适合内容的形式达到独立完整的统一，因而形成一种自由的整体”[③]。总之，优美必须是内容与形式的和谐统一。

4. 审美主体与审美对象的审美和谐

由于优美不仅形式上和谐、内容上和谐，而且内容与形式的统一也是和谐的，总体上呈现为单纯、宁静、无冲突的状态，因而它始终给人以直接轻松、平静、自由、愉悦的和谐感受，这就是柏克等所说的“以快感为基础”。人们在欣赏优美事物时，不感到任何压抑、冲突和纠纷，而是感到有一种“适情顺性”的情趣，情感活动平和如微波微澜，想象和理解活动舒缓，富于亲切感。正如朱光潜在谈到优美感的特征时所说的：优美的事物非常适合我们的脾胃，“它好比一位亲热的朋友，每逢见面，他就眉开眼笑地赶上来，我们也就眉开眼笑地迎上去，彼此毫不迟疑地、毫无畏忌地握手道情款。我们对于秀美事物的情感始终是欢喜的、肯定的、积极的，其中不经丝毫波折”[④]。朱光潜强调优美事物能引起“爱”和“欢喜”的情感，而所谓“爱”和“欢喜”，正是主体与对象的和谐。

从本质上看，优美的和谐就是真与善的和谐。真，是客观事物的规律性；善，是客观事物符合人的目的性。前已指出，美本质上是真与善的统一，即规律性与目的性的统一。但是，真与善的统一呈现为不同的状态，其中，当真与善处于和谐统一状态时，这种美就是优美。所以，优美是一种真善和谐统一的美。优美事物形式上的和谐、内容上的和谐、内容与形式的和谐和主客体的和谐，归根到底都是真善的和谐。

---

① 席勒：《美育书简》第 15 封信，徐恒醇译，北京：中国文联出版公司 1984 年版。

② 席勒：《美育书简》第 16 封信，徐恒醇译，北京：中国文联出版公司 1984 年版。

③ 黑格尔：《美学》第二卷，朱光潜译，北京：商务印书馆 1979 年版，第 157 页。

④ 朱光潜：《朱光潜美学文集》第 1 卷，上海：上海文艺出版社 1982 年版，第 236 页。

第二节 崇 高

崇高（德文 das erhabene，英文 the sublime）是美（广义的）的基本范畴之一，是与优美对立的一种比较复杂的美的形态。

一、美学史上的崇高论

在西方，“崇高”一词早就出现于柏拉图的《文艺对话集》中。柏拉图在谈到人应从小学会认识美时说：“……这时他凭临美的汪洋大海，凝神观照。心中起无限欢喜，于是孕育无量数的优美崇高的道理，得到丰富的哲学收获。如此精力弥满之后，他终于一旦豁然贯通唯一的涵盖一切的学问，以美为对象的学问。”[①] 但他并没有对崇高做出任何说明。

古罗马时期，西塞罗给美分类说：“我们可以看到，美有两种。一种美在于秀美，另一种美在于威严；我们必须把秀美看做是女性美，把威严看做是男性美。”[②] 西塞罗所说的“威严”就是崇高，不过，他用男性美来说明，并未切中崇高的特性。

公元3世纪，古罗马的朗吉弩斯写了专门著作《论崇高》，第一次明确地将崇高与优美作为两种并列的美来论述。他说：“一个人如果四方八面地把生命谛视一番，看出在一切事物中凡是不平凡的、伟大的和优美的都巍然高耸着，他就会马上体会到我们人是为什么生在世间的。因此，仿佛是像按着一种自然规律，我们欣赏的不是小溪小涧，尽管溪涧也很明媚而且有用，而是尼罗河、多瑙河、莱茵河，尤其是海洋。我们对着自己点燃的这点星星之火，尽管它也很明亮，总比不上日月星辰，尽管它们有时昏暗，那样肃然起敬畏之情；我们也还不会认为这点小火比厄特拿火山口更为壮观，这火山口爆发时从深坑里迸出岩石和山冈，有时还从地心里迸出长河似的大火流。总之，我们可以说，凡是对人有用和必需的东西，人

---

① 柏拉图：《文艺对话集》，朱光潜译，北京：人民文学出版社1963年版，第272页。

② 西塞罗：《论义务》。引自鲍桑葵《美学史》，张今译，北京：商务印书馆1985年版，第138页。

总能得到；凡是使人惊心动魄的总是些奇特的东西。”① 朗吉弩斯所说的“崇高”已不仅仅指文章风格，而且是泛指客观世界中一种不平凡的、伟大的、令人惊心动魄的美。朗吉弩斯的崇高论在美学史上具有奠基性意义。

严格意义的崇高理论诞生于近代，这是历史的必然现象。正如鲍桑葵指出的：“随着近代世界的诞生，浪漫主义的美感觉醒了，随之而来的是对于自由的和热烈的表现的渴望，因此，公正的理论不可再认为，把美解释为规律性和和谐，或多样性的统一的简单表现就够了。这时，出现了关于崇高的理论。”②

近代美学史上率先对崇高进行较为系统考察和阐述的是柏克。柏克认为，崇高是一种美之外、与美无关的东西。用今天严格的说法，就是于优美之外、与优美对立的另一种美。那么，崇高是一种怎样的美呢？柏克是从崇高感的生理、心理基础出发来研究崇高的。他认为崇高感产生于危险的缓和。为什么呢？他解释说，人在生命受到危险的威胁时，“自卫本能”的情欲就活跃起来，表现出恐怖或惊惧，这是符合生命安全要求的情欲的。恐怖或惊惧是一种痛苦，但痛苦的情绪也可以导向愉快。在什么情况下产生愉快呢？那就是这种危险“如果处在某种距离以外，或是受到了某些缓和，危险和苦痛也可以变成愉快的”③，这种愉快就是崇高感，而引起这种愉快的“令人恐怖”的对象就是崇高。接着，柏克对崇高对象的特征做了具体说明，认为崇高事物具有以下几个特点：“体积方面是巨大的；凹凸不平和奔放不羁的；喜欢采用直线条，而当它偏离直线时也往往做强烈的偏离；阴暗朦胧的；坚实的，甚至是笨重的；以痛感为基础的。”④ 另外，柏克还提出，崇高与丑具有亲缘关系，两者是部分地一致的。

柏克之后，对崇高做更为深入系统研究的是康德。康德认为崇高与美（优美，康德称作审美，又称作纯粹美）都能引人愉快，都是主观合目的性的愉快，都不涉及概念，只是形式的合目的性引起的愉快。但是崇高的形式和愉快与美是不同的。他说，优美是一种有限形式，即“有形式”；崇高则是一种无限形式，即“无形式”。“无形式”就是无限大：“我们对

---

① 朗吉弩斯：《论崇高》第 35 章。引自北京大学哲学系美学教研室编：《西方美学家论美和美感》，北京：商务印书馆 1980 年版，第 49 页。

② 鲍桑葵：《美学史》，张今译，北京：商务印书馆 1985 年版，第 10 页。

③④ 柏克：《论崇高与美》。引自《古典文艺理论译丛》第 5 辑，北京：人民文学出版社 1963 年版，第 65 页。

某物不仅称为大，而且全部地、绝对地、在任何角度（超越一切比较）称为大，这就是崇高。”[①] 对于这种“无形式”、“无限大”，人们凭感官是无法把握的，也是无法与之较量的，“我们所称呼为崇高的，就是全然伟大的东西。大和一个伟大的东西是完全两个不同的概念。……后者是说：它是无法较量的伟大的东西”[②]。哪些事物属于崇高呢？他说，能引起崇高观念即崇高感的事物，就是“极狂野极不规则的无秩序和荒芜”[③]的自然。例如，广袤无际的宇宙、高耸下垂的断岩、层层堆叠的乌云和挟于其中的闪电雷鸣、狂暴肆虐之中的火山、无边无界的海洋、狂啸着的怒涛、汹涌的洪流，等等。其中有的显出数量的大，主要是体积的大，称作“数学的崇高”，如宇宙；有的显出力量的大，具有不可抗拒的威力，称作“力学的崇高”[④]，如怒涛。崇高就包括这两种类型。但是，康德别出心裁地宣称，崇高不是对象本身，而在于人的精神之中，是人的心理能力的表现（这就是他不称“崇高对象”而称崇高感的对象的原因）。他说：“如果我们称任何自然的对象为崇高，这一般是不正确的表达，尽管我们能够完全正确地把许多自然界对象称作美，因为一个本身被认作不符合目的的对象怎能用一个赞扬的名词来称谓它。我们只能这样说，这对象是适合于表达一个在我们心意里能够具有的崇高性，因为真正的崇高不能含在任何感性的形式里，而只涉及理性的观念。这些观念，虽然不可能有和它们正恰适合的表现形式，而正由于这种能被感性表出的不适合性，那些理性里的观念能被引动起来而召唤到情感的面前。所以，广阔的，被风暴激怒的海洋不能称作崇高，它的景象只是可怕的。”[⑤]

康德认为崇高感是一个复杂过程，这个过程是：从推拒到吸引，从恐惧到喜悦，从生命受阻到生命洋溢。所以，崇高感是一种间接引起的快感，崇高的愉快是消极的愉快。[⑥] 在这个过程中，第一个阶段是恐惧、推拒、痛苦，这是由对象的“粗野”造成的；而后一个阶段是愉快，那是由于审美主体战胜了恐怖感，即人的理性力量克服了恐怖感。因此，崇高

① 康德：《判断力批判》上卷，宗白华译，北京：商务印书馆1964年版，第89页。

② 康德：《判断力批判》上卷，宗白华译，北京：商务印书馆1964年版，第87页。

③ 康德：《判断力批判》上卷，宗白华译，北京：商务印书馆1964年版，第85页。

④ 康德：《判断力批判》上卷，宗白华译，北京：商务印书馆1964年版，第86页。

⑤ 康德：《判断力批判》上卷，宗白华译，北京：商务印书馆1964年版，第84页。

⑥ 康德：《判断力批判》上卷。本段译文引用朱光潜：《西方美学史》下卷，北京：人民文学出版社1979年版，第375页。参看宗白华译：《判断力批判》上卷，第83页，译文略有出入。

感的实质就是对恐怖感的战胜，是对人自我的理性力量的尊敬（只有在舍弃了对财产、名利、地位和生命的依恋之后才有净化的崇高感）。换言之，崇高的根源在于人的理性力量。既然对象不是崇高，为什么人们又把对象称作崇高呢？康德解释，那是由于人们把对自己的崇敬经由一种叫作“偷换”（subreption）的方式转移入对象的结果。于是，对象看似崇高，实不过是人的理性力量的象征。

席勒不赞成康德把崇高事物看作崇高感移入的结果，认为崇高就是一个对象，崇高感是由对象引起的。例如，他把突然撕破黑暗天空的雷电看作具有崇高效果的事物。[①] 他把崇高称作“振奋性的美”，并认为是一种处于“激烈的运动状态中”的、能产生“令人惊异的激情”并具有一种“紧张作用”的美。[②] 黑格尔的崇高论受到康德和席勒的双重影响，他认为康德所说的崇高并不在自然事物上面，而只在我们的心情里这一“一般原则”是“应该被承认为正确的”[③]。他引用了康德的一段话：“真正的崇高不能容纳在任何感性形式里，它所涉及的是无法找到恰合的形象来表现的那种理性观念；但是正因这种不恰合（这是感性对象所能表现出来的），才把心里的崇高激发起来。”[④] 又说：“崇高一般是一种表达无限的企图，而在现象领域里又找不到一个恰好能表达无限的对象。”[⑥]这种观点与康德相通。

黑格尔不同意康德把崇高看作来源于情感和理性观念之类的主观因素，而认为来源于它所要表现的内容即“绝对实体”。所谓“绝对实体”就是“理念”、“神”。这样，黑格尔的崇高论就从康德的主观唯心论走向了客观唯心论。另一方面，黑格尔又接受了席勒的观点，认为美和崇高应存在于内容与形式的统一之中，即他所说的实体与现象界的统一之中，具体说，崇高应从艺术中去找，并且就在“象征艺术”中。象征艺术用以表现“理念”、“实体”、“神”的感性形式与内容不适合，内容外溢，这就形成了艺术上的崇高。

19 世纪以后，人们对崇高的研究多数是在柏克、康德、黑格尔等的

---

① 鲍桑葵：《美学史》，张今译，北京：商务印书馆 1985 年版，第 392 页。

② 席勒：《美育书简》第 15、16 封信，徐恒醇译，北京：中国文联出版公司 1984 年版。

③⑥ 黑格尔：《美学》第二卷，朱光潜译，北京：商务印书馆 1979 年版，第 79 页。

④ 康德这段话引自黑格尔《美学》第二卷，朱光潜译，第 79 页，译文与宗白华所译《判断力批判》上卷略异，可参看宗白华译：《判断力批判》上卷，第 84 页。

崇高论基础上加以批判发展的。车尔尼雪夫斯基明确反对黑格尔的“崇高是观念压倒形式”和“崇高是‘绝对的显现’”的观点，认为观念压倒形式的结果是使事物变成丑或模糊的东西，而丑和模糊的概念与崇高的概念完全不同。虽然丑和模糊的东西在“可怕”时也会变成崇高，但这些东西并不一定可怕。反过来说，崇高也不一定具有丑和模糊的特点。车尔尼雪夫斯基认为崇高就在生活现象本身之中，而不在什么绝对精神或人的主观精神之中。他强调崇高在于对象的“大”，却是比较中的“大”。他说：“一件事物较之与它相比的一切事物要巨大得多，那便是崇高。一件东西在量上大大超过我们拿来和它相比的东西，那便是崇高的东西；一种现象较之我们拿来和它相比的其他现象都强有力得多，那便是崇高的现象。”①

中国的“崇高”一词在中国古籍中最早见于《国语·楚语》。春秋时代，楚灵王与伍举论章华之台的美，灵王曰：“台美夫！”伍举对曰：“臣闻国君服宠以为美，安民以为乐，听德以为聪，致远以为明。不闻其以土木之崇高、彤镂为美，而以金石匏竹之昌大、嚣庶为乐……”这里，“崇高”即高大雄伟的意思。文中将其与彤镂并列而称为“美”，足见那时已有把崇高列为一种美的形态的观念了。但后来却一直未见将“崇高”作为一个美的范畴专门讨论，倒是出现了另一个概念——“大”。“大”的概念最初见之于《左传·襄公二十九年》，吴公子季札观乐，听《秦》而曰：“此之谓夏声。夫能夏则大，大之至也，其周之旧乎？”听《魏》而曰：“美哉！沨沨乎！大而婉，险而易行，以德辅此，则明主也。”见舞《韶箾》而曰：“德至矣哉！大矣，如天之无不帱也，如地之无不载也，虽甚盛德，其蔑以加于此矣。”这里，“大”与“婉”均被当作美，“婉”为秀婉（优美），“大”则如“天地”，应类似于西方的“崇高”，与出于《国语》中的“崇高”同义。不过，与西方不同的是，“大”一开始就被用于比喻“盛德”，而不是形容自然之美。后来孔子讲“大”也是这个意思：“大哉！尧之为君也！巍巍乎，唯天为大，唯尧则之。荡荡乎，民无能名焉。巍巍乎，其有成功也。焕乎，其有文章。”② 显然，“大”指的是一种崇高品德或功业，是一种非凡的至高的美。孟子也讲“大”，《孟子·尽心篇》云：“充实之谓美，充实而有光辉之谓大，大而化之之谓圣，圣而不可知之之谓神。”这里的“大”显然被列为高于“美”的一种高尚人

---

① 车尔尼雪夫斯基：《生活与美学》，北京：人民文学出版社 1957 年版，第 18 页。
② 《论语·泰伯》。

格境界之美。

道家也常讲到“大”。老子在讲到“道”为何物时说：“有物混成，先天地生。寂兮寥兮，独立而不改，周行而不殆，可以为天地母。吾不知其名，强字之曰道，强为之名曰大。大曰逝，逝曰远，远曰反。故道大，天大，地大，人亦大。”① 又说：“万物归焉而不知主，则恒无名也，可名于大。是以圣人之能成大也，以其不为大，故能成大。”② 老子讲“大”，最初指的是“道”，其次指天、地，再次指王、圣人，即由宇宙推及人生，这是道家哲学的特色。这里，老子当然尚未明确将“大”作为一个美的范畴来谈论，但他把“道”看作一种“至美”却是事实。庄子在《田方子》中叙述孔子问学于老子时，老子说了一句话：“吾游心于物之初。”（“物之初”即“道”）孔子问老子游于“物之初”的感受，老子说：“夫得是至美至乐也。得至美而游乎至乐，谓之圣人。”由此看来，老子的“大”含有指天地最高的美的意义。庄子继承了这种观念，他多次谈到“大”：“天地有大美而不言，四时有明法而不议，万物有成理而不说。圣人者，原天地之美而达万物之理，是故至人无为，大圣不作，观于天地之谓也。”③ 在庄子哲学中，“大”就是道之美、天地之美、无限之美。这种大美体现于自然事物，就是诸如大海汪洋、大山大泽的美，④ 如其背“不知其几千里”、“怒而飞，其翼若垂天之云”、“水击三千里，抟扶摇而上者九万里”⑤ 的大鹏之美，或如“其大蔽数千牛、絜之百围，其高临山十仞而后有枝，其可以为舟者旁十数”⑥的大树之美，等等；体现于人物则诸如三皇五帝以及那些能“乘云气、御飞龙，而游乎四海之外”⑦、能“磅礴万物”、“大泽焚而不能热，河汉冱而不能寒，疾雷破山，飘风振海而不能惊”⑧的人之美。

显然，中国先秦时代“大”的观念，与西方的“崇高”颇相似，又有所不同。中国的“大”是由道推及人生，最终落实于伦理道德，归于“圣人”，因而没有西方崇高概念中的恐怖感与痛感，也不与丑发生联系；西方的崇高强调的是自然事物体积的巨大和自然威力的无穷，强调冲突，

① 《老子·二十五章》。

② 《老子·三十四章》。

③ 《庄子·知北游》。

④ 《庄子·秋水》。

⑤⑦ 《庄子·逍遥游》。

⑥ 《庄子·人间世》。

⑧ 《庄子·齐物论》。

强调恐怖与痛感，从而也必然与丑发生纠葛。再则，崇高在西方毕竟是近代美学的产物，是近代精神的产物，其独特内涵毕竟不同于中国古代的“大”。

二、崇高的本质特征

探讨崇高的本质特征问题比起优美来说要复杂得多。这不仅仅因为崇高作为一种美的历史形成过程和构成因素不那么单纯简单，而且它在不同领域——自然界、人自身世界和文化世界中的具体表现和性质都有很大的差异，所以既要做出总体把握，又必须具体领域具体分析。

鉴于美学史上人们对崇高对象的范围理解不一，我们必须首先对其范围加以界定。西方美学在18—19世纪以前基本上是在自然美的范围内来谈论崇高的，美学家们所说的崇高就是“自然崇高”，如康德说，崇高就是“粗野的自然”。他们有的也谈到艺术，例如，席勒将崇高与悲剧联系起来，黑格尔认为崇高存在于象征艺术中，或说崇高存在于神、上帝、“太一”之中。但总的看，谈自然崇高占主要地位，而对于社会事物、人的崇高则很少或几乎没有涉及。这种片面性到19世纪以后才有人加以纠正。例如，罗斯金认为，崇高这一概念既适用于惰性的物质，也适用于精神。他说，如果说阿尔卑斯山峰的高耸入云，或者尼亚加拉大瀑布的飞流悬湍具有庄严感，那么，在更为高尚的领域中，安提戈涅、苏格拉底、耶稣那种道德上的庄严感，同样也是存在着的。立普斯、伏尔盖特也坚决认为崇高那种震撼人心的雄伟事实上就是人类人格的崇高伟大，普罗米修斯、安提戈涅的英雄主义、浮士德的神圣追求，都是充满崇高感的。① 李斯托威尔也说：“崇高存在于精神上或物质上令人震撼的宏伟里面……它既包括我们赋之以崇高感的外界事物的庄严宏伟，也包括灵魂的高尚伟大。”② 中国古代美学所讲的“大”涉及的范围较广，既指“道”，又推及天地、大山大泽等自然现象、人和艺术各个领域。我们认为崇高包括：自然的崇高、人的崇高（包括人的活动的崇高）和艺术的崇高三大类型。

西方传统美学一般认为，崇高与优美的关系是对立的。其实，崇高和优美都是美，因而两者的关系并不是本质上的对立关系，而是美的不同阶

---

① 李斯托威尔：《近代美学史评述》，蒋孔阳译，上海：上海译文出版社 1980 年版，第216～217页。

② 李斯托威尔：《近代美学史评述》，蒋孔阳译，上海：上海译文出版社 1980 年版，第217～218页。

段。如果我们把优美称作“常态的美”的话，那么，崇高不过是一种“超常态的美”、“非凡的美”，或者说，崇高是优美的极端发展的产物，是美的最高阶段，是对优美的超越。如果说优美是和谐的美，那么，崇高就是对和谐状态的超越的美。“超越”造成不和谐，但它终归成为一种美又意味着走向新的和谐，正如席勒所说的，崇高是充满激动、不安、压抑的，但经过纵身一跃而达到自由的境界，从而才成为一种美。所以，可以说，崇高是一种由严重的不和谐走向和谐的美，是由真与善的严重冲突走向真善统一的美。

但是，各种不同领域的崇高，其由不和谐走向和谐的具体表现是不同的。

自然的崇高在数量上是多，在力量上是巨大，超越了人们一般直观把握的界限，如宇宙、沙漠、火山爆发、电闪雷鸣、狂风暴雨、惊涛骇浪、雄狮猛虎等。因此，无论就其形式上、与人的关系上和人对其感受的心理特点上，都充满着不和谐，但最终又归于和谐，具体体现在两个方面：

第一，从形式上说，崇高由于体积和力量的超常，使和谐状态遭到破坏，呈现为不平衡、不稳定、无规则、无秩序的不和谐状态，因而给人以朦胧、混沌、冲突、动荡、惊险、压抑、恐怖的感受。但它又统一为一个整体，对象没有因为过度的扩张和冲突而导致形式的分裂和解体，仍然取得相对的和谐，可以为人所感受和认识。

第二，从主客体关系上说，自然崇高的自身客观规律（真）与人的目的性（善）之间，也表现为一种尖锐冲突的不和谐关系。对象巨大的体积和威力对人的生命安全形成一种危险态势，因而在崇高经验的初始阶段审美主体的心理反应表现为一种压抑感、紧张感、恐惧感、不自由感，这就是柏克所说的崇高感“以痛感为基础”。用康德的话说，主体在这一阶段是“生命受阻”，主客体之间互相排斥、推拒，无论从主客体的关系还是从主体心理活动的情况看，都表现为一种尖锐的冲突即不和谐状态。但是，主体一旦意识到对象虽然显得可怕却没有实际危险，即通过理解力在观念中实现了真善的统一时，客体的崇高美便为主体所发现，主体的“生命受阻”便转化为“生命洋溢”，于是压抑感、紧张感、恐惧感、痛感、不自由感就转化为愉悦感。换言之，主客体的关系、主体的心理状态就由不和谐转向和谐。

这种“转向”，从根本上说，正是人类长期社会实践的结果。实践使人类掌握了“粗野自然”的运动规律——真，从而不仅能够有效地避开它的危险性，而且能够自由地驾驭它，成功地利用它服务于人类，使它在与人类生活的联系中符合人类的目的——善。这样，主体与客体、必然与自由、真与善就从对立走向和谐统一，崇高美也就诞生了。因此，自然的崇高作为一种美的形态，实质上也是社会实践的历史成果，是现实对人的本质力量的肯定。

再说人的崇高。人的崇高是人的美的最高形态。具有崇高美的人就是伟大的人。中国古代所谓“圣人”，诸如三皇五帝，就属于这种人。他们的崇高主要表现在有“盛德”和有大功业。近代以来，西方关于人的崇高也主要指“灵魂的高尚伟大”。虽然各个时代、各个民族对人的崇高的具体观念有差异，但一般都从人格和功业上去理解，主要体现于品质、才智、成就等方面。我们认为，崇高人物就是指在艰巨、坚强、完善的实践斗争生活（如与自然的斗争，与反动势力或落后势力的斗争）中涌现出来的具有高尚品质、卓越才智和突出成就的，并对社会历史产生了重大影响的人物。崇高人物是对平凡人物的平凡状态的高度超越，是平凡人物难以企及的伟大人物。

崇高人物与崇高的实践活动是不可分割的。崇高的实践活动指的是人与自然或丑恶社会力量所进行的正义的、进步的而又艰巨、坚强、完善的斗争。崇高人物就是在这种崇高的实践活动中造就的。实践越艰巨，斗争越完善，人的崇高性越显著。正如黑格尔所说：“人格的伟大和刚强只有借矛盾对立的伟大和刚强才能衡量出来……”① 人的崇高和人的实践活动的崇高作为美，同样必须体现出美的一般本质——真善统一。但崇高的真善统一又是经由严重的冲突而达到的统一。就人而言，崇高人物必须是道德境界的高尚（善）与才智的卓绝（真）的高度完善的统一，而这种崇高品格总是体现于艰难困苦的斗争之中，体现于主体目的的善与客体规律的真的严酷冲突之中；崇高人物之所以崇高，就因为在这种严酷的真善冲突中，主体能够以卓绝的才智，通过坚强、完善的斗争驾驭、征服客观规律，使真服从于善，化真善对立为真善统一。而崇高的实践活动，也就是一种充满着真善的冲突，而实践主体能够在这种巨大的冲突中化真善对立为真善统一的实践。

人的崇高和人的实践活动的崇高与自然的崇高是有区别的：自然崇高是人的本质力量的间接体现；而人的崇高就在人自身，人的实践活动的崇高就在实践活动自身，因而也就是人的本质力量的直接体现。从内容与形式的关系上说，自然崇高偏于形式，它引起人们的崇高感的原因主要是其

① 黑格尔：《美学》第一卷，朱光潜译，北京：商务印书馆 1979 年版，第 297 页。

形式上的不和谐、体积和自然力的巨大；人的崇高和人的实践活动的崇高引起人们的崇高感的根本原因，则在其内在本质方面的伟大，而不在形式。从崇高感的特点看，崇高人物和崇高的实践活动与自然崇高一样，它们引起的崇高感的心理状态都表现为动荡、激动、亢奋、惊讶，情感活动大波大澜，想象和理解活动尤其活跃。但是，自然崇高引起的崇高感，其心理过程是由推拒到吸引，由不自由感到自由感，由痛感到愉悦感；而崇高人物和崇高的实践活动引起的崇高感一般不存在这种心理过程，审美对象对审美主体是直接吸引。当然，人的崇高和实践活动的崇高在其形成的过程中，由于真善的严重冲突、斗争的严酷艰巨，也会引起紧张感、不自由感，以至痛感，但作为崇高对象本身的人和人的实践活动本身并不会引起这种消极情感。

上述两种崇高形态有时也融为一体，例如井冈山的崇高美，它本来是一种自然崇高，但由于特殊的历史使它具有了特殊的社会意义，从而也成为特定社会崇高——革命斗争的崇高象征。这种崇高就是自然崇高与社会崇高的统一。

除了上述两种崇高，艺术领域也存在着崇高形态。艺术的崇高形态主要由其取材于崇高的自然和严重的社会冲突而形成，前者如《九级浪》等，后者如《马赛曲》等，但崇高在艺术中的主要表现是悲剧。关于悲剧范畴，我们将在本章第四节阐述。

第三节　中　和　美

西方美学史在逻辑上一般只把美划分为优美和崇高两大互相对立的范畴。其实介于优美和崇高之间还有具有独特意义的重要的范畴——中间状态的美。中国古代美学中的“中和”之美就是一种中间状态的美，应视为美的重要的范畴之一。

一、中和美的内涵

在中国古代文化中，中和美（简称“中和”）是一个有着丰富内涵的特殊概念。“中和”一词由“中”与“和”构成，“中”与“和”是密切相关、有同也有异的两个概念。“和”是和谐，主要指杂多或对立因素的有机统一。“中”具有和谐的意义，也是和谐的一种，但和谐不等于就达到“中”的状态。据《说文解字》解释：“中者，内也。”这是中的本义。取此意义构成的“中和”，指的是主体心理上的和谐。如《礼记·中庸》云：“喜怒哀乐之未发谓之中，发而皆中节谓之和。中也者，天下之大本也；和也者，天下之达道也。致中和，天地位焉，万物育焉。”这里的“中和”就是指人的内心世界的和谐。但“中”在阴阳五行学说中又具有方位上的意义，金、木、水、火、土，土为中，即“中央”，东、西、南、北、中，这里的“中”就是“中央”，所以中为贵。《易经》十分推崇“中”，多次提到“正中”、“中正”、“中道”、“中行”，如“需：有孚，光亨，贞吉，位乎天位，以正中也。”（《需卦》）“利见大人，尚中正也。”（《讼卦》）“文明以健，中正而应，君子正也。”（《同人》）“显比之吉，位正中也。”（《比卦》）“不终日，贞吉，以中正也。”（《豫卦》）等等。这里的“中”既有“内心”的意义，也有方位上的“正”的意义。其实，“中”的这两层意义是密切相关的，因为古人以为“心”在人体内的中央，不偏不倚，所以也有“正”的意义。这样，“中和”便不仅指内心的和谐，也指各事物的正中位置。在《易经》中，几乎凡属“中卦”的都“贞吉”，其奥秘大体也是以“中”为天下之大本，天下之大道故。特别要指出的是，《易经》还以“中”为“至美”。如《坤卦》文言云：“君子黄中通理，正位居体，美在其中而畅于四支（肢），发于事业，美之至也。”从一般意义上说，中和可以理解为矛盾对立面的“中间状态”。例如，孔子讲中庸时说：“执其两端，用其于民。”① 就是把中和看作两个极端的中间状态。所谓两端，郑玄说，就是“过与不及也”②。朱熹解释“中”字也说：“中者无过无不及之名也。”③ 由此可见，儒家“中庸”的“中”显然取矛盾对立两极的中间状态的意义。

在中国古代文化中，“中和”观念最初产生于农业生产活动之中。随着阴阳、五行学说的出现，逐步上升为哲学范畴。后来儒家学派极为推崇中和，将其推广到社会生活各个领域，尤其是政治、道德、人伦关系和美学等领域中去，并作为政治生活、道德生活、行为方式的理想模式。这表明，早在先秦时代，中和已被当作一种“至美”而与阴柔之美、阳刚之美并列起来了，其历史是悠远的。

在西方美学史上，“中和”观念在古希腊时期也出现过。亚里士多德在论及艺术与美德时曾提出，美德就是一种适中。他说，美好德性都是处

---

① 《礼记·中庸》。
② 郑玄：《礼记注》。
③ 朱熹：《论语集注·雍也》。

于“良好的状态中”，或称“居间者”。何为“良好状态”或“居间者”？他说：“在每一种连续而可分的事物里面，都能够多取、少取或取一均等的量，并且这样做可以是就该事物本身而言，也可以是就其相对于我们而言；所谓相等，就是过多和不足之间的居间者，我的意思是指与两极端距离均等的、对于一切人都相同的东西；所谓相对于我们的居间者，我是指不太多也不太少的东西，而这不只是一个，也不是对一切人都相同的。例如，如果十太多而二太少，那么，就物本身而言，六就是居间者……”① 他认为，每一种好的艺术，“就在于选择居间者”，过多和不足都会破坏艺术作品的优点，而执中则保存了这优点；而好的艺术家，在他们的工作中所寻求的“正”就是这个。② 接着他指出，美德也“必定就有以居间者为目的这个性质”③。亚里士多德认为，恐惧、信心、欲望、愤怒和怜悯，以及一般的愉快和痛苦等感觉都可能过多或过少，这都不好，只有在处于“中间”的状态时，才是美德所具有的。“因此，美德是一种适中”，“美德是一种中道”。④ 显然，亚里士多德所讲的“适中”虽然不能等同于中国古代的“中和”，但从作为对立两极的中间状态这一意义而言，则是相通的。

在美的世界中，如果我们把优美和崇高看作两对立面的美（即美的两个极端）的话，那么，中和之美就是它们之间的中间状态的美，在哲学意义上，我们就称之为“中间范畴”的美。例如，如果我们把汪洋大海之美称为崇高美，将涓涓流水之美称为优美，那么，西湖之美就是介于两者之间的中和之美；如果把喜剧看作一种优美，将悲剧看作一种崇高美，那么，正剧就是介于两者之间的中和之美，等等。

二、中和美的特点

中和美与优美比较，两者都是和谐美，但优美的和谐可以是两种不同因素的协调统一，也可以是多种不同因素的协调统一，而中和美的和谐则专指两种对立因素的协调统一；优美的和谐是各种不同因素的矛盾或差异

①③ 亚里士多德：《伦理学》。引自《西方哲学原著选读》上卷，北京：商务印书馆1982年版，第154～155页。

② 亚里士多德：《伦理学》。引自《西方哲学原著选读》上卷，北京：商务印书馆1982年版，第155页。

④ 亚里士多德：《伦理学》。引自《西方哲学原著选读》上卷，北京：商务印书馆1982年版，第156页。

互相抵消之后的较为稳定宁静的和谐，或者说，不同因素的矛盾斗争态势归于消失，而中和美的和谐只是两个对立因素的矛盾处于平衡状态，其斗争态势并没有消失，因而是一种不稳定的、表面宁静中隐蓄着向两极运动的态势；优美的和谐不是对立面两极的中间阶段的和谐，而中和美的和谐是对立面两极的中间阶段的和谐。中和美的特殊位置——处于优美与崇高两种对立的美互相向对方运动的过渡阶段、中间阶段，这决定了它既不是两个对立面的任何一方，即既不是优美也不是崇高，却又包含着优美和崇高两极的特点，这就是黑格尔所说的既“是他物又不是他物”，也是恩格斯所说的“非此非彼”、“亦此亦彼”。就是说，中和美具有两极的双重性质，优美不具有这种性质。

中和美作为优美与崇高之间的中间状态的美，并非绝对的平衡状态。其实，中国古代美学的“中和”观念也不是相当严格的，“中和”只是一个“度”，“适度”而已。只要不走极端，就是适度，就是中和。孔子所说的“哀而不伤”、“乐而不淫”、“怨而不怒”是适度的“中和”；《乐记》所说的“阳而不散，阴而不密，刚气不怒，柔气不慑”，等等，都是适度的“中和”。程颐也说：“中者，只是不偏，偏则不是中。”①

美的形态是多种多样的，不同的民族、不同的时代，人们有不同的审美理想，因而必有不同的美的追求。中国古代人们所追求的美的理想，从总体上说，是中和之美。无论在政治、伦理还是艺术领域都是如此。例如对于音乐，春秋时代就特别推崇“五音”，因为五音“为中和之声”，即“中声”，而“中声”乃“和平之声”，“君子听之，可以平其心”，心平则“德和”。② 荀子也说：“乐中平则民和而不流。”③ 对于诗，古人也崇尚中和，如孔子评论《诗经》云：“《诗》三百，一言以蔽之，曰：‘思无邪。’”④ 就是赞扬它的思想感情符合中和之美。孔子评《关雎》曰：“乐而不淫，哀而不伤。”⑤ 也是赞其表达感情适中有度。荀子评《诗经》也说：“《诗》者，中声之所止也……《礼》之敬文也，《乐》之中和也。”⑥ 其“中声”的意思，诚如后人所释：“诗谓乐章，至乎中而止，

---

① 《二程遗书》卷十五。

② 参见《国语·周语下》、《左传·昭公元年》、《左传·昭公二十年》。

③ 《荀子·乐论》。

④ 《论语·为政》。

⑤ 《论语·八佾》。

⑥ 《荀子·劝学》。

不使流淫也。”[①] 崇尚中和也就是崇尚刚柔相济并重，虽然刚柔相济不是绝对平衡，但能不偏废，也就符合中和的原则，如此，则可成就美文。这也是中国古代对于作诗为文的基本要求。清代姚鼐对此表述得十分清楚，他说：“吾尝以谓文章之原，本乎天地。天地之道，阴阳刚柔而已。苟有得乎阴阳刚柔之精，皆可以为文章之美。阴阳刚柔并行而不容偏废，有其一端而绝亡其一，刚者至于偾强而拂戾，柔者至于颓废而暗幽，则必无与于文者矣。”[②] 这正是崇尚中和美的文艺观念，而这种观念又正是中国传统美学的一个重要思想。

中国古代之所以如此看重中和之美，说到底是因为古人认为阴阳相交、刚柔相济乃宇宙的根本法则，而中和是其表现，顺之则吉，逆之则凶。可见，中国古代中和美的理想同古老的宇宙哲学观是息息相通的。

第四节 悲 剧

美学上作为审美范畴的悲剧（德文 das tragische，英文 the tragic），与现实生活中所发生的“悲剧”有关系，但性质不同。现实生活中发生的任何不幸、灾难、死亡，我们习惯上也叫作“悲剧”，但它是实实在在的“悲”和“痛苦”，不能给人们带来任何愉快，不能直接作为审美对象。

在实际生活中发生的不幸与灾难，不一定都具有“真正悲剧性的因素”。实际生活中有些不幸和灾难是偶然性的，没有客观必然性的，也即没什么社会内容和社会意义的，例如一个人偶然触电或溺水而死，就不具有真正的悲剧性，因而用作悲剧题材就没多大意义。席勒在《论悲剧艺术》中就指出，悲剧对象的命运必须是“环境所迫，不得不然”。别林斯基也指出：“偶然性，例如人物的意外的死亡……是不能够在悲剧中占有一席位置的。”[③] 我们不必否认反映偶然性的“命运”的悲剧也会给人以悲的感受，也能够激起人们的同情，但其意义是极其有限的。所以，别林斯基认为，悲剧诗人不应把注意力放到没有必然性的偶然事件上去。总之，悲剧（或悲剧美）作为一种美的形态，作为一种审美对象的存在，

---

① 王先谦：《荀子集解》。

② 姚鼐：《海愚诗钞序》。

③ 《别林斯基选集》第三卷，满涛译，上海：上海译文出版社 1980 年版，第 73 页。

是以艺术形态出现的，并以具有悲剧性意义的现实生活中的悲惨事件为对象的。

悲剧体现于各种艺术形式中，不限于戏剧形式，但戏剧形式的悲剧是美学上的悲剧范畴的典型形态。

一、美学史上的悲剧论

悲剧的本质问题，一直是美学中一个极其复杂和困难的理论课题。然而，它又是一切悲剧理论的轴心。中西美学史上，许多哲学家、美学家和艺术家都对悲剧实质进行了思考和研究，积累了大量的思想资料和实际的创作资料，只有在广泛了解这些资料的基础上，才能获得较为科学的认识。

（一）西方美学史上的悲剧论

古希腊是西方悲剧的发源地，也是西方悲剧理论的发源地。最早谈论悲剧的是柏拉图，不过他并没有对悲剧做出系统的研究，而且他对悲剧抱贬斥态度。他认为悲剧作为一种摹仿艺术，是在“逢迎人性的低劣部分”，“种下恶因，逢迎人心的无理性部分”。[①] 这种悲剧论遭到亚里士多德的驳斥。亚里士多德指出：“悲剧是对于一个严肃、完整、有一定长度的行动的摹仿。”[②] 悲剧“应摹仿足以引起恐惧与怜悯之情的事件”，“怜悯是由一个人遭受不应遭受的厄运而引起的，恐惧是由这个遭受厄运的人与我们相似而引起的”。[③]

亚里士多德所谓的“厄运”，也就是“苦难”。“苦难是毁灭或痛苦的行动，例如死亡、剧烈的痛苦、伤害和这类的事件。”[④] 写什么人的苦难呢？亚里士多德说：“悲剧总是摹仿比我们今天的人好的人。”[⑤] 这就是说，悲剧反映的是“好人受难”。不过这个“好人”，亚里士多德是有规定的，那就是“不十分善良，也不十分公正”[⑥]。他认为悲剧中的英雄人物应该是这种人。那么，他们为什么会陷于厄运呢？“不是由于他为非作

① 伍蠡甫：《西方文论选》上册，上海：上海译文出版社 1979 年版，第 38 页。

② 亚里士多德：《诗学》，罗念生译，北京：人民文学出版社 1962 年版，第 19 页。

③ 亚里士多德：《诗学》，罗念生译，北京：人民文学出版社 1962 年版，第 37 ~ 38 页。

④ 亚里士多德：《诗学》，罗念生译，北京：人民文学出版社 1962 年版，第 38 页。

⑤ 亚里士多德：《诗学》，罗念生译，北京：人民文学出版社 1962 年版，第 36 页。

⑥ 亚里士多德：《诗学》，罗念生译，北京：人民文学出版社 1962 年版，第 9 页。

恶，而是由于他犯了错误。”这就是所谓“个人过失论”。由于过失，所以这种人由泰运转入否运也就是必然的了。例如俄狄浦斯因判断不明的过失而遭受厄运，美狄亚因道德选择的错误而招祸。不管他们是不知而犯（俄狄浦斯）还是明知故犯（美狄亚），最终都必然要经受苦难的折磨。亚里士多德对悲剧的这些理论思考是相当深刻的，有很高的美学价值。它是希腊艺术由神话时代转入悲剧时代的特点在理论上的反映，不仅是希腊悲剧理论的集中体现，而且是西方悲剧理论的开山纲领。

文艺复兴时代的卡斯特尔维屈罗、瓜里尼、锡德尼和17—18世纪的布瓦洛、高乃依、德莱登、柏克、狄德罗、莱辛等，他们对悲剧的研究从不同角度丰富和发展了亚里士多德的悲剧论，但总的来说尚未有大的突破。

到了德国古典美学时期，黑格尔的“矛盾冲突说”的提出，才标志着西方悲剧论进入一个新的里程。黑格尔认为，悲剧的产生是由“普遍力量”的矛盾冲突引起的。所谓“普遍力量”，就是某种精神力量，由绝对理念所生，所以他称作“绝对理念的儿子”，例如对家庭、祖国、国家、教会、名誉、友谊、社会地位、价值、爱情等的忠贞之类的伦理精神力量。当这些“普遍力量”具体到某一个人身上时，就成为某种有定性的伦理观念、理想旨趣；而当它碰到对立面，就“必须互相斗争，这个力量反对那个力量”①，悲剧就在这种斗争、冲突中不可避免地发生了。悲剧实质上是不同精神力量、伦理力量矛盾冲突的结果。由于不同精神力量、伦理力量都是合理的，又有片面性，冲突也就导致不幸。他说，在悲剧里，由于个人的真诚愿望和性格的片面性而导致自我毁灭。黑格尔认为古希腊索福克勒斯的悲剧《安提戈涅》是悲剧矛盾的范例，他用他的悲剧理论做了这样的分析：“国王克里安，作为国家的首领，下令严禁对成了国家的敌人的波里涅色斯进行安葬。这个禁令在本质上是有道理的，它要照顾到全国的幸福。但是安提戈涅也同样地受到一种伦理力量的鼓舞，她对弟兄的爱也是神圣的，安葬弟兄是她的职责，是骨肉至亲的情谊，所以她悍然抗拒克里安的禁令。”② 黑格尔认为，这就是国法与家法两种既合理又片面的伦理力量的矛盾冲突，他们双方都是善，愿望都是真诚的、

---

① 黑格尔：《美学》第一卷，朱光潜译，北京：商务印书馆1979年版，第279页。

② 黑格尔：《美学》第一卷，朱光潜译，北京：商务印书馆1979年版，第280页。引文原文将安提戈涅译作安蒂贡，将俄狄浦斯译为俄狄普。这里引用时改为流行译名。

神圣的，但是，由于各有独立的定性，就片面化、孤立化了，这就必然激发对方的对立情致，导致不可避免的冲突。矛盾冲突的双方虽然都有合理性，但又都以牺牲对方为目的，都是有罪的，因此必然要受到“永恒正义”的惩罚，悲剧便由此形成。

黑格尔对悲剧实质的论述，完全建立在唯心主义理念说的基础上，这是他的致命伤，但是，他的最大贡献是提出了矛盾冲突说，认为古代悲剧的冲突是伦理力量的冲突，即看到了悲剧所反映的社会道德观念的冲突，表明他肯定悲剧冲突就是社会性冲突的反映。这种观点不仅超越和丰富了亚里士多德的个人过失悲剧论，也比与他同一历史时期的席勒、谢林等人的悲剧论具有更深刻的美学价值。

德国古典美学时期之后，西方对悲剧实质问题的探索热情有增无减。德国的叔本华、尼采、伏尔盖特、立普斯等，俄国的别林斯基、车尔尼雪夫斯基，意大利的克罗齐等，都是在悲剧理论上有一定影响的美学家。

叔本华（Arthur Schopenhauer，1788—1860）的悲剧论是以悲观主义的人生论为基础的，而他的悲观主义人生论又是以“意志”说为根基的。叔本华提出：世界的本质就是意志，意志就是欲求。人人都有要求生存的欲求，这就是“生存意志”，它支配着人的一切思想和行动。他说，欲求出于需要，需要缺乏就痛苦，这种痛苦对于人生是无法避免的，因为在现实生活中，欲求往往得不到满足（即缺乏），即使一时满足，新的欲求又生，又往往不能满足。因此，“如果我们还是欲求的主体，那么我们就永远得不到持久的幸福，也得不到安宁”[①]；“人生是在痛苦和无聊之间像钟摆一样的来回摆动着”，“在人们把痛苦和折磨都认为是地狱之后，给天堂留下来的除闲着无聊之外就再也没有什么了”。[②] 人生的全部本质就是“痛苦”二字，而悲剧正是这种痛苦的暗示。应该肯定叔本华对现实人生的不幸与痛苦是有着敏感的觉察的。但是，他把人生的一切不幸与痛苦都归于人的欲求和原罪，无疑抹杀了现实世界冲突的真正原因，抹杀了悲剧的真正社会根源。

尼采（F. W. Nietzsche，1844—1900）的悲剧论也曾在西方产生过不小的影响。尼采自称为“第一个悲剧哲学家”，他的悲剧论集中反映在他

---

① 叔本华：《作为意志和表象的世界》，石冲白译，北京：商务印书馆1982年版，第273页。

② 叔本华：《作为意志和表象的世界》，石冲白译，北京：商务印书馆1982年版，第427页。

的《悲剧的诞生》中。作者以奇特的思路提出了自己独特的悲剧观念。他的悲剧观念是建立在所谓“日神精神”与“酒神精神”的辩证关系的基础上的。尼采说，日神精神类似于梦境状态，酒神精神类似于迷醉状态。在梦境中，人暂时忘却了现实苦难，随心所欲地编织着美妙的世界幻景；具有日神精神的人宛如平静、充满智慧、节制激情的哲学家，作为艺术家，他总是依照“个性化原则”创造丰富多彩、五光十色的形象世界。古希腊人就是如此，他们心目中的世界是那么完美、绚丽的幻象，与充满痛苦的现实相反，希腊雕塑、史诗等艺术就体现了希腊人对世界的这种感受。而在迷醉状态中，人仿佛复归原始，尽情放纵，狂歌狂舞，忘却自我，人与人之间、人与自然之间的界限消失，“个性化原则”被抛弃，个体融入群体，人融入自然，从而感受到一种永恒的生命力和异乎寻常的快感。这种酒神精神体现在艺术中，不是有形的雕刻、史诗，而是音乐。就是说，日神与酒神在尼采那里是作为两种心理状态、两种文化和艺术的象征。那么，日神精神与酒神精神与悲剧有什么关系呢？尼采说，酒神的受难与日神的光辉融合，便诞生了悲剧。这一结论是他在对希腊悲剧的起源、演变的考察之后做出的。他说，希腊悲剧在原始阶段即低级阶段时只是一种合唱形式，那只是“酒神气质的人的自我映现”[①]，后来增加了情节、舞台形象、对白、布景，就是引入了日神因素，才诞生了本来意义上的悲剧。所谓“悲剧的诞生”，就是这样开始的。尼采接受了叔本华的部分观点，认为生命总与痛苦相伴，世界本质上就是痛苦。但是，他认为世界固然充满痛苦，但酒神精神却使人意识到原始状态的欢乐，酒神艺术和日神艺术都可以成为人们逃避现实痛苦的途径。悲剧作为这两种精神的统一，它可以使人在审美中忘却现实的痛苦而体验到生命的快乐和永恒。尼采有一句话：“悲剧如此疾呼：‘我们相信永恒生命’。”[②] 为什么呢？因为悲剧人物之死实乃是个体重新融入原始的统一性。所以，在尼采看来，以酒神精神为主导因素的悲剧并非只是现实痛苦的回音，而更是“肯定生命的最高艺术”[③]。虽然尼采的悲剧论具有强烈的反理性主义倾向（他看重酒神精神，而酒神精神正是理性的对立状态），但它无疑是对叔本华悲观主义悲剧观的超越。

别林斯基对悲剧问题也发表了许多重要的见解。在这些见解中，我们

---

① 尼采：《悲剧的诞生》，周国平译，北京：三联书店 1986 年版，第 31 页。
② 尼采：《悲剧的诞生》，周国平译，北京：三联书店 1986 年版，第 71 页。
③ 尼采：《悲剧的诞生》，周国平译，北京：三联书店 1986 年版，第 346 页。

可以看到黑格尔的影子。别林斯基认为悲剧是“戏剧诗歌的最高阶段和皇冠”[1]。他吸取了黑格尔的“矛盾冲突”说，认为悲剧的核心因素是“悲剧冲突”。“悲剧的本质”就包含在“心灵的自然爱好和道德责任，或者干脆是和不可克服的障碍之间的抵触中，也就是说，包含在这二者之间的冲突中，碰撞中”[2]。他不完全搬用黑格尔的两种伦理力量的冲突观念，而是用自然爱好和道德责任的冲突来说明。别林斯基在分析《哈姆雷特》时说得很清楚：哈姆雷特的父亲被背弃信义的兄弟害死这一事件使哈姆雷特“必须扮演复仇者的角色；可是，既然这个角色完全不符合他的天性，因此，他就陷入了同自己的内心斗争中，这个斗争是由两种敌对力量——促使他为父亲的死亡复仇的责任感和他不善于复仇的个性——的抵触所产生的：这就是悲剧冲突！”[3]“天性”、“个性”就是“自然爱好”方面的东西；“复仇的责任”就属于道德责任方面的东西。哈姆雷特那种内在的、直观的、重感情和思考的天性与他为父亲复仇的责任和事业是格格不入的，这就构成了冲突的必然性。别林斯基认为，这种冲突斗争构成了任何一部悲剧的本质。这样，悲剧冲突就成了一种心灵的冲突。这与黑格尔的观点颇类似。别林斯基不否认悲剧应该反映人的命运，因为这种命运也是民族生活和社会生活的体现。《安提戈涅》的悲剧冲突便是这种命运冲突，即女主人公所体现的家庭关系的“自然法”与以克里安所体现的国家法的冲突，冲突的结果是悲惨的，却是震撼人心的。别林斯基主要是作为一位评论家来谈论悲剧的，他的观点大多从评论具体作品中体现出来，所以显得较零碎，有些观点也不十分明确。总的来看，他的悲剧理论主要出现在早期著作中，其中受黑格尔的影响较突出，唯心主义色彩也较浓厚。

车尔尼雪夫斯基对悲剧本质也做了较深入的思考。在《生活与美学》一书中，他首先对自古希腊以来最流行的“命运说”悲剧论和悲剧主角“过失说”做了驳斥。他指出，自古希腊以来，人们竟相信人的一切不幸都是命运预先决定的，人在命运面前多么无力，想逃避是多么不可能。然而事实证明，人们与大自然做斗争，也并非必然是悲剧结局，意外之灾既可能落在伟人身上，也可能落在小人物身上，没有什么命运的必然性（车尔尼雪夫斯基称之为所谓的“悲剧规律”），用命运解释悲剧是行不通

① 《别林斯基选集》第三卷，满涛译，上海：上海译文出版社1980年版，第76页。
② 《别林斯基选集》第三卷，满涛译，上海：上海译文出版社1980年版，第70页。
③ 《别林斯基选集》第三卷，满涛译，上海：上海译文出版社1980年版，第20页。

的。对流行的美学理论所说的“悲剧是由人物性格弱点或过失造成的”的观点，车尔尼雪夫斯基有力地质问：“难道苔丝德萝娜真的是她自己毁灭的原因吗？任何人都可以看出来，完全是埃古的卑鄙的奸恶行为杀死了她。难道罗密欧和朱丽叶自己是他们毁灭的原因吗？”他指出：“认为每个死者都有罪过这个思想，是一个残酷而不近情理的思想。它和希腊的命运观念及其种种变形之间的联系是很明显的。”[①] 那么，什么是悲剧的本质呢？车尔尼雪夫斯基说：“悲剧是人的苦难或死亡。”[②]“无论人的苦难和死亡的原因是偶然还是必然，苦难和死亡反正总是可怕的。”于是，他给悲剧下的定义是：“悲剧是人生中可怕的事物。”又说：“悲剧是人的伟大的痛苦，或是伟大人物的灭亡。悲剧是人类生活中的恐怖。”[③] 从车尔尼雪夫斯基的论述中可以看到，他的悲剧论是以唯物主义为基点的，他对“命运说”、“过失说”悲剧论的批评是有力的，但待到他自己来给悲剧下定义时，他的观点又太宽泛，谈不上超越前人。

（二）中国美学史上的悲剧论

中国古代戏剧资料虽然十分丰富，但理论形态的资料不多，尤其是悲剧理论。这与中国古代没有希腊式的悲剧和悲剧观念有关。宋元以后，中国戏剧进入黄金时代，但作为戏剧的分类，恰恰没有“悲剧”这一项，所以一直没有专门的悲剧理论，更缺少美学范畴的悲剧理论，只是偶尔可以看到一种说法，即认为戏剧中有一种“偏于琐屑中传出苦情”[④] 的说法。这指的就是悲剧。中国古代一般认为，悲剧的实质在于传达“人间苦情”。真正对悲剧做理论思考的是近代的王国维。王国维是较早使用“悲剧”概念来分析古代戏剧和小说的美学家。他在《宋元戏曲史》中指出：“元则有悲剧在其中，就其存者言之，如《汉宫秋》、《梧桐雨》、《西蜀梦》、《火烧介子推》、《张千错杀妻》等。初无所谓‘先离后合，始困终享’之事也。其最有悲剧之性质者，则如关汉卿之《窦娥冤》、纪

---

① 车尔尼雪夫斯基：《生活与美学》，周扬译，北京：人民文学出版社 1957 年版，第 31 页。

② 车尔尼雪夫斯基：《生活与美学》，周扬译，北京：人民文学出版社 1957 年版，第 33 页。

③ 车尔尼雪夫斯基：《生活与美学》，周扬译，北京：人民文学出版社 1957 年版，第 88 页。

④ 祁彪佳：《远山堂曲品》。引自《中国古典戏曲论集》第 6 册，北京：中国戏剧出版社 1959 年版，第 24 页。

君祥之《赵氏孤儿》，剧中虽有恶人交搆在其间，而其赴汤蹈火者，仍出其主人公之意志，则列于世界大悲剧中，亦无愧色也。”[①] 在《红楼梦评论》中，王国维高度肯定《红楼梦》为“彻头彻尾之悲剧也”、“悲剧中之悲剧也”。[②] 那么，悲剧的实质是什么？王国维认为，悲剧起于欲望。因为欲望是人生痛苦的根源。他说：“生活之本质何？‘欲’而已矣。欲之为性无厌，而其原生于不足。不足之状态，苦痛是也。既偿一欲，则此欲以终。然欲之被偿也一，而不偿者什百。一欲既终，他欲随之。故究竟之慰藉，终不可得也。即使吾人之欲悉偿，而更无所欲之对象，倦厌之情，即起而乘之。于是吾人自己之生活，若负之而不胜其重。故人生者，如钟表之摆，实往复于苦痛与倦厌之间者也……又此苦痛与世界之文化俱增，而不由之而减。何则？文化愈进，其知识弥广，其所欲弥多，又其感苦痛亦弥甚故也。然则人生之所欲，既无以逾于生活，而生活之性质，又不外乎苦痛，故欲与生活与苦痛，三者一而已矣。”[③] 他把人生概括为“欲”、“生活”、“苦痛”三位一体，认为有欲必有痛苦，有痛苦就有悲剧。这些观点明显来自叔本华。他用这种人生观来解释《红楼梦》，认为“饮食男女，人之大欲存也”，而“男女之欲，尤强于饮食之欲”，因而其引起的“苦痛之度”，“尤倍于”其他之欲引起的苦痛。《红楼梦》的悲剧就是由男女之欲引起的，所以本为一大悲剧，“悲剧中之悲剧也”。[④] 作为一种人生观，王国维的言论和叔本华一样充满悲观主义情调，“生即痛苦”正是其核心观念。他也借格代之诗指出，“凡人生中足以使人悲者，于美术中则吾人乐而观之”[⑤]，认为悲剧是一种最壮美的艺术形式，可以给人带来审美的愉快。这是很中肯的。

二、悲剧本质特征阐释

上面种种悲剧本质论，无疑有助于我们对悲剧本质的认识。但这些悲

---

① 王国维：《宋元戏曲史》第十二章，上海：上海古籍出版社 1998 年版，第 99 页。

② 王国维：《红楼梦评论》。引自郭绍虞、罗根泽：《中国近代文论选》下册，北京：人民文学出版社 1981 年版，第 753 页、756 页。

③ 王国维：《红楼梦评论》，引自郭绍虞、罗根泽：《中国近代文论选》下册，北京：人民文学出版社 1981 年版，第 744 页。

④ 王国维：《红楼梦评论》。引自郭绍虞、罗根泽：《中国近代文论选》下册，北京：人民文学出版社 1981 年版，第 754 ~ 755 页。

⑤ 王国维：《红楼梦评论》。引自郭绍虞、罗根泽：《中国近代文论选》下册，北京：人民文学出版社 1981 年版，第 747 页。

剧论还存在着这样那样的缺陷。

作为美的范畴，悲剧已不同于现实世界中的美的形态，也不同于上面所讲的优美、崇高和中和。悲剧不仅是一种艺术形态，而且它所涉及的对象是最复杂的人生世界，因而对悲剧本质的把握也就更为困难。前面已经指出，美学范畴的悲剧不同于实际生活中的悲剧。因此，不能单纯用对实际生活的不幸和灾难的解释来代替对悲剧范畴的解释。美学史上一些美学家所犯的错误，恰恰就是以前者代替后者（例如，“悲剧就是人生的可怕事物”这种表述就是如此），这种错误应予以避免。但是，悲剧的性质与实际生活的不幸与灾难的性质又是不可分割的，应该说，只有理解了后者的性质，才能深刻理解前者的本质。所以，应把两个方面辩证地统一起来，这是首先必须确立的基本原则。

尽管人们对悲剧性质的理解歧义百出，但正如20世纪法国最出色的悲剧理论家之一卡尔·雅斯贝尔斯（Karl Jaspers，1883—1969）所说的：“所有各式各样的悲剧都有某些共同之处。”① 这些共同之处就是：展示人类的苦难、人生的不幸、世途的坎坷；反映善者的悲哀与恶者的凶残，并引起人们的悲哀情感。总之，悲剧的对象是生活中的“悲”，这是确定无疑的。

那么，生活中的悲、人类的苦痛的实质是什么呢？马克思在《〈黑格尔法哲学批判〉导言》中谈到当时德国的政治现状时说了这样一段话：“当旧制度本身还相信而且也应当相信自己的合理性的时候，它的历史是悲剧性的。”② 马克思在这里谈的不是美学，而是政治，但对我们理解悲剧对象和悲剧的性质很有启发，至少有三点：第一，旧制度在它还具有某种合理性的时候，它的被否定就具有悲剧性；第二，旧制度必然要被新制度否定，悲剧性是有历史必然性的；第三，实际生活中的悲剧是一种历史过程的产物。马克思在这里只是针对旧制度的灭亡来谈实际生活中的一种“悲剧”，并不否认美学范畴的悲剧要以崇高的或进步的力量的失败为主要对象。我们从这段话中主要应掌握的精神是：作为悲剧对象的社会力量必须具有“合理性”，即“现实性”或“必然性”，因此，崇高的或进步的力量是最有代表性的力量。他们的不幸与失败在于外部力量的摧残而失去了“现存性”。这种理解还可以从恩格斯的论述中得到印证，恩格斯在

① 雅斯贝尔斯：《悲剧的超越》，亦春译，北京：中国工人出版社1988年版，第6页。

② 《马克思恩格斯选集》第1卷，北京：人民出版社1972年版，第5页。

评论拉萨尔的剧本《济金根》时说："我丝毫不想否认您有权把济金根和胡登看作是打算解放农民的。但这样一来马上就产生了这样一个悲剧性的矛盾：一方面是坚决反对过解放农民的贵族，另一方面是农民，而这两个人却被置于这两方面之间。在我看来，这就构成了历史的必然要求和这个要求的实际上不可能实现之间的悲剧性的冲突。"①

恩格斯看到的"历史的必然要求"，这个"要求"是"必然"的、合理的、现实的，即具有合理性、现实性。济金根当时反对教会诸侯和要求统一德国的思想愿望具有历史进步意义，这就体现了"历史的必然要求"。"实际上不可能实现"就是没有"现存性"，即特定历史条件和现实条件使之不能存在下去。济金根夹在农民和反对农民的贵族之间，要把两个方面的力量联合起来必招致两方面的反对，加上济金根的阶级局限，其愿望就在实际上不可能实现，必然失败，这正是其命运中"真正的悲剧性因素"，是"悲剧"（实际生活中的）的根源。由此可以这样概括：社会悲剧的悲剧性就是有现实性（必然性、合理性）而没有现存性。《水浒传》反映的社会生活是农民起义，农民要求反贪官、均贫富，这是历史的进步要求，有现实性，但在朝廷顽固势力的欺骗与摧残之下，他们失去了现存性，这就是悲剧性的。《红楼梦》中的宝黛爱情体现了一种反礼教的民主要求，这种要求是进步的，有现实性，但封建礼教势力的强大，使他们的要求在实际上不可能实现，没有现存性，这就是悲剧性的。当然，"现实性"的含义应是丰富的，一切合理的要求都是现实的。例如孔乙己要求起码的生存，这是具有现实性的，他的悲剧性就在于这种生存要求遭到了环境的否定。总之，一般地说，在特定社会条件和历史环境中，相对弱小的美善事物、力量及其代表人物（或基本美善、有弱点的力量及其代表人物）在和强大的丑恶势力不可调和的矛盾冲突中遭到摧残而造成的不幸、苦难、灾难，即具有现实性（必然性、合理性）的事物、力量及其代表人物在丑恶势力的摧残下失去了现存性的社会生活，就是具有悲剧性的社会生活。

人类的社会生活是由真善美与假丑恶的严酷冲突和斗争编织起来的。这种冲突和斗争，用历史眼光来看，它是推动历史前进的动力之一。历史的进步也正是真善美力量对假丑恶势力的不断战胜。然而，在特定社会历史条件下，真善美力量的弱小和假丑恶势力的强大，必然造成真善美力量的不幸与灾难，这种社会悲剧的发生便不可避免。所谓人类的生存苦境，

① 《马克思恩格斯全集》第29卷，北京：人民出版社1979年版，第875页。

从根本上说就是这种苦境。人类对自己的生存苦境不能不做出回答，作为心灵的回应，无非两种，一是宗教，一是艺术。作为美学范畴的悲剧，就是人类对自己的生存苦境做出心灵回应的一种艺术形式。真正的悲剧，不是对苦难的心灵叹息，而是在“讲述”自己的苦难的同时对苦难的根源进行追问，对造成苦难的丑恶势力发出抗议的呼喊，同时也向人们昭示真善美事物、力量及其代表人物的价值或表现其壮丽的品格，预示丑恶势力的失败。所以，悲剧范畴作为悲剧性社会冲突及其结局的一种艺术表现形式，实质上是通过真善美事物、力量及其代表人物被否定的形式揭露、控诉丑恶势力，以有价值的事物被毁灭的形式肯定有价值的事物而否定无价值的事物的一种审美形态。

悲剧的特殊本质决定了它具有特殊的特征：

第一，悲剧具有悲壮性。悲剧反映人生苦难，其结局是恶压倒了善，丑压倒了美，美善在对立冲突中遭到不幸、失败以至死亡。用别林斯基的话说，“总是以心灵的珍贵希望的破灭以及整个生活的幸福的丧失作为收场的”①，或是有弱点的好人，他们的结局都是悲惨的。因此，“悲”是悲剧的基调，没有不悲的悲剧，没有哪一种悲剧不令人感到悲哀。但是，正如前所指出的，“悲”还不足以说明悲剧，悲剧总是通过“悲”向人们展示某种高尚的品质和人生，预示正义的必将胜利，表达人们对丑恶的抗议，因而悲剧又是壮丽的，悲与壮的统一，便形成了悲剧的第一个基本特征。

第二，悲剧具有严肃性。亚里士多德给悲剧下定义的时候就指出，悲剧对对象的摹仿是一个严肃的行动。后来不少美学家都认为，严肃性是悲剧与喜剧的重要区别之一。严肃性应体现在三个方面：首先，悲剧反映人生的苦难，反映真善美与假丑恶的严重冲突，这种生活本身就是严峻的、严肃的；其次，悲剧对这种生活的反映也必然是严肃的，悲剧诗人只有通过对悲剧人生的严肃思考并把这种思考反映于悲剧中，才能使之获得一种深刻的社会历史价值；再次，悲剧引起审美主体的思考也是严肃的，悲剧反映特定社会历史条件下的苦难，但它的意义却往往超越了它所反映的事件本身，揭示了人生中某些带普遍性的严肃课题，因而它总是促使人们不得不严肃地思考过去、现在与将来。这就形成了悲剧的严肃性这一基本特征。

第三，悲剧冲突的尖锐性。不言而喻，悲剧反映社会生活惊心动魄的

① 《别林斯基选集》第三卷，满涛译，上海：上海译文出版社1980年版，第70页。

矛盾冲突，这种冲突往往是难以调和的，一方面是残酷的压迫和摧残；另一方面则是剧烈地反抗，你死我活，水火难容。没有这种尖锐的矛盾冲突，悲剧就没有震撼人心的力量，也就构不成悲剧。

再从悲剧所引发的美感（悲剧美感）来看，也有几个特点：

第一，从心理状态说，悲剧美感表现为一种沉痛的喜悦、流泪的愉快。一方面是悲剧内容所反映的人生苦难令人沉痛落泪；另一方面是它使人深刻地感悟了人生的真谛，发现了生活的本质，体验到人的价值而感到满足。因而其情感活动不仅起伏不平、大波大澜，而且“痛”与“快”相杂。别林斯基在谈到这种美感效果时指出：“没有一种诗像悲剧这样强烈地控制了我们的灵魂，以如此不可抗拒的魅力，使我们心向神往，给我们如此高度的享受。”[①] 所以可以说，悲剧美感是一种比一般的喜悦更高的喜悦。

第二，从心理过程说，悲剧美感的发生不是直接的，而是先悲后喜、先痛后快，就是由压抑感、肃穆感、紧张感以至恐怖感转向愉悦感，神经兴奋由不平衡状态转向平衡状态，宛如一阵狂风暴雨之后转为秋日的静谧。正如朱光潜所说的：“悲剧在征服我们和使我们生畏之后，又会使我们振奋鼓舞。在悲剧欣赏之中，随着感到人的渺小之后，会突然有一种自我扩张感，在一阵恐惧之后，会有惊奇和赞叹的感情。”[②] 这种心理过程正是悲剧欣赏活动的重要规律之一：人们在欣赏悲剧时，首先是通过悲剧形象直观到人生的苦难，从而情感活动也首先是沉痛的；接着从个体的毁灭中看到人类生命的永恒，体验到某种人生真谛和意识到丑恶势力处于被控诉、揭露的地位后，于是沉痛逐步转向喜悦。

第三，悲剧美感是一种伴随着强烈道德感的美感。也就是说，悲剧美感的发生有赖于对悲剧中人物的道德理解。只有在认清了善恶之后，悲剧美感才可能达到非常强烈的程度，并必然融入爱善憎恶的感情。这一特点正是由悲剧内容决定的。在各种美的形态中，有的美如自然世界的美是不涉及道德的，而悲剧不能不涉及社会道德，因而必然激发人们的道德感。悲剧美感不可能排除道德感。朱光潜说过：“悲剧比别种戏剧更容易唤起道德感和个人感情，因为它是最严肃的艺术。”[③] 我们可以用别林斯基的

---

① 《古典文艺理论译丛》第3辑，北京：人民文学出版社1963年版，第138页。

② 朱光潜：《悲剧心理学》，北京：人民文学出版社1983年版，第84页。

③ 朱光潜：《悲剧心理学》，北京：人民文学出版社1983年版，第31页。

话补充说，因为悲剧“是从那通过主人公们的命运而实现的道德法则而来的”[①]。

三、悲剧的审美价值

悲剧表现主人公的不幸、失败和死亡，表面上是“罪恶的胜利”，但它的意义、价值，不在于向人们提供悲惨的事实和宣扬恶势力的不可战胜，而恰恰在于表现人们对不幸遭遇的抗议、质疑；悲剧的真正审美价值不只在于让人们体验到人生的苦难、生命的艰难，更在于让人们意识到真善的胜利、生命的永恒。俄狄浦斯无罪获咎，正是对“超过人类之上的残酷力量”命运的控诉，是我们对毁灭、扼杀人的生命、自由、幸福的现实所喊出的一个声泪俱下的“不”字！尽管普罗米修斯被锁在高加索悬崖之上，但他不是一个失败者，正如别林斯基所说：“命运可以剥夺他的生命和幸福，却不能贬低他的精神，可以把他打倒，却不能把他征服。”[②] 他启发人们起来和恶势力做斗争，并预示了恶势力的必将灭亡，让人看到，宙斯的宝座已经摇摇欲坠了。

《红楼梦》中，一个个青年女子的悲惨命运令人触目惊心：英莲被抢而沦为奴隶；金钏儿投井而亡；鸳鸯悬梁自尽；晴雯抱屈惨死；尤三姐血染利剑；司棋撞壁丧生……即使处于上层地位的金阁小姐们，也没有一个不是薄命的：黛玉被剥夺了生与爱的权利，含恨归天；宝钗陷于有婚姻而无爱情的痛苦；甚至贵为王妃的元春也被珠笼夺走了青春年华……她们的不幸，令人悲哀，然而，这悲哀中，人们却发现了封建宗法制社会结构和封建礼教对正义和人性的摧残，看到了在温情脉脉的面纱背后的全部罪恶。《水浒传》义军的失败使人们懂得了向统治者屈服、让步只会自取灭亡。我们在《基督被钉死在十字架上》中虽然看到了一种极度的悲痛——一个无辜者、仁人、义士被钉死在十字架上，肉体因痛苦而痉挛，手足在流血，令人感到悲哀与不快，但我们接着又发现了一种崇高的美，他对人类无限的爱、不屈的正义感在极度痛苦中表现出来；我们从他的生命被否定的表面中却看到了太阳般的光辉，看到生命的高扬、灵魂的升华，发现了一种人格的伟大。《张志新之死》使许多人哀伤地流下了眼

---

① 别林斯基：《智慧的痛苦》。引自《别林斯基选集》第二卷，满涛译，上海：上海译文出版社 1979 年版，第 118 页。

② 《别林斯基选集》第二卷，满涛译，上海：上海译文出版社 1979 年版，第 87 页。

泪，但人们从中发现：“她是夜明珠，暗夜里，放射出灿烂光芒……她是太阳，离开了地平线，却闪耀在天上！但接着人们质问：‘这是谁之罪？’有人扪心自问：‘我也是一个共产党员，“四人帮”横行之日，我是否像一个有良知的共产党员？我惭愧我自己，我是共产党员，却不如小草……如丝如缕的小草啊，你在骄傲地歌唱，感谢你用鞭子抽在我的心上，让我清醒！让我清醒！’”① ——这是一种超越，一种升华！

在悲剧中，真正的英雄是不死的凤凰，即使最终在为自己预备的柴堆上焚死自己，但是从那劫灰余烬当中，又有新鲜活泼的新生命产生出来。这是精神对肉体的超越，是“崇高”对“悲”的超越。对于审美主体来说，便是乐观对痛苦的超越，因为一个生命的毁灭反而使人看到人类生命的永恒。就在欣赏之余，人们的道德水平不知不觉提高了，正义感增强了，和一切丑恶做斗争的责任感强化了。总之，悲剧使人们在美善被否定的形式中认识到美善的价值，在丑恶的暂时胜利中看到丑恶的反动本质，使我们去沉思整个人类的苦难，从而引起与丑恶做斗争的心理意向和实践意志，对人类的光明美好的前景充满信心。这正是悲剧最根本的审美意义和效果。悲剧之所以能使人产生美感，应从悲剧这一本质意义上去回答。

四、悲剧的类型

最早对悲剧进行分类研究的是亚里士多德。在《诗学》中，他明确地把悲剧划分为复杂剧、苦难剧、性格剧、穿插剧四大类型。黑格尔则把悲剧分为古代悲剧与近代悲剧两种类型。黑格尔的这种划分不仅仅是一种历史观点，而且也是一种内在逻辑的分类。他认为古代悲剧以古希腊悲剧为代表，它表现的是两种实体性伦理力量的冲突，最符合悲剧的要求；近代悲剧以莎士比亚悲剧为代表，它表现的是受个人情欲支配的苦难，已失去了悲剧意味。为什么呢？黑格尔认为：“只有本身是正面的有实体性的力量才能成为理想动作的真正内容。”② 所谓“正面的”就是善。我们已指出，黑格尔认为悲剧应该表现两种善的伦理力量的冲突，希腊悲剧正是如此，特别是《安提戈涅》这样的作品，在黑格尔看来，当然是最卓越最令人满意的作品了。而近代悲剧呢？不再表现善与善的冲突，却去写善恶的冲突，把“恶”作为冲突的一方，这是黑格尔所最反对的。例如莎

① 雷抒雁：《小草在歌唱》。载《诗刊》1979 年 8 月号。

② 黑格尔：《美学》第一卷，朱光潜译，北京：商务印书馆 1979 年版，第 283 页。

士比亚的《李尔王》，“却尽量渲染罪恶”，这是“乏味的”。[1] 当然，这还与黑格尔的“和解”说有关，他认为只有善与善的冲突才能导致和解，达到和谐，而善恶冲突则不能和解，就不能给人和谐的印象。这种观念显得颇武断。叔本华把悲剧分为三类，即大恶人的悲剧，如《理查三世》；命运悲剧，如《俄狄浦斯王》；由人物所处的地位必然造成的悲剧，如《哈姆雷特》、《浮士德》。王国维对悲剧的分类采用了叔本华的方法，也是分为上述三类，也认为第三类是最深刻的。他认为《红楼梦》就属于第三类，所以是“悲剧中的悲剧”。另外，王国维还有另一种分法。他认为中国戏曲和小说多数表现一种乐天色彩，即“始于悲者，终于欢；始于离者，终于合；始于困者，终于享”[2]，例如《牡丹亭》、《长生殿》等许多以大团圆结局的作品，此为一类。另一类是一悲到底、厌世解脱的作品，王国维认为只有《桃花扇》和《红楼梦》这样为数不多的作品，特别是《红楼梦》，是“彻头彻尾”的悲剧。

在西方比较流行的传统分类是把悲剧分为命运悲剧（也称英雄悲剧，主要指古希腊悲剧）、灾难悲剧（主要指中世纪反映基督受难一类的悲剧）、性格悲剧（主要指文艺复兴时代表现人物性格冲突的悲剧，如《哈姆雷特》等）和社会悲剧（主要指19世纪以来反映社会问题的悲剧，如《娜拉》等）四类。我国当代较流行的《美学概论》（王朝闻主编）则按悲剧冲突的不同情形将悲剧分为新事物、新生力量的悲剧和旧事物、旧制度的悲剧两类。从目前中西较流行的上述两种分类法来看，都各有合理性，但也存在一些问题。例如西方的四分法界限就显得不清楚，在逻辑上显得很不严密；王朝闻的《美学概论》的二分法，使两类悲剧的界限显得十分清楚，但许多反映平凡人物、小人物（他们往往够不上新事物、新生力量的身份）的悲剧就不可避免地被一笔勾销了。

我们认为，根据悲剧对象的性质及其美感效果的特点相统一的原则进行分类，悲剧分为以下三种类型：

1. 以激发崇敬感情为主的悲壮型悲剧

这类悲剧的表现对象是代表正义和进步的人物。悲剧人物在与恶势力的斗争中遭到巨大的磨难、不幸以至死亡，但他们在斗争过程中表现了某种伟大的精神和光辉的人格，或一定程度上表现了伸张正义的勇气，如《被缚的普罗米修斯》、《斯巴达克斯》、《加莱义民》、《水浒传》、《巴黎

---

① 黑格尔：《美学》第一卷，朱光潜译，北京：商务印书馆1979年版，第282页。

② 王国维：《静安遗书》第14册，第49页。

公社社员墙》、《马拉之死》、《刘胡兰》、《张志新之死》、《元帅之死》等。其中反映无产阶级及其战士受难的悲剧，我们也称之为革命悲剧。这类悲剧的主人公是不平凡人物或英雄人物，他们的不幸令人悲哀，但他们的高尚品格和斗争业绩却壮丽而令人崇敬，这类悲剧所激发的美感必然洋溢着一种崇敬感。

2. *以激发怜悯感情为主的悲凉型悲剧*

这类悲剧的表现对象是不幸的平常人、小人物。他们不是对社会生活发生重大影响的崇高人物，大多是寻常百姓；有的虽生活于中上层社会，但非达官贵人。他们是美善的或基本美善但有较多弱点的，由于环境的逼迫、恶势力的摧残、世俗的重压或自身的弱点而陷于不幸以至毁灭。这类悲剧情况很复杂，大体又可以分为两种：一种是悲剧人物主动追求美好生活，与环境发生尖锐冲突而遭受不幸或毁灭，悲剧人物在冲突中表现了一定的反抗精神和勇气的，如《红楼梦》、《梁山伯与祝英台》、《娇红记》、《雷峰塔》、《桃花扇》、《安娜·卡列尼娜》、《娜拉》、《伤逝》等；另一种是悲剧人物突然遭到某种意外而有内在必然性的苦难而陷于不幸或毁灭，悲剧人物在尖锐冲突中基本上处于被动境地的，如《琵琶记》、《灰栏记》、《陈州粜米》、《窦娥冤》、《祝福》、《孔乙已》等。不管是前者还是后者，由于悲剧人物是美善的或基本美善的（即使像孔乙已一类人，弱点相当突出，但绝不是坏人），由于落在他们头上的苦难是不合理、不公平的，所以他们的受难总会引起我们的同情与怜悯；当然他们在受难过程中不同程度的反抗也使人赞叹，如宝黛、梁祝、王娇、白云仙姑、李香君、窦娥等，但尚非崇敬激情。从总体上说，这类悲剧主要给人一种悲凉感。

3. *以启发认知理智为主的明世型悲剧*

这类悲剧的表现对象是尚有一定合理性但与整个历史进程已经发生矛盾的旧制度、旧事物及其代表人物。“尚有一定合理性”，这是旧制度、旧事物及其代表人物能够作为悲剧主角的基本前提。作为旧制度、旧事物及其代表人物由于与历史进程发生矛盾，其灭亡是不可避免的，仅此而言，其灭亡就不是悲剧性的。但对于尚有一定合理性的旧制度、旧人物及其代表人物，其毁灭就是悲剧性的。对此，马克思的论述已十分清楚，前文已有阐述。《济金根》、《长生殿》（或《长恨歌》、电视剧《唐明皇》）就属于这类悲剧。济金根所代表的阶级是垂死的阶级，属于旧事物；但他要求民族统一、反对贵族割据，有合理性，其失败就具有悲剧性。唐明皇与杨贵妃的爱情就其个人关系而言，有其存在的依据，即有合理性（其中也有真美之情），但它与当时的社稷利益已发生了矛盾，“安史之乱”以后，这种矛盾加剧；唐明皇对国家采取的决策（如用人政策、入蜀避乱路线）与国民的积极愿望也发生了不可调和的矛盾，在这种情况下，他自身的毁灭就不可避免。就唐明皇本人而言，他的毁灭并不具悲剧性；但就李杨爱情而言，它还有存在的合理性，其被累及而毁灭就是悲剧性的。表现这类题材的悲剧，由于悲剧主角的特定身份，一般不激发人们的崇敬感情，但也会引起一定程度的怜悯、同情，如《长生殿》就是这类悲剧，其意义主要是启发人们对历史经验的理智认识，具有突出的明世作用。当然，各种悲剧都有明世作用，但这类悲剧无疑更为突出。

第五节　喜　　剧

喜剧（德文 das romische，英文 the comic）作为美的范畴之一，其显著特点是具有“可笑性”特征。但可笑性不等于喜剧，现实生活中可笑的事物只有在经过审美否定之后，也就是通过艺术手段予以否定才能够成为美的因素。喜剧就是对可笑事物予以审美否定的艺术手段和形式；喜剧本身不是“被笑”的对象，而是在引导我们去笑天下可笑的人和事。现实生活中具有可笑性的事物也不一定都能成为喜剧对象，只有那些具有一定社会内容和社会意义的可笑性事物，即具有“喜剧性”的事物才能成为喜剧对象。现实生活中可笑性的事物很多，但有的并没什么社会内容和意义。例如一个壮健男人在平地上滑倒，会令人忍俊不禁，但这属于偶然性或生理性现象，没什么社会内容和意义，也就不具有喜剧性。正如黑格尔指出的：“笨拙或无意义的言行本身也没有多大喜剧性，尽管可以惹人笑。”①

“喜剧”与“喜剧性”这两个概念是有区别的，“喜剧性”指某种可笑性事物特有的性质，黑格尔的《美学》中，对“喜剧”与“喜剧性”就有区别，朱光潜也将“das komische”译为“喜剧”，而将“eigentlich komische”则译为“喜剧性”。后者用于说明事物的“喜剧因素”，而喜

① 黑格尔：《美学》第三卷下册，朱光潜译，北京：商务印书馆 1979 年版，第 291 页。

剧则明确指一种艺术形态。[①] 但“人们往往把可笑性和真正的喜剧性混淆起来了”[②]。喜剧应该反映具有喜剧性的现象，如果为了笑而搬进任何可笑现象的话，那么，恐怕再也没有人去关心喜剧了。

总之，喜剧（或喜剧美）作为一种美的形态，即作为一种审美对象的存在，是以艺术形态出现的，并以具有喜剧性意义的现实生活中的可笑事物为对象。换句话说，喜剧是对于具有喜剧性的可笑性事物的艺术反映(审美反映)。

喜剧体现于各种艺术形式中，不限于戏剧形式，但戏剧形式的喜剧是美学上的喜剧范畴的典型形态。

一、美学史上的喜剧论

（一）西方美学史上的喜剧论

古希腊时期第一个谈论喜剧的也是柏拉图。他对喜剧的看法与悲剧一样，认为这些摹仿艺术都是专事摹仿人性中的低劣部分，种下恶因，逢迎人性的无理性心灵。他借苏格拉底之口说：“你看喜剧表演或是听朋友们说笑话，可以感到很大的快感。你平时所引为羞耻而不肯说的话，不肯做的事，在这时候你就不嫌它粗鄙，反而感到愉快，这情形不是恰和你看悲剧表演一样吗？你平时也是让理性压制住你本性中诙谐的欲念，因为怕人说你是小丑；现在逢场作戏，你却尽量让这种欲念得到满足，结果就不免于无意中染到小丑的习气。”[③] 柏拉图承认喜剧能给人以快感，但这种快感就像悲剧的“伤感癖”一样显得低级，喜剧中说的不过是小丑的话，其效果是把小丑习气传染给别人。这明显是对喜剧的贬斥。

亚里士多德则高度肯定了喜剧和悲剧的意义，认为“这两种体裁比其他两种（指讽刺诗和史诗——编者注）更高，也更受重视”[④]。他指出：“喜剧总是摹仿比我们今天的人坏的人。”[⑤] “喜剧是对于比较坏的人的摹

---

① 黑格尔：《美学》第三卷下册，朱光潜译，北京：商务印书馆 1979 年版，第 290 ~ 294 页。

② 李斯托威尔：《近代美学史评述》，蒋孔阳译，上海：上海译文出版社 1980 年版，第 225 页。

③ 柏拉图：《理想国》。引自伍蠡甫：《西方文论选》上卷，上海：上海译文出版社 1979 年版，第 39 页。

④ 亚里士多德：《诗学》，罗念生译，北京：人民文学出版社 1962 年版，第 13 页。

⑤ 亚里士多德：《诗学》，罗念生译，北京：人民文学出版社 1962 年版，第 8 页。

仿，然而，‘坏’不是指一切恶而言，而是指丑而言，其中一种是滑稽，滑稽的事物是某种错误或丑陋，不至引起痛苦或伤害，现成的例子如滑稽面具，它又丑又怪，但不使人感到痛苦。”[①] 这些论述表明，在亚里士多德看来，喜剧就是一种摹仿丑包括滑稽人物——坏人的艺术。亚里士多德的喜剧论在西方美学史上和他的悲剧论一样具有开创性意义，对当时和后世都有深远影响。

文艺复兴至十七八世纪，许多美学家、艺术家对喜剧的看法基本上来自亚里士多德。例如关于喜剧对象，瓜里尼说：“喜剧是卑贱人物的写照。”[②] 德莱顿说：“喜剧中的行为是琐屑的，人物是微贱的。”[③] 维加说：“喜剧所讨论的是卑贱的和平民的种种行动。”[④] 等等。其他方面对亚里士多德喜剧论的突破不多。

德国古典美学时期对喜剧本质的研究最有建树的是黑格尔。黑格尔的喜剧论和悲剧论一样都建立在矛盾冲突说的基础上。但是，他说喜剧的矛盾冲突与悲剧正好相反，悲剧是“片面地侧重以伦理的实体性和必然性的效力为基础，至于对剧中人物性格的个性和主体因素方面却不去深入刻画”，而“喜剧则用颠倒过来的造型艺术方式来充分补充悲剧的欠缺，突出主体性在乖讹荒谬中自由泛滥以至达到解决”。[⑤] 其意思是，悲剧（主要指古代悲剧）的矛盾冲突是两种伦理力量的冲突，对于任何一方来说，都是与外在于主体的力量的冲突，而不是主体个性和主体因素的冲突；喜剧则颠倒过来，“一般是主体本身使自己的动作发生矛盾，自己又把这矛盾解决掉，从而感到安慰，建立了自信心”[⑥]。他举阿里斯多芬的喜剧为例，其喜剧人物所追求的目的毫无实体性，即使有，也与他的性格不符，他根本实现不了目的，他只是在游戏，自己制造矛盾，暴露出自己的乖讹错乱，自己挫败自己的意志和行动，达不到目的，却又好像很有自信心，对旁人可笑，对自己更可笑。这也就是“目的和人物以及动作和性格之

---

① 亚里士多德：《诗学》，罗念生译，北京：人民文学出版社 1962 年版，第 16 页。

② 伍蠡甫：《西方文论选》上卷，上海：上海译文出版社 1979 年版，第 198 页。

③ 伍蠡甫：《西方文论选》上卷，上海：上海译文出版社 1979 年版，第 309 页。

④ 伍蠡甫：《西方文论选》上卷，上海：上海译文出版社 1979 年版，第 219 页。

⑤ 黑格尔：《美学》第三卷下册，朱光潜译，北京：商务印书馆 1979 年版，第 318～319 页。

⑥ 黑格尔：《美学》第三卷下册，朱光潜译，北京：商务印书馆 1979 年版，第 315 页。

间的矛盾”[①]。例如阿里斯多芬的喜剧《妇女专政》就是一个例子，在这部作品中，那些妇女们一方面想建立一种新政体，一方面却照旧保留妇女们原来的全部情趣和情欲，这就是目的和手段或性格的矛盾冲突，或叫作主体性的分裂，是可笑的。所以，黑格尔认为喜剧人物属于性格低下的人物，“喜剧人物的特征在于他们在意志、思想以及在对自己的看法等方面，都自以为有一种独立自足性，但是通过他们自己和他们的内外两方面的依存性，这种独立自足性马上就消灭了”[②]。喜剧人物总是自命不凡，但实际上又暴露出自身的空虚可笑，即内容和形式分裂，形式压倒内容。喜剧的实质就在于指出和嘲弄一个人或一件事如何在自命不凡中暴露出自己的空虚可笑。这种见解是具深刻性的。当然，黑格尔喜剧论的致命缺陷也显而易见：首先，他认为被统治阶层的人们才属于那种性格低下的人物，所以，“被统治阶层的情况和性格一般地比较适宜于喜剧和喜剧性的作品”[③]，这无疑是一种阶级偏见；其次，他把喜剧冲突完全归结为人物的性格冲突，实际上就把社会冲突抹掉了，表明黑格尔的喜剧观未能跳出他的历史唯心主义窠臼。

19—20世纪初对喜剧本质的论述和探索显得更为活跃，意见分歧也较多。英国的赫斯列特（William Hazlitt，1778—1830）从笑的本质方面提出，喜剧是对荒谬可笑的模仿和描写。所谓荒谬可笑，其本质“乃是不一致，是这一思想和那一思想的脱节，这一感情和那一感情的相互排挤”[④]。他还对讽刺、幽默、隽语等喜剧形态或手段做了初步阐述。梅瑞狄斯（George Meredith，1828—1909）提出，喜剧是对于各种观念之间的对比和矛盾的突然认识，而“喜剧精神”则是“通过头脑所产生的一种笑”[⑤]，没有任何感情的痕迹。他所说的对比和矛盾，也就是指那些表里不一、外强内虚之类的人物，我们之所以对他发笑，就因为我们突然看穿他。例如，贫穷本不可笑，但贫穷而装得像“上流”（而那是无望的），比阔气、比排场，“企图用自己的褴褛掩饰起自己的一无所有，那时它才显得可笑”[⑥]。喜剧就是描写这种可笑事物，“而真正喜剧的考验则在于它

---

① 黑格尔：《美学》第一卷，朱光潜译，北京：商务印书馆1979年版，第292页。

②③ 黑格尔：《美学》第一卷，朱光潜译，北京：商务印书馆1979年版，第245页。

④ 伍蠡甫：《西方文论选》下卷，上海：上海译文出版社1979年版，第40页。

⑤ 李斯托威尔：《近代美学史评述》，上海：上海译文出版社1980年版，第222页。

⑥ 伍蠡甫：《西方文论选》下卷，上海：上海译文出版社1979年版，第86页。

能否引起有深意的笑”①。此外，梅瑞狄斯还对各种喜剧形态或手段如讽刺、揶揄、诙谐等做了颇为精细的分析。这一时期西方对喜剧研究的一个特点是集中在对笑的本质的思索上，英国的萨利，德国的谷鲁斯、伏尔盖特、巴希，法国的柏格森等，是其中突出代表，他们都认为通过对笑的本质的研究有助于揭示喜剧的奥秘。

别林斯基对喜剧本质的看法明显受到黑格尔的影响，但也有一些新的观点。他说：“喜剧是跟悲剧完全背道而驰的戏剧诗歌的最后一个科。悲剧的内容是伟大精神现象的世界，它的主人公是充满着人类精神天性的实体力量的人；喜剧的内容则是毫无合理必然性的偶然性，是幻影、或者说是似乎存在而实际上并不存在的现实的世界；喜剧的主人公是脱离了自己精神天性的实体基础的人们。因此，悲剧所产生的影响，是震撼灵魂的、神圣的恐怖；喜剧所产生的影响，则是有时欢乐、有时毒辣的笑。喜剧的本质，是生活现象和生活的本质及使命之间的矛盾。就这个意义说来，生活在喜剧中是作为自己的否定而出现的。”②

如果说黑格尔还只是从喜剧人物的心灵冲突来理解喜剧本质的话，别林斯基高出一筹的地方是从社会生活的冲突角度来理解喜剧的本质。这是一个理论飞跃，是由唯心主义向唯物主义飞跃的喜剧本质论。不过，他的所谓“实体力量”无疑是黑格尔唯心主义观念的翻版，所谓“人类天性”、“实体基础”都是抽象的。

车尔尼雪夫斯基则从滑稽出发阐述喜剧。他认为，当“丑强把自己当成美的时候”③，就成为滑稽，喜剧反映的就是这种滑稽。滑稽存在于自然领域和人、社会的领域中。但是，“滑稽的真正领域，都是人、是人类社会，是人类生活……凡是在人的身上以及在人类生活中结果是失败的、不合时宜的一切，只要它们不是恐怖的、致命的，这就是滑稽”，恶棍如果有力量，令人感到可怕，就不是滑稽可笑的；如果他没有力量了，不能为害于人了，那才是滑稽人物。④ 喜剧就是人类社会中这种滑稽事物的反映。不过，他对滑稽与喜剧两个概念尚未严格区分。

---

① 伍蠡甫：《西方文论选》下卷，上海：上海译文出版社 1979 年版，第 87 页。

② 《别林斯基选集》第三卷，满涛译，上海：上海译文出版社 1980 年版，第 80 ~ 81 页。

③ 车尔尼雪夫斯基：《车尔尼雪夫斯基论文学》中卷，辛未艾译，上海：上海译文出版社 1979 年版，第 89 页。

④ 车尔尼雪夫斯基：《车尔尼雪夫斯基论文学》中卷，辛未艾译，上海：上海译文出版社 1979 年版，第 90 ~ 91 页。

（二）中国美学史上的喜剧论

中国古代的喜剧作品虽然也颇为丰富，但喜剧理论同样比较贫乏。古代一直没有“喜剧”、“喜剧性” 的概念，但“滑稽” 的概念却早在司马迁的《史记》就出现了。《史记·滑稽列传》中的“滑稽” 指的是那些能言善辩、口齿伶俐、长于说笑而形体矮小、动作古怪的人物。他们不仅以说笑引人发笑，而且以形体动作的夸张引人发笑。由此看来，“滑稽”一词原虽主要指言语“滑利”诙谐，却也指形体方面的反常态。很明显，在中国古人的观念中，滑稽虽有丑的一面，也非完全丑，也有可爱的一面，能给人带来快乐，即能引起快感。不能不承认，那些滑稽弄臣在取悦君主时已有“形象化”的动作“表演”，这就带有几分艺术意味了，不妨说有喜剧的味道了。当然，古人并没有将它和喜剧联系起来。《文心雕龙》则进而提出“谐隐”这一范畴，并有意识将其与滑稽区分开来，认为“滑稽”毕竟“本体不雅，其流易弊”，甚至说“空戏滑稽，德音大坏”。[①] 而刘勰的所谓“谐隐”指谐辞隐语。“‘谐’之言，‘皆’也；辞浅会俗，皆悦笑也。”“‘隐’者，‘隐’也；遁辞以隐意，谲譬以指事也。”“谐隐” 就是借助一些浅显通俗的语言，暗藏某种意义，隐指某件事物（反面现象，如君王的“昏暴”，就是某种丑），加以“戏谑”，“意在微讽”。这些说法，与今天人们对喜剧的理解比较接近。

到了近代，王国维正式采用“喜剧”（也称为“滑稽剧”）这一概念，与悲剧对举作为美的范畴来看。王国维是在论人的“嗜好”时谈到喜剧的。人如何才能得到快乐？他说：“人类之于生活既竞争而得胜矣，于是此根本之欲复变为势力之欲，而务使其物质上与精神上之生活超于他人之生活之上。”[②] 这里所谓“势力之欲”就是一种优越感。当人在竞争中超过了他人，就能获得快乐。而欣赏文学艺术也能获得快乐，因为从中也可以得到一种优越感。他说：“常人对戏剧之嗜好，亦由势力之欲出。先以喜剧（即滑稽剧）言之，夫能笑人者，必其势力强于被笑者也，故

---

① 《文心雕龙·谐隐》。

② 北京大学哲学系美学教研室：《中国美学史资料选编》下，北京：中华书局1981 年版，第 439 ~ 440 页。

笑者实吾人一种势力之发表。”[①] 这里的意思是，我们敢笑被笑者，就因为我们优越于被笑者，这就是一种快乐。喜剧总是嘲笑被笑者，所以喜剧是一种优胜者的快乐。他又指出，可笑之事，有些是我们不敢笑的，而喜剧中的事，“不独使人能笑，而且使人敢笑”[②]。显然，前者指有力量的丑，后者指已没有多少力量的丑。王国维这些观点虽受西方美学影响，但多少也揭示了喜剧的某些特性，具有一定美学价值。

二、喜剧本质特征阐释

同悲剧一样，喜剧的本质不能离开反映对象的本质来思考。美学史上众多美学家对喜剧本质的论述，可以说没有哪一位不去研究喜剧的表现对象的，上述所介绍的各家学说都在这方面给我们留下了不同程度的启示。但是，前人在对作为喜剧对象的社会生活、社会矛盾的理解上仍然有正确与错误、深刻与肤浅的区别。在这一关键问题上，马克思、恩格斯的学说对我们具有重要的指导意义。

马克思很少直接谈论美学范畴的喜剧，但他对社会生活中的“喜剧”却有过相当深刻的论述。马克思在论述德国当时社会政治的“悲剧性”时又指出：“现代德国制度是一个时代错误，它骇人听闻地违反了公理，它向全世界表明旧制度毫不中用；它只是想象自己具有自信，并且要求世界也这样想象。如果它真的相信自己的本质，难道它还会用另外一个本质的假象来把自己的本质掩盖起来，并求助于伪善和诡辩吗？现代的旧制度不过是真正的主角已经死去的那种世界制度的丑角。历史不断前进，经过许多阶段才把陈旧的生活形式送进坟墓。世界历史形式的最后一个阶段就是喜剧。在埃斯库罗斯的《被锁链锁住的普罗米修斯》里已经悲剧式地受到一次致命伤的希腊之神，还要在琉善的《对话》中喜剧式地重死一次。历史为什么是这样的呢？这是为了人类能够愉快地和自己的过去诀别，我们现在为德国当局争取的也正是这样一个愉快的历史结局。”[③]

对马克思这段话可以这样理解：在历史的客观进程中，某些事物

---

① 北京大学哲学系美学教研室：《中国美学史资料选编》下，北京：中华书局1981年版，第440页。

② 北京大学哲学系美学教研室：《中国美学史资料选编》下，北京：中华书局1981年版，第441页。

③ 马克思：《〈黑格尔法哲学批判〉导言》。引自《马克思恩格斯选集》第1卷，北京：人民文学出版社1972年版，第5页。

（例如旧制度）因与历史进程完全矛盾而终结，如果有人重演过时了的历史，明明违反了公理（历史发展规律），还自以为有合理性，而且要别人也这样相信他的合理性，那么他演的就是一出历史喜剧，他自已所扮演的就是那个已经死去的旧事物的丑角。所以，在第一个阶段，即还有合理性的时候就是悲剧性的，而到了毫无合理性却自以为合理的阶段时，就是喜剧性的了。德国当时的“现状”（政治制度）就是如此，希腊之神到了琉善的时代也是如此，中国近代的张勋复辟、袁世凯称帝都属于历史“喜剧”。在马克思看来，人类历史就是要不断地把这类陈旧的生活形式和事物送进坟墓，而作为艺术的喜剧（马克思举《对话》一例，可以推及一切喜剧艺术）就是要去揭露那些旧事物的违反公理的“表演”，目的是为了愉快地与之诀别。

根据马克思的论述，如果说社会生活中的事物具有“现实性”（合理性）而没有“现存性”时是悲剧性的，那么，当它虽然具有“现存性”却没有“现实性”（不合理）时，则是喜剧性的。有“现存性”，就是在生活中它实际存在着；没有“现实性”，就是它的存在已违背了公理，已成为一种无价值或反价值的东西，应送进坟墓。当然，只有在它还自以为合理、有价值即有现实性或竭力掩盖自已的不合理、无价值的时候，它就不仅是丑的，而且是可笑的，这才成为喜剧对象。堂吉诃德生活在一个骑士制度早已寿终正寝的时代，但他想恢复的恰恰就是骑士制度，尽管他有改造社会的良好心愿，但他的方式却与历史进程完全矛盾。本来就其良好心愿的不可能实现而言，多少有些悲剧性；但他想恢复一个已过时的旧制度，这已完全失去了现实性，可笑的是他还自以为合理，这就构成了一种喜剧性，堂吉诃德也因此成为一个喜剧人物。方成的漫画《武大郎开店》中的武大郎，其用人制度是“凡是比他高的都不要”（才能比他高的都不要）。这是一种毫无道理的用人制度，一种与现代社会不能相容的陈旧狭隘的小农意识，但他还自以为合理，这就是喜剧性的。这类现象符合马克思所说的情况，但我们可以理解得更宽些。凡是属于丑的灵魂和思想意识，凡是违背正常的人情物理的行为，都应看作没有现实性的东西；而当这类灵魂和行为主体极力想掩盖这种思想意识和行为，即以假象来掩盖本质时，他就是喜剧性人物。莫里哀的《伪君子》中的答尔丢夫内心卑污、充满欲念，却装扮成苦修士，见到女仆桃丽娜，急忙掏出手帕要桃丽娜遮住半袒露的胸脯，极力在女人面前制造假象，仿佛是一个欲根清净的圣徒。莎士比亚的《一报还一报》中的摄政王安德鲁灵魂肮脏透顶，但平日里处处表现得道貌岸然，满口“法律”、“道德”。鲁迅的《肥皂》中的四铭，私下里对街上见到的一个十八九岁的女乞丐打主意，与何道统津津有味地复述着“买两块肥皂，吱咯吱咯遍身洗一洗，好得很哩”这样的下流话，可是平时却大讲“道德”，反对女子读书并成天和男人在一起；见到那个女乞丐时，他压根儿就没想掏一文钱施舍，回到家里却对着老婆大骂看热闹的一文钱也不给，等等。这类人就是喜剧性的。喜剧的反映对象主要就是这类具有喜剧性的人和事。由此，我们对喜剧的本质可以这样概括：喜剧就是对于在特定社会关系和社会冲突中已经丧失了现实性和价值却又自以为合理和有价值，或以合理和有价值的假象掩盖不合理、无价值的本质的自相矛盾、荒唐悖理的现存事物的否定性审美反映。喜剧的职责就是让喜剧性人物以表面合理和有价值的形式出现而又撕毁它的伪装，暴露它的内在荒谬和无价值，以达到对旧事物的清算、否定，表现美好的生活理想。

必须注意，喜剧对象是丑，但喜剧绝不是丑，因为喜剧并不是丑的陈列馆。我们说喜剧是一种美的形态，是因为它在反映丑的时候对丑进行了清算、嘲弄、鞭挞。如果说，悲剧是以美善被否定的形式去肯定美善的话，那么，喜剧则以丑被否定的形式去肯定美善，形式颠倒，目的一致，可谓殊途同归。随着喜剧的发展，出现了以歌颂为主的歌颂性喜剧。应该说，这种喜剧与传统的否定性喜剧（尤其是西方）已有了本质性的区别。但是，它仍然包含对于丑的否定。不同的是，这种喜剧所表现的丑，不再是对象的本质丑，而是形式丑了。如《李逵负荆》中的李逵，本质上疾恶如仇，但他的粗枝大叶就是一种形式丑，他的可笑性就在于粗枝大叶却自以为绝对正确。总之，肯定性形态的喜剧同样离不开表现丑，唯此才可能成为喜剧。

喜剧和悲剧的最终目的都是为了表现美，但是，喜剧作为特殊的美的形态，有自己的特征。

第一，具有可笑性。虽然可笑性不是喜剧的本质，却是喜剧的基本特征，正像悲虽然不是悲剧的本质，却是悲剧的基调一样。所以，别林斯基说：“可笑构成着喜剧的特色。”[①] 这里的“可笑性”具有双重含义：一是喜剧的表现对象是可笑的；二是喜剧本身能引发人们的笑。两者不可分割，前者决定了后者，也就是说，由于喜剧反映的对象具有可笑性，从而决定了喜剧必然引人发笑；但喜剧的可笑性又不等同于对象的可笑性。喜

---

① 《别林斯基选集》第二卷，满涛译，上海：上海译文出版社 1979 年版，第 118 页。

剧的可笑性还包含另一意义，就是它对可笑性事物的成功刻画和表现而引人发笑。例如，喜剧往往通过幽默、滑稽、揶揄、诙谐、讽刺、漫画式夸张等艺术手段和形式去刻画和表现对象而使人忍俊不禁。莎士比亚笔下，封建骑士福斯塔夫的大腹便便，跟班巴道夫因嗜酒而造成的红大鼻子；卓别林演的希特勒在疯狂的时候，喝水竟直倒入裤子里，不经口和肠胃（喻其急于吞并世界），和那花天酒地者用牙膏擦皮鞋、流浪汉用铁锤敲打睡着的工人；《儒林外史》中严监生临死伸出两个指头对着油灯，直到他妻子明白过来，挑去油灯里两条灯芯中的一条他才心甘情愿地死去；范进得知中举时竟高兴得疯疯癫癫，他岳父则由歧视变为小心侍候、拍马屁的庸人，等等，都无不是喜剧家成功刻画的结果。喜剧引人发笑主要通过人物性格的刻画来实现，同时也围绕着人物性格的刻画创造可笑性情节、可笑性情景和可笑性语言等来达到喜剧效果。莫里哀的《悭吝人》中阿巴公对儿子放高利贷，他要娶的后妻正好是儿子的情人，他要女儿嫁的丈夫又正好是女儿情人的父亲，这些人物关系形成的情节都令人捧腹难忍地发出笑声；卓别林笔下的流浪汉走进休息室就绊倒在一位太太脚上，刚爬起来又踏到痰盂，倒在痰盂上……这就是可笑性情景；相声《看病》中的医生对病人漫不经心，病人已憋着一肚火，待到医生问病人："你感到哪里不舒服?"病人答道："我感到很难受。"医生问："有多长时间了?"病人回答："从看见你开始。"这最后一句话立刻引起观众哄堂大笑，这就是语言的可笑性。喜剧的可笑性效果就是通过上述种种手段和途径来实现的。

第二，具有乐观性、轻松性。在悲剧中，美善事物往往被毁灭，恶势力反而取得胜利（虽然悲剧预示着恶必将失败），因而欣赏悲剧的过程，人们都会产生压抑感、紧张感。但喜剧则不同，由于它的表现对象已经是一种行将走进坟墓的、没有力量的、不复为大害的丑，并在喜剧中始终处于被嘲弄、处处挨打的地位，喜剧的结局总是代表进步、健康的力量获得胜利或如愿以偿，因而欣赏主体的心情始终轻松乐观。悲剧固然也应激起人们的乐观主义生活信念，但毫无疑问，这种乐观是在美善事物付出了巨大代价之后通过反思才能获得的。应该承认，悲剧的主旨不是强调乐观，而是要让人们更清醒地认识新世界诞生的苦难。

第三，富于讽刺性、幽默性。可以说，没有讽刺或幽默的喜剧是不存在的，只是有的侧重讽刺，有的侧重幽默罢了。讽刺是一种对付丑的有力的精神手段和语言方式（讽刺一般通过语言方式表现），它常常使对方处于一种尴尬、无可逃遁、欲辩难言的困境。马克思说："讽刺、讥笑、挖苦，这要比最粗暴的愤怒语言更能刺痛敌人。"① 别林斯基把讽刺比作闪电、雷鸣，鲁迅把讽刺比作匕首、投枪，这都是非常恰切的。喜剧正是通过讽刺等手段戳破丑的伪装，撕毁丑的虚假外衣的。莫里哀的《伪君子》、《悭吝人》，果戈理的《钦差大臣》，郑延玉的《看钱奴》，鲁迅的《肥皂》、《高老夫子》，陈白尘的《升官图》，等等，对于喜剧人物的讽刺都可谓淋漓尽致、入木三分。就拿《高老夫子》来说，喜剧的结尾写道："高老夫子的牌风并不坏，但他总还抱着什么不平。他本来是什么都容易忘记的，惟独这一回，却总以为世风有些可虑"，"不过其时很晚，已经在打完第二圈，他快要凑成'清一色'的时候了"。这里作者先退一步说他牌风还"不坏"，再进两步说他健忘，再进而说他这一回而且是"惟独"的一回，却没有忘了"世风"的"可虑"。在看似随意的言语中便把高老夫子那不学无术、恼羞成怒和前后矛盾（从反对黄三的开办女学堂是败坏风气之说到念念不忘世风可虑）的本质面目活脱脱地陈示于读者面前，其对虚伪、无聊文人的讽刺实在令人叫绝。当然，讽刺在喜剧作品中无须都由叙述人来发话，作品通过喜剧人物自相矛盾、表里不一的行为的暴露，这本身就是一种讽刺。答尔丢夫以伪装美的面目出现，俨然一个圣洁的信徒，可他出场后第一个行动就是勾引欧米尔；第四场中他向欧米尔求欢时，忽然不要他尊敬的上帝了，对欧米尔说上帝"在我是算不了一回事的"之类，一下子把伪装剥下来。这不是绝妙的讽刺么？至于幽默，作为一种艺术手段来说，同样并不属于喜剧对象，而属于喜剧的创造主体。西方有的学者认为幽默是一种"浪漫的滑稽"，有的认为幽默是一种机智的批判力。② 这些观点是可取的。幽默是一种敏锐的洞察力、尖刻的批判力和闲适诙谐的风度、冷静的克制力的统一。当它作为一种对付丑的手段时，它与讽刺有所不同。如果说讽刺是硬匕首，喜欢刺刀见红的话，幽默则像"软鞭子"，它抽打丑时看似浪漫随意，不费力，实则使对方不见血却痛苦难堪。但当它用于虽然有丑的因素却本质美善的对象时，则更像有刺的玫瑰，可说是一种"温和的讽刺"。《满意不满意》、《瞧这一家子》、《望子成龙》之类的喜剧就主要采取这种幽默手法。幽默是喜剧不可缺少的艺术因素，正如别林斯基所说："真正艺术性的喜剧是

---

① 《马克思恩格斯全集》第35卷，北京：人民出版社1979年版，第336页。

② 竹内敏雄：《美学百科辞典》"幽默"条，哈尔滨：黑龙江人民出版社1987年版。

以深刻的幽默作为基础的。"① 没有幽默感的喜剧是乏味的。

从喜剧引起的美感（也称喜剧感）来看，也有以下几个特征：

第一，喜剧感始终是一种伴随着笑的轻松愉快，充满自豪感。正如前所指出的，这种笑来自喜剧对象的可笑性和喜剧本身引人发笑的艺术创造。由于喜剧对象始终处于被嘲弄、讽刺、揶揄的地位，美善力量处于压倒优势，因而审美主体没有压抑感、紧张感，而是始终处于轻松、自由的愉悦状态。同时，审美主体仿佛和喜剧中的正面力量和喜剧的创作主体站在同一位置上嘲弄、讽刺、揶揄喜剧人物，因而仿佛也分享到一种胜利的自豪。笑正是一种自豪感的表现。

第二，喜剧美感的心理过程总的说是始终轻松愉快，但也有阶段性。一般说，在喜剧对象的丑尚未受到应有的嘲弄、揭露、否定时，审美主体也因喜剧对象的丑而产生厌恶感（对本质丑的对象）、惋惜感（对本质美而形式丑的对象）等情感活动；随着丑的被嘲弄或批评，审美主体便由厌恶感或惋惜感转向愉悦感。例如，欣赏《伪君子》、《钦差大臣》、《肥皂》、《高老夫子》、《升官图》、《大独裁者》一类喜剧，美感过程就是由厌恶感转向愉悦感；欣赏《李逵负荆》、《乔老爷上轿》、《七品芝麻官》、《满意不满意》、《配角》（陈佩斯、朱时茂小品）一类喜剧，美感过程就是由惋惜感转向愉悦感。当然，不少喜剧是美善人物与丑（包括本质丑或主要是形式丑）的人物并存于作品中，有歌颂也有嘲弄或批评的，如《阿凡提传奇》既歌颂阿凡提又揭露、嘲弄八旗老爷等，《李双双》既有歌颂李双双又有批评喜旺的，这类喜剧引起的美感过程就始终包含着对美善人物的赞美感，同时对可笑人物则由厌恶感或惋惜感转向愉悦感。

第三，喜剧美感和悲剧美感同样充满着强烈的道德感。实际上，喜剧的内容也是一个伦理世界，美与丑的冲突在这里也主要表现为道德的冲突，因此，喜剧必然激起人们道德上的憎丑爱美的道德情感。当然，如果再细微分析，可以认为，悲剧美感的道德感更侧重于善，喜剧美感的道德感更侧重于真。这是因为悲剧在反映美好事物的不幸时，主要是揭露恶的罪孽，因而也主要是激发人们从善弃恶的道德情感；喜剧在反映丑的事物的可笑性时，主要是揭露丑的虚假性及其可悲下场，因而也主要是激发人们求真弃假的道德情感。

---

① 《别林斯基选集》第三卷，满涛译，上海：上海译文出版社 1980 年版，第 81 页。

三、喜剧的审美价值

喜剧的根本意义和价值不是给人们提供笑料，根本目的不在于引人发笑，而在于通过笑声达到对丑的否定和对美的肯定。它和悲剧一样，都可以激发人们对生活、人生的严肃思考，激发人们对生命的自信心和乐观主义精神，达到“为一切崇高和美的事物服务”的目的。

抨击性讽刺喜剧通过笑鞭挞历史丑角，能使人们读清其腐朽本质，从而决心把“陈旧的生活方式送进坟墓”；喜剧的审美效应通过笑完成，笑是一种攻击力量，是强有力的毁灭性武器之一。偶像在笑声中倒下，桂冠在笑中落地……

批评性幽默喜剧通过笑批评落后、过失和其他弱点，能使人们认清落后性及其危害性，笑着向过去告别，并在笑声中自觉不自觉地意识到做人的道理；如果自己也存在着某些丑的因素，也可以从中照见自己的荒唐和丑相，产生一种改邪归正的冲动，从而在道德境界上获得升华。

歌颂性喜剧则使人在笑声中直接肯定美善人物，不知不觉把对象的优点作为自己学习的榜样，实际上也就获得了道德升华。

总之，喜剧使人在认清丑的同时，也促使人们自觉避免丑，并积极投入对丑的斗争，它可以“纠正人的恶习”，也可以“巩固健康人的健康”；此外，它还能以特殊的娱乐魅力，促进人们的心理平衡，有益于身心健康。西谚有云：“一个小丑进了城，胜过三车药物。”中国俗语曰：“笑一笑，少一少。恼一恼，老一老。”“笑长命，哭生病。”

四、喜剧的类型

喜剧同样是一个庞大家族。西方美学一般将该家族分为滑稽、讽刺、幽默、机智、荒诞、诙谐等类型，有的还加揶揄、反讽等，但有的则用滑稽指喜剧，然后再划分为各种不同的滑稽，如主观的滑稽、客观的滑稽、绝对的滑稽，等等。这种分类法的缺点是交叉互涵太多，不易辨认，例如讽刺，几乎每一种喜剧都有讽刺，而幽默与讽刺也是无法分割的，机智不正是幽默所不可缺少的吗？如此等等。所以，这种分类法在我国并不流行。中国当代美学界对喜剧的分类也不统一，例如：有人把喜剧分为三种——第一种是对敌人的讽刺打击，第二种是表现人民内部矛盾的，第三种是以表现积极的正面的美为目的的；[①] 有人把喜剧分为崇高型（快感与

① 李泽厚：《美学论集》，上海：上海文艺出版社1980年版，第224～225页。

痛感混合）和美感型（主要是快感）两种。①

我们认为喜剧可分为三种类型：

1．抨击性讽刺喜剧

这类喜剧的反映对象是本质丑却企图用另一个假象掩饰丑或本质上丑形式上也荒唐悖理的历史丑角或现实丑角。喜剧对这种丑角采取的态度是无情的嘲弄、辛辣的讽刺、尖锐的抨击，即彻底的否定。这类喜剧引起的美感是夹杂着厌恶感（对喜剧人物）的快感（当丑被抨击讽刺时），如《伪君子》、《钦差大臣》、《肥皂》、《高老夫子》等。这是喜剧的典型形态。

2．批评性幽默喜剧

这类喜剧的反映对象是本质基本美善但有严重缺陷（丑）的人物。喜剧对这类人物采取的态度是轻度的讽刺、善意的批评、温和的笑，即有批评但不彻底否定。这类喜剧引起的美感是夹杂着惋惜感（对喜剧人物）的快感（当丑被批评时），如《满意不满意》、《李双双》等。

3．歌颂性喜剧

这类喜剧的反映对象是本质美善但也有某些形式丑或因某种偶然原因造成非本质性的可笑现象的人物。喜剧对这类人物的态度是在赞美的笑中，幽默诙谐地进行轻度的批评（也有的没有什么批评）。这类喜剧引起的美感主要包含着赞叹感，有的也夹杂着轻度的惋惜感，如《李逵负荆》、《救风尘》、《望江亭》、《七品芝麻官》、《乔老爷上轿》、《今天我休息》、《阿凡提传奇》等。

第六节　悲　喜　剧

自从亚里士多德给悲剧和喜剧划定了严格界限之后，不少理论家和艺术家一直认定两者不能互相混杂，不能合流。例如，悲剧对象只能是好人、高贵的人，那么，就不能像喜剧那样描写小丑或把高贵的人写成小丑，也不能写平民；悲剧反映严肃的事件，喜剧就不能涉及严肃的苦难，反之，悲剧也不能渗进喜剧性因素。文艺复兴时期，莎士比亚因为在悲剧《李尔王》中写了主人公的丑，在《哈姆雷特》中插进了掘墓人见到骷髅时的戏谑，在《麦克白》中写了门房与苏格兰贵族的说笑，便招来了人

① 周来祥：《论美是和谐》，贵阳：贵州人民出版社 1984 年版，第 318 页。

们的非议，甚至启蒙运动的先驱伏尔泰还指责《哈姆雷特》“是个既粗俗又野蛮的剧本”①。他认为悲剧就不应掺进掘墓人的玩笑这种喜剧因素，更不应把一个王子写成疯疯癫癫。直到19世纪后期，仍有人对悲剧与喜剧的结合表示不满和担忧，如法国评论家萨赛从观众审美心理的角度提出一种看法，认为悲剧与喜剧混杂会令观众在心理上发生骚乱。他说“人在悲痛的期间，如果有一个逗笑的形象引他分心，他受到剧烈的冲击，就会远远离开这种悲痛”②，这对观众的心理作用不利。

然而，生活和艺术的发展，却不可避免地把它们扭到一起。如果说古希腊时期最后的一位悲剧家欧里庇得斯试图在悲剧中掺进喜剧因素的尝试还没形成气候的话，那么，到了文艺复兴时期，莎士比亚便标志着悲剧与喜剧结合的时代真正开始了。虽然莎士比亚的这种结合曾遭到冷眼和贬斥，但更多的人却意识到这是一种伟大的创新。如18世纪的批评家约翰逊就指出：“莎士比亚的剧本，按照严格的意义和文学批评的范畴来说，既不是悲剧，也不是喜剧，而是一种特殊类型的创新。”③ 马克思也非常赞赏莎士比亚的剧作，他曾针对伏尔泰说了这样一段话：“英国悲剧的特点之一就是崇高和卑贱、恐怖和滑稽、豪迈和诙谐离奇古怪地混合在一起，它使法国人的感情受到莫大的伤害，以致伏尔泰竟把莎士比亚称为喝醉了的野人，但是莎士比亚在任何地方都没有让丑角在英雄剧中担当念开场白的任务。眼光短浅的人总以为，好像一切伟大的历史运动究竟都会变成滑稽戏，或者至少变得平庸无奇。但是这样来开场，这正是一出名为对俄战争的悲剧所独具的特色，这出悲剧的序幕已经于星期五晚上在议会两院‘同时揭开了’……”④ 在这段话中，马克思对伏尔泰的观点做了不无讽刺的否定。他认为，莎士比亚剧作中崇高与卑贱、恐怖与滑稽、豪迈与诙谐混合的这种现象在现实中就存在着，像阿伯丁（英国当时的外交大臣和内阁首相）这种小丑（马克思总把逆历史潮流的人称作小丑）就成为对俄战争的悲剧（现实悲剧）的开场人物，这就是喜剧性与悲剧性的混合。在马克思看来，既然现实生活中存在着这种真实，我们就无理由指

---

① 杨周翰：《莎士比亚评论汇编》上册，北京：中国社会科学出版社1981年版，第352页。

② 《古典文艺理论译丛》第11辑，北京：人民文学出版社1963年版，第266～277页。

③ 杨周翰：《莎士比亚评论汇编》上册，北京：中国社会科学出版社1981年版，第43页。

④ 《马克思恩格斯全集》第10卷，北京：人民出版社1979年版，第188页。

责莎士比亚在悲剧中掺进喜剧因素。他曾指出，莎士比亚塑造的典型在19世纪下半叶仍然在灿烂开放。①

事实上，悲剧与喜剧互相混合、渗透的艺术现象不仅在莎士比亚剧作中出现，也不仅在英国戏剧中出现，而是整个近代戏剧发展的基本流向。对此，黑格尔在他的《美学》中已概括指出："在近代戏剧里，悲剧性和喜剧性就更多地交错在一起了……"② 近代西方悲喜剧的诞生就是悲剧性和喜剧性混合交织的产物。这种交织的结果不等于悲剧和喜剧消亡，《麦克白》、《李尔王》还是悲剧，《一报还一报》、《无事生非》还是喜剧。正剧只是悲喜剧的一种。

悲剧和喜剧必然走向互相混合、交织的道路，其根源归根到底是生活所决定的。人类自己所塑造的世界始终具有两重性，既有真善美的一面，又有假丑恶的一面；有悲壮，也有滑稽。这两种矛盾不仅并存着，而且互相交织着，正如英雄和小丑本身性质不同，但生活却"是由俗众和英雄所组成的"③，"整个人类生活就是由英雄、恶徒、普遍性格的人、猥琐的人、蠢人们的冲突和相互影响构成的"④。因此，悲剧或喜剧在反映其中一种矛盾时，实际上不可能绝对把另一种矛盾排除在外。莱辛在《汉堡剧评》中指出，自然中一切都是相互联系、相互交织在一起的，同样，现实生活中的悲剧性与喜剧性也如此。因此，作为以反映生活中的悲剧性为主的悲剧和以反映生活中的喜剧性为主的喜剧，都不可能绝对地摒弃另一种矛盾；悲剧与喜剧的结合也是人们审美心理的发展和艺术自身发展的必然结果。过多感受悲哀之后要求从沉重感中适当解放出来，以轻松的愉快调剂之；同样，开怀大笑之后也需要冷静、严肃的沉思。这是人的普遍心理，也是一种发展了的审美心理，这种心理不能不影响到悲剧和喜剧艺术的调节。正是这些因素，悲剧与喜剧的结合是不可避免的。

中国的情况有所不同。中国古代没有对悲剧与喜剧作严格区分，甚至没有悲剧与喜剧两个概念。中国传统戏剧观强调的是写"悲欢离合"，从不把"悲离"与"欢合"分开来。这种观念使中国戏剧基本上是悲剧因素与喜剧因素相融合，并渗透于其他艺术形态。当然，作为具体的作品，

---

① 《马克思恩格斯全集》第10卷，北京：人民出版社1979年版，第659页。

② 黑格尔：《美学》第三卷下册，朱光潜译，北京：商务印书馆1979年版，第294页。

③ 《别林斯基选集》第三卷，满涛译，上海：上海译文出版社1980年版，第74页。

④ 《别林斯基选集》第三卷，满涛译，上海：上海译文出版社1980年版，第76页。

总有以反映悲剧性或喜剧性为主的区别，但中国艺术几乎很少有以此斥彼的。今天被称为中国古代典型悲剧形态的《窦娥冤》、《红楼梦》等都有喜剧因素，如《窦娥冤》中楚州太守桃杌对告状人下跪，《红楼梦》中刘姥姥进大观园的情节，都富于喜剧性；反之，今天被称为喜剧形态的《救风尘》、《望江亭》等也穿插进某些悲的情节，等等。从某种意义说，这正是中国人对生活的认识和中国传统艺术更具辩证法的体现。

由于悲剧与喜剧的互相交织融合，从而形成了多种多样的悲喜剧形态。可从两个角度看：

第一，从悲剧性与喜剧性的量上看，可以分为三种：一是悲剧性因素占压倒优势的悲喜剧，也可称为以悲为主的悲喜剧或有喜剧色彩的悲剧，如《哈姆雷特》、《麦克白》、《李尔王》、《窦娥冤》、《红楼梦》等；二是喜剧性因素占压倒优势的悲喜剧，也可称为以喜为主的悲喜剧或有悲剧色彩的喜剧，如《悭吝人》、《伪君子》、《贵人迷》、《救风尘》、《望江亭》等；三是悲剧性和喜剧性因素大体平衡或平分秋色的悲喜剧，也叫正剧，如《西厢记》、《牡丹亭》等。

第二，从结构形式上看，也有三种：一是寓悲于喜的悲喜剧，即“穿着喜剧的服装出现”的悲喜剧，悲是内在的、本质的，即喜剧形式的悲剧，如《儒林外史》、《阿Q正传》、《孔乙已》、《摩登时代》等；二是先喜后悲的悲喜剧，悲是归宿，所以也是先喜后悲的悲剧，如《罗密欧与朱丽叶》、《红楼梦》等；三是先悲后喜的悲喜剧，喜是归宿，所以也是先悲后喜的喜剧，如《牡丹亭》、《西厢记》、《蒋兴哥重会珍珠衫》、《陈御史巧勘金钗钿》等。至于寓喜于悲的，即以悲剧形式出现的喜剧，则极罕见。

在悲喜剧中，当悲喜因素大体相当时，可称为正剧（中国传统戏剧观念中，先悲后喜的戏剧一般称为正剧）。其特殊性在于，它恰好处于悲剧与喜剧两极的中间，因此可把正剧称作悲剧与喜剧的“中间阶段”、“中间状态”。

第七节　丑与荒诞

丑（德文 das häBliche，英文 ugliness）和荒诞（absurd），本身都是与美对立的形态。但是，美学不能离开对丑和荒诞的研究。鲍姆加敦在给美学命名时采用了“aesthetics”一词，意即“感性学”。这个词的意义无疑大于“美学”的概念，它本应包括“丑学”在内，而鲍姆加敦的命名却实际上把“感性学”归结为美学，客观上造成概念的类属关系的模糊，抹杀了丑学在“感性学”中的正当地位。近代以来，美学已相继把丑和荒诞作为美学对象和范畴来研究，这已没有异议。

把丑和荒诞作为美学范畴来看，不等于把丑和荒诞本身作为美来看。“美的范畴”不等于“美学范畴”或“审美范畴”。“美的范畴”指的是作为美的形态而言的概念；“美学范畴”或“审美范畴”则包括一切美学概念。丑和荒诞是美的对立面，不是美的家族成员，但又是属于“美学范畴”或“审美范畴”的范围。正如第一个写了《丑的美学》的美学家罗森克南茨（Rosenkranz，1805—1879）所说的，“丑不在美的范围之内”，但丑又“属于美学理论范围”[①]。因而，美学不能不研究丑和荒诞。[②]

一、丑

（一）美学史上的丑论

中国古代对丑的认识基本上是一种伦理学的认识，正如把美大体上理解为一种道德的善一样，中国古代也把丑理解为一种道德的恶。所以，作为正面道德，美善相通；作为负面道德，丑恶同训。同时，丑恶与美善处于对立状态。《说文解字》释“丑”（醜）字说：“可恶也。从鬼，酉声。”何以从鬼？后人解释云：“以可恶，故从鬼。”[③]《吕氏春秋·听言》中“鲁有恶者”，指的就是坏人，其注云：“恶，丑也。”可见，在中国古人的意识中，丑与恶本质一致，原都指人的生命被否定这种可怕、令人惊惧的事物，后进而指坏人即道德低下、为害于人的人，这就成为一种伦理意义上的概念了。后来进一步发展，丑、恶不只指道德坏的人，而且指一切人们讨厌、害怕、反感的事物，如臭秽、可羞耻的事物。正因为丑与恶本义一致，所以中国古代丑恶二字往往混用或互相替代而与美或善对举。

在西方，最早谈论丑并试图给丑做出理论规定的是苏格拉底。他认为，一件事物如果是美的善的，那么它的反面就是丑的恶的。以什么作为

---

① 鲍桑葵：《美学史》，张今译，北京：商务印书馆1985年版，第512页。

② 关于丑的本质、丑与美的形态的关系、丑与审美范畴的关系、丑与艺术的关系，可参见柯汉琳：《美的形态学》第二版，广州：中山大学出版社2008年版。

③ 段玉裁：《说文解字注》。

判断美善与丑恶的标准呢？他从一种实用的目的观念出发，认为“任何一件东西如果它能很好地实现它在功用方面的目的，它就同时是善的又是美的，否则它就同时是恶的又是丑的”①。举例说，一只粪筐如果被当作盾牌用于打仗并打了胜仗，粪筐就是善的美的；一个金做的盾牌，如果打了败仗，那么，也就是丑的了。苏格拉底这种实用观念的丑论是站不住脚的。柏拉图没有直接给丑下定义，但在谈论喜剧时，认为丑是喜剧的摹仿对象，丑是人性中低劣的部分，一个人心中有低劣的东西，而又把“平时所引为羞耻而不肯说的话、不肯做的事”说出来、做出来，人家就知道你是“小丑”了。在柏拉图看来，喜剧无非就是摹仿小丑的丑行为，丑就是“羞耻”、“粗鄙”、“可笑”（可笑又是指那种“不美而自以为美，不智而自以为智，不富而自以为富”的“虚伪”）的德行。这种丑论无疑是一种伦理观念的丑论。本书前面提到，亚里士多德在谈喜剧时就谈到丑：“喜剧是对比较坏的人的摹仿，然而，‘坏’不是指一切恶而言，而是指丑而言，其中一种是滑稽。滑稽的事物是某种错误或丑陋，不至引起痛苦或伤害，现成的例子如滑稽面具，它又丑又怪，但不使人感到痛苦。”② 可见，亚里士多德看待“丑”首先是和“滑稽感”联系起来的，丑是一种“怪”，它能让人产生不快感。

中世纪的美学家普洛丁也曾谈到了丑，他同样是把丑与美加以对比。首先他认为，美是对理式的分享，而那些“凡是无形式而注定要取得一种形式和理式的东西，在还没有取得一种理性和形式时，对于神圣的理性就还是丑的，异己的。这就是绝对的丑”③。在普洛丁看来，丑是因为没有或没有完全由理式赋予形式。他所说的“理式”来自神的理性。奥古斯丁同样从神学的角度来界定丑，他认为，丑会破坏上帝带给尘世的和谐。

18 世纪的经验主义美学家休谟从审美感受出发，认为美与丑都不是事物本身的一种性质，而是依附于人心的构造。丑是来自审美主体的一种心理体验，丑是让人产生不愉快甚至痛感的一种心理构造。他说：“快感

---

① 北京大学哲学系美学教研室：《西方美学家论美和美感》，北京：商务印书馆 1980 年版，第 19 页。

② 亚里士多德：《诗学》，罗念生译，北京：人民文学出版社 1988 年版，第 16 页。

③ 北京大学哲学系美学教研室：《西方美学家论美和美感》，北京：商务印书馆 1982 年版，第 54 页。

与痛感不只是美与丑的必有的随从，而且也是形成美与丑的真正本质。”① 黑格尔也谈到丑，不过，黑格尔并没有对丑做系统的论述。他认为“美学”的正当名称应是“艺术哲学”，因为“真正的美”是艺术，他的《美学》所要研究的是美的艺术，所以他实际上是把丑纳入艺术美的范围内去认识的，只是在“全书绪论”和有关“自然美”部分偶尔谈到一般意义上的丑。例如在谈到漫画时，他说：“漫画作风所表现的是丑的特性，丑总是一种歪曲。”② 这里讲的是艺术对丑的表现，但也是对现实丑的理解。在谈到自然丑时，黑格尔根据他对生命的观念，认为动物有美与丑。当人从某种动物身上“朦胧预感”到人的某种理性时，这种动物就是美的，例如从动物身上领悟到人的敏捷、勤快、贞洁之类，这种动物就是美的；如果从某种动物身上联想到与人的理性相反的东西，例如懒惰、笨拙、不贞，这种动物就不美，就是丑，鸭嘴兽因为是鸟与四足兽的混合，令人感到不贞洁，因而尽管令人惊奇，却是丑的。③

黑格尔之后，西方美学对丑的讨论方兴未艾。后黑格尔派的罗森克兰兹是这一时期对丑做了最系统论述的美学家，他第一个写出了专门的著作《丑的美学》，认为丑本身是对美的否定，或者说，丑是美的倒错。他说，丑作为美的否定，必须是崇高的积极的倒错，即倒错为粗恶或平凡的东西，或者必须是单纯的美的积极的倒错，即倒错为畸形；丑必须是悦人的东西的积极倒错，即倒错为令人厌嫌的东西。他还认为，如果说美是自由的，那么，当一个存在物形成非自由的属性时，就达到真正的丑或说实在的丑。据此，他认为“丑不在美的范围之内”。但他又认为丑与美和艺术有相关性，所以丑又在美和艺术的研究范围之内。④

近代美学之父鲍姆加通对丑的看法，在美学史上关于丑的论争中也占有一席之地。他把丑看作是感性认识的不完善。他说：“完善的外形，或是广义的鉴赏力为显而易见的完善，就是美，相应的不完善就是丑。因此，美本身就使观赏者喜爱，丑本身就使观赏者嫌厌。”⑤ 他同时强调，

---

① 北京大学哲学系美学教研室：《西方美学家论美和美感》，北京：商务印书馆1982年版，第109页。

② 黑格尔：《美学》第一卷，朱光潜译，北京：商务印书馆1979年版，第23页。

③ 黑格尔：《美学》第一卷，朱光潜译，北京：商务印书馆1979年版，第169页。

④ 鲍桑葵：《美学史》，张今译，北京：商务印书馆1985年版，第513页。

⑤ 北京大学哲学系美学教研室：《西方美学家论美和美感》，北京：商务印书馆1982年版，第142页。

美学的目的就是感性认识的完善，“应该避免的感性知识的不完善就是丑”①。鲍姆加登的看法更多地带有哲学色彩，他的“完善”也有一定的调和因素，这也体现了古典美学时期对丑的认识的特点，丑还没有上升到一个独立的范畴。这种局面到了近代时期有了改观。

法国浪漫主义作家雨果在他著名的《〈克伦威尔〉序言》中提出了“美丑相依”的命题。他说：“丑就在美的旁边，畸形靠近着优美。丑怪藏在崇高的背后，美与恶并存，光明与黑暗相共。”② 雨果在写下《〈克伦威尔〉序言》的时候正是近代浪漫主义文学思潮风起云涌之时，浪漫主义文学艺术在西方的崛起既展现了西方世界的现实困境，同时也提出了新的美学课题。浪漫主义的美学观念与古典时期的美学观念有着本质的区别，法国浪漫主义的倡导者雨果的这个观念就具有代表性。他提出丑并不是美的附庸，在“美丑相依”中，丑的审美意义更加明显，“美只有一种典型，丑却千变万化”③，并认为“滑稽和丑怪在文学中比崇高优美更占优势”④。雨果的观念拓展了丑的内涵，更丰富了作为一个审美范畴的丑的意义，但他的观点还仍然带有浪漫主义文学观念与哲学观念的缺陷。浪漫主义丰富了丑的艺术园地，但没有从根本上揭示丑的本质。雨果是从基督教的观念出发来阐释艺术演变的历史的同时来揭示丑的意义的，他在拓展丑的内涵与意义的同时也遮蔽了丑的现实意义。这也是浪漫主义美学的固有缺陷，这种缺陷在马克思主义美学那里得到了规避。

马克思主义美学对丑的探讨是建立在对近代以来的社会背景和审美现实进行哲学审视的基础上的，因此，马克思主义美学对丑的探讨有强烈的时代性。西方社会从近代向现代转型以来，社会生产力的空前提高，社会物质财富的增加，大大促进了社会的发展，但与此同时，也产生了很多问题。社会生产力的促进与对人的感性空间的排斥相始终，社会物质财富的增加与人的精神世界的荒芜相伴随，社会发展的进步与社会现实某些角落的罪恶和肮脏一并出现，自由空间的开拓又与人们的情感世界的压抑相矛盾。在这个历史情境中，美与丑都有了与传统美学不同的概念与存在形式。正是在这个意义上，马克思主义美学发现了现代社会的“丑”，认为

---

① 北京大学哲学系美学教研室：《西方美学家论美和美感》，北京：商务印书馆1982年版，第142页。

② 伍蠡甫：《西方文论选》上卷，上海：上海译文出版社，1985年版，第183页。

③ 伍蠡甫：《西方文论选》上卷，上海：上海译文出版社，1985年版，第187页。

④ 伍蠡甫：《西方文论选》上卷，上海：上海译文出版社，1985年版，第188页。

丑是客观事物的社会属性，是历史发展到了特定阶段展现出来的，既有审美的内涵，又有社会批判的潜在意义。在《〈黑格尔法哲学批判〉导言》中，马克思揭示了19世纪40年代德国社会的丑恶现实。资本主义社会的金钱逻辑统治了一切，社会领域充满了卑鄙与虚伪的道德意识，人的感性空间越来越少，社会的丑恶阻碍了人的审美意识的自由展现。恩格斯在评论《西里西亚的纺织工》时，也强烈地批判了资产阶级的冷酷与虚伪，指出社会的丑恶缔造了许多丑恶的灵魂；同时也提出，在新的时代境遇中，我们应该正视“丑”。在这种境遇中，丑不再是美的附庸，丑的时代意义本身也孕育了它的批判性的美学内涵。这既深刻地揭示了丑的本质特征，同时也为我们在新的历史条件下认识丑的内涵提供了直接而现实的理论参照。现代主义以来的审美实践，既证明了马克思主义美学对丑的认识的深刻性，同时也告诉我们，对丑的认识与探讨本身也是探讨美的一个不可忽视的方面，而且是一个极其重要的环节。

（二）丑的美学意义

生活中的丑可能会让人厌弃，而美学意义上的丑则有它特殊的意义。这里所说的美学意义上的丑，是指作为一种审美范畴的丑。

作为审美范畴的丑，它的美学意义主要体现在它与艺术的关系上。

我们知道，古希腊人最早是从生活到艺术都拒绝丑的。莱辛在《拉奥孔》中记述了一件事实——忒拜城的法律明文规定：艺术不准表现丑！要求艺术摹仿事物要比原来的更美，不能比原来的丑，违令者就要受到惩处。[①] 这条法则曾被古希腊人称作“艺术的最高原则”。整个古希腊民族仿佛全都成了“美的信徒”，他们怀着一种童心的单纯诚心诚意地追求美、排斥丑。他们认为，表现丑或夸大原物的丑陋的艺术是一种无价值的勾当，即使表现痛苦、悲哀一类激情，也强调要避免因这种激情而产生的变形的丑陋。莱辛在对古希腊雕刻作品《拉奥孔》的分析中就指出，雕刻家所塑造的老拉奥孔在被巨蛇咬住时，虽然极度痛苦，但雕刻家并没有让他因痛苦而张开大口喊叫，因为如果不这样处理，就会在塑像上留下一个黑洞而破坏了艺术品的形式美。这就是希腊人不准艺术表现丑的典型体现。

但是也有例外，例如亚里士多德就第一个在理论上提出不同的看法。他认为，喜剧摹仿坏人，即摹仿丑，但喜剧却能给人带来快感；悲剧摹仿

---

① 莱辛：《拉奥孔》，朱光潜译，北京：人民文学出版社1979年版，第11～16页。

痛苦，也令人感到愉快；有些绘画摹仿的事物形象是丑的，但同样能引起我们的快感。他说："人对于摹仿的作品总是感到快感。经验验明了这样一点：事物本身看上去尽管引起痛感，但惟妙惟肖的图像看上去却能引起我们的快感，例如尸首或最可鄙的动物形象。其原因也是由于求知不仅对哲学家是最快乐的事，对一般人亦然，只是一般人求知的能力比较薄弱罢了。我们看见那些图像所以感到快感，就因为我们一面在看，一面在求知，断定每一事物是某一事物，比方说，'这就是那个事物'……"[①] 亚里士多德的说法告诉我们：艺术摹仿丑并没有使它自身离开美。这是一个很宝贵的美学观点。

后来，很多艺术家、理论家也认为，艺术可以也应该表现丑，特别是浪漫主义兴起以后，这一观念更被人们普遍认同。许多浪漫主义艺术家都清醒地看到了现实中美丑并存的事实，他们自觉抛弃古代艺术限制表现丑的狭隘艺术观，宣称艺术要反映"伊甸园"，也要描绘"地狱"[②]。"它喜欢阳光，也喜欢阴影；它兴致勃勃地生活着，不管丑或美，高贵或低微，富有或贫乏，卑劣或崇高——它同样有兴趣来设想伊阿古或是伊摩琴。"[③] 他们在创作实践中不仅在题材上热衷于阴森森的坟墓、奇形怪状的梦境、混乱变态的世相等等，而且在艺术形式上有意追求粗糙、笨拙、奇异。浪漫主义艺术对传统古典艺术的这一革命，正如雨果所说的，是艺术跨出的"决定性的一大步"，"这一步好像地震的震撼一样"，改变了"整个精神世界的面貌"。[④] 进入现代主义时代，丑几乎成为艺术世界的主角，虽然情况复杂，但其中涌现了不少优秀作品。比如，法国浪漫主义作家波德莱尔的作品《恶之花》、《巴黎的忧郁》等向我们展现了现代社会丑陋的一面——社会中乞丐、娼妓、吸毒者的惨淡堕落的生活，落魄艺术家的苦难，城市的肮脏和混乱；英国作家王尔德的著名戏剧《莎乐美》展现了现代生活的颓废和堕落。这些艺术作品都展示了"丑"，但是这些作品却让人震撼，并激起人的崇高意识。

丑的美学意义就体现在它的这些正面的、能够让人震撼的崇高感中。

---

① 亚里士多德：《诗学》，罗念生译，北京：人民文学出版社 1962 年版，第 11 页。

② 雨果：《〈克伦威尔〉序》。引自伍蠡甫、胡经之：《西方文艺理论名著选编》中卷，北京：北京大学出版社 1986 年版，第 131 页。

③ 济慈：《致伍德豪斯》。引自《古典文艺理论译丛》第 9 辑，第 160 页。

④ 雨果：《〈克伦威尔〉序》。引自伍蠡甫、胡经之：《西方文艺理论名著选编》中卷，北京：北京大学出版社 1986 年版，第 128 页。

作为一个审美范畴，丑是美的反题，但又是可以在艺术中与美统一的。正像德国学者阿多诺说的那样："艺术与美的观念并非是共同扩张的，但艺术需要借助作为一种否定的丑来实现自身，这已是老生常谈。这一洞识并非意味着取消丑的范畴是必然结果，恰恰相反，丑依然作为一条戒律而存在。"① 作为美的反题的丑，不仅衬托美，而且起着拓展审美领域、丰富审美世界的作用。

丑作为一个审美范畴，它的美学意义还体现在艺术对丑的讽刺和揭露的力量。艺术作品中的丑让我们正视现实，认清罪恶，同时在我们的内心中激起强烈的对美的渴望。这是一个审丑的过程，同时也是审美的深化。著名雕塑家罗丹的人体雕塑作品《欧米哀尔》(《老娼妇》)，刻画的是一个丑陋的老妓，她容貌憔悴、乳房干瘪、神态衰老。这个饱经岁月风霜历尽人生磨难的风烛残年的妓女，虽然丑陋，但作为艺术形象却能在我们内心中激起深深的人性的怜悯和对社会罪恶的追问。这类艺术作品，在展现丑陋的同时，蕴涵着非常深刻的批判意识和讽刺力量。比如，18 世纪西班牙著名画家戈雅曾经创作了 80 幅铜版画《狂想曲》，这些作品以近乎激愤的情绪对人类潜意识中的丑恶、卑鄙做了淋漓尽致的描绘，艺术家生动的刻画告诉我们，人类的灾难在于人性的贪婪和丑恶。看了这样的作品，欣赏者无不为之震撼，因为它在我们的内心激起的是愤怒、激越的情绪，这是由丑激发的美的体验，是审丑的过程激发出来的崇高感。19 世纪画家德拉克洛瓦的作品，同样会引起这样的效应。他的《萨达那帕拉之死》、《唐璜海难》、《希奥岛的屠杀》等作品表达的混乱丑恶，同样会在我们内心激起深刻的审美体验。这就是莱辛说的"把自然中最丑的东西化为一种艺术美"②，这是通过真实追求美的一种最难得的境界。那些高超的艺术家在他们的探索中化腐朽为神奇，同时也向我们证明了作为一种审美范畴的丑，它的美学意义同样是深刻的。

正是在这个意义上，近代以来的美学发展才非常重视丑，特别是在现代派文学艺术和后现代主义文化中，非常注重"审丑"的体验。丑不是我们的目标，也永远不会是我们的理想，但它的出现，让我们更珍视美，更渴望美。"审丑"的过程是通向美的世界的一次艰辛而有益的体验，这就是作为一个审美范畴的丑的美学意义所在。

---

① 阿多诺：《美学理论》，王柯平译，成都：四川人民出版社 2001 年版，第 82 页。

② 莱辛：《拉奥孔》，朱光潜译，北京：人民文学出版社 1979 年版，第 18 页。

二、荒诞

（一）荒诞的含义及其审美特征

在审美世界中，美是事物的一种常态，丑作为美的反题，体现了事物的一种变态，丑的形式发展到极端，就会以一种极度的不和谐、反理性的形式展现出一种令人惊异的特殊形式，这就是“荒诞”。

荒诞作为一种审美形态，是西方现代社会与现代文化的产物。

荒诞是人异化和局限性的表现，也是现象和本质的分裂，动机与结果的背离，往往以非理性和异化形态表现出来。现实中的荒诞是审美活动范畴中荒诞的根源，荒诞审美形态是对现实中的荒诞人生以审美的方式进行反思和批判。

在艺术范畴中，荒诞最常用的含义是指一种文学艺术风格，这是与现代西方文学艺术的发展紧密联系在一起的。现代西方诸多艺术流派和艺术家的创作，典型的如荒诞派戏剧，其他的如魔幻现实主义、新小说派、未来主义、超现实主义、立体派以及布朗库西的雕塑《波甘妮小姐》、斯特拉文斯基的音乐《春之祭》、建筑艺术中的蓬皮杜艺术中心，都不约而同地采用了夸张、变形、隐喻、象征等艺术形式，刻画了种种怪异的形象，从而标举了一种荒诞不经、有悖通常艺术观念的风格。

荒诞的另一常用的含义还与它的内蕴有联系。荒诞，除了在感性形式上的怪异、变形之外，还通过这些感性形式表达了一种深刻的内涵，那就是在变异中突出深刻的主题，在虚无中追寻世界的意义。这一方面的含义与作为一种文学艺术风格的荒诞的内涵是相辅相成的。

作为一个审美范畴，荒诞的含义与上述两方面的意义有着密切的联系。首先，作为一个审美范畴，荒诞虽然与怪诞不可同日而语，但有着紧密的关系。荒诞在形式上的反常态、反和谐、无理性、极度夸张和变形，正是一种“怪”，是一种外形和形象上的“怪”。这种怪，是丑发展到极端的一种形式。其次，作为一个审美范畴，荒诞更突出它精神上的内涵，是指在怪异夸张的形式中表现的对现实深刻的批判意识和抗争精神，从而在看似荒诞不经的意义上确认了人的本质力量。所以，作为一个审美范畴的荒诞既不单纯是“怪异”、“怪诞”的同义语，也不能与“荒谬”、“荒唐”混为一谈。

荒诞的审美特征是多方面的，具体可以归纳为如下几点：

首先，是形式上的变异。荒诞的事物在外形上通常是让人印象深刻的，如现代西方著名立体派画家毕加索的作品《亚威农少女》、《格尔尼卡》，形式的夸张到了极点，作品的构图、造型和线条等形式要素都体现了一种突出的反常态效果，所以它在外形上是变异的。荒诞在形式上的变异，有时还体现在形象特征的变形取向，比如著名现代派作家卡夫卡笔下的戈里高尔变成了一只大甲虫；在著名荒诞派戏剧家尤奈斯库的戏剧《犀牛》中，全城人莫名其妙地一个个全变成了犀牛；在布莱希特的著名的《人就是人》一剧中，作者描写的殖民军的士兵们尽是一些肩膀宽得出奇、两只手像爪子一样粗大无比、脸上带着可怕面具的怪物；法国雕塑家冯·斯托克的雕塑《莎乐美》中的形象是莎乐美抱着施洗者约翰的头在跳舞。这些变异的形象也展现了荒诞的形式，而且形式上的夸张、形象上的变异更加突出了荒诞的内容。

其次，是内容上的悖谬。荒诞的事物在内容层面上往往展现出反常理、反常规、反常态的悖谬特征。如：卡夫卡的小说《审判》，主人公K莫名其妙地被拘捕、审判、执行死刑，一切都是莫名其妙的，没有任何逻辑可言，而K也并未反抗，事情在悄悄地荒谬地进行着；贝克特的著名戏剧《等待戈多》，主人公一直是默默地等待着，既不知等待谁，也不知为何等待，甚至连等待的意义都是含糊的，等待既有目的又无目的；另外如海勒的《第二十二条军规》中那些荒谬的军规、罗伯·葛利叶的《在迷宫里》的那个士兵在空旷的城市里无目的的漫游。这些情节都体现了一种违背常理、不合逻辑的特征，人物也都背离了现实生活中人的正常反应，从而把人们引向一个非理性思考的世界。

再次，是精神上的虚无。在变异的形式、悖谬的内容中，荒诞体现出了人们在价值上的虚无与焦虑。许多荒诞派艺术作品在精神属性上都具有这个特点。如：卡夫卡的《城堡》、《变形记》，尤奈斯库的《秃头歌女》、《椅子》、《犀牛》；加缪的《局外人》、《鼠疫》；海勒的《第二十二条军规》；萨特的《恶心》、《死无葬身之地》；等等，这些作品都意识到了在现代西方社会中人类处境的荒唐无稽，无一例外地表达了现代人的“陌生感”、“撕裂感”和忧郁彷徨、虚无失落的危机，以及与社会格格不入的虚无意识。

（二）荒诞的美学意义

形式上的变异、内容上的悖谬、精神上的虚无，是作为一个审美范畴的荒谬的审美特征。从这些特征来看，荒谬好像是表达了一种怪异的形式和可笑的逻辑而没有任何价值。那种悲观主义的态度固然是“荒谬”不可回避的一面，但我们也应该承认，美学上的荒诞也有揭示人类荒诞的生存境遇、呼唤新的文明秩序、警醒人们重视失落的信仰、关注人性的缺失、关怀人的现实世界的美学价值。

首先，作为审美范畴的荒诞能够激起人们印象深刻的审美体验，能够让人们在奇特的审美观感中获得特殊的审美享受。荒诞的审美对象的怪异的形式和悖谬的内容往往让人厌恶，难以理解，进而在我们的审美心理上产生排斥之感，但是如果我们能够对那些怪异的形式报以冷静的态度，如果我们能够理解那些悖谬的内容背后的深刻寓意，就会深深叹服它的审美魔力。美国现代美学家帕克（D. H. Parker，1885—1949）在谈到冯·托斯克那个著名的雕塑《莎乐美》时曾经说道：“对于一切正常的感情来说，抱着施洗者约翰的头跳舞的莎乐美是一个令人厌恶的对象，然而艺术家朴素可爱的金色和红色使得他的绘画变得多么美啊。”[①] 著名现象学美学家、英国学者盖格尔也指出，一幅绘画或一首乐曲使我们厌恶，虽然我们在内心诅咒它，但“我们自己却依然是它的享受者”[②]。作为一个审美范畴，荒诞给我们的审美感受是奇特的，既有诅咒又有厌恶，那是一个痛苦的经历，但也会让我们的内心受到震颤，从而引起我们深深的思索。

其次，荒诞是丑的极端形式，是滑稽的极度变形，它在审美属性上也蕴涵了崇高的因素。荒诞不仅仅是对事物的否定，正像那些具有荒诞风格的艺术作品不能被看作是艺术的堕落与审美世界的破坏者一样。荒诞作为一个审美范畴，在它荒诞不经的形式中蕴涵了深刻的隐喻，在它反常规、反常理、不合逻辑的悖谬内容中隐藏着令人难以回避的真实，同时在它虚无的精神指向中也包含着深刻的警醒意识。无论是在贝克特的戏剧、萨特的小说里，还是在毕加索的绘画、斯特拉文斯基的音乐中，我们都可以看到这种隐喻所在。德国哲学家本雅明在谈到法国诗人波德莱尔时，就称赞波德莱通过《恶之花》让我们更真切地认识了巴黎；英国著名艺术史家赫伯特·里德在《现代绘画简史》中，论述了未来主义、超现实主义、立体派、达达主义、野兽派等现代主义艺术运动时说，现代主义艺术运动“常被理解为艺术本身的堕落”，他认为，我们也必须承认“现代艺术运

① H. 帕克：《美学原理》，张今译，桂林：广西师范大学出版社 2001 年版，第 88 页。

② 莫里茨·盖格尔：《艺术的意味》，艾彦译，北京：华夏出版社 1999 年版，第 82 页。

动是为消除精神堕落而作出的巨大努力”。[①] 事实上，当我们面对荒诞时也要承认，那些怪异的形式和荒谬的内容，不也正是为了避免精神堕落而做出的痛苦努力吗？正是这种努力，让我们在看似荒谬绝伦的艺术中体会到了它崇高性的一面。这种崇高体验是让我们在震惊中感到沉重的，就像著名的荒诞派戏剧家贝克特在他的作品《啊，美好的日子》里刻画的那个主人公维妮，身子被埋在土里只剩下脑袋，明知去日无多却仍然在每天清晨梳妆打扮后不断地赞美：“啊，多么美好的日子！”正是这种在黑暗中寻找光明的勇气，能够让我们在沉重的审美体验中感受到“荒谬”的美学内涵。荒诞是痛苦地把握世界的形式，它在绝望中呼唤人的本质力量，所以它对美与崇高的渴望仍然是真实的。

【思考题】

1. 为什么说优美是一种和谐的美？
2. 康德的崇高理论有哪些启发意义和局限？你认为应该怎样克服其局限性？
3. 说说社会崇高与自然崇高的性质、特点的同与异。
4. 什么是中和美？中国传统文化中是怎样论述中和美的？中和美与优美、崇高有何区别和联系？
5. 比较亚里士多德、黑格尔和马克思、恩格斯悲剧理论的区别，说明后者对前者的超越。
6. 举例论述悲剧的审美效果及其原因。
7. 论述中西传统悲剧的差异及其文化原因。
8. 喜剧与悲剧的基本区别是什么？
9. 喜剧引发笑的原因是什么？如何理解笑的实质和在喜剧审美中的积极意义？
10. 举例论述喜剧的审美效果及其原因。
11. 阐述悲喜剧的内涵和特点。
12. 如何理解丑的实质？如何理解丑与恶的关系？
13. 论述丑在艺术中的美学意义。
14. 如何理解荒诞的内涵？荒诞与丑的关系如何？
15. 论述荒诞在艺术中的美学意义。

---

① 赫伯特·里德：《现代绘画简史》，刘萍君译，上海：上海人民美术出版社1979年版，第154页。

第五章　美感经验

18世纪以前，美学研究的重心是“美是什么”，即美的本质问题。但是，近代以来，美学研究的重心发生了转移，从“美是什么”转向“人认为什么样的东西美”和“人为什么会觉得某种东西美”。这就把美学研究的重心从客体的审美对象转向了审美主体人的审美心理、审美意识、审美经验特别是美感的研究。美学史上有人把这一转向称为“哥白尼式的革命”。20世纪以来，美学发展空前活跃，学派林立，思潮迭起，而其研究中心仍是朝着这个方向转移，由美的定义向美感经验转移。因此，有的美学家甚至认为，美学研究以美感经验为中心。①

在这一章，我们要讨论的就是近代美学研究转向后的重心——美感经验问题，即审美心理问题，侧重从审美主体方面来把握审美活动的特点，了解审美活动中主体的心理特征、心理形式、结构元素及其功能、美感产生的根源等问题。有关这方面问题的研究，就构成了“心理美学”的基本内容。

第一节　美感经验的含义和心理特征

一、美感经验的含义

“美感经验”这个概念，在国内的美学教科书和论著还常用几种不同的概念来表述，如“审美经验”、“审美感受”、“审美心理”等。

关于美感经验的含义，可以区分为广义与狭义两种。广义的美感经验指审美意识系统，包括审美观念、审美理想、审美感受、审美态度、审美趣味等。广义的美感经验研究侧重的是群体的历时态方面，即从历时性的宏观视角考察人类审美活动的发生、审美能力的形成、审美观念的发展等

---

① 李泽厚：《美学的对象和范围》。引自《美学》，上海：上海文艺出版社，1981年版。

问题。狭义的美感经验指审美感受，即美感，其研究侧重的是个体的共时态方面，即审美主体面对美的事物时产生的心理活动过程和心理状态。本章主要讲狭义的美感经验，但又不完全局限于狭义的美感经验，从狭义上阐述美感经验的心理特征和美感经验的心理构成因素，也从广义上说明美感经验的实质。

作为狭义美感经验的美感，是人类在审美活动中产生的特殊心理现象。

审美活动是源于人类内在的生命需要的一种精神活动，没有审美活动，人就难以成为真正意义上的人。在审美活动中，人摆脱了现实生活中的各种实用功利关系，进入到人和对象世界一种本真、自然、亲密的关系，得到一种自由和解放。美感是人类在审美活动中的一种体验，是人类特有的心理现象。① 那么，什么样的心理现象才是美感呢？下面我们从不同的人对同一事物的不同心理反应说起。

例如面对同一棵古松，甲、乙、丙三人有三种态度。②

> 甲是一位木商，见了古松，心里就琢磨着这松树有何用途，宜于架屋或是制器，盘算着这棵树“值几多钱”，有何实际利益等。
>
> 乙是一位植物学家，见了古松，心里思考的是，它属于哪科哪类的，和其他松树或其他植物有什么异同，为何年轮古老却有如此顽强的生命力，与土壤、气候的关系如何，等等，并在思考中由于获得某种认识而感到满足。
>
> 丙是一位艺术家，见了古松，别的不想，只专心注视它的形象美，凝神观赏它苍翠的颜色和劲拔的枝干，“它的盘曲如龙蛇的线纹以及它的昂然高举、不受屈挠的气概”，由此产生一种情感激动和愉快。

上例中三种心理反应具有不同的性质与特点：甲的心理是一种“实用态度”的功利心理，目的是求“善”，看到的是对象的实用的善，即事

---

① 动物有没有美感？学界一直存在着争论。笔者认为美感只产生于人类，动物没有美感。达尔文曾经指出有些鸟类对美的颜色、形状有快感反应，认为动物也有美感。但笔者认为这种快感反应本质上是动物延续种族生命的一种本能活动。

② 朱光潜在《我们对于一棵古松的三种态度——实用的、科学的、美感的》中对这个例子进行了具体分析，这里做了修改。见《谈美》，合肥：安徽教育出版社2006年版。

物对于人的利害，心理活动偏重意志；乙的心理是一种“科学态度”的认识心理，目的是求“真”，是要“探求真理”，看到的是对象的真（规律），心理活动偏重理性的思考；丙的心理既不是功利心理，也不是认识心理，而是一种审美心理，目的是求“美”，他的意识全被这棵古松的形象“占领住”了，“古松以外的世界他都视而不见、听而不闻”，只把古松“当作一幅画去玩味”，看到的是对象的美，心理活动偏重情感体验，其心理反应过程和心理状态，就是美感。

由第三种态度和心理的特点，我们可以明白所谓美感，就动态而言，是指人的审美活动过程，即以一种超然、专注的心态对对象的形式直观和情感体验的过程；就静态而言，是指由美的事物引起的人的愉悦心理状态。综合起来说，美感就是审美主体对事物的美凝神观照的心理过程及由此产生的一种情感激动和愉悦的心理状态。

在日常生活中，美感是经常发生的。当你徜徉在漓江之上，或伫立于西湖之畔；当你漫步于苏州园林，或聆听一首小提琴曲、吟咏一首诗词时，心头不禁飘荡起一种难以言状的沉醉和神往之情——有时平静悠然，有时心旷神怡，有时心海翻腾，有时喜，有时悲，而后满足……不管哪种状态，总之，你被对象的美激动了，感到精神的满足、欢喜、愉快——这就是美感。

人之所以异于动物，就在于除了饮食男女之外还有更高尚的追求，对美的追求就是其中之一；有没有美感的经验，也是人与动物的本质区别之一。如果说，美是生活中最有价值的东西之一，那么，美感的经验也是人最有价值的心理品质之一。

二、美感经验的心理特征

美感经验作为人类一种特殊的心理现象，具有以下特点：

1．愉悦性

美感生成时，表现为一种愉快心态，即感到满足、欢喜、快乐，甚至是极度强烈的幸福感，有时是欣喜若狂、如醉如痴。尽管其过程可能不同，有的直接愉快，有的先压抑后愉快，有的先悲后喜，有的先痛苦后愉快，但不管如何，最终都导向愉快。白居易听琴、林黛玉听《牡丹亭》唱词、托尔斯泰听《D 大调弦乐四重奏》、巴金读《复活》等，其过程虽充满悲哀，但最终都因满足而愉快。所以，美感是一种对对象的肯定性心理反应，美感的主要特征是一种赏心悦目的快感。

美感作为一种审美愉快，是一种高级的愉快，是心灵的愉快、精神的愉快，是高级情感的激动愉快。但并非任何愉快都是美感，现实生活中，人们有各种各样的愉快：饿了吃饭，热了喝冷饮，冷了穿棉袄，吃一口北京烤鸭，都令人愉快，但这不是美感，而是生理快感。美感也是一种快感，但与生理快感有着根本性的区别，主要是：

第一，生理快感是由物质对象的功利属性所刺激引起的生理感官的愉快感受，是官能性的，是与生俱来的；美感是由审美对象的审美属性引发的心灵的愉快感受，是在感知、联想、想象、情感、理解等多种心理因素综合反应中形成的，是精神性的，后天形成的。

第二，生理快感是在对象被占有、被消耗的过程中产生的，如对苹果的快感只能在吃掉它的过程中产生。美感生成过程中，对象没有被占有和消耗，即主体对对象不采取实践行为，只在对对象凝神观照的精神活动中生成。你欣赏它而产生美感之后别人还可以再欣赏，如果占有和消耗了它，别人就失去它而不能对它产生快感。

第三，生理快感的过程，主体是愉快在前、判断在后。如吃苹果，先吃了感到愉快之后才能判断该苹果是好苹果。美感的过程，主体是判断在先、愉快在后，即先判断对象美，然后才能产生愉快。

第四，生理快感的存在是短暂的，如对一个苹果的生理快感是随着苹果被消耗被消灭而结束的（吃完后的回味是另一回事，它已是一种回忆，而回忆已转为美感）。美感却是持续的，如孔子听《韶》乐“三月不知肉味”，有的美感甚而伴随终身。

第五，美感的产生主要通过视听觉感官的感受而获得。柏拉图首先指出美感是由视听得来的快感，后来亚里士多德、狄德罗、康德、黑格尔和马克思等都认为美感来自视听觉。有人认为所有感官都是审美感官，这是我们所不赞成的。因为其他感官容易引起功利性实践行为，由嗅、味、触觉与对象的直接接触而获得的愉快不是美感而是生理快感。

美感与快感有根本性质的区别，但两者也有联系：

第一，美感以快感为基础。一个简单的事实，刺目的色彩，刺耳的噪声，极度混乱的场景，都使人感到不快甚至痛苦，难以形成美感。许多美感究其本源，都有快感做其基础，或说潜伏着快感，如：“日啖荔枝三百颗，不辞长作岭南人”（苏轼《食荔枝二首·其二》）、“烹羊宰牛且为乐，会须一饮三百杯”（李白《将进酒》）都是美感，因为诗人不是在实际地吃荔枝和饮酒，而是在回忆吃荔枝和饮酒，是精神体验，所以是美感，但其中都有味觉、嗅觉、触觉的生理快感为基础。实际上，美感就是在生理快感的基础上发展起来的，美感是一种特殊的快感。

第二，生理快感伴随着美感发生时，可以强化美感。如莎士比亚诗曰："玫瑰花是美的/不过我还认为/使它更美的是它包含的香味。"罗丹说，他观赏古希腊人体雕像时，用手摸摸，感到雕像体内血液的流动而更感愉快。

概之，美感是一种与快感有着质的区别又有割不断的联系的精神愉快心理。

2. 非功利性

这里的非功利性不是指美感对人的身心不具某种作用，而是指产生美感的过程中主体（个体）无实际功利追求和欲望的心理状态。在审美活动中，主体对对象采取的态度是一种凝神静观的态度，即无沾无碍、无所为、无欲望、无私心杂念的态度，这就是我们所说的非功利性。

事实证明，当人们带着某种欲望即功利态度去看世界时，他们就既看不到美、不能判断美，也不能产生美感。例如，观赏一幅有一串串鲜艳欲滴的葡萄画就想到要吃葡萄，观看一川瀑布就想到用它来发电，看到一位美女就想占有，那么，美感就会丧失殆尽，因为欲望压制了主体的审美心理，使主体对美视而不见，美感就不会发生。马克思说珠宝商人看不到珠宝的美，正是这个意思。一个守财奴把一枚金币看得比太阳还美，一个用烂了的钱袋也看得比结满葡萄的果树还可爱，也是因为他用欲望的眼光看世界的结果。

下面看看两个具体例子。

《战国策·邹忌讽齐王纳谏》讲述了一个发生于战国时期的齐国谋士邹忌劝说君主纳谏、广开言路的故事。

> 邹忌修八尺有余，而形貌昳丽。朝服衣冠，窥镜，谓其妻曰："我孰与城北徐公美?"其妻曰："君美甚，徐公何能及君也?"城北徐公，齐国之美丽者也。忌不自信，而复问其妾曰："吾孰与徐公美?"妾曰："徐公何能及君也?"旦日，客从外来，与坐谈，问之客曰："吾与徐公孰美?"客曰："徐公不若君之美也。"明日徐公来，孰视之，自以为不如；窥镜而自视，又弗如远甚。暮寝而思之，曰："吾妻之美我者，私我也；妾之美我者，畏我也；客之美我者，欲有求于我也。"
>
> 于是入朝见威王，曰："臣诚知不如徐公美。臣之妻私臣，臣之妾畏臣，臣之客欲有求于臣，皆以美于徐公。今齐地方千里，百二十城，宫妇左右莫不私王，朝廷之臣莫不畏王，四境之内莫不有求于王：由此观之，王之蔽甚矣。"

在这个故事中，邹忌的妻妾、客人都出于私爱或私心而不能客观地判断美或违心地评价美，他们都带着功利心态而没有进入审美心态。

诗歌《陌上桑》中写到美丽女子罗敷出场时周围人们的心理反应。

> 行者见罗敷，下担捋髭须。少年见罗敷，脱帽著帩头。耕者忘其犁，锄者忘其锄。……
>
> 使君从南来，五马立踟蹰。使君遣吏往，问是谁家姝。“秦氏有好女，自名为罗敷。”“罗敷年几何?”“二十尚不足，十五颇有余。”“使君谢罗敷，宁可共载不?”

诗歌中多数人是以审美态度欣赏罗敷的美的。太守最初也是被罗敷的美所吸引，但很快地，功利心理的闯入中断了太守的审美心态，美感就终结了。

从中国古代的这两个故事中可以看出，私心、欲望纠缠一个人的心灵时，就破坏他对美的欣赏。正如美国现代美学家桑塔耶纳（George Santayana，1863—1952）所说：“一旦失掉审美的真诚而代之以势利的野心，坏趣味也就出现了。”①

审美心理与上述心理全然不同，它是以一种无私的、不旁及实用功利和欲望的心态去看待世界的，除了把对象当作一幅美的图画来欣赏外，一切私心杂念都被排除掉。这可以说也是一种超越——对于世俗的超越。

关于美感的这一特征，在西方自古希腊起，人们就不断强调过。如毕达哥拉斯提出“旁观者”命题，他说：“生活就像一场体育竞赛，有些人充当角力士，还有些人成为调停者，而最好的位置却是旁观者。”② 这里的旁观者就是欣赏者，其位置是与实际利害关系保持距离的，也即没有功利心理，可以尽情欣赏对象。

康德在谈审美的特征时指出，美感经验具有无目的性，是一种无概念、无利害关系的愉快。黑格尔在谈到古希腊人之所以能欣赏人体美的问题时说他们“对涉及欲念的纯然感性事物漠不关心”③，后来叔本华的“静观说”提出的“与意欲一刀切断”，20 世纪初心理学家布洛（E. Bullough，1880—1934）提出的“距离说”等，都是强调审美过程即美感过程的非功

① 乔治·桑塔耶纳：《美感》，缪灵珠译，北京：中国社会科学出版社 1982 年版，第 53 页。

② 滕守尧：《审美心理描述》，北京：中国社会科学出版社 1985 年版，第 7 页。

③ 黑格尔：《美学》第三卷上册，朱光潜译，北京：商务印书馆 1996 年版，第 158 页。

利性。这种思想在现代西方美学理论中几乎成为一种理论轴心。

中国古代也存在着这种美学思想，如庄子的“虚静说”，强调体道的心理条件是“用志不纷，乃凝于神”、“无欲”、“无为”、“吾以无为诚乐矣”（《至乐》）。“虚静说”不是针对审美心理而言，它讲的是道虽然无处不在，但道无形无名，看不到摸不着，要“知道”，只能去体会、领悟，而要体会、领悟到道，心灵必须达到虚静状态。虚静状态的根本特征就是无功利，这正是一种审美心态。后来刘勰在《文心雕龙·神思》中对艺术创作提出了“虚静”的心态问题，提出了“陶钧文思，贵在虚静。疏瀹五脏，澡雪精神”的主张，这就从审美意义上切中了美感心理的非功利性特征。

总之，美感具有非功利性特征。唯此，美感才成为人类一种具有高贵品质的心理状态，美感之所以能使人免俗，也是这个道理。也正因为美感是无关功利的，所以它才具有充分的自由。人一旦被欲望纠缠就不自由，超越、摆脱了欲望也就获得真正的自由；人在有所为而为的活动中，往往成为环境需要的奴隶，而在无所为的审美活动中，人才真正成为自己心灵的主宰。因此，可以说美感具有超越性、自由性特征。

但是，从深层看，美感又潜伏着功利内容。也就是说，在这种无功利的形式中，隐藏着某种功利内容（李泽厚称为社会功利，并将这种矛盾称为“美感二重性”）。美国现代美学家帕克说：“鞋子看起来很美，而不是穿在脚上的感觉，但却必须是看起来觉得穿着它是舒适的才行。屋子的美不在于住在里边很舒适，但必须看起来使人觉得住在里面是舒适的。”①这就是说，美感的发生是以对对象的功利内容的舒适感觉为基础的，只是在美感过程中那种实际功利的舒适感觉潜伏在无意识中、不为人们觉察罢了。这与前面所说的美感与生理快感的联系正好一致。所以说，美感是一种潜伏着功利内容的非功利心理。

3. 直觉性

在日常生活中，人们对事物的判断一般要经过理性思考、逻辑推理（以概念为中介）才能获得真理知识。特别是在科学研究中，要透过现象把握本质，不经过理性思考和逻辑推理是难以达到的。

但日常生活中也存在着这样的现象：人们在对某种事物或现象做出判断并获得真理知识之前，也没有什么理性思考和逻辑推理，而是在不假思索中就看穿事物的实质。如老农根据天上云彩的形相对天气的变化做出准

① 滕守尧：《审美心理描述》，北京：中国社会科学出版社1985年版，第29页。

确的判断；老中医根据患者的脸色对其病情做出准确的判断；裁缝师傅一眼就看出做衣人形体的数据；小孩一听脚步声就知道是母亲；等等。这种凭着对事物外在形式（形象）的审察直接把握事物本质的思维方式，就是直觉。

直觉具有以下几个特点：

第一，具体形象性。直觉的对象总是具体的形象，如克罗齐所说，“直觉品是这条河、这个湖、这小溪、这阵雨、这杯水”，而“概念是水，不是这水那水的个例，而是一般的水……”[①] 直觉以形象为思维媒介，判断具有不以概念为中介、不经逻辑推理过程的直接性。

第二，判断具有快速性和瞬间性。因为不以概念为中介、不经逻辑推理过程，所以思维是在不假思索中刹那间完成的。

第三，直觉的发生具有无意识性和无期待性。就是说，直觉往往是在无意识、无期待中自然而然地发生、进行的。

如果说，日常生活中人们对事物的判断并非都是直觉的话，那么，在审美活动中，美感的生成却都具有直觉性特征。例如，当你欣赏大自然的美或是欣赏艺术美时，当你对对象发出“真美啊”的赞叹时，你经过逻辑的推理了吗？你是否想过该不该愉快然后才愉快呢？没有。你是凭着形象的直觉，不假思索地发出美的赞叹的，而且往往是在发出赞叹之后还讲不出你为什么要赞叹的道理。诚如陶潜诗所云：“此中有真意，欲辨已忘言。”（《饮酒·其五》）又如罗曼·罗兰的小说《约翰·克利斯朵夫》中对克利斯朵夫听贝多芬音乐的一段描写：他感到“有一些东西闪着光芒，从那里涌现出欢乐的急流”，他感到了一种美，并为之所激动。于是他想：“对了！就是这样，我将来就是要这样做，他完全不理解，所谓这样是什么意思，也不明白自己为什么要这样做，可是他感到他应这样说。”

正因为美感具有直觉性特征，所以我们说美感所遵循的不是理性认识的原则，而是“感觉原则”。为什么美感具有直觉性特征呢？这是因为美总是表现为形式，即具有生动具体的形象，而形象无须通过概念和推理。正如卡西尔指出的：“在科学中，我们力图把各种现象追溯到它们的终极因，追溯到它们的一般规律和原理。在艺术中，我们专注于现象的直接外观，并且最充分地欣赏着这种外观的全部丰富性和多样性。”[②]

---

① 克罗齐：《美学原理》，朱光潜译，北京：外国文学出版社 1983 年版，第 29 页。

② 卡西尔：《人论》，甘阳译，上海：上海译文出版社 1985 年版，第 215 页。

康德在阐述审美活动的特点时深刻地揭示了美感的直觉性特征及其奥秘，他将审美与生理快感、道德愉快做了对比说，快适（快感）是生理官能的感觉愉快；善是道德的赞许，“善是依着理性通过单纯的概念使人满意的”①，这两者都是关心对象的存在，并不涉及对象的形式。而审美活动、美感经验则超脱了利害计较，只关心对象的形式而不关心对象的存在，所以它是无概念的直觉形式。康德的这种解释是中肯的。

但是，我们指出美感的直觉性，并不否认美感过程的理性内容。克罗齐认为“直觉是离开理智而完全独立自主的”，柏格森认为直觉与理性是完全对立的，朱光潜认为直觉“只见形象不见意义”等等，都是片面的。直觉表面上不带任何论证的形式，不通过概念，不经过任何推理就达到结论，而从深层上看，它是积淀着理性经验的。一位老农民能从云天的形象直觉到天气的变化，一位医生能一眼看出他的病人患了什么病，都离不开平时的经验积累，离不开长期理性思考的准备，所谓“冰冻三尺，非一日之寒”。平时大量的理性认识和经验积淀在大脑中，当面对直观对象时看似无理性、无概念，而实际上它已在暗中起作用，只是我们没有觉察罢了。

由此可见，美感是直觉的，但并不是一般的感觉阶段；它是感性的，但又是超感性的。与一般所说的“感性认识”不同，直觉实际上是理性的简化的跳跃，是一种积淀着理性认识的较高水平的整体综合思维，也是一种创造性思维方式。正因为如此，荷兰哲学家斯宾诺莎认为直觉是一种高于推理并能完成推理的理智能力，它可以认识自然界的本质。马克思也肯定了直觉的洞察力，他说：“感觉通过自己的实践直接变成了理论家。”②“感觉变成了理论家”说的是感觉、直觉能达到理性认识的水平；“通过自己的实践”说的是主体通过实践积累经验和理性认识。总之，直觉不是一种低级的反映形式，而是一种高级的反映形式，它可以发现世界的本质（并不是说它的洞察力高于科学认识，也不是说审美直觉在任何情况下都达到这种程度），窥见某种终极真理、生活奥秘。所以，我们说美感是一种积淀着理性经验的直觉思维。

---

① 康德：《判断力批判》上卷，宗白华译，北京：商务印书馆1996年，第43页。

② 马克思：《1844年经济学哲学手稿》，刘丕坤译，北京：人民出版社1979年版，第78页。

4．情感性

情感性是美感的重要特征。美感是多种心理元素的组合构成的，但其中情感是核心，没有情感就没有美感，美感是以情感为特质的人类心理形式。这可以从两方面理解：

首先，从美感过程（动态）看，美感主要是主体对对象的情感体验活动。科学认识过程主要是理性活动，伦理活动主要是意志活动，而美感活动主要是情感体验活动，是以情观物，非以理观物。没有情感就没有审美，就没有美感的产生。例如，面对一轮明月，如果不是用情感去体验它，你看到的不过是一个悬挂于天空中的发亮的圆形天体，月亮只是物理对象。只有当你"以情观物"，用自己的人生情感去体验它、沟通"我"与"它"的关系时，对主体来说，这才构成了美感心态，在物我之间构成了审美关系，月亮才是审美对象，而物我之间也才有某种情感交流。如："举头望明月，低头思故乡"（李白《静夜思》）、"露从今夜白，月是故乡明"（杜甫《月夜忆舍弟》），这是思乡之情的交流；"海上生明月，天涯共此时"（张九龄《望月怀远》）、"落月满屋梁，犹疑照颜色"（杜甫《梦李白·其一》），这是怀友之情的交流；"共看明月应垂泪，一夜乡心五处同"（白居易《望月有感》）、"人有悲欢离合，月有阴晴圆缺"（苏轼《水调歌头》），这是怀念亲人、感叹人生之情的交流……

在美感活动中，人们总是以各自不同的情感经验去观照、体验客观对象的。情感成为审美主体联结审美对象的纽带，没有情感，再美的音乐也只是耳边吹过的风、脚下流过的水。与人的情感毫不相干的事物，人们也不会对它产生美感，一旦对象与人的情感发生某种联系时，人们也就必然对它倾注全部的热情，"登山则情满于山，观海则意溢于海"，使之涂满人的感情色彩。于是，一轮明月，仿佛蕴涵着人的悲欢离合，仿佛成了一颗明净的爱心；一江春水，寄托着人生多少哀愁与怨恨；几竿修竹，有情、有爱也有乐……由于美感过程主客体的情感交流，主体往往出现忘我状态，人的自我意识瞬间消逝，不再感到自己与世界之间有距离与区别，好像自己已和世界融为一体，感到"世界就是我，我就是这个世界"。这正是美感的极致。

其次，从审美结果（静态）看，美感表现为一种情感激动，即因物生情。在审美活动中，主体对对象做出美或丑的判断，这种判断是情感的判断，即对对象是否符合自己的情感需要做出的肯定或否定的判断。当对象符合自己的情感需要时，审美主体就因满足而激动愉快，这种激动愉快就是情感的激动，就是美感。可见美感是一种肯定性的情感反应，是一种洋溢着审美主体情感的心理理象。例如：林黛玉听《牡丹亭》而“如醉如痴”、“心动神摇”；白居易听琴而作诗云“座中泣下谁最多？江州司马青衫湿”；范仲淹登岳阳楼时有“去国怀乡……感极而悲者矣”、“心旷神怡……此乐何极”的感慨；等等，这都是情感的激动。

综上所述，美感是一种以情感为特质的心理形态。美感不仅遵循“感觉原则”，也遵循“情感原则”。美感是一种情感态的心理现象。

由于美感以情感为特质，而根据现代科学的研究，情感处于意识与无意识、理性与非理性之间的地带，具有非理性特点，所以，以情感为特质的美感具有非理性的色彩，这是无可否认的。李白的“白发三千丈”、杜甫的“月是故乡明”都带有非理性色彩；林黛玉的“如醉如痴”也具有非理性色彩。这种非理性色彩在某种意义上也是一种审美的自由境界。

上面强调了美感的情感特征，但是有两点要注意：

第一，并不否认其他心理活动过程的情感活动。如科学研究，没有热情也就没有对于真理的追求。皮亚杰（Piaget，1896—1980）说：“没有一个行为模式（即使是理智的）不会有情感因素作为动机。”[①] 科学家的研究活动和他对事业、对人类幸福、对祖国的强烈感情往往不可分割，但它只能作为科学研究的巨大动力，而不能作为主体认识对象的心理能力，科学研究凭借的主要是理性。科学研究的成功令科学家激动，但这种激动主要是理智上的满足感而非情感上的满足感。总之，科学活动需要感情，但怕的是理智的迷误，审美活动怕的是情感的失落。

第二，美感以情感为特质，但它包含着理性认识，不能把美感与理性对立起来。正如皮亚杰说：“反过来，如果没有构成行为模式的认识结构的知觉或理解参与，那就没有情感状态可言。”[②] 这表明情感是建立在理性基础上的。平时说，没有无缘无故的爱与恨就是这个道理。理性认识愈深，美感愈烈。美感是一种融合着理性的审美情感。

第二节　美感经验的实质

美感经验的实质问题主要是美感产生的根源问题。美感是如何产生的，美感的根源在哪里？这个问题很早就引起了人们的思考，从古希腊到

①② 皮亚杰、英海尔德：《儿童心理学》，吴福元译，北京：商务印书馆 1981 年版，第 118 页。

现代，美学史上的美学家们各有不同的理解，从而形成了各种不同的美感论。下面先介绍美学史上一些重要的美感论，再阐述本书的认识。

一、美学史上对美感经验实质的解释

西方美学史上的美感论非常丰富，大体也可以分为两条路线，下面依这两条路线分别介绍一些有代表性的观点。

（一）唯心论美感论

1. *灵魂回忆说（神启迷狂说）*

这是柏拉图提出的观点，他认为美感是由于神凭附于人身上，使人在迷狂状态中灵魂重新“回忆起上界真正的美”时所产生的。

如前所说，柏拉图认为真正的美只存在于理念世界，人的灵魂本来寓居于理念世界，在那里人才能感受到真正的美，才有真正的美感。但人来到人间之后，由于受到尘世种种欲望、丑恶的污染，对真正的美——理念世界的知识就暂时遗忘了，失去了美感。当人的灵魂得到神的启示，就发生迷狂现象。柏拉图对迷狂状态描述说：“……有这种迷狂的人见到尘世的美，就回忆起上界真正的美，因而恢复羽翼，而且新生羽翼，……像一个鸟儿一样，昂首向高处凝望，把下界一切置之度外，因此被人指为迷狂。”①

在迷狂中，人重新“引起对于上界事物的回忆”，才能见到“美本身”，于是欣喜若狂，这时美感就产生了。一句话，美感不是根源于现实世界，而是来自理念世界。这是最早的美感实质论，其唯心主义和神秘主义宗教色彩显而易见。但值得注意的是：“回忆”说涉及联想现象，可以说是最早接触美感活动中的联想现象，对后人有启发；其次，柏拉图强调了美感的产生必须排除欲望，也对后人有所启发；另外，他指出美感产生时的迷狂状态，也接触到了美感的特征。

2. *内在感官说*

这是17—18世纪英国新柏拉图主义者夏夫兹博里和他的学生哈奇生（F. Hutcheson，1694—1747）提出的观点，认为美感来源于人天性中一种天然存在的专门欣赏美的器官，即视、听、嗅、味、触觉之外的“内在感官”或“内在眼睛”（后人也称为“第六感官”）。夏夫兹博里说：“我

---

① 柏拉图：《文艺对话集》，朱光潜译，北京：人民文学出版社1963年版，第125页。

们一睁开眼睛去看一个形象或一张开耳朵去听声音，我们就马上见出美，认出秀雅与和谐。我们一看到一些行动，觉察到一些感情，我们的内在的眼睛也就马上辨出美好的、形状完善的和可欣赏的。”①

为什么夏夫兹博里提出“内在眼睛”或“内在感官”，即不承认人的五官是审美感官呢？他把人和动物做了比较，认为如果靠五官，那么动物也有五官，动物不能认识美和欣赏美，人自然也不能。因而，人要欣赏美，要产生美感，要借助高尚的东西，这东西是什么？这就是“内在眼睛”或“内在感官”，就是人的心和人的理性。但他又指出，人对事物的美感或感觉力是天生的，这样，他就把美感看作一种天赋能力了。

这种美感论的神秘主义倾向也是明显的，他完全否定五官在审美中的作用也是错误的。他把人的感官等同于动物感官，看不到人在长期社会实践中感官的发展。其次，所谓“内在感官”只是他的虚设，并不为科学所证明。但他的理论对后人也有启发：美感并不停留在外在感觉器官上，它与人的理性有关，这是可取的。他指出“心”的作用，像中国古典美学所强调的“入心”、“会心”、“神遇”等一样，指出美感不只是生理现象，还有心理现象，这也值得肯定。

3. 先天“共通感”说

这是康德在《判断力批判》中提出的观点。他指出审美具有普遍性、共同感，即你感到某物美，旁人也会感到它美，你愉快，旁人也愉快，所谓“人同此心，心同此理”。康德称之为“共同有效性”或“主观的普遍的有效性”。② 按道理，凭借概念判断才有普遍性，审美不经由概念，为什么也有普遍性呢？他认为，人有一种“共通感”，即人人先天存在一种具有普遍性的主观条件——心理机能，也就是想象力和知性力的自由协调（想象力是感觉表象的综合能力，即形象思维能力；知性力是对想象力的因素进一步综合的能力，即合规律的思维能力）。这就是说，审美判断力和审美愉快来自想象力与知性力的自由协调，即来自共通感。共通感是审美普遍性的前提，也是美感产生的前提。

康德对共通感只是一种猜测和假设，而且把它归结为天赋能力，这就走向了唯心主义。但其美感论划清了美感与快感的区别（快感无普遍

---

① 北京大学哲学系美学教研室：《西方美学家论美和美感》，北京：商务印书馆 1980 年版，第 95 页。

② 康德：《判断力批判》上卷，宗白华译，北京：商务印书馆 1965 年版，第 51 页。参见本书第一章。

性），揭示了美感判断与逻辑判断的区别，具有深刻的意义。

4. 距离说

距离说即“审美心理距离”说，由瑞士美学家布洛提出。布洛是直接针对“快乐说”美学而提出这一观点的。快乐说认为美就是快感。布洛认为，并非一切快感皆为美，美感不是“一般的适意”，如实用功利范围的适意。美感是由于主体与对象在保持一定的心理距离时产生的，没有距离的间隔，美感和美就不可能成立。

> “快感说美学”的公理是：美就是快感。
>
> 不幸在快乐说这个公式不是可逆的：并非一切快感皆为美。所以，需要一些限制性的标准以便在“快感范围”之内区别美和单纯的适意……
>
> 距离说却提供一种运用简单而意义深远的区别：适意是一种无距离的快感。美，最广义的审美价值，没有距离的间隔就不可能成立。①

所以布洛认为距离是“‘审美知觉’的主要特征之一”。其学说的主要内容有两点：

第一，从主体说，审美中主体要完全脱离现实的功利目的，即与现实的功利目的保持一定的心理距离，对对象采取纯粹观赏的态度。

第二，从对象说，要和其他事物的联系完全割断，使其成为孤立的、与它物绝缘的观赏形象。

朱光潜把“审美心理距离”说概括为两句话：在我是超脱；在物是绝缘。他举了在海上乘船观雾的例子来说明布洛的心理距离说：

> 乘船的人们在海上遇着大雾，是一件最不畅快的事。呼吸不灵便，路程被耽搁……但是换一个观点来看，海雾却是一种绝美的景致。你暂且不去想到它耽搁了程期，不去想到实际上的不舒服和危险，你姑且聚精会神地去看它这种现象，看这幅烟似的薄纱笼罩着这平谧如镜的海水，许多远山和飞鸟被它盖上一层面网，都现出梦境似的依稀隐约。它把天和海联成一气，你仿佛伸一只手就可以握住天上浮游的仙子。你的四周全是广阔、沉寂、秘奥和雄伟，你见不到人世的鸡犬和烟火，你究竟在人间还是在

---

① 布洛：《心理距离》。引自北京大学哲学系美学教研室：《西方美学家论美和美感》，北京：商务印书馆 1980 年版，第 278 页。

天上也有些犹豫不易决定。这不是一种极愉快的经验吗？[①]

“心理距离”使审美主体和现实实用功利拉开距离，正是由于距离，才使审美和艺术“提高到超出个人利害的狭隘关系范围之外，而且授予艺术以‘基准’的性质”。[②] 总之，距离把艺术和审美提高到实践关系和实用领域之外而与实用的、科学的、社会伦理的价值区别开来。布洛这一学说的精神，和我们前面谈到的审美的非功利性是一致的。前面提到的毕达哥拉斯的“旁观者”说、康德的“无目的”说、叔本华的“静观说”（与意欲一刀两断）和我国古代的“虚静说”及王国维的“入乎其内，出乎其外”等，都含有这一学说的精神。

就审美心态的特点来说，“距离说”是有理论价值的。事实证明，审美不能采取功利态度，任何个人的功利盘算心理都会破坏审美，影响美感的生成。在艺术欣赏中，如不保持一定距离，把艺术当现实，就会破坏正常的艺术欣赏活动，无法真正欣赏艺术的美。如鲁迅所说的：“中国人看小说，不能用鉴赏的态度去欣赏它，却自己钻入书中，硬去充一个其中的角色。所以青年看《红楼梦》，便以宝玉、黛玉自居；而年老人看去，又多占据了贾政管束宝玉的身份，满心是利害的打算，别的什么也看不见了。”[③]

但是，这一学说也有局限：第一，它看不到非功利中潜伏着功利性，把审美看作不食人间烟火的活动，势必否定美感的社会内容。第二，它把心理距离当作美感根源，实际上就把美感的产生归结于心灵的调节作用（条件不等于根源），同样否定了美感的客观基础。

5．移情说

移情说的主要阐发人是德国心理学家立普斯，但实际上并非立普斯最早提出来的。自从英国经验主义美学把美学研究转向心理学研究之后，人们就不断谈到“移情”问题。哈奇生就谈到人们通过联想而使自然事物能象征人的心情；意大利的维柯谈到人能将感觉和情欲赋予本无感觉的事物，使事物有人的感觉和情欲；康德在谈崇高时提出“偷换”的概念等，实际上都涉及了移情问题；洛慈更是明确指出，我们能把自己的感情

① 朱光潜：《文艺心理学》，合肥：安徽教育出版社 2005 年版，第 21 页。

② 布洛：《心理距离》。引自北京大学哲学系美学教研室：《西方美学家论美和美感》，北京：商务印书馆 1980 年版，第 277 页。

③ 鲁迅：《中国小说的历史变迁》。引自《鲁迅全集》第 9 卷，北京：人民文学出版社 1981 年版，第 338 页。

“外射”到无生命的事物里面去，使它们具有意义，使本是一堆死物的东西变成一种活的物体。他们已说得很清楚，只是没有用“移情”的术语罢了。首先使用“移情作用”这一术语的是德国美学家劳伯特·费肖尔(Robert Vischer，1847—1933)。在此之前，他的父亲弗列德里希·费肖尔（Friedrich Theodor Vischer，1807—1887）已谈到“审美的象征作用”，即由于我们自己或艺术家把我们外射到或感入到自然事物中去，使物具有象征意义。

后来，劳伯特·费肖尔把“审美的象征作用”改为“移情作用”（意即“把情感渗进里面去”），并对这种作用做了描述：“我们把自己完全沉没到事物里去，并且也把事物沉入到自我里去，我们同高榆一起昂然挺立，同大风一起狂吼，和波浪一起拍打岸石。”[①] 费肖尔父子基本奠定了移情说的基础，到了立普斯，则将这一理论加以系统化，并将它看作美感的普遍根源。立普斯用希腊神庙建筑中的石柱来说明移情作用，他说：“这些高大的石柱用来支撑神庙建筑，石柱本是坚固沉重的没有生命的石头，而且要承受整座建筑的重压，我们欣赏这些石柱时却感到石柱耸立升腾，好像有一种力量向上撑。”“这个道芮式石柱凝成整体和耸立上腾的充满力量的姿态对于我是可喜的，正如我所回想起的自己或旁人在类似情况下对于我是可喜的一样。我对这个道芮式石柱的这种镇定自持或发挥一种内在生气的模样起同情，因为我在这模样里再认识到自己的一种符合自然地使我愉快的仪表。所以一切来自空间形式的喜悦——我们还可以补充说，一切审美的喜悦——都是一种令人愉快的同情感。”[②]

立普斯最初将这种现象称为“同情感”，认为：“一切审美的喜悦——都是一种令人愉快的同情感。”这就是移情作用。

朱光潜做了解释说：我们觉得石柱耸立升腾是在奋力抵抗。这本来是我们的主观感受，但我们却把自己的奋力抵抗、不甘屈服的主观感受、经验和情感移置到石柱身上去了。“我们也硬着颈项挨过艰难困苦，亲领身受过出力抵抗时的一种特殊的身心的紧张。这种经验已凝结为记忆，变为‘自我’的一部分……石柱的姿态引起我出力抵抗的记忆，在聚精会神中，我们忘记物我的分别，于是出力抵抗、耸立上腾虽本是我心中的意

① 朱光潜：《西方美学史》下卷，北京：人民出版社1998年版，第604页。

② 立普斯：《论移情作用》，引自中国社会科学院文学研究所：《古典文艺理论译丛》第八期，北京：人民文学出版社1961年版，第41页。

象，就移到石柱身上去了。”[①] 由此，朱光潜用一句话概括说，“移情作用”就是“物我同一的现象”[②]。

移情说的主要内容包括下面几个要点：

第一，移情是指审美主体把自己的生命、主观情感移注或灌输到欣赏对象上去，使本无生命的东西有了生气，本无意识的东西有了人的意识，有了人的情感、思想、感觉、意志。一句话，把非人的事物人情化、人格化。

第二，在移情中，人的“自我”得到自由伸张的机会。通常，“自我”被禁锢在自己的躯体里，不能自由伸张；而移情却打破了这种局限，“自我”进入“非自我”的外在对象中去活动，由于外在对象繁复无穷，自我伸张的机会就无限。这样，人的“自我”由有限到无限，由禁锢到自我解脱，获得充分自由，就产生了美感。

第三，“自我”进入“非自我”中活动，“非自我”的东西变成“自我”的形象，达到“自我”和“非自我”的统一，物我同一，此刻产生的愉快就是美感。立普斯由此认为，审美的欣赏并非对于一个对象的欣赏，而是对于一个“自我”的欣赏。

怎样评价“移情说”呢？应承认，移情现象在审美活动和创作中是大量存在着的，如中国古代许多诗词的描写，就反映了这种现象：“天下伤心处，劳劳送客亭。春风知别苦，不遣柳条青”（李白《劳劳亭》），“细草含愁碧，芊绵南浦滨。萋萋如恨别，苒苒共伤春”（殷文圭《春草碧色》），“江春不肯留行客，草色青青送马蹄”（刘长卿《送李判官之润州行营》），“我见青山多妩媚，料青山见我应如是。情与貌，略相似”（辛弃疾《贺新郎》），“春风取花去，酬我以清阴”（王安石《半山春晚即事》），等等，都是移情，都是诗人在对自然的审美活动中把自己的情感移入对象中去而使对象具有人的情感。在艺术创作中，移情的积极意义在于，它使死寂的事物变得有情感有生气，达到物我同一、情景相融的境界，艺术形象更加生动活泼，从而激起人们更加强烈的美感。我国传统的“比兴”手法实际上就是利用这种移情作用创造艺术形象的一种手法。

但移情说的缺陷是明显的。首先，它将移情看作审美的普遍现象，犯了以部分代替全部的绝对化错误。实际上，审美中也并非都有移情现象，也不是只有移情才能产生美感，如对一朵花产生美感不一定要移情。正如

① 朱光潜：《美学文集》第一卷，上海：上海文艺出版社 1982 年版，第 48 页。

② 朱光潜：《美学文集》第一卷，上海：上海文艺出版社 1982 年版，第 37 页。

英国美学家李斯托威尔指出的:“移情说企图把丰富多彩的美感经验归结到一个单一的方面。不管这方面意义多么重要、多么深刻,都不可避免地只能代表整体中一个微弱方面。”① 德国学者沃林格也认为移情说无法解释对抽象艺术的欣赏。其次,更根本的是,移情说把美感发生的根源归结为移情,就是归结为主观作用,这就否定了美感的客观基础。

6. 格式塔“异质同构”说

格式塔(意思是“完形”)是一个心理学派。1890 年奥地利哲学家艾伦费尔斯(Christian von Ehrenfels,1859—1932)首先提出这个术语,作为一个学派诞生于20 世纪初(1912 年),于30 年代被介绍到中国。这一心理学研究成果后来被用来解释美感产生的原因,美国美学家鲁道夫·阿恩海姆(Rudolf Arnheim,1904—2007)是主要阐发人,其代表作是《艺术与视知觉》。

格式塔心理学有一个观点,认为物理现象和人的生理心理现象有着同样格式塔的性质,就是说,事物的运动和形体结构和人的情感结构之间,存在着相似之处,都是“力”的作用模式(力学的场)。阿恩海姆以此解释美感,认为当外部事物的力的作用模式和人的内在感情的力的作用模式一致即“同形”(“异质同构”)时,美感就产生了,这根本不是什么移情的结果。例如,人们觉得微风中的柳条显得悲哀,并不是人们把悲哀的感情移进柳条中而感到它悲哀,或因人们想象它悲哀而悲哀,而是在于它摇动不定和缓慢地飘拂的形体本身就和人悲哀时的力的作用模式相似。阿恩海姆曾找了几十名舞蹈演员表演悲哀时的动作,发现这一共同特点,从而下了上述结论。阿恩海姆由事物形体结构和运动本身就包含着情感的表现这一点出发,断定艺术即表现。例如线条本身就是各种不同的表现,有升降、强调、斗争、安静、骚动、和平、冲突、刚强、柔弱、混乱等。艺术就是利用这一点,利用材料造成某种结构定型,来唤起观赏者生理、心理上类似的反应。

怎样评价这一学说呢?从表面现象看,它说出了某些事实,即特定事物与人的特定感情的对应关系。如竹的形体与人格的正直,苍松的特点和人的不屈等,常常被人们联系起来。以此来说明美感的某些复杂性是有一定意义的。

但是,从根本上说,它是一种先验论,是先天合目的性论的变形,有

---

① 李斯托威尔:《近代美学史评述》,蒋孔阳译,上海:上海译文出版社 1980 年版,第 145 页。

浓厚的神秘主义色彩。我们说对应关系是存在的，但这种对应关系并非先天的，也并非绝对的，如“昔我往矣，杨柳依依”和“春风杨柳万千条”中的杨柳，情感对应关系就不同。

7. 性欲升华说

这一观点的代表人物是心理分析学派的奠基人弗洛伊德（Sigmund Freud，1856—1939）。他是在分析艺术的实质时提出这一观点的。弗洛伊德认为，艺术是那些在现实中不能满足的欲望的无意识转换。欣赏者之所以能从中得到愉快、产生美感，是因为艺术的刺激使人从中见到个人的情感和欲望，获得替代性的满足。美感是性欲激荡的结果，如《哈姆雷特》中的哈姆雷特唤起欣赏者潜意识中的情欲。所以，他说艺术是“第二情人”，而美感就是这一“情人”唤起人的欲望而产生的。归根结底，美感是性力所决定的，是性欲的升华。

这派学说的贡献在于，它揭示了审美中情欲因素的特征和复杂性，使人们对美感的理解不局限于有意识的心灵领域，而注意到无意识世界对美感活动的微妙作用。但是，正如马克思指出的：“人和绵羊不同的地方只是在于：意识代替他的本能，或者说他的本能是被意识到的本能。”① 而弗洛伊德却从生物本能的角度来看美感，否定了美感的社会内容，这是他的学说的致命伤。

8. 集体无意识原型说

这一学派的代表人物是瑞士心理学家荣格（Carl Gustav Jung，1875—1961）。荣格是继弗洛伊德之后最有影响的心理分析学派美学家，分析心理学创始人。他不赞同弗洛伊德的“泛性论”，在《论分析心理学与诗的关系》一文中提出了“集体无意识”的命题。“集体无意识”指由遗传保留的无数同类型经验在心理最深层积淀的人类普遍性精神。荣格认为人的无意识有个体的和非个体（或超个体）的两个层面，前者只到达婴儿最早记忆的程度，是由冲动、愿望、模糊的知觉以及经验组成的无意识；后者则包括婴儿实际开始以前的全部时间，即包括祖先生命的残留，它的内容能在一切人的心中找到，带有普遍性，故称“集体无意识”。

在美感产生的问题上，他提出了“无意识集体原型”论，认为人的大脑在历史进程中不断进化、不断积累的社会经验在大脑中留下了生理痕迹，形成各种无意识原型并一代代传下来，这就是“无意识集体原型”。当人们这种“无意识集体原型”被唤醒时，美感就产生了。人们之所以

---

① 《马克思恩格斯全集》第3卷，北京：人民出版社1979年版，第35页。

都有美感，就因为人人都有这种原型。荣格认为“集体无意识”中积淀着的原始意象是艺术创作源泉。一个象征性的作品，其根源只能在“集体无意识”领域中找到，它使人们看到或听到人类原始意识的原始意象或遥远回声，并形成顿悟，从而产生美感。

（二）旧唯物论美感论

1. 求知说

求知说的代表人物是亚里士多德。他认为，美感是求知的满足。他说：“我们看见那些图画所以感到快感，就因为我们一面在看，一面在求知，断定某一事物是某一事物，比方说，‘这就是那个事物’。”①

亚里士多德显然把美感等同于理性认识，把美感看成一种清晰的认知活动。实际上，人们往往在没有看清对象是什么时也能产生美感。或者说，人们对某一事物产生美感之前，是无须弄清对象是何物和对象的有关属性的。美感是求美，理性认识是求真。

2. “社会生活的情欲”与“保卫生命的自卫需要”说

这是柏克的美感论。他把人类情欲分为两类：

一是涉及社会生活要求绵延生命的生殖欲和一般社交愿望。“社会生活”指的是本能、生理方面。人为什么要社交？那是为了避免孤独寂寞或为了绵延生命，当人获得这种需要的满足时，美感就产生了。例如，绵延生命的愿望，指异性的互相接近，当这种愿望实现时，美感就产生了。

二是涉及“自体保存”，即要求保卫、维持个体生命的本能。他解释说，人在生命受威胁时自卫本能的情欲就活跃起来，表现出恐惧，这是符合生命安全需要的。当人一方面仿佛面临危险，而另一方面实际上危险又得到缓和，这就产生快感（崇高感）。他说：“如果危险或苦痛太紧迫，它们就不能产生任何愉快，而只是可恐怖。但是如果处在某种距离以外，或是受到某种缓和，危险和苦痛也可以变成愉快的。”②

总之，美感是客观事物打动了人的情欲而引起的。

柏克对自然崇高的美感解释是有一定道理的，但他未能说明“危险和苦痛”何以能得到缓和。在解释人类情欲与美感的关系时，柏克的观

---

① 北京大学哲学系美学教研室：《西方美学家论美和美感》，北京：商务印书馆 1980 年版，第 41 ~ 42 页。

② 柏克：《论崇高与美》。引自朱光潜：《西方美学史》上册，北京：人民文学出版社 1979 年版，第 237 页。

点则显然停留在生物学的水平上，是不科学的。

3. 自我认识说

提出这种观点的主要有费尔巴哈、车尔尼雪夫斯基。他们肯定了美感是通过感觉器官对客观事物的认识，而这种认识恰恰是对人自身的认识，即从对象看到人自身，看到人的形象、人的情感和生活，于是产生美感。费尔巴哈说："人是在对象上面意识到他自己的：对象的意识就是人的自我意识。你是从对象认识人的；人的本质是在对象上面向你显现出来的；对象是人的显现出来的本质，是人的真正、客观的'我'。不仅精神的对象是这样，连感觉的对象也是这样的。那些离开人最远的对象，因为是人的对象，并且就它们是人的对象而言，乃是人的本质的显示。月亮、太阳、星星都向人呼喊：认识你自己。"①

费尔巴哈这一观点非常重要，他初步揭示了人的本质与美的关系，并揭示了美感的产生与人从对象看到自己的本质的关系，这一点无疑影响了马克思。不过，他对人的本质并没有从实践上加以理解，这是他的局限性。车尔尼雪夫斯基则认为人从对象中感受、联想、想象到人的生活而产生美感。关于这一点，本书第一章已阐述，此处不再重复。总之，他们都肯定了美和美感与人对自我的认识的关系，这是深刻的。

4. 生物本性说

这是英国生物学家达尔文（Darwin，1809—1882）的美感论。他认为人的美感和动物一样，是一种生物本性。他说："美感——这种感觉也曾被宣传为人类专有的特点，但是，如果我们记得某些鸟类的雄鸟在雌鸟面前有意地展示自己的羽毛，炫耀鲜艳的色彩，而其他没有美丽羽毛的鸟类就不这样卖弄风情，那末当然，我们就不会怀疑雌鸟是欣赏雄鸟的美羽了。"②

达尔文的意思是，动物也有美感，人的美感是由生物本性使然，与动物无异。这种观点明显抹杀了美感的社会性。

二、美感经验实质的初步认识

上述介绍了西方美学史上关于美感实质的种种观点和学派，这些学说

① 北京大学哲学系美学教研室：《西方美学家论美和美感》，北京：商务印书馆 1980 年版，第 210 页。

② 达尔文：《人类原始及类择》，马君武译，北京：商务印书馆 1957 年版，第一部第一分册，第 146 页。

大多侧重从人的主观因素或某种神秘精神方面解释美感产生的根源和条件，这种倾向在西方一直占主导地位。这些学说各有自己的贡献，尤其是在心理学的层面上推进了美感问题的研究，但又都不可避免地存在着种种缺陷，特别是轻视甚至否定了美感产生的客观基础。旧唯物主义对美感产生根源的解释虽然是唯物的，但往往又是机械、教条的，或模糊了美感与科学认识心理的区别，或在生物学的水平上解释人的美感等。

美感的产生是个复杂的问题，研究美感的产生有两种形式：历史的与逻辑的，两种形式应该统一。人类的美感是社会历史实践的产物，用马克思主义的实践观点考察美感的产生才能更好地揭示美感的实质。据此，我们认为应该从下面三个方面来理解。

（一）美感产生于人类审美心理形成的历史时刻

人类美感的产生，是一个漫长的历史过程。人类还处于动物阶段时，没有美感产生；人类脱离了动物界之后，也并非一开始就有美感产生。美感是人类生理、心理及其结构发展到一定历史阶段之后才可能出现。

1. 人类美感的产生有赖于审美心理的形成

人类美感的产生，主体必须具备一个最基本的条件，就是必须形成一定的审美心理。换句话说，人类美感的产生有赖于审美心理的形成。审美心理的形成必须具备多方面的条件，其中有三个方面是必不可少的：其一，必须实现从动物感官向人的感官、审美感官的转变；其二，必须实现从单纯物质需要向精神需要、审美需要的转变；其三，必须实现从动物情欲向人的情感、审美情感的转变。

当人类的感觉器官处于动物性水平时，它对客观事物只有感受到其是否存在、是否有用于自身，而没有感受到对象的美与不美，因而也就无所谓美感；只有对外部事物的生理性反应——本能反应，而没有别的感受，它反应的愉快也只是生理快感而不是美感。食物只引起味觉、胃口的生理愉快，性的关系只达到生理的满足，无所谓美食与爱情，因而也就无所谓对于食物和情欲的精神愉快。总之，当人类还是用动物性的感官和本能去接触事物时，美始终远离人类，人类也就不能形成审美心理，即没有萌生美感的可能。

从需要来说，人类最初只有维持生存的物质需要，没有精神享受的需要，所以那时的人类只是单纯从实用功利观点来看待世界，客观事物对于人类来说只有有用与无用的区别，而没有美不美的问题，因而也就无所谓美感问题。无论从人类最初对猎狩的动物的态度来看，还是从原始人对女性的崇拜眼光来看，都足以证明初民尚未产生审美需要，也没有形成什么审美态度和审美眼光，因而绝不会有美感产生。

同样，那时人类的情欲，也只是停留在动物的自然阶段上。所谓"情"，就是欲望，无论是对自然的要求、对异性的要求，都属于动物的本能欲望，对自然只知索取它而不知享受它，对男女关系只知道性而没有爱。无论是人与自然的关系还是人与人之间的关系，都属于自然的关系，由此产生的任何情欲都只属于自然的、本能的情欲。真正的人的情欲、人性，即高级的人类情感还没有产生，美感的产生也是不可能的。

只有当人类实现了从动物感官向人的感官、审美感官的转变，实现了从单纯物质需要向精神需要、审美需要的转变，实现了从动物情欲向人的情感、审美情感的转变之后，人类审美心理才形成，美感的产生才有可能。所以我们说，美感产生于人类审美心理形成的历史时刻。

2. 人类美感的产生与美的发现同步

人类最早的美感的产生和美的发现在实质上是一致的。人类发现美的历史时刻，也就是美感诞生的时刻。

我们说过，美感是对美的一种特殊的心理反应，没有美就没有美感。而人类刚刚来到这个世界的时候，自然万物对它来说无所谓美与不美的问题，当然也就无所谓美感的问题。他们猎获了动物，只是吃它，而没有把它或它的有关部分作为美来欣赏。正如普列汉诺夫所指出的，当人类从这些猎获的动物中意识到自己的"力量、勇气或灵巧"的时候，把自己的劳动成果看作自己的"力量、勇气或灵巧的证明和标记"来欣赏并感到愉快的时候，他们也同时认定这些东西是美丽的。这就是说，从起源上看，美和美感的诞生是同步的，而这一时刻都必须以人类审美心理的形成为前提条件。

（二）美感产生于人类对自我本质和价值的直观发现

人们为什么对某种事物产生美感，表面上看似乎纯粹是对象方面的原因，与人自身无关。其实不然。

普列汉诺夫讲得完全正确，只有当人类从对象中发现自己的"力量、勇气或灵巧"的时候，把自己的劳动成果看作自己的"力量、勇气或灵巧的证明和标记"的时候，他们才发现这些东西是美丽的，从而产生一种欣喜、愉快的情感，美感便诞生了。"力量、勇气或灵巧"属于人的本质的因素，从价值论的角度说也是人的"内在价值"。这就是说，美与美感的诞生都和人对自己的本质力量或"内在价值"的发现不可分割地相联系着。当我们说美是人的本质力量或“内在价值”的客观存在形式的时候，我们就可以这样说，美感就是人通过这种客观存在形式发现了人的本质力量或“内在价值”而产生的一种愉快心理。

黑格尔曾举过一个著名的例子。

> 一个小男孩把石头抛在河水里，以惊奇的神色去看水中所现的圆圈，觉得这是一个作品，在这作品中他看出他自己活动的结果。①

这“活动”也就是“创造”，创造力正是人的本质力量或“内在价值”。就是说，小男孩的美感实质上产生于从他的创造成果中发现了自己的本质力量或“内在价值”。

黑格尔这种认识，在他之前已由席勒提出。席勒认为，人在外物中看到自己的智慧和创造这个能反映人的“外观”的就是美，美感因而产生。

马克思在谈到人对劳动产品的愉悦时进一步揭示了美感产生的秘密。他说：“我在我的生产中物化了我的个性和我的个性的特点，因此我既在活动时享受了个人的生命表现，又在对产品的直观中由于认识到我的个性是物质的、可以直观地感知的因而是毫无疑问的权力而受到个人的乐趣。”② 这就是说，美是人的创造活动的显现，是人的本质或“内在价值”的对象化，而美感正是人在对这些对象物的观照中发现了自我的本质或“内在价值”而产生的喜悦。

马克思在谈到相爱者的某种现象时也谈到这一意思，可以作为佐证。他说一个“爱者”在十分冲动时写信给被爱者，其言词的表达往往含混不清，但它表明爱的力量征服了写信者。当被爱者看了这词不达意、语无伦次的信时，感到一种莫大的享受，认为是对自己的信任。这里说的“莫大的享受”就是一种美感，而这种美感产生于“认为是对自己的信任”，即从对象中（信）发现了自己被对方肯定了的自我本质或“内在价值”。

总之，美感从本质上说就是人从对象中发现了自身，发现了自我的本质或“内在价值”所产生的精神愉快，是对自我本质或“内在价值”的愉快肯定。

---

① 黑格尔：《美学》第一卷，朱光潜译，北京：商务印书馆1979年版，第39页。

② 《马克思恩格斯全集》第42卷，北京：人民出版社1979年版，第37页。译文有不同。

（三）美感根源于人类的社会实践活动

1. 实践是推动人类美感诞生的根本动力

实践是造就有丰富感受力的人、推动人类美感诞生的根本动力和原因。

人类审美心理的形成和从对象直观自身的能力，经历了一个漫长岁月，虽然无法确定具体形成的时间，但可以肯定，推动其形成和发展的根本力量，不是别的，正是人类伟大的实践活动。

有些美学家或者把美感看作神启的结果，或看作某些先天能力，都是错误的。还有些美学家虽然看到美感是人对客观事物的感受，甚至也看到美感是人类从对象直观自身的能力，但他们始终没有揭示形成这种能力的根本原因在于社会实践。黑格尔虽然指出了美感产生于人“看出他自己活动的结果”，接触到实践（活动）问题，但又把实践解释为“心灵”的活动，即抽象的精神活动，从而让真理从他身边溜过。费尔巴哈看到人的因素，看到了人的感性直观的能力，但没把感性看作是实践的、人类感性的活动。

马克思、恩格斯则认为，人之所以能摆脱动物界，归根到底是人的实践的结果。马克思指出：“正是通过对对象世界的改造，人才实际上确证自己是类的存在物。”① 正是通过这种生产，一方面，自然界才表现为它的创造物和它的现实性；另一方面，人通过这种生产同时改造了自身，使人逐步发展起能够“在他所创造的世界中直观自己”的能力。人通过实践，不仅创造了社会，也创造了“具有人的本质的全部丰富性的人，创造着具有深刻的感受力的丰富的、全面的人”。马克思还指出：“五官感觉的形成是以往全部世界史的产物。”② 而这个以往世界史中的根本动力就是人类的实践活动，首先是生产劳动。恩格斯指出：“首先是劳动，然后是语言和劳动一起，成了两个最主要的推动力，在它的影响下，猿的脑髓就逐渐变成人的脑髓……在脑髓进一步发展的同时，它的最密切的工具，即感觉器官，也进一步发展起来了……”③ 同时，人的需要、思想、

---

① 马克思：《1844 年经济学哲学手稿》，刘丕坤译，北京：人民出版社 1979 年版，第 51 页。

② 马克思：《1844 年经济学哲学手稿》，刘丕坤译，北京：人民出版社 1979 年版，第 79 页。

③ 《马克思恩格斯选集》第 3 卷，北京：人民出版社 1972 年版，第 512 页。

情感、想象力等也随之发展起来，人的需要不再是动物性的实用需要；饮食不再只是为了填饱肚子，而是被当作“人生一乐”；性不再只是生理需要，而是精神需要；人从单纯的功利世界中摆脱出来，有了高尚的追求，也有了对事物的审美态度。人的感官不再是动物的感官，而成了真正人的感官，眼睛成了人的眼睛，耳朵成了人的耳朵，成为能感受形式美的眼睛，能感受音乐美的耳朵，成为能从对象直观自身的高级感官。于是美感诞生的主体条件成熟了，美感的产生才成为可能。

不可否定，人从动物界中来，必然仍保有动物的某些特征，人的情欲、感觉仍与动物有相通之处，如对事物的感知，如某些生理需要，都仍具有自然的性质。甚至，就自然性质而言，某些动物的感觉能力超过人。如警犬能辨别200万种气味，苍蝇能闻到50千米外的气味，蜜蜂对花香的嗅觉比人灵敏几千倍，老鹰能在高空中辨别出地面上许多细小的动物，等等。这些，人显得相形见绌。然而，动物的感觉器官和心理反应始终局限于生物本能，完全是被动地、片面地感知事物某种符合它的生存的自然属性，此外什么也没有。正如马克思所说的：“鹰比人看得远得多，但是人的眼睛识别东西却远胜于鹰。狗比人具有更敏锐得多的嗅觉，但是它不能辨别在人看来是各种东西的特定标志的气味的百分之一。”① 总之，人的感官能感知事物的多方面属性，而且能想象到更多的东西，能通过感觉直接把握到事物的内在意义和本质，还能直接从对象中看到自身的本质和内在价值，看到社会生活的内容，从而引起高级的精神愉快。这一切却是动物望尘莫及的。

人类感官这种高级功能，正是长期社会实践特别是生产劳动的历史成果，是社会实践使人的内在自然人化的结果，就是说，社会实践使人逐步发展起能够“在他所创造的世界中直观自己”的能力。正是从这一根本意义上，我们认为美感根源于社会实践，美感和美一样，实质上都是社会实践的产物。

综上所述，当我们回答什么是美感时就可以这样说：美感是在社会实践的基础上形成的，在审美需要的驱动下，通过审美感官的直观和情感体验，从客观事物的美中发现自我本质和内在价值而表现出来的一种愉悦状态的人类高级心理现象。

2. 美感随实践的发展而发展

美感既然是实践的产物，那么，它就既表现为个人的，又必然是社会

① 《马克思恩格斯选集》第3卷，北京：人民出版社1972年版，第512页。

的，即具有社会性，是个体性与社会性的统一。因而，美感必然和人的各种社会意识相联系着，例如和人的社会理想、人生理想、时代风尚、文化背景等紧密联系着，或互相交织在一起。从而，各时代、各民族以至各阶级、各阶层的人们的美感活动也必然是非常复杂的、丰富多彩的，又是千差万别的。

随着实践的发展，美感和美一样也必然不断丰富发展，因为实践的发展必定不断丰富人的审美经验，不断提升人的审美能力，不断开拓人的审美视界。例如对于自然，正如前面所指出的，人类最初对自然只有恐惧，而不会把它当作美来欣赏，自然对人类无所谓美的问题，人也对自然无所谓美感的问题。只有在人类经过长期的劳动实践，在改造客观世界中认识了自然、掌握了自然之后，人和自然的互相疏远、异己的关系才转化为亲善的关系，自然才成为人的自然，自然才成为人的价值对象和美的对象，人对自然才有了美感。如对于花草的美感，就是人类通过实践认识了它对人类生活的意义之后才会产生。在社会生活中，也有人们原来对某些事物产生美感的，而随着社会生活和人们审美实践的发展，就不再对它产生美感了，如女性缠足，自从南唐李后主令宫嫔窅娘以帛绕脚，将脚强扭为纤小新月状以后，人们均“因为美观”，“由是皆慕效”，“相袭成风”。[①] 但实践使人意识到这是对女性进行社会禁锢和人性摧残的手段之后，就不再以“三寸金莲”为美而对它产生美感了。在艺术领域中，例如，人们长期对古典和谐艺术有着强烈的美感，而对打破这种和谐美的近代艺术如崇高艺术则难以产生美感，但随着艺术实践的发展，人们终于接受并对崇高艺术产生了美感。如对与古典音乐极不调和的、充满不和谐音的音乐作品斯特拉文斯基的《春之祭》和潘特雷茨基的《广岛受难者之歌》等的感受，就经历了这样一个过程。总之，美感和美都随着社会实践的发展而相应发展，美感和美一样具有历史时代性。

第三节　美感经验的心理结构元素及其功能

美感经验的心理结构是多种元素的复杂组合，这些元素主要包括知觉、联想、想象、情感、理解等。在美感活动中，它们都具有审美的特质，所以我们称之为审美知觉、审美联想、审美想象、审美情感、审美理

① 赵翼：《陔余丛考》。

解等。正是这些元素的不同组合，从而造成了美感形态的多样性和复杂性。

一、审美知觉

（一）审美知觉的功能和特点

知觉是一种与感觉有区别的心理活动形式。感觉是对事物个别属性的反映；知觉则指对事物的整体反映，一般是各种感觉器官的联合活动。审美活动中主体对审美对象的反映一般是知觉，所以我们从知觉谈起。

审美活动是通过视听器官与外界的美发生关系的，所以审美知觉指的是视、听觉或视听觉的联觉。不能否认其他感觉器官在审美活动中的作用，但它们只起辅助作用。审美知觉依靠的是有音乐感的耳朵和能感觉形式美的眼睛，所以审美知觉就是视、听觉对审美对象的整体反映，它是全部美感活动的基础，没有审美知觉，就没有美感。由于审美不是纯粹的感官反映，知觉渗进了其他心理因素活动（联想、想象、情感、理解等），因而它可以创造或引向一个独立的审美世界。

审美知觉具有以下的特点：

第一，整体性。从审美知觉的对象来说，美总是整体的。朗吉弩斯指出："整体中任何一部分如果割裂开来孤立地看，是没有什么引人注意的，但是把所有各部分综合在一起，就形成一个完美的整体。"① 黑格尔、别林斯基在谈到人的美时都指出，人的美不是美在某一部分上，而是美在整体上，某些美的部分一旦从整体分割开来就失去了美。因此，对美的反映必须也必然是整体的，如对一朵花的审美知觉不会只是对它色彩的感觉，也不会只是对它的形状的感觉，而是对花的整体知觉。

第二，模糊性。人们对客观事物的知觉并非都是清清楚楚的。德国哲学家、哲学心理学家莱布尼茨（Leibniz，1646—1716）认为知觉有两种：清晰知觉和模糊知觉。科学知觉是清晰的，审美知觉是模糊的。为什么审美知觉是模糊的？因为审美是对对象的直观（不经概念），即直观思维，这种思维的特点是整体综合，而整体综合并不注重分清对象是什么、内部结构如何，这就使之具有模糊性。就欣赏而言，类似于水中月、雾中花，如苏轼诗句所说的"似花还似非花"；就艺术创造而言，则表现在"似与

① 朗吉弩斯：《论崇高》。引自北京大学哲学系美学教研室：《西方美学家论美和美感》，北京：商务印书馆 1980 年版，第 48 页。

不似之间”。

第三，主观性。行为心理学认为人对外界事物的知觉反应是：刺激（S）→反应（R）（单向），即像照镜子般的反映。这完全抹杀了知觉的主体性，是不符合实际的。事实上，知觉并不是对事物的完全客观的反映，知觉到的东西不等于被知觉的东西，因为知觉不是从空白处开始的，而是从已有的经验开始的。在知觉中，情绪、联想、想象、情感、理解以及由某种文化背景、风俗习惯和其他观念、个人知识经验所形成心理定势、心理图式等，都参与了知觉活动。因此，正如皮亚杰所说的，从刺激到反应必须经过“同化”，传统的S→R应写成S（A）R，其中A是刺激向某种经验和格局的同化，同化才是引起反应的根源。这就是说，知觉过程具有突出的主观性。

在审美知觉中，主观性有多种表现，对审美知觉产生的影响也是多种多样的：

1．主体选择对审美知觉的影响

知觉反映实际上是一种主体有选择的反映。人在接受外界信息时并非毫无保留地让各种信息涌进主体世界，人的感觉器官并非仅仅是“换能器”，而且还是“选择器”、“过滤器”。古人所说的“非礼勿视”就是一种主体选择。在审美活动中，我们面对各种各样的事物，总会舍弃某些事物而选择另一些事物并与之建立审美关系，从而把审美知觉集中到某一对象上去。例如，登上黄山风景区玉屏楼时，我们总是首先选择屹立在青狮石旁的迎客松来欣赏，它那恰似一位好客的主人，挥展双臂，热情欢迎五湖四海的宾客的姿态，刹那令人美感顿生，游兴倍增。对同一审美对象，主体也是有选择地知觉，如一盆玫瑰，我们的知觉总是集中在它的花上。

这种知觉的集中，在心理学中叫作“注意”。“注意”就是知觉的集中化。在审美知觉中，引起注意的原因可以从两方面考察。

就审美对象来说，它的美具有压倒周围其他事物的力量，或是新异、奇特、变化的美，如夜深人静时忽而飘来的悠扬琴声、闪烁着光芒划破夜空的流星等就特别容易引起人们的注意；或对象的主体部分，如玫瑰的花；或最能显示对象特征的部分，如人的眼睛，等。

就审美主体来说，兴趣、心境、心理定势（心理活动的一种准备状态）等都影响其注意。英国剑桥大学动物病理学教授、科学家贝弗里奇（Beveridge，1908—2006）说：“在乡间，植物学家会注意到不同的植物，动物学家会注意动物，地质学家会注意到不同结构，农夫会注意庄稼，一个没有这些爱好的城市居民见到的则可能只是悦目的风景。”① 这明显是由于职业、兴趣形成的心理定势对知觉的影响。同样，不同的心理定势，使人们对同一对象的注意点也不同，往往表现出某种意向性，知觉结果也不同，即所谓“仁者见仁、智者见智”。法国启蒙思想家、18 世纪法国唯物主义哲学家爱尔维修（Helvétius，1715—1771）讲过一个例子，一位神父和一位多情的夫人听人说月亮上有住人，于是拿望远镜侦察。夫人说：“要是我没弄错的话，我看见了两个影子，他们互相偎依着，我觉得毫无疑问，这是一对幸福的情人……” 神父答道：“哎呀！太太，您真是，您瞧见的这两个影子是一座大礼拜堂里的两口钟。”② 鲁迅也说，一部《红楼梦》，经学家看见《易》，道学家看见淫，才子看见缠绵，革命家看见排满，流言家看见宫闱秘事……再如，热恋中的恋人，由于情感因素的介入，主体往往选择恋人的优点和美貌方面，抑制对其缺点、不足方面的感知，从而造成“情人眼里出西施”的审美效果。总之，人们知觉事物存在着某种意向性，由于注意点不同，往往把对象变成自身想看的对象。

2. 主体视角的知觉结果

另一种现象是，主体不同视角或背景的选择也会造成对审美对象不同的知觉结果。苏轼的“横看成岭侧成峰，远近高低各不同”，是不同视角的知觉结果。再看看丹麦心理学家鲁宾（Rubin，1886—1951）提供的著名的“人头花瓶双关图”。在图 5－1 中，你看见了什么？是两个人头，还是一个花瓶的轮廓？这个图形在视网膜上是固定不动的，但你对它的知觉却有两种可能图形。当你选择白色为背景时，你知觉到的是两个相对的侧脸；当你选择黑色为背景时，你知觉到的是一个白色的花瓶。在这幅主体/背景可互换的图形里，线条有两种外形。轮廓的外形取决于线条被认为是图画的哪一方面——背景还是前景。视觉系统是依据

图 5－1 人头花瓶双关图

① 贝弗里奇：《科学研究的艺术》，北京：科学出版社 1979 年版，第 104 页。

② 爱尔维修：《论精神》。引自《西方哲学原著选读》下，北京：商务印书馆 2002 年版，第 175 页。

物体的轮廓来对其进行编码的，同时视觉系统必须能够将物体从它的背景中区分出来。这一现象表明，视觉并不是仅仅由视网膜上的图像决定的，大脑也参与了这一过程，它的意向选择对视觉信息的组织、对知觉结果是非常关键的一环。

还有一种现象是，主体预定图式对审美知觉的影响。在面对“人头花瓶双关图”时，如果我说，你看图中是不是一个花瓶，你马上会在脑中尽量搜寻侧脸的形状，形成花瓶的“图式”。如果我说，你看图中是不是两个相对的侧脸，你马上会在脑中尽量搜寻花瓶的形状，形成两个相对的侧脸的“图式”。你做出判断前，脑中形成的“图式”就是知觉的“预定图式”。预定图式是在一定的文化背景、经验等多种因素作用下，逐渐形成的对于事物或情景的已组织好的内在知识单元，是一种心理结构，它是产生期望的基础。期望指导感官去搜寻特殊的信息。因此，它实际上决定着人们从环境中抽取信息的计划，所以美国美学家库恩（Kuhn，1922—1996）说：“一个人所看到的不仅仅依赖于他在看什么，而且也依赖于他以前的视觉概念的经验已经教会他在看什么。”① 它往往成为人们知觉外物的基础。如看到天上一个黑点在飞行，你没有看明白就说是飞机，另一个人说是飞碟。他们都是按心中已存在的预定图式和期望去知觉对象的，从而看到不同的形象。莎士比亚在《安东尼与克莉奥佩特拉》中写道：

有时我们看见天上的云像一条蛟龙；
有时雾气会化成一只熊、一头狮子的形状；
有时像一座高耸的城堡、一座突兀的危崖、一座雄峙的山峰，
或是一道树木葱茏的青色海岬。
俯瞰尘寰，用种种虚无的景色戏弄我们的眼睛。

对于天上的云，人们往往会解读出种种物象，产生不同的感知。这是为什么呢？英国艺术心理学家、艺术史家冈布里奇（Gombrich，1909—2001）在他的《艺术与错觉》中告诉我们，原因在于人们有从眼前的云中“辨认出已经存储在自己心灵中的事物或物象的能力”②。也就是用自己见过或梦过的物象“投射”到对象中去的一种现象。在远古时代，这种现象往往也与不同民族拥有不同的动物图腾崇拜有关。这就是预定图式对审美知觉的影响。

---

① 托马斯·库恩：《科学革命的结构》，上海：上海科技出版社 1980 年版，第 92 页。

② 冈布里奇：《艺术与错觉》，长沙：湖南科学技术出版社 2000 年版，第 134 页。

3. 幻觉对审美知觉的影响

还有一种现象是，幻觉对审美知觉的影响。事实证明，主体由于受到某种情绪、情感的影响而可能对对象产生幻觉，结果看到的对象与被看的对象产生了很大距离，甚至风马牛不相及。如卓别林《淘金记》中的工人吉姆就把工头查利知觉为一只鸡，因为人在饥饿至极的时候往往把对象知觉为食物，这是由于人的情绪和意念影响的结果。在审美活动中，这种现象也时而存在，如齐白石的水墨画荷叶或芭蕉叶，分明用墨画成，但欣赏时却显现出浓绿色。“月是故乡明”、“黄河之水天上来”、“山，离天三尺三”正是利用了知觉中的幻觉现象进行创作的结果。

（二）审美知觉中的通感

在一般情况下，人的五官各司其职，但也不是河水不犯井水，有时会出现一种感官知觉向另一种感官知觉的转移，即某种感官的知觉转为另一种或几种别的感官的知觉。《水浒传》第三回写镇关西郑屠挨鲁智深三拳的感受：鲁智深第一拳打在郑屠的鼻子上，鲜血迸流，鼻子歪在半边，却便似开了个油酱铺：咸的、酸的、辣的，一发都滚将出来。第二拳打去，眼珠迸出，也似开了个彩帛铺似的：红的、黑的、绛的，都滚将出来。第三拳打在太阳上，却似做了一个全堂水陆的道场：磬儿、钹儿、铙儿一齐响。——触觉转向味觉（第一拳）、视觉（第二拳）、听觉（第三拳）。

这种现象就是知觉中的感觉转移，简称“移感”，也叫“通感”或“联觉”，即当事物刺激一个感受器时引起另一个感受器所特有的感觉，或由一种感觉引发多种感觉，产生感觉的互相渗透、挪移的现象。19世纪德国心理学家缪勒（J. P. Muller，1801—1858）就发现：当人头部遭打击时，虽无视觉刺激物（光）和听觉刺激物（声），但人感到耳鸣目眩；当人的眼球受压迫时，虽无视觉刺激物，却可以看到各种带色的光，这就是平时说的眼冒金星。20世纪以来，许多心理学家都论证了这种联觉现象。

在美感活动中，这种现象是大量存在的。如晋代张华欣赏汉画家刘褒的画说：“汉刘褒画《云汉图》，见者觉热；又画《北风图》，见者觉寒。”战国楚国伯牙弹琴，钟子期云：“美哉！巍巍乎若泰山。”再听，云：“美哉！荡荡乎若江河！”白居易欣赏“画竹”作歌云：“举头忽看不似画，低头静听疑有声。”黛玉读《西厢记》云：“但觉词句警人，余香满口。”等等。

通感在审美活动中的意义是，调动了各种感觉的积极作用，从而加强了原来的感觉，使美感活动更活跃，美感更强烈，带来无穷意味。文艺创作往往利用这种现象，把人物心理活动写得更加丰富多彩，把情景写得更加生动。

二、审美联想

（一）审美联想的功能和特点

人在感知外部世界时，由一事物的刺激而想到另一事物的心理现象，叫联想，也即“表象回忆”或“表象转移”。联想是一种内部信息交换过程，是外来的信息同大脑中原有的储存的信息相沟通的过程。美感活动中的联想称为审美联想。

造成联想的原因有两个方面：

一是客观原因。客观事物客观地存在着相互的联系，或性质上相似，或外在特征相似。如“苛政猛于虎”，由苛政联想到猛虎，就因为两者性质上相似。

二是主观原因。生活经验使人积累了对各种事物关系的认识知识，在受一事物刺激时，这种知识通过神经中枢的暂时联系，想起另一事物。但不能仅解释为生理性的，在不相同的事物之中看出相似性质或关系的能力，是联想的心理基础，其中显然有逻辑思维形式的活动在起作用。

联想是通过词与词之间的联系建立起来的。据心理学研究，一个词可以联想起 10 个词，那么，被联想起的 10 个词又能引起 100 个词的联想，100 个词又能引起 1 000 个词的联想……可见，联想是散发性的，联想的途径很多、范围很广，所以无论在日常生活或美感活动中，联想是一种相当普遍的现象。联想在人的心理活动中有十分重要的意义。

在美感理论中，有人甚至认为没有联想就没有美感。英国经验派阿尔逊（Alson，1757—1839）认为，只要有了丰富而适度的联想，任何事物都可以变成美的，都可以引起美感。这种说法是绝对化的，审美活动并非都有联想或一定要通过联想。反之，有人认为审美不能联想，因为联想涉及内容、引起功利心、破坏美感，审美必须使对象完全“孤立”。如唐代牛希济的诗《生查子》里有“记得绿罗裙，处处怜芳草”的句子，有人认为由芳草想到绿罗裙，心思就不再在芳草上了，对芳草的美感被破坏了。但我们的看法相反，由于想到绿罗裙，对芳草的美感更强烈。共鸣也是联想的结果。联想在美感活动中有积极的意义，它的作用是开阔审美视界、丰富审美意象、强化美感。文学创作中常常用联想进行比拟、象征、明喻、暗喻、转喻等，诗的微妙往往来自联想的微妙。

（二）审美联想的类型

联想包括相似联想、接近联想、对比联想、因果联想等。

1．相似联想

由一事物想到与之具有相似性质或形态的另一事物的联想，就是相似联想，也叫类比联想。如《诗经·小雅·四月》云："秋日凄凄，百卉俱腓。乱离瘼矣，奚其适归。"由秋日百卉之凋伤想到人间的离乱，引发起在时代离乱中无所逃遁的哀感。屈原《离骚》云："惟草木之零落兮，恐美人之迟暮。"由芬芳美好的植物的零落想到才人志士（美人有自比的意思）人生无常、事业无成的感慨。林黛玉听《牡丹亭》，由"只为你如花美眷，似水流年"、"你在幽闺自怜"的唱词想到自己飘零寂寞的身世。白居易听琵琶而想到自己的政治挫折而感叹"同是天涯沦落人"。李白的《送友人》"浮云游子意，落日故人情"，由浮云的漂浮联想到人生的漂泊无定。司空曙的《喜外弟卢纶见宿》"雨中黄叶树，灯下白头人"由"雨中黄叶树"联想到"灯下白头人"等。这些联想都是此类审美联想。我国古代诗词的比兴手法以及各种比喻，实际上就是运用了"相似联想律"。

2．接近联想

由甲、乙两事物在空间或时间上的接近而引起的联想，就是接近联想。如：苏东坡的《念奴娇·赤壁怀古》，由"故垒西边，人道是，三国周郎赤壁"想到"公瑾当年……"，是空间的接近而产生的审美联想；北宋欧阳修的《生查子》，由"今年元夜时，月与灯依旧。不见去年人，泪湿春衫袖"想到"去年元夜时，花市灯如昼。月上柳梢头，人约黄昏后"，是时间的接近而产生的审美联想；唐代崔护《题都城南庄》的"去年今日此门中，人面桃花相映红。人面不知何处去，桃花依旧笑春风"，王维《九月九日忆山东兄弟》的"独在异乡为异客，每逢佳节倍思亲。遥知兄弟登高处，遍插茱萸少一人"等，则是由时空的接近而引发的审美联想。

3．对比联想

由某一事物的感受引起和它相反性质或特点的事物的联想，就是对比联想。如：由热想到冷，由春天想到严冬，由苦想到乐，由"路有冻死骨"想到"朱门酒肉臭"（杜甫《自京赴奉先县咏怀五百字》），由"羡长江之无穷"想到"哀吾生之须臾"（苏轼《前赤壁赋》），李清照的《永遇乐》中由战乱、离乱使之"如今憔悴，风鬟雾鬓"、"怕见夜间出去”，只在“帘儿底下”、“听人笑语”而想到当年“中州盛日”，有“香车宝马”、“酒朋诗侣”来召的欢乐情景，都是对比联想。

4. 因果联想

由一事物想到与它有因果关系的事物，就是因果联想。如由春天想到草地，由血想到死亡；“不经一番寒彻骨，怎得梅花扑鼻香”，由梅花花香想到严寒天气。

以上几种联想常常交叉在一起，如欧阳修《生查子》中也有对比联想，崔护《题都城南庄》中也有相似联想、对比联想。

三、审美想象

（一）审美想象的功能与特点

人在感知外部世界时，对已感知的事物形象（表象）进行加工改造而形成新的形象的心理活动就是想象，想象是重新组合表象的心理活动。在审美活动中，想象就是人们对已感知的美的事物形象进行加工改造形成新的审美意象的心理活动。如“三峡神女峰”的形象、孙悟空的形象、龙的形象等就是想象创造的结果，其创造过程就是形象的重新组合过程。

想象与联想关系十分密切，可以说你中有我、我中有你，有时界线难分，以至有人把两者当作一回事。其实它们是有区别的：第一，联想侧重追忆，由一物想到另一物，较保守，侧重过去，不一定创造新形象；想象侧重未来，以创新为主，常常创造并形成新形象。第二，联想较被动，由一物想到另一物时受到原先事物较大的限制；想象较主动，可以超越原来的事物主动构成新的形象，而且纵横驰骋，海阔天空。所以想象不等于联想，但想象必须以联想、追忆为基础，可以说没有联想就没有想象，而没有想象就没有创造。

想象是人的一种非常宝贵的心理品质和能力。马克思称之为“人类最伟大的天赋”，黑格尔说“想象是真正的创造”，雨果说“它是伟大的潜水者”，布莱克说它是“神的视力”，波德莱尔说它是“各种官能的皇后”。

想象在美感活动中的意义在于它能够创造新鲜的、丰满的、奇特的审美意象，使之比原来已知形象更引人入胜，激起人们更加强烈的美感，以至有人说，美感就是“想象的乐趣”。

就艺术创作而言，可以说想象是最根本的独创能力。

审美想象具有以下特点：

1．创造性

创造性是想象最本质的特点，黑格尔说“想象是真正的创造”。如我国古代“龙”的形象，目前出土的商、周、战国时代青铜器中有各种龙的纹样（金文），似蛇、似虫、似兽。在铭文中有各种“龙”的字形（见图5－2）。闻一多曾指出，龙的形象是以蛇为主体的，综合兽类的四脚、马的毛、鬣狗的尾、鹿的脚、狗的爪、鱼的鳞和人的须合并融化而成的假想动物。宋代的罗愿在他的《尔雅翼》一书中说龙“角似鹿，头似驼，眼似兔，项似蛇，腹似蜃，鳞似鱼，爪以鹰，掌似虎，耳似牛”。龙本不存在，它是在各种有关动物形象基础上综合创造出来的，这是一种想象创造，是“迁想妙得”的东西。

图5－2　龙的字形

（从左到右为《轲尊》“龙”字、《多友鼎》“龙”字、《颂壶》“龙”字、《王孙遗书钟》“龙”字）

我们在欣赏文学作品时，对艺术形象的把握实际上也是一种想象创造。林黛玉、阿Q、哈姆雷特……我们说一个个都历历在目、栩栩如生，那是我们凭借文字提供的信息进行想象加工创造出来的。读者各自想象加工不同，创造出来的形象不同，于是便有所谓“一千个读者有一千个哈姆雷特”，有所谓“我的阿Q”、“我的林黛玉”。

在某种意义上说，美就是想象力创造的产物。美之所以生生不息，就在于想象创造。如果说，世界上的事物是有限的，那么，由于想象力的创造，它们的美是无穷无尽的。同一月亮，古往今来多少骚客文人欣赏它，想象创造它，从而形成了无穷无尽的月亮的美的意象。

2．情感性

科学活动或日常思维也有想象活动，但科学中的想象与概念联系在一起，以理性为基础，主要遵循理性逻辑，尽量排除非理性的胡思乱想。审美想象却以情感为推动力和特质，“黄河之水天上来”，“白发三千丈”，是想象创造出来的，但体现着诗人某种情感；屈原的“天问”一口气提出170多个问题、杜丽娘死而复生等，也是在某种情感推动下想象创造出来的。

3. 自由性

审美想象是自由的。陆机《文赋》云："精骛八极，心游万仞……浮天渊以安流，濯下泉而潜浸。"《文心雕龙》云："寂然凝虑，思接千载；悄焉动容，视通万里。"讲的都是想象那种不受时空局限的自由性特点。培根也说：想象的特点在于"放纵自由"，"想象既不受物质规律的拘束，可以把自然已分开的东西合在一起，也可以把自然已结合在一起的东西分开，这样就在许多自然事物中造成不合法的结婚和离婚"①。如屈原《离骚》中的诗人形象、《牡丹亭》中的杜丽娘形象、《西游记》中的孙悟空形象等都是自由想象创造出来的艺术形象。

（二）审美想象的类型

目前流行的教科书多把想象分为再造性想象和创造性想象两种。这种分法的毛病是容易被误会为再造性想象不具有创造性。本书主张将其分为被动性想象和主动性想象两种。

1. 被动性想象

被动性想象指受知觉对象牵制、不脱离知觉对象的想象，即表象的重新组合是以眼前的知觉对象为基础或原型的。如阅读文学作品对人物形象的想象，是不能离开文本的。虽然被动性想象所产生的意象已有读者的创造，不能等同于原知觉对象本身却不离开知觉对象。如在文学欣赏中，我们只见文字，不见形象，但通过想象，可以如见如闻，这种想象就离不开该文字所描绘的事物形象。读《红楼梦》产生的"我的黛玉"或"你的黛玉"虽然都不等于"曹雪芹的黛玉"却又不脱离"曹雪芹的黛玉"，所以也可以把这种想象称为知觉想象。诗句"黄河之水天上来"、"疑是银河落九天"对黄河的想象再夸张也没有离开黄河这一特定对象，是知觉想象；欣赏自然景物时，我们把某些山峰、石头叫作神女峰、望乡石、望夫石、猴子观海等等，都属于知觉想象。

2. 主动性想象

主动性想象指由一物的触发而引起对记忆中各种表象的新的综合的想象，有人称为综合想象。在这种想象中，想象主体不被触发物所牵制，而是充分发挥主观能动性进行自由创造，所以相对于被动性想象，可称为主

① 朱光潜：《西方美学史》上卷，北京：人民文学出版社1998年版，第203页。

动性想象。主动性想象创造出的新形象有如下两种情况：

第一种是新形象包含着原触发物形象，但已滋生出许多原触发物没有的新的形象因素，与原触发物形象相去甚远。如“龙”的形象创造，龙形象包含着鹿、驼、兔、蛇、蜃、鱼、鹰、虎、牛等形象，但已不是其中任何一种的形象。文学创作如《三国演义》中的“三顾茅庐”，在史书《三国志》中，只有“凡三往乃见”五个字，而在小说中却写成四五千字的洋洋大文，人物活动、情景，皆为创造性想象，但没完全抛开“凡三往乃见”的记述。

第二种是新形象完全摆脱了原触发物形象，最后想象创造出来的形象是全新的形象。如冼星海的音乐作品《风》，在巴黎一个寒夜里，风从窗缝中钻入，像洞箫呜咽，像谁长哭后的悲歌，冼星海于是想到风雨飘摇的祖国、人生的苦辣辛酸，最后创造出苦难的祖国和人民的形象以及音乐家所憧憬、幻想的美好生活形象。再如，托尔斯泰晚年一次在野外散步见到一株牛蒡花，其被车轮碾过之后，尽管身溅污泥、枝叶被折断，却仍歪着身子倔强生长，其生命力多么顽强。托尔斯泰由此想到一位英雄人物——哈泽·穆拉特，于是经过八年的艰苦创作，写出了小说《哈译·穆拉特》，塑造了这个不屈不挠、有着罕见生命力的英雄形象。

在审美活动中，想象创造是非常自由的，但也不是没有任何根据的胡思乱想。《西游记》中的神仙妖怪、《聊斋志异》中的狐鬼，如鲁迅所说，都是在现实世界的基础上的想象创造。我们在欣赏《米洛的维纳斯》时，对其断臂原来姿态，可以想象为双手正在接情人递来的羊跖骨，将与情人多尼斯离别（希腊习俗，情人分离时把一块羊跖骨一分为二，各得一半）；也可以想象为手捧“友爱之杯”（朋友相叙，轮流共饮一杯酒，以示情长谊深，友爱长在）；或刚出浴，双手正在涂抹橄榄油（希腊人习惯）；也可以想象为双手捧着金苹果或双手倚在一根短柱上；或左手执盾，右手执一柄短剑……但不会想象为一手拿着手机打电话，一手提着网球拍之类的动作。

四、审美情感

（一）审美情感的功能和特点

情感是人对客观事物是否符合自己的某种需要而做出的肯定或否定的体验性心理反应或态度。但审美情感不同于一般情感，它是一种高级的社会情感。之所以说它高级，有两点：一方面它是一种积淀着理性认识的情感；另一方面它是一种排除了个人欲望的或纯生理反应的“杂质”的情感。我们所说的情感不是指对象的情感表现，而是指作为审美主体的审美心理结构因素的情感，它只存在于审美主体与审美对象的审美关系之中。因此，审美情感应该理解为：审美活动中主体用以联结审美客体的情感和审美主体对审美客体的审美体验的情感。

没有情感就没有审美。情感在审美心理结构中处于核心地位，是美感活动的根本动力，是聚合审美心理结构中其他各种元素的黏合剂，其他各种元素都受其支配和影响。

美只为情感所理解，而情感之深浅，直接决定着审美体验的深浅和美感反应的强弱。正如宗白华所说：“深于情者，不仅对宇宙人生体会到至深的无名的哀悲，扩而充之，可以成为耶稣、释迦的悲天悯人；就是快乐的体验也是深入肺腑，惊心动魄；浅俗薄情的人，不仅不能深哀，且不知所谓真乐。”①

（二）审美情感在审美过程中的活动形式

审美活动主要是一种情感体验，也就是古人所说的“以情观物”的活动。但情感在审美过程中的活动形式是非常复杂的，一般来说主要有以下两种：

一是以物理移人情。指审美主体虽然怀着深情去体验事物，但不是带着某种特定情感观物，而是由于对象的刺激而产生某种特定情感。虽然不带着某种特定情感，但对象的刺激却唤起某种深藏于心灵深处的情感。其特点是无期待的、偶然性的。我们常说的触景生情就是这种情况。如：“悲落叶于劲秋，喜柔条于芳春”（陆机《文赋》）；“举头望明月，低头思故乡”（李白《静夜思》）；“人有悲欢离合，月有阴晴圆缺”（苏轼《水调歌头》）；“登斯楼也，则有去国怀乡，忧谗畏讥，满目萧然，感极而悲者矣”（范仲淹《岳阳楼记》）；等等。

二是以人情衡物理。指审美活动中，审美主体事先已有某种特定情感，并且有意识地怀着这种特定情感去体验、衡量和想象某事物，或把特定情感移注到对象上去，或借特定事物寄托特定情感，以获得宣泄情怀的满足。我们常说的借物抒情、托物言情或西方美学所说的移情就是这种形式。如：李商隐《忆梅》中的“定定住天涯，依依向物华。寒梅最堪恨，长作去年花”；《西厢记・长亭送别》中“晓来谁染霜林醉，总是离人

① 宗白华：《美学散步》，上海：上海人民出版社 1981 年版，第 182 页。

泪”；等等。这种情感活动的特点是有期待性、有指向性，其结果是寄情于物，情景交融，物我同一。

上述两种情况有时界限不清，往往两者兼而有之。

（三）心境与审美活动

在审美活动中，不同审美主体由审美对象引发的情感、美感效应是复杂的。审美经验证明，从一方面说，人的情感随着美的千变万化而千变万化——睹鱼跃鸢飞而欣然自得，闻胡笳暮角而黯然神伤；但从另一方面说，由于人们怀着不同的情感去观看事物，结果也大不一样，也不都是见鱼跃鸢飞都欣然自得或闻胡笳暮角均黯然神伤的。这就涉及心境对审美活动的影响问题。

所谓心境，指的是人在某一阶段由于诸环境因素的影响而形成的相对稳定的、隐藏于心灵深处的特定心情。心境对审美活动的影响很明显。例如：唐代杜甫、高适、岑参、储光羲、薛据五人同登长安名刹慈恩寺塔，凭眺长安四郊河山和宫阙，其时各人心情不一：高适抱负未展，心情凄凉；岑参倾心于个人出世，心境悠然；储光羲逍遥物外，冷漠现实；杜甫过于入世，忧时愤世……结果审美效应（以诗为证）大不相同，高适是“秋风昨夜至，秦塞多清旷。千里何苍苍，五陵郁相望。……输效独无因，斯焉可游放”（苍莽凄清之秋）；岑参是“塔势如涌出，孤高耸天宫。……誓将挂冠去，觉道资无穷”（极写佛寺浮屠的鬼斧神工之美）；储光羲是“谁道天汉高，逍遥方在兹。虚形宾太极，携手行翠微”（极写宇宙之奥秘和遨游太空之乐）；杜甫是“高标跨苍穹，烈风无时休。自非旷士怀，登兹翻百忧。……秦山忽破碎，泾渭不可求。……回首叫虞舜，苍梧云正愁”（风雨来临，深感山河破碎）。可见，同一对象，换一个人就是换一种感情，换一种感情就产生另一种审美效应。美国作家马克·吐温的小说《镀金时代》中的主人公萝拉，当她处于热恋时，大自然美极了：“鸟儿在她走过去的时候，歌唱的是爱情，树木对她低语的也是爱情，连她脚下的花也像是特为新娘铺路一样”；而《约翰·克利斯朵夫》的主人公失恋时则相反，大自然的一切都显得凄愁和孤单，“树林仿佛在悄悄地哭，远远传来的羊群的铃声，仿佛在呜咽”。这说明，当一个人心情极坏或惊恐时，是无法进入审美状态和产生美感的。荀子云：“心忧恐，则口衔刍豢而不知其味，耳听钟鼓而不知其声，目视黼黻而不知其状……”《吕氏春秋·仲夏纪》：“耳之情欲声，心不乐，五音在前弗听。目之情欲色，心弗乐，五色在前弗视。”赵汸评杜诗云：“天地间景物，非有厚薄于人，唯人当适意时，则情与景会，而景物之美，若为我设。一有不慊（满足，满意），则景物与我漠不相干。"[①] 这些议论都非常中肯。

（四）审美活动中的情感错觉

审美活动中的情感错觉，指由情感作用造成的审美对象的主观映象即表象的变形现象，也即审美主体对对象的不切合实际的审美知觉。

"情人眼里出西施"就是这种典型现象。黑格尔说："假如不能说世上每个丈夫都觉得他的妻子美，至少可以说每个未婚夫都觉得他的未婚妻美，而且世上只有她美。"[②] 这种"情人眼里出西施"的现象其实就是不切合实际的审美知觉。为什么出现这种现象呢？在爱情关系中，由于彼此爱得深，这种爱的情感变成一种强大的心理力量，压倒一切，包括压倒理性，左右着主体的想象力，改变了主体的眼光，使主体所看到的恋人的形象实际上变成了他想看到的形象，于是"西施"就出来了。这种错觉，是被爱情颠倒的想象所产生的。就是说，一个钟情人，"迷于爱情的人"，由于"狂烈的热情"和"幸福的渴求"，会产生"情人"最美的感觉。由于这种爱，使情人们很难如实地去"描绘美丽的面孔"，而总是喜欢"美丽地描绘一副面孔"。正如莎士比亚说的："情人和疯子一样癫狂，他从一个埃及人的脸上会看到海伦的美。"[③] 总之，情人们造出来的西施，不过是别林斯基所说的"爱或热情的果实"。

必须指出，情人的美是客观存在，审美主体的错觉并不意味着对象的美真的变了，意识是不能改变或增减对象的美的。再者，错觉不是对客观事物的真实反映，但在审美活动中它具有积极作用，它往往能引起对于审美对象的更加强烈的美感。科学对此要非议，审美和艺术活动对它不仅不嫌弃，反而要利用它。如"黄河之水天上来"、"离天三尺三"就是刻意以错觉形象表达真实的心理感受等。

五、审美理智

（一）审美理智的功能

理智或称理解即理性认识，是主体借助概念把握事物本质的逻辑思维。

---

① 仇兆鳌：《杜甫详注》，北京：中华书局 1979 年版，第 606 页。

② 黑格尔：《美学》第一卷，朱光潜译，北京：商务印书馆 1997 年版，第 55 页。

③ 莎士比亚：《仲夏夜之梦》。

科学认识所凭借的心理因素是理性智慧，思维方式是逻辑思维。审美活动是情感体验，不是科学认识活动，不是一般的理性认识。但是，审美活动包含着理性认识。这种体现于审美活动中的理性认识，我们称之为审美理智。

美学史上，康德、叔本华、尼采、柏格森、克罗齐等均把美感看作与理性认识无关甚至对立的直觉活动。朱光潜也曾说："美感经验和名理的思考不能同时并存。"[①] 这些观点是存在一定的偏颇的。事实上，美感活动不仅靠"感官的眼睛"和"情感的眼睛"，而且靠整个的"心灵的眼睛"，包括"理性的眼睛"。正如莎士比亚的诗云："我们眼睛享有你外表的仪态，我的心呢？享有你内心的爱。"（十四行诗第46首）这表明，对于复杂的美，不经过理性的思考是难以真正把握到的，虽然对于较为单纯的形式美的欣赏，也有理性积淀的问题，只是审美理智在美感活动中的作用不易被人们觉察到罢了。正如李泽厚说的："在情感和想象的自由活动中，理解在暗中起着作用。"[②]

现代心理学研究表明，对于动物来说，它仅靠感官与对象接触，只停留在于脑中形成表象。人不仅能够去感知对象，形成表象，而且能够对感知表象的意义进行反思。因此，在感觉、知觉、表象、联想、想象中必然有以概念为中介的逻辑思维起作用。

（二）审美理智在美感活动中的作用

1. 审美理智对审美知觉的作用

理智、理解实际上在知觉阶段就开始发挥作用，如对艺术空白的知觉，齐白石画的鱼，背景一片空白，没有任何色彩，但我们能把它知觉为一池清水，这就必须借助理解；中国京剧中，一根马鞭，我们能知觉为一匹马，这也必须通过理解，对中国京剧不懂的人，就不可能有这种知觉。

正如前面所说的，有些美确实不需经过理解就可以感到它美，如一朵花的美，一个人的外表美。但不能由此说形式美的感受绝无理解因素，例如感到一个人的外表是美的，就体现了你对人的外表美的理解；有些美，较复杂的美的确必须借助理性领悟，正如普罗丁说的："至于最高的美就

---

① 朱光潜：《朱光潜美学文集》第一卷，上海：上海文艺出版社 1982 年版，第 81 页。

② 李泽厚：《美学论集》，上海：上海文艺出版社 1980 年版，第 275 页。

不是感官所能感觉的，而是要靠心灵才能感觉出的。”[①] 他说的当然是上帝的美，但我们可以从中得到启发。有些东西只有理解了，才能更深一步知觉到它的美。

梁启超曾说他早年读唐代李商隐《锦瑟》、《碧城》、《圣女祠》等诗的体会时说：“这些诗，他讲的什么事，我理会不着，拆开一句一句的叫我解释，我连文义也解不出来。但我觉得它美，读起来令我精神上得到一种新鲜的愉快。”[②] 这是没错的，但我们进一步思考，如果他把诗理解了，不是就更深刻地知觉到它吗？不是可以产生更强烈的美感吗？明代文学家刘基读杜诗的体会就可以说明，他说：“予少时读杜少陵诗，颇怪其多忧愁怒抑之气，……比五六年来，兵戈迭起，民物凋耗，伤心满目，每一形言，则不自觉其凄怆愤惋，虽欲止而不可，然后知少陵之发于性情，真不得已，而予此怪者，不异夏虫之疑冰矣。”[③] 所以，诚如19世纪法国著名生物学家巴斯德（Pasteur，1822—1895）所说：“当你终于确实明白了某件事物时，你能感到的快乐是人类所能感到的一种最大的快乐。”[④]

可见，理解是加深知觉，使之深化，从而引起更强烈美感的重要因素。

2. 审美理智对审美情感的作用

情感不等于理智，但情感离不开理智。理解愈深，情感愈烈，可以说这是成正比的。《左传》中《唇亡齿寒》的故事说，晋献公向虞国国君借道打虢国，虞国国君觉得是小事，不以为然，轻率答应了。大臣宫之奇得知之，感到非同小可，情感上受到极大震动，连夜闯宫劝阻。为什么宫之奇与虞国国君两人情感反应不同，关键在于理解上的差异。

我们平时常说：知之深，爱之切。就是理解得深，情也就重。

审美也如此，如对我国国旗，如果不仅感受到她的形式美，而且理解到她是中华人民共和国的象征，理解到旗面颜色和五角星的含意，对其情感就越浓厚，美感就越强烈。

3. 审美理智对审美想象的作用

前面曾指出，审美想象是以情感为动力的，但不等于说想象与理性无

---

① 北京大学哲学系美学教研室：《西方美学家论美和美感》，北京：商务印书馆1982年版，第60页。

② 梁启超：《饮冰室文集点校》（第六集），昆明：云南教育出版社2001年版，第3 456页。

③ 《诚意伯文集》卷五，《项伯高诗序》。

④ 贝弗里奇：《科学研究的艺术》，北京：科学出版社1983年版，第148页。

关。霍布士说过："想象力如果没有判断力的帮助，就不应作为一种优良品质来表扬。"① 黑格尔也认为，想象一方面要求助于深厚的情感，另一方面要求助于"常醒的理解力"。② 事实正是如此，如前举过的例子，齐白石的鱼、虾背后一片空白，我们之所以能知觉为一池清水，正是由于理解推动了想象力的结果。换句话说，它是在理解的基础上，通过想象而创造出来的。电影《青春之歌》中余永泽与林道静结婚后有一个镜头：余、林的结婚照慢慢化入厨房的坛坛罐罐……这个镜头你理解了，就可以由此想象到林道静新婚后被推进厨房的情景。俄国画家列维坦有一幅画《弗拉基米路》，画面上是一条平坦无奇的道路，色调凄凉，天空低沉。如果你不理解它，大概就只有这些感受了；但如果你理解所画的是一条通往西伯利亚的路，一条通向死亡的路，那么你也许就能想象出这样的景象：无数的仁人志士，拖着沉重的脚镣，衣衫破烂，神情悲愤，义无反顾地往前走去、走去……你耳边或许还会响起那沉重的脚步声、脚镣声……

上面分别阐述了美感心理的结构元素——知觉、联想、想象、情感与理智（理解）的特征和功能。美感实际上就是这些因素的统一的意识结构。美感过程中，这些因素不同程度地参与了审美活动，它们不同比重的结合，造成美感形态的千姿百态。而每个个体的审美主体，也由于他们这种心理因素的差异，从而形成了美感的千差万别。理解了这些因素的特征和功能，我们就可以更好地理解美感的复杂性与丰富性了。

第四节　美感经验的过程

美感经验的过程是复杂的，但可以相对划分为审美知觉、审美判断和审美回味三个阶段。下面做简要阐述。

一、审美知觉阶段

一切审美活动都从知觉（感知）开始。审美知觉是全部审美经验活动的基础，没有审美知觉就没有审美活动。

美感经验的过程开始于审美对象的形象对审美主体的吸引和审美主体对审美对象的形象的注意。所谓注意，就是对事物感知的集中化。在日常

① 朱光潜：《西方美学史》上卷，北京：人民文学出版社 1998 年版，第 208 页。
② 黑格尔：《美学》第一卷，朱光潜译，北京：商务印书馆 1996 年版，第 359 页。

生活中，人的意识处于“日常意识”状态中，并非审美意识状态。当主体的人被某审美对象吸引而把知觉集中到这一对象上时，对该对象的审美注意就开始了。审美注意的发生意味着主体的日常意识中断并转向审美意识，即从非审美状态进入审美活动状态。就是说，主体对于某一具体对象的审美知觉开始了。这时，主体才成为审美主体，对象才成为审美对象。

审美注意的发生有两种情况：

一种是无意发生的，指主体事先无审美指向，无期待心理，具有被动性。如散步中突然看到某一处自然美景，此刻发生的对该自然美景的审美注意是无意注意，也称无意知觉。“李白乘舟将欲行，忽闻岸上踏歌声”、“浔阳江头夜送客……忽闻水上琵琶声”，都是无意知觉；艺术创作中的“触景生情”，“触景”就是无意中发生的知觉。

另一种是有意注意，指主体事先就有某一审美目标，是在有意识准备、有某种期待心理中进行的，具有主动性。如专程到某地观赏某自然美景或去听一场音乐会，就是有意注意或称有意知觉。艺术创作中的“寓情于物”、“借景抒情”，往往是事先有某一情感，然后有意借以表达，就是有意知觉的审美活动。

无意知觉和有意知觉两种审美活动发生时，前者因事先无期待心理和意识准备，主观介入和理性因素都较弱，显得更自然无为；后者因事先有意识准备和某种期待心理，主观介入和理性因素都较强，因而显得更主观和有意为之。

审美知觉必须借助于审美感官来实现。审美感官是人通向审美世界的门户。人有五官，却并非都是审美感官，审美感官一般指人的视觉器官眼睛和听觉器官耳朵。味觉、嗅觉和触觉器官虽然在审美活动中也有积极意义，但它们都与物质对象的实用内容和人的实用功利心理紧紧缠绕在一起，所以不宜成为审美感官，只能作为审美的辅助器官。①审美活动就是借助于人的视觉器官眼睛和听觉器官耳朵对对象的审美知觉开始的。

美的事物都表现为具体的形象，审美知觉首先是对审美对象的形象的知觉。对于自然美、物品美和视觉艺术、听觉艺术，审美主体凭感觉器官就可以直接感知对象的形象。但某些艺术如文学，由于文学作品的形象由文字所构造，形象隐藏于抽象文字背后，视觉、听觉不能直接感知文学形象，因此，对文学作品的审美知觉活动必须对文学语言进行“破译”、

① 柯汉琳：《日常审美心理》，海口：海南人民出版社1987年版，第24～25页。

"解读"，并在把握文学语言所承载的生活和情感信息的基础上，通过想象来实现对形象的感知。正如歌德所说："造型艺术对眼睛提出形象，而诗对想象力提出形象。"① 没有想象就不能感知文学形象。就是说，对文学作品形象的审美知觉是间接的感知，想象一开始就进入文学审美知觉活动。

也正因为审美对象的形象有直接的也有间接的，所以审美知觉活动有瞬间完成的，也有在相对较长的时间中完成的。前者如对一处自然景观的审美知觉，后者如对某些艺术作品的审美知觉，特别是文学作品。例如《青春之歌》，通过文字的理解和想象，我们最初感知到的林道静是这样的：一位坐在火车车厢角落的少女，穿着一身洁白雅淡的旗袍，脸色苍白忧郁，身边放着一把琴，一个简单的行李，默默坐着，若有所思……这时我们感知到的仅是一个极不完整的表面性的人物形象。对于她是谁，何去何从，她周围发生了什么，为何忧郁，等等，一无所知。读下去，我们才知道：她叫林道静，年仅18岁，中学尚未毕业；她之所以单身乘车出来，不是去旅游，而是因父亲林伯唐、母亲徐凤英包办婚姻，要她与一个有钱人结婚，她拒绝反抗，愤然出走，正准备到杨村找表哥……这时，我们所感知到的林道静的形象虽不完整，但她已引起我们注意，吸引我们开始关心她的命运。继续读下去，林道静的形象愈来愈完整，内心世界也逐步坦露于我们眼前，我们也基本上完整把握了这个形象。而围绕着林道静活动的其他人物形象以及人物活动于其中的环境等形象也逐步被完整地知觉到，即完成了对对象的大体扫描。

审美知觉活动不是机械地反映审美对象的客观形象，而是一种主体积极参与的再现与再造相统一的活动。心理学告诉我们一个事实，在知觉活动中，人们"看到的"事物与"被看到的"事物是不同的。"被看到的"事物是客观的，不以知觉主体的意志为转移；而"看到的"的事物是经过主观因素的作用的，人的主观因素千差万别，所以同一事物被感知的结果总是因人而异。审美知觉也不例外，在审美知觉活动中，审美主体往往以自身的生活积累和已有的独特的审美观念、审美经验、审美兴趣等为依据，调动以往的知觉印象，融进自己的所见所闻，展开记忆经验的联想、想象、情感、理解等心理活动，对审美对象的形象进行补充、扩大、丰

---

① 歌德：《诗与真》。引自伍蠡甫：《西方文论选》上卷，上海：上海译文出版社1979年版，第445页。

富，即再创造，从而形成新的形象——审美意象。下面看看冰心的散文《笑》[①]。

雨声渐渐的住了，窗帘后隐隐的透进清光来。推开窗户一看，呀！凉云散了，树叶上的残滴，映着月儿，好似萤光千点，闪闪烁烁的动着。——真没想到苦雨孤灯之后，会有这么一幅清美的图画！

凭窗站了一会儿，微微的觉得凉意侵人。转过身来，忽然眼花缭乱，屋子里的别的东西，都隐在光云里；一片幽辉，只浸着墙上画中的安琪儿。——这白衣的安琪儿，抱着花儿，扬着翅儿，向着我微微的笑。

"这笑容仿佛在哪儿看见过似的，什么时候，我曾……"我不知不觉的便坐在窗口下想，——默默的想。

严闭的心幕，慢慢的拉开了，涌出五年前的一个印象。——一条很长的古道。驴脚下的泥，兀自滑滑的。田沟里的水，潺潺的流着。近村的绿树，都笼在湿烟里。弓儿似的新月，挂在树梢。一边走着，似乎道旁有一个孩子，抱着一堆灿白的东西。驴儿过去了，无意中回头一看。——他抱着花儿，赤着脚儿，向着我微微的笑。

"这笑容又仿佛是哪儿看见过似的！"我仍是想——默默的想。

又现出一重心幕来，也慢慢的拉开了，涌出十年前的一个印象。——茅檐下的雨水，一滴一滴的落到衣上来。土阶边的水泡儿，泛来泛去的乱转。门前的麦垄和葡萄架子，都濯得新黄嫩绿的非常鲜丽。——一会儿好容易雨晴了，连忙走下坡儿去。迎头看见月儿从海面上来了，猛然记得有件东西忘下了，站住了，回过头来。这茅屋里的老妇人——她倚着门儿，抱着花儿，向着我微微的笑。

这同样微妙的神情，好似游丝一般，飘飘漾漾的合了拢来，绾在一起。

这时心下光明澄静，如登仙界，如归故乡。眼前浮现的三个笑容，一时融化在爱的调和里看不分明了。

在这篇散文中，冰心写了她在欣赏一幅画中的美人时的心理活动。首

① 原载1921年1月10日《小说月报》第12卷第1号。

先她被画中的安琪儿“微微的笑”所吸引，接着联想起五年前在乡村见过一个孩子的“微微的笑”；又联想起十年前在避雨时见过一个乡下老妇人的“微微的笑”。然后，作者通过想象，又把三个笑容“好像游丝一般”合拢起来，综合创造了一个新的笑容，一个新的审美意象。

由于审美主体生活经验不同，联想、想象不同，因而对同一审美对象，审美知觉的结果也不同，可谓千差万别、五彩缤纷，所谓“一千个读者有一千个哈姆雷特”、所谓“我有我的林黛玉，你有你的林黛玉”、所谓“蔡伯喈有蔡伯喈的月亮，牛氏小姐有牛氏小姐的月亮”等。就是说，审美活动从审美知觉开始，实际上就是审美主体在审美对象的客观形象的基础上再创造的活动，也就是创造审美意象的活动，如在对月亮的审美知觉中创造“月亮意象”。对于艺术作品来说，因为艺术作品本来就是艺术家创造的意象，因而对艺术作品的审美知觉则是创造新的审美意象的活动。

审美知觉阶段虽然不同程度地有情感、联想、想象、理解因素的介入，但从审美效应看，这一阶段的美感主要是感性愉快，是悦目、悦耳阶段，如白居易听琵琶女弹琵琶，“今夜闻君琵琶语，如听仙乐耳暂明”。从认识论说，这个阶段是感性认识阶段；从心理活动过程说，是初步的浅层的心理活动阶段。

二、审美判断阶段

审美活动在对审美对象形象的知觉基础上，由于活生生的形象的吸引，主体为对象的美所感染并为之动情，或进而联想到某种现实人生而激动，从而做出一种审美肯定或否定，这就是审美判断阶段。

审美判断是一种体验性评价活动，不是科学认识中的推理判断。审美判断具有直觉性和情感性，它有理性认识的活动，但以情感体验为主导，所以也可以说是一种体验性情感判断。例如，当我们说“这是一朵菊花”时，是科学判断；当我们说“这花真美啊”时，是情感体验。审美判断就是后一种判断和评价。

审美判断总的说是情感判断，但仍有由浅入深、由情达理的过程。可分为以下两个阶段。

第一阶段是以情感反应为主要特征的判断阶段，即审美主体或受到对象美的形象感染引起的情感反应，如五星红旗的形式美所引起的激动；或受到对象的情感氛围的熏陶和诱导所引起的激动，如：白居易听琴，从中体会到琵琶女的不幸并联想到“同是天涯沦落人”时而落下感人怜己的眼泪；林黛玉听到“你如花美眷，似水流年”的唱词而联想到自己的身世，不觉眼中落泪；宝玉听黛玉低吟《葬花辞》而“心动神摇”……这就是在感情上或同情、或认同的情感判断。这个阶段，主体的激动，主体的爱或恨、悲或喜，不一定在理智上已获得什么深刻的认识，但已做出了情感的判断。再如我们在欣赏《青春之歌》时，看到了林道静在逃避包办婚礼之后到处碰壁，余敬唐的纠缠使她走投无路，当她大喊“天地如此之大，为何容不得一个十八岁的少女”时，我们关心她、同情她，对迫害她的人感到愤慨；当她“纵身扑向了怪啸着的狂涛巨流”时，我们情不自禁地为她的命运牵肠挂肚，为她的不幸而悲伤；后来她在卢嘉川、江华的影响下走上革命道路，逐步成长为无产阶级革命战士，我们为她感到高兴，为她祝福。这就是一种以情感反应为主要特征的审美判断，即“悦情”阶段。

第二阶段是在感情反应基础上，通过理性沉思，进入到以理性领悟为特征的审美判断阶段。在上一阶段，审美主体的情感活动非常活跃，其中有认识的因素，但主要还是情感反应。在感情反应阶段，往往由于情感太浓而掩盖了理智，使审美判断的认识因素带有一种朦胧的色彩。如莫言说他欣赏《洪湖赤卫队》，听到“浪打浪”时，“突然感到被一股巨大的凄恻的暖流包围，我朦胧地感觉到：一个充满爱情的时代即将开始了”①。

但随着审美的深入，审美主体进一步从理性上理解了对象，获得某种理性认识，从而做出理性的判断。例如对五星红旗形式的象征意蕴一旦理解，就会获得一种渗透着理性精神的情感愉悦，对对象做出饱含情感的理性的判断，即进入理性判断阶段。在艺术作品的审美中，审美主体在情感体验的基础上，进一步理解作品中人物的社会关系、社会命运及其根源，做出理性解读，从中获得理性认识而感到满足，这就是理性的判断。例如，白居易听琵琶女的弹唱，由“如听仙乐耳暂明”到悟出“弦弦掩抑声声思，似诉平生不得志”，再到意识到“同是天涯沦落人”，即理解了琵琶女和自己“沦落”的原因，对彼此命运与统治阶层中当权者的关系有了理性的认识，意识到琵琶女的遭遇正是统治阶级腐朽生活的牺牲品，会意到自己的命运正是统治阶级重小人、轻贤人腐败政治的必然结果时，就在理性认识上获得一个飞跃，进入理性的是非判断阶段。同样，我们读《青春之歌》，从对林道静的形象感知到情感同情进而意识到旧中国广大小资产阶级知识分子的爱国本质和他们一旦得到中国共产党的领导就能够

① 《音乐爱好者》，1992 年第 2 期。

成为无产阶级战士这一道理时，我们审美活动就进入理性的是非判断阶段。这里，“理解”是尤其重要的，没有理解，就不知其中味；有了理解，我们就不再停留在悲或喜、爱或恨的情感水平上，而是对于社会、人生获得了一种深刻认识，并做出理性判断，理智上也获得了满足。此刻的审美愉快也就是一种渗透着理性精神或理智感的愉悦，即“悦情”与“悦志”统一的阶段。这种愉悦是更为强烈的美感。在艺术作品的审美活动中，当这种美感达到极致时，就是所谓“审美共鸣”。

艺术审美的共鸣，指的是当审美主体被艺术作品的艺术形象及其所表现的内容强烈打动时，情感活动异常高涨，出现了与作品情感互相呼应，不由自主地与作品中人同爱同恨、同歌同哭、同喜同悲、如痴如醉、如醉如狂，物我两忘的境地，这就是所谓共鸣现象。古人已诠释过这种共鸣现象。如《吕氏春秋·有始览·应同》说：“类固相召，气同则合，声比则应。鼓宫而宫动，鼓角而角动。”《乐记·乐象篇》说：“凡奸声感人，而逆气应亡；逆气成象，而淫乐兴焉。正声感人，而顺气应亡；顺气成象，而和乐兴焉。倡和有应，回邪曲直，各归其分，而万物亡理，各以类相动也。”艺术审美中，如果达到同类相召，同气相会，同声相应，同类相动这种境界，就是共鸣。

共鸣是一种内含着深刻理性认识的强烈的情感活动，实质上是审美主体与审美对象之间情感上的同一和情感力度的共振。《红楼梦》第二十三回《西厢记妙词通戏语　牡丹亭艳曲警芳心》① 中写道：

> ……正欲回房，刚走到梨香院墙角处，只听见墙内笛韵悠扬，歌声婉转，黛玉便知是那十二个女孩子演习戏文。虽未留心去听，偶然两句吹到耳朵内，明明白白一字不落道：“原来是姹紫嫣红开遍，似这般都付与断井颓垣。”黛玉听了，倒也十分感慨缠绵，便止步侧耳细听。又唱道是：“良辰美景奈何天，赏心乐事谁家院。”听了这两句，不觉点头自叹，心下自思：“原来戏上也有好文章，可惜世人只知看戏，未必能领略其中的趣味。”想毕，又后悔不该胡想，耽误了听曲子。再听时，恰唱到：“只为你如花美眷，似水流年。”黛玉听了这两句，不觉心东神摇。又听道“你在幽闺自怜”等句，越发如醉如痴，站立不住，便一蹲身坐在一块山子石上，细嚼“如花美眷，似水流年”八个字的滋味。忽又想起前日见古人诗中，有“水流花谢

① 《红楼梦》，上海：上海古籍出版社2009年版，第166～167页。

> 两无情”之句；再词中又有“流水落花春去也，天上人间”之句；又兼方才所见《西厢记》中“花落水流红，闲愁万种”之句：都一时想起来，凑聚在一处。仔细忖度，不觉心痛神驰，眼中落泪。

《牡丹亭》中杜丽娘的唱词表达了“爱而不得其爱”的幽怨、哀伤，触发了林黛玉内心同样的悲苦。这共同的人生不幸，使林黛玉对唱词产生了一种刻骨铭心的情感体验，达到了感同身受的强烈共鸣。这样的现象很多，如白居易从琵琶女的弹唱中听出“弦弦掩抑声声思，似诉平生不得志”的情感内容时，受到打动，再问其人经历，知其少年得意，晚境凄凉，观其容颜憔悴，漂泊江湖，进而推人及己，联想到自己的政治生涯，感同身受，发现彼此何其相似——“同是天涯沦落人”！于是，百感交集，与歌者同声相应，同气相投，乃至“座中泣下谁最多？江州司马青衫湿”。这就是审美共鸣。而审美共鸣的发生，也意味着审美主体在情感上对对象做出最充分的肯定性审美判断。

必须指出，审美共鸣必须在审美范围内发生。超出审美范围的“共鸣”不是我们所讲的共鸣，如观戏剧表演而开枪打死演员，这种失去理智就不属此列。要保持共鸣而不失审美常态，就必须时时记住保持审美距离，要有自我控制和调节的审美理智。

一般说，上述审美判断阶段是审美活动中最重要的阶段，也可以说，一次审美活动至此大体结束。然而，审美往往不是一次性的，也不是总停留在某个水平上，特别是对艺术作品尤其是优秀作品的审美，往往是反复进行、不断深化的。这就是审美回味阶段。

三、审美回味阶段

许多事物的美，让人百看不厌，百听不倦。黄山之美、桂林山水之美，《米洛的维纳斯》雕像、《蒙娜丽莎》、《清明上河图》，观赏了一遍还想再观赏；《命运交响曲》、《天鹅》、《二月映泉》，聆听了一遍还想再聆听；《浮士德》、《红楼梦》，李白、杜甫、王维、苏东坡的诗歌，读了一遍还想再读。因为，这些美对人们有着无限的回味空间，优秀作品无论你怎样去探测它都是探不到底的。从主体对艺术作品的把握来说，也不是一次欣赏就可以全部领悟其中奥妙的，正如别林斯基所说：“一部艺术作品很难在初读时以强烈的印象来打动读者的心灵，它更多是要求读者对它精读细看，深思熟虑；它不是一下子就能被读者体会的，因此，你越是把它再三诵读，你就越是能够深入它的机体里去，抓住新的、以前没有注意到的特征，发现新的美点，对这些美点更加欣赏起来。”① “一部艺术作品不是一下子就能被人领会，而是逐步被人领会的；人们越是把它多读，它就越是变得容易懂，越是给人带来快感，随着时间而增其美……”②

审美过程，特别是艺术审美过程，反复回味是深入领悟作品意蕴、获得新的感受和认识的阶段。例如，中国古典诗词非常强调“言外之意”、“象外之象”，因此审美欣赏往往要反复多次才能把握深藏其中韵味。刘勰在《文心雕龙》中提出“隐秀”的主张：隐是指含蓄蕴藉，耐人寻味；秀是指挺拔突出，妙语连珠。他认为，好的诗文总是义生文外，“秘响旁通，伏采潜发”。也即是要有弦外之音，言外之意，像秘密的音响从旁传来，潜伏的文采暗中闪耀一样，其特点是“深文隐蔚，余味曲包”，深刻的文辞含蓄而多彩，言外的余味曲折地包孕在里面。③ 钟嵘指出，优秀的咏怀之作可以陶冶人的性灵，发人幽思，“言在耳目之内，情寄八荒之表”④。感情抒发的方式，尽管听得见，看得到，历历如在目前，但感情的抒发内容精深博大，往往难以穷尽。苏东坡十分强调，好的诗文都应该是“言有尽而意无穷”。沈德潜则说，精彩的诗篇往往“语近情遥，含吐不露”，“弦外音，味外味，使人神远”，“深情幽怨，音旨微茫”⑤，这更从创作的视角点明含蓄的诗文如何“不着一字，尽得风流”，经得起人们反复吟诵、品味。总之，中国古典诗文常常寓有深意，不把话说尽。因此，诗词审美欣赏往往要反复思索和回味才能把握深藏其中的韵味，有的甚至要一辈子反复咏读才能领悟其中的深意。如对杜甫诗歌的审美欣赏，宋代徐鹿卿说：“余幼读少陵诗，知其辞未知其义；少长，知其义而未知其味；迨今则略知其味矣。”⑥ 宋代李纲也说：“时平读之，未见其工。迨亲更兵火丧乱之后，诵其辞如生乎其时，犁然有当于其心，然后知其语之妙也。”⑦

绘画审美欣赏也如此，如我国唐代画家阎立本擅画，至荆州，见张僧

---

① 《别林斯基选集》第二卷，满涛译，上海：上海译文出版社 1979 年版，第 194 页。

② 《别林斯基选集》第二卷，满涛译，上海：上海译文出版社 1979 年版，第 195 页。

③ 《文心雕龙·隐秀》。

④ 《二十四诗品》。

⑤ 沈德潜：《说诗晬语》。

⑥ 《跋黄瀛父适意集》。

⑦ 《重校正杜子美集序》。

繇旧迹，曰：“虚得名耳。”明日再往，曰：“犹近人佳手。”后天又往，曰：“名下道无虚士，因坐卧观之，留宿其下。”[①] 连续几天反复观赏回味，阎立本才真正看出了张僧繇绘画的艺术价值。

1893 年，挪威表现主义画家蒙克（Edvard Munch，1863—1944）创作了著名的《尖叫》（*The Scream* 也译作《呼号》、《嚎叫》或《呐喊》），画面令人震颤：色彩混淆的天与河，漫延到天际的无止境的道路，一个骷髅一般的人，双手放在耳朵上，声嘶力竭地大声尖叫，好像一个人的梦魇。这幅画，人们一般不容易一读就懂，必须反复玩味、回味才能理解它的意义：《尖叫》是蒙克“灵魂作画”这一概念最极端的体现。颜色与线条大胆的运用，画中强烈失真变形的人物形象、血红的背景、动荡的线条所构成的世界，不可能取自于现实世界。它来自什么世界呢？在借助于有关资料的理性思考的回味中欣赏才可能明白，它来自蒙克自己的“心里的地狱”，表达的是人类心灵深处那种无可救赎的绝望和不安，其蕴涵的主题的深刻性才逐步为欣赏者所把握。

反复回味也是进一步审美创造的阶段。例如艺术审美，肯定地说，每一次的欣赏都不是原创造的复演，而是一次新的创造。有一位评论家谈到他读《阿 Q 正传》的感受：看第一遍，我们会笑得肚子痛；看第二遍，才砸出一点不是笑的成分；看第三遍，鄙弃阿 Q 的为人；看第四遍，鄙弃化为同情；看第五遍，同情化为深思的眼泪；看第六遍，阿 Q 还是阿 Q；看第七遍，阿 Q 向自己身上扑来；看第八遍，合而为一；看第九遍，又一次化为你的亲戚故旧；看第十遍，扩大到你的左邻右舍；看第十一遍，扩大到全国；看第十二遍，甚至洋人的国土；看第十三遍，你觉得他是一个镜；看第十四遍，也许是报警器……[②]这是典型的审美回味，也是典型的审美创造。

总之，反复回味是审美活动不断深化的阶段。

上面在阐述审美活动三阶段的过程中，我们分别举了一些例子说明，但未用一个例子作为审美全过程的分析，下面以欣赏油画《父亲》[③] 的过程说明：

我们带着一种审美期待，到美术馆参观一次美展。走进馆

---

① 李贽《初潭集》卷十四注，张是梁朝画家，有“画龙点睛，破壁而去”的传说。

② 冶秋：《〈阿 Q 正传〉读书随笔》，原文引自 http://home.51.com/chenyichun/diary/item/10033639.html。

③ 作者罗中立，创作于 1980 年，曾获“中国青年美展”一等奖。

里，许多美术作品呈现在我们面前，此刻，我们的日常意识突然中断，进入了审美状态；我们边欣赏边移动脚步，突然，在一幅油画前面停下脚步，我们被这幅油画吸引住了，油画引起了我们的“注意”，我们的审美知觉刹那间集中到这幅油画上……这是罗中立的油画《父亲》，一幅让我们一看就有一种心灵震撼的感觉但还说不清是一种怎么样的震撼的感觉。我们开始细细地观看，并获得了一个初步完整的知觉形象——一位中国的农民父亲的形象：酷热的晒谷场上，“父亲”在繁重劳动间歇时，正端碗喝水；“父亲”黑褐色的皮肤，古铜色的脸满是刀刻般的皱纹，晶莹的汗水在脸上滚动；开裂的嘴唇，缺了牙的嘴，那用棉线捆扎的伤指擎起的有缺口的粗瓷大碗，以及那碗中的黄泥水，他刚喝过几口，抬起头来，眼神慈祥、善良、朴实又微微呆滞，似在沉重喘息着……我们意识到，这是一位历尽沧桑、勤劳却贫穷的农民“父亲”，我们心中充满同情、敬重之情（我们的审美进入情感判断，也许眼眶湿润）；我们此刻或许想到自己的父亲，或许想到朋友的父亲，或许想到许多人的父亲，想到所有中国人的父亲（我们的审美联想、想象开始活跃）；对，他就是中国人的农民父亲！我们共同的父亲！他用血和汗创造了大米、白面，他为大家生产了粮食，却换来了受伤和畸形的身体，换来了那千沟万壑、充满苦难的皱纹（我们的情感更加激动，同时初步理性思考开始，也许热泪夺眶）……接着，我们有所领悟，这是中国农民悲剧的写照，是民族悲情的历史写照！多少年了，中国农民是这样的勤劳，他们日出而作，日落而息，但依然与苦难同在！……面对这样一幅画，面对我们苦难的父亲，我们热泪盈眶！我们期望——我们的父亲，中国的农民，他们应该有美好的生活……

一次欣赏结束了，但我们心中依然不平静，我们还在回味，还在反思，有时还再找出这幅画来进一步品味，我们可能进一步细细研究画家在画中如何构图，如何用色，如何处理细节；也可能揣摩画家的创作心理；甚至追问：中国农民，我们的父亲为什么经历了那么多的苦难？我们该如何去结束他们的苦难？等等。

当然，每个人的审美过程不会完全一样，各种心理活动也不会完全一致。以上审美活动的三个阶段，只是一种理论上的分段分析，在实际审美活动中，三个阶段的具体情况特别是审美主体的心理活动状况是复杂的，不是绝对的。但总的说，是由感性到理性，由点到面，由局部到全体，由外在到内在，由平面到立体，由有限到无限。从主体对审美对象的美的把握讲，是由形式美到内在美；从主体心理活动过程讲，是由感知到情感到理性；从美感效应讲，是从感性愉快到情感愉快到情理统一的整个心灵的愉快。

【思考题】

1. 什么是审美经验？什么是美感？美感具有哪些心理特征？

2. 美感和快感有什么区别和联系？

3. 阐述柏拉图的“迷狂说”美感论的内容并做出评价。

4. 阐述“移情说”美感论的内容并做出评价。

5. 阐述“距离说”美感论的内容并做出评价。

6. 为什么说美感的发生根源于人类社会实践？

7. 美感心理是由哪些因素构成的？

8. 什么是通感？通感在美感活动中有什么意义？

9. 什么是联想？举例说明各种类型的联想在美感活动中的表现和作用。

10. 审美是想象？举例说明想象在美感中有什么作用。

11. 有人说，在审美活动中，美感与理智不能并存。你同意吗？为什么？

12. 有人在观看《奥赛罗》的演出时开枪打死了舞台上的牙古（剧中挑拨离间者），清醒过来后意识到自己打死的是演员，于是自杀。后来有人在他的墓碑上写上“最优秀的观众”的碑文。你赞成碑文对他的评价吗？为什么？

13. 人心情愉快时，花欢草笑；心情悲哀时，愁云惨雾。请就此现象谈谈看法。

14. 描述美感的过程，并用例子说明。

15. 举例论述丑的美学意义。你是怎样理解现实丑与艺术中的丑的关系的？

16. 举例论述荒诞的美学意义。

第六章　审美创造

美学的意义不仅仅是解释世界，更重要的是改造世界。审美创造，就是把美学应用于实践，创造美的世界的活动。

创造，作为人的一种生命活动，是人所独有的生存方式。动物也有生命活动，但动物只是以自己的机体本能地有限地与周围环境相适应，维持自身的生存；动物也生产，但动物只生产自身。人则不然，正如黑格尔所说："人不会满足于与自然界相处相安，满足于自然界的直接产品，而必须有更高尚的要求。"[①] 人不会天然地满足于现状，人总是要创造性地无限地改造自然界，生产整个自然界。人，就其本性说，就是创造者。审美创造，作为人的创造活动方式之一，是人类不满足于现实美，决心改变客观世界现有的形式和规定，创造眼下没有现成存在的理想的美，以满足自己更高的冀求——新的审美需要的必然行为。

正是这种审美创造活动，和人类其他创造活动一起，推动着整个人类文明的不断发展。

第一节　审美创造的实质与规律

审美创造指的是艺术美的创造和体现于人类其他创造活动过程及其成果的审美因素的创造。审美创造是人的生命活动的重要方式。

一、审美创造的实质

（一）审美创造根源于人类的审美需要

马克思在分析生产和消费的关系时说："没有需要，就没有生产。"[②] 换句话说，没有需要，就没有创造。需要，无论就整个人类或个人而言，

---

① 黑格尔：《美学》第一卷，朱光潜译，北京：商务印书馆1979年版，第330页。

② 《马克思恩格斯全集》第2卷，北京：人民出版社1979年版，第94页。

都是一种客观存在。人有着各种各样的需要，从人的需要的对象及其社会活动领域来区分，可以分为物质需要和精神需要两大类。美国心理学家亚伯拉罕·马斯洛（Abrahan Harold Maslow，1908—1970）做了较为细致的区分，他于1943年在论文《人类激励理论》中提出了“需要层次理论”，把人的需要分成生理需要、安全需要、爱和归属感（亦称为社交需求）、尊重和自我实现五类，依次由较低层次到较高层次排列，如图6－1所示。在自我实现需要之后，还有自我超越需要，但一般被合并至自我实现需要当中。1954年，马斯洛在《激励与个性》一书中探讨了他早期著作中提及的另外两种需求：求知需要和审美需要。这两种需要未被列入到他的需求层次排列中，他认为这两者应居于尊重需要与自我实现需求之间。但不管如何，审美需要是人的高层需要之一。

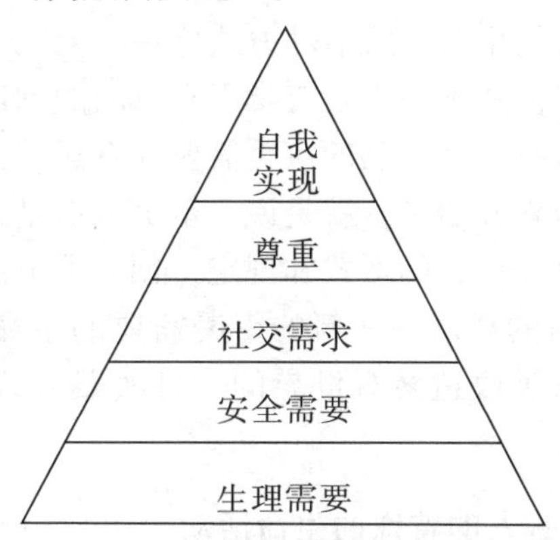

图6－1　人的需要层次

依马斯洛的解释，自我实现的需求是最高层次的需要，包括道德、创造力、自觉性、问题解决能力、公正度、接受现实能力。自我实现的需要就是努力实现自己的理想、抱负而充分发挥个人的能力潜力。创造，就是人自我实现的需求的重要内容。

有需要就有创造；有审美需要，就有审美创造。

创造由需要所引发，但从另一个角度看，创造也成为人的一种需要，创造也是人的本质。黑格尔早已指出：“人有一种冲动，要在直接呈现于他面前的外在事物之中实现他自己，而且就在这实践过程中认识他自己。人通过改变外在事物来达到这个目的，在这些外在事物上面刻下他自己内心生活的烙印，而且发现他自己的性格在这些外在事物中复现了……例如一个小男孩把石头抛在河水里，以惊奇的神色去看水中所现的圆圈，觉得这是一个作品，在这作品中他看出他自己活动的结果。这种需要贯穿在各种各样的现象里，一直到艺术作品里的那种样式的在外在事物中进行自我创造（或创造自己）。”① 这段话告诉我们：第一，小男孩“要在直接呈现于他面前的外在事物之中实现他自己”，在这种自我复现中，把存在于自己内心世界里的东西，为自己也为旁人，化成观照和认识的对象，是一种需要，是为了满足心灵自由的需要，这种需要，是引发各种各样的创造一直到艺术创造的原因；第二，这种需要引发了小男孩的“冲动”而通过“实践”进行“自我创造”；第三，小男孩认为“圆圈”是他的作品，他从中看到了自己的“活动”而获得了满足。总之，人的一切创造，首先都是由人自我实现的需要引起的实践活动。

审美创造是由人的审美需要引起的一种实践活动。而按照马斯洛关于创造就是人自我实现的需求的理论，审美创造本身也是人的需要。所以，审美创造必然成为人的生命实践活动方式之一。

人类最初的审美创造不一定是有意识有目的的创造，但是，随着人的审美意识的觉醒，人意识到自己的审美需要并有意识去实现这种需要的满足，真正的审美创造就开始了。就是说，审美创造是人类不满足于现有的美，决心改变客观世界现有的形式和规定，创造眼下没有现成存在的理想美，以满足自己更高的冀求——新的审美需要的生命实践活动。反过来说，审美创造作为人类改造客观世界的一种实践方式，正是“人的需要的丰富性”的确证。

（二）审美创造是人的特殊的生命活动

审美创造作为人类创造活动方式之一，它和别的创造活动如生产劳动、科学实验等一样具有以下共同性：

第一，人类创造活动是具有自由自觉性的社会实践活动。人生活在大自然中，有受大自然制约的一面，即被动的一面，但人又是高级的动物，具有自由自觉的本质，是大自然的主人，是能动的动物，能按照一定的目的性去改变环境，创造自己所需要的东西，以满足生活的需要。马克思说：“生命活动的性质包含着一个物种的全部特性、它的类的特性，而自由自觉的活动恰恰是人的类的特性。”② 这里所说的“自由”，指人的生命活动具有意识性、目的性。人是“有意识的存在物”，人的“生命活动是

① 黑格尔：《美学》第一卷，朱光潜译，北京：商务印书馆 1979 年版，第 39 页。

② 马克思：《1844 年经济学哲学手稿》，刘丕坤译，北京：人民出版社 1979 年版，第 50 页。

有意识的”而不是盲目的、任意的，是有一定“预定蓝图”的社会实践活动，所以“他的活动才是自由的活动”①。“自觉”指的是人的生命活动具有能动性、主动性而不是被动的、被迫的。人类创造活动就是人类自由自觉地改变客观世界的存在形式的活动，是人的全部智力、体力处于高度紧张状态下匠心独运地改造客观世界的生命活动。通过实践改变客观世界存在形式的创造性活动，都是根据人类的需要有目的性、能动性的自由自觉社会实践活动。

第二，人类创造活动的过程是借助于工具或符号改造客体从而把自己的本质力量或内在价值对象化的过程。人的创造活动过程，必须凭借一定的手段，这就是工具或符号，如生产劳动凭借物质性机械工具，文学创作凭借语言符号。人和动物的本质区别之一就是人能够创造并运用工具和符号进行改造客体的创造活动。在创造活动过程中，人展开自身的创造力，通过客体把自己的本质力量或内在价值外化为新的现实存在，使客体成为人的本质力量或内在价值的物化形态。所以，创造活动作为一种社会实践，就是人的本质力量或内在价值自我实现和确立的生命活动方式，其创造成果就是一本人的本质力量或内在价值的“打开了的书”，是“人的本质力量的新的证明和人的本质的充实”②。

第三，人类创造活动具有历史性。从人类早期的创造活动到现代的创造活动，体现了人类创造活动从粗糙、简单到精细、复杂的历史发展过程。各个历史时期人类的创造活动各有自己的特点，而这些特点主要取决于创造所凭借的工具或符号的发展水平和人对自然规律、美的规律的掌握程度及人的本质力量的发挥水平。一般说，随着社会生产力的提高、科学技术水平的发展和人的自由自觉性的不断实现，人类创造活动的水平也必然不断提高。

但是，审美创造是人类生命实践活动的特殊类型，有自己的特殊性：

第一，就创造的根源——需要来说，美的创造根源是人的审美需要的发展。它不是从物质生活的实用需要出发，而是从一种更高的精神需要出发。例如艺术创造，正如黑格尔所说：“艺术又好像出于一种较高尚的推动力，因此要满足的是一种较高的需要，有时甚至是最高的，绝对的需要，因为艺术是和整个时代与整个民族的一般世界观和宗教旨趣联系在一

① 马克思：《1844 年经济学哲学手稿》，刘丕坤译，北京：人民出版社 1979 年版，第 50 页。

② 《马克思恩格斯全集》第 42 卷，北京：人民出版社 1979 年版，第 132 页。

起的。”[①] 审美创造的目的在于人要通过自觉自为的活动，在改变外在事物中发现自己、观照自己而获得精神享受。因而，一般创造的根本目的是创造实用物质价值，因而重在产品的功能设计上；而审美创造的根本目的是要生产具有审美意义的、能给人们提供审美享受的精神价值，因而它重在产品的形象塑造上，是一种情感体验的形象创造活动，其成果是审美形象。

第二，就审美需要转化为主观目的追求来说，这种目的追求虽然体现着一定的意志，但主要表现为情感满足的目的追求。其他创造活动遵循的规律主要是客观事物的运动规律，创造主体不能违背或改变这些规律，只是利用这种规律来实现自己的意志，创造主体不能感情用事，而必须以冷静的理智态度去进行创造。审美创造主要为了满足情感需要，可以冲破理性栅栏，超越客观规律，而按情感逻辑去创造，如：《牡丹亭》之冲破生与死的界限，《西游记》之超越人与神、人与妖的界域，等等。

第三，就思维方式来说，审美创造的思维方式主要是形象思维而不是科学思维。科学思维是一种抽象思维、理性思维，即运用理性和概念，通过逻辑推理去把握世界以获得对世界的真理认识的思维方式；而形象思维不同，形象思维就是运用具体的形象去把握世界，通过直观把握去获得对世界的总体印象的思维方式。艺术思维就是形象思维，别林斯基早就明确指出：“艺术是对真理的直感的观察，或者说是寓于形象的思维。”[②]“诗人用形象思索；他不证明真理，却显示真理。”[③] 中国古代的“比兴”、“神与物游”、“神用象通”，说的其实就是形象思维。形象思维是艺术欣赏、艺术创作的思维方式，也是一切审美欣赏、审美创造的思维方式。形象思维最基本的特征是，思维过程主体始终用形象知识去接通、直观和思考对象世界，始终不脱离事物的具体形象。科学思维在获得理性认识之后就要抛弃具体的感性材料，粉碎个别的有限形象，显出事物的本质，即“舍象求质”，而形象思维即使进入理性认识阶段，也不抛弃对象的形象，始终要用形象显示事物的本质，即“造象显质”，正如贝多芬所说，当他在作曲时，头脑中总有一幅画，并且按这幅画去工作。形象思维这一基本特征必然使审美创造成果具有形象性等特征。当然，审美创造并不排除理性思维，可以说，审美创造是形象思维与理性思维的统一，但形象思维是

---

① 黑格尔：《美学》第一卷，朱光潜译，北京：商务印书馆1979年版，第38页。

② 《别林斯基选集》第三卷，满涛译，上海：上海译文出版社1980年版，第93页。

③ 《别林斯基选集》第二卷，满涛译，上海：上海译文出版社1980年版，第96页。

主要的，理性思维是服从于形象思维的，在审美创造中往往因为情感表现的需要而可以超越理性思维的束缚。

第四，就创造成果的风格来说，审美创造的成果具有鲜明的个性化色彩。审美创造本质上要追求创新，创新不是对客观生活现象的原样照搬和模拟，而是创造主体在生活基础上进行积极的创造性劳动，审美创造主体总是依据自己的审美理想、审美趣味和审美观念，通过独具个性的直觉与智慧，对审美意象进行独特的加工和改造，从而创造出独特的审美形象。这种独特的审美理想、审美趣味、审美观念和独具个性的直觉与智慧，就是创造主体独特的审美个性，它是进行创新的内在动力，也是形成独特风格的审美成果的内在原因。西班牙画家毕加索（P. Picasso，1881—1973）就是一个极具创新精神的富有个性的艺术家，他的作品就是其个性的象征、内心世界的反映，其中保持着顽童般的纯真，常人眼里坚不可摧的固体世界在他笔下可以任意分割和变形。他创作的抗议德国法西斯屠杀暴行的《格尔尼卡》，黑、白、灰构成的画面，以象征手法展示了死亡、毁灭、恐惧、挣扎和惊慌，体现了对于和平的热爱和强烈的人道主义精神，成为现代艺术的成功范例。审美创造中的个性化特征使不同的创造者所创造的审美成果风格悬殊，它们总是独特的、崭新的、不可重复的。而科学创造在发明一种产品之后，可以按一个模式复制，批量生产，没有个性差异。

第五，任何创造都必须拥有一定的知识和经验的积累。但是，一般创造活动在构思之前的知识积累主要是理性科学知识的积累，而审美创造由于主要运用形象思维进行创造，并且其创造成果必须表现为形象，因而审美创造的知识积累主要是形象知识和个人审美经验的积累。

当然，审美创造在实践中常常和其他创造活动相结合，例如物质产品的审美创造中，审美创造是与产品的功能创造结合在一起的，甚至依附于功能创造活动，如建筑的审美创造就是如此。反过来，其他创造活动也常常与美的创造相结合，特别在现代，从一个小小的钥匙扣到一座城市的设计创造都离不开美的创造。可以说，社会越向前发展，物质生产越审美化，而审美创造也越倾向于生活化，越与人类一切物质活动相汇合。所以，不能完全孤立地研究美的创造。

二、审美创造的理想与规律

审美创造是在一定的审美理想的指引下，按照美的规律展开的生命实践活动。因此，必须了解审美理想、美的规律的内涵及其对审美创造的意义。

（一）审美理想与审美创造

人是有理想的动物，人既生活在现实世界中，也生活在激情的理想世界中。人永远不会满足于现实，必然有高于现实的追求，这种追求的目标就是理想。哪里没有理想，哪里就没有创造，就没有真正伟大的人的生活。

1. 审美理想的内涵

审美理想就是人们关于美的理想或理想的美的观念，即人们认为现实生活和审美对象“应当如何”的观念，是人们关于完善的美的观念。从心理活动的实质讲，审美理想是一种指向未来、指向美好生活远景的创造性想象。在审美意识中和审美创造中，审美理想是灵魂，贯穿并指引着人们审美创造活动的全过程。

审美理想是人们对客观现实中美的事物的能动反映，但不是个别美的事物的反映，而是对现实中众多美的事物的集中和概括的反映。一件衣服怎样才是理想的美，不是凭空而来的，也决不会以已有的某一件衣服的美为唯一参照物，而是在大量已有的衣服美的基础上概括、集中、综合而创造性想象的结果。所以，美的理想具有概括性、集中性、想象性和典型性。艺术典型就是理想的艺术形象。

审美理想是在审美认识的基础上形成的，是人们长期审美实践经验的结晶。它不是先验存在的，也不是偶然产生的，没有一定的审美认识和审美实践的积累，审美理想就不可能形成。

审美理想是多种多样、丰富多彩的。有个体的审美理想，有群体的审美理想，有时代的审美理想，有民族的审美理想，也有阶级的审美理想。例如，不同个体关于艺术美的理想，陶渊明追求的是：“常著文章自娱，颇示己志。忘怀得失，以此自终……酣觞赋诗，以乐其志。”[①] 苏东坡追求的是：“某生平无快意事，惟作文章，意之所到，则笔力曲折，无不尽意，自谓世间乐事，无踰此者。”[②] 体现了一种陶然自适的精神情怀。不同群体或阶级关于社会美的理想，梁山义军追求的是：“大碗喝酒，大块吃肉”、“八方共域，异姓一家”、“四海之内皆兄弟”的社会理想；孙中山领导的资产阶级革命追求的是三民主义的“大同世界”理想；共产党追求的是共产主义的理想。不同时代关于艺术的理想，中国奴隶制初期的

---

① 陶渊明：《五柳先生传》。

② 《春渚纪闻》卷六，《东坡事实》。

审美理想是“狞厉的美”、“有虔秉钺，如火烈烈”；春秋时代的审美理想是理性主义，情理结合、情以理节；汉代的审美理想是“飞动流畅，虎虎有生气”；魏晋时期是“以形写神，气韵生动”；初唐是热烈进取，新鲜活泼；晚唐以后追求情趣意韵、崇尚平淡。具体到某种艺术，如书法艺术，各时代的审美理想和追求也不一样，如商周尚象、秦汉尚势、晋人尚韵、唐人尚法、宋人尚意、元明尚态等。再如，不同民族关于人格理想，西方倾向于理智型人格（如古希腊人以智慧为美，文艺复兴时期以“多才多艺”为美），中国倾向于伦理型人格（如儒家的以仁为核心的仁、义、礼、智、信），等等。

审美理想有以下特征：

（1）审美理想是人们的审美经验标准与民族、时代、阶级的理想要求的统一。

审美理想的形成，是人们在大量的审美感受基础上提炼集中的结果。在日常生活中，人们在对审美对象反复多次的审美感受过程中逐步形成一种经验性标准。如关于人体美的经验性标准，人们首先在日常生活中习见各种各样的人的体形、面形、肤色等，觉得那种样子是美的，那种样子是丑的，慢慢地，就形成了一种经验标准，以后再见到某一个人，就用这种标准去加以衡量。这是审美理想的基础。

但是，由于经验标准的个体性和多样性，不同人有不同的经验，还不具有普遍性，不能成为一种完善的审美理想，只有当它与一定时代、阶级的理想要求结合起来，才形成具有一定普遍性的审美理想。民族、时代、阶级的理想要求，指不同民族、时代、阶级的人们从世界观、政治理想、道德标准和实践功利需要出发，认为对象应如何的理想要求。个体的审美理想必然受到民族生存环境、文化传统、生活方式、风俗习惯等的影响，有历史继承的一面，同时又受到其所处时代的社会文化背景、政治观念、道德观念、艺术观念和时代风尚的制约、影响。因此，任何个体的审美理想都折射着一定民族的、阶级的、时代的审美文化特征。

（2）审美理想具有鲜明的形象性和强烈的情感因素。

审美理想虽然是一种观念，但它不同于其他观念。由于审美理想是现实美的集中概括和反映，它不可能脱离美的事物的具体形象。如当你说人的美的理想时，就必然和人“应当如何”的“样子”联系着，甚至自然而然想到某人的样子，离开具体样子即形象来谈审美理想是不可能的。所以，尽管审美理想是一种观念，却是一种具象的观念，一种形象化了的观念，也可以说是一种观念意象。

审美理想是偏于理性的，是以民族、时代、阶级的理性要求为主导的，但它包含着强烈的情感因素。因为审美理想是在人们丰富的审美感受的基础上提炼概括起来的，而审美感受本身就是一种强烈的情感体验；审美理想又是对审美对象“应当如何”的愿望、要求的集中体现，成为审美理想的对象的，必定为你所爱，换言之，人们对理想的美，必然倾注着强烈的喜爱的情感。所以说，审美理想具有鲜明的形象性和强烈的情感因素。

（3）审美理想具有高于现实美的品格。

审美理想是对现实美的集中概括和反映，它首先植根于现实美，因而与现实美具有某些一致性，符合现实美的基本规律。但审美理想是人们不满足于现实美的创造性追求，它必然是现实美的提高、升华，是超越了现实的理想化了的美的观念形态。所以，任何一种现实美都不足以体现它，只有人们通过变革现实的实践活动，现实美才转化、提升为理想美，这种高于现实美的美才是审美理想的体现。例如艺术创造中的典型，就是高于现实生活中的人物。古希腊绘画中海伦王后的美，就是经过典型化创造而成为高于现实的理想美。一般说，不同民族、时代、阶级的理想的艺术典型，往往是一定民族、时代、阶级审美理想的体现，如《三国演义》中刘备、诸葛亮、关羽就是封建阶级好皇帝和文武战将的理想体现；《水浒传》中的吴用、林冲、武松、“三阮”是封建社会农民英雄的理想体现。

2. 审美理想对审美创造的作用

任何创造都不是对原物的复制，而是一种独运匠心的创新。创造不能离开现实，但只有产生现实中尚没有的新的东西，才称得上创造。审美创造也如此，审美理想具有源于现实又高于现实的品格，审美理想体现着人们进行美的创造的理想目标。正是一定的审美理想激发着人们追求美、创造美的热忱，吸引着人们为创造更加美好的生活而献身。

审美理想作为人们关于审美对象应当如何的理想蓝图，具有指向未来的明确性，所以它对审美创造具有重要的指导作用。审美理想不仅是审美创造的前提和中介，而且导引、规范着主体审美创造活动的全过程。

审美理想在审美创造中的作用，具体说，主要是：

（1）审美理想对审美创造具有鼓舞和推动作用。

审美创造活动，目的是为了满足人们更高的审美需要和要求而进行的；而审美理想具有高于现实美的品质，它的实现能够满足人们更高的审美需要，这样它就必然成为人们向往、追求的目标。这实际上意味着，审美理想在主体内部便转化为一种巨大的精神追求的力量，鼓舞和引导人们去为实现它而奋斗。经验告诉我们，一个没有确立审美理想的人，决不会从事审美创造活动，正如一个对真理没有追求的人，决不会为真理而奋斗。

（2）审美理想对审美创造具有标准和规范作用。

任何审美创造，都不是盲目的，而是事先就有一定蓝图的。这个蓝图是根据一定的审美理想规划、设计出来的观念图像，是未来产品的标准范型，它规范、指导着审美创造活动的方法或方式，以求创造出符合其理想要求的标准性产品。正如马克思指出的："最蹩足的建筑师从一开始就比最灵巧的蜜蜂高明的地方，是他在运用蜂蜡建筑蜂房之前，已经在自己的头脑中把它建成了。劳动过程结束时得到的结果，在这个过程开始时就已经在劳动者的表象中存在了，即已经观念地存在着。而劳动者通过劳动实现的这个目的，使它所知道的，是作为规律决定着他的活动方法或方式的。他必须使自己的意志服从这个目的。"①

（二）美的规律与审美创造

1. 美的规律的内涵

"美的规律"的概念是马克思在巴黎手稿中提出来的。马克思说："实际创造一个对象世界，改造无机的自然界，这是人作为有意识的类的存在物的自我确证。诚然，动物也进行生产，它也为自己构筑巢穴或居所，如蜜蜂、海狸、蚂蚁等所做的那样，但动物只生产它自己或它的幼仔所直接需要的东西。动物的生产是片面的，而人的生产则是全面的；动物只是在直接的肉体需要的支配下生产，而人则甚至摆脱肉体的需要进行生产，并且只有在他摆脱了这种需要时才真正地进行生产；动物只生产自己本身，而人则再生产整个自然界；动物的产品直接同它的肉体相联系，而人则自由地与自己的产品相对立。动物只是按照它所属的那个物种的尺度和需要来进行塑造，而人则懂得按照任何物种的尺度来进行生产，并且随时随地都能用内在固有的尺度来衡量对象，所以人也按照美的规律来塑造物体。"② 显然，马克思以是否按照美的规律塑造物体作为人与动物的生产的本质区别之一。那么，美的规律指什么？

美的规律指的是"两个尺度"的统一，即"任何物种的尺度"和人

---

① 马克思：《资本论》第一卷，北京：人民出版社1975年版，第201~202页。

② 马克思：《1844年经济学哲学手稿》，刘丕坤译，北京：人民出版社1979年版，第50~51页。

“内在固有的尺度”的统一。就是说，按照这两个尺度进行生产并取得两个尺度的统一，就是按照美的规律进行生产，就可以创造出美的产品（马克思在这里主要讲物质产品，但也完全适用于精神产品）。那么，“两个尺度”的含义又是什么呢？

“物种的尺度”就是实践对象本身存在着的不以人的意志为转移的客观规律和运动形式，包括事物的性质、结构、功能及其与他物的相互联系、相互作用所形成的规律，即“真”。人也是一个物种，所以物种尺度也包括人的尺度。这样，物种尺度就是物种的本质规律和形式规律。一事物要美，首先必须符合物种的规律，如人的美，首先必须合乎人的本性；其次在形式上必须符合人的形体结构规律，否则就没有美可言。

“内在固有的尺度”就是作为实践主体的人的尺度，它应包括两个方面：

一方面是，人的需要的尺度，如温饱、生存、发展和精神享受、信仰、知识等的需要尺度。恩格斯说：“人只需要了解自己的本身，使自己成为衡量一切生活关系的尺度，按照自己的本质去估价这些关系，真正依照人的方式，根据自己本性的需要去安排世界。”① 人的需要是客观存在的，当人意识到自身的需要并作为一种尺度去衡量和创造对象时，需要就转化为人主观上的目的观念，即“善”的观念，就是合目的的问题。另一方面是，实践主体的智慧，即对物种（作为实践对象）的客观规律的认识，也就是把物种尺度内化为主观观念，作为衡量和创造对象的“内在固有的尺度”的另一方面，即“真”的观念。正确的认识，就是合规律。内在尺度就是主体的智慧、主体对对象的认识与需要、目的的统一。

当“物种的尺度”和人“内在固有的尺度”达到统一时，就是真与善的统一、合规律性与合目的性的统一，这就是美的规律的根本内涵。当人在文化活动中实现了这“两个尺度”的观念统一并运用于创造文化产品的实践活动中时，或者说，当人将这“两个尺度”的观念统一起来通过实践对象化于文化产品（物质文化产品或精神文化产品）中，并通过生动的形象表现出来时，该文化产品就是美的，否则就是丑的。因此，审美创造必然是一种遵循美的规律进行的创造活动。

2. 美的规律对审美创造的作用

任何审美创造，都必须掌握美的规律。美的理想只为审美创造预定一

---

① 《马克思恩格斯全集》第1卷，北京：人民出版社1979年版，第655页。

个蓝图。如果创造过程违背了美的规律，蓝图就不会成为现实，美的理想就不能实现。所以，美的规律是实现美的理想的具体规律，是审美创造过程的根本法则，如果说美的理想对审美创造具有标准的意义、指导的意义，那么美的规律就具有方法的意义——如果说美的理想就在河的对岸，那么美的规律就是过河的方法。

美的规律和美的理想应该统一。美的理想应该建立在美的规律的基础上，离开美的规律的审美理想是虚无的、不真实的。在审美创造的过程中，一旦发现审美理想不切合或违反美的规律，与真、善存在着矛盾，就必须对审美创造的理想——产品的终极目标进行调整。所以，美的规律对实现审美创造的理想具有保证作用，又具有规范、调整的作用。按照美的规律去创造的成果，在内容上才能达到真善的统一，在形式上才能符合形式美的规律而成为生动的形象，才能成为有审美价值的产品。

第二节　审美创造的过程

人类的任何创造活动，最终都体现为一定的物质存在方式，即“人的现实”、“人的作品”，如劳动产品、艺术品等。在这个过程中，人类把自己的智慧、才能——人的本质力量不同程度地发挥出来，最后凝结在产品上，所以，创造的过程也就是人的本质力量、内在价值对象化——物化的过程，创造的产品就是人的本质力量、内在价值的对象化物化形态。人创造的美的事物也是人的本质力量、内在价值的物化形态。

科学产品、劳动产品主要是人的理性认识通过实践而物化（科学理论著作是智力的物化）；而人创造的美的事物则是人的审美意识通过实践而物化。这是因为，科学创造和劳动生产是人类在掌握客观规律，获得一定的理性认识的基础上进行的创造，本质上是一种追求真或善的理性活动；而审美创造是审美主体在对现实的审美体验即情感体验的基础上进行的一种创造活动，本质上是追求美的过程。审美主体在对现实的审美过程中形成一定的审美标准、审美理想、审美趣味等意识，我们统称审美意识。在审美创造中，主体的审美意识通过一定的物质材料表现为感性的实际存在。所以，可以说审美创造是审美意识的物化活动。

但是，审美意识不一定都需要或必然转化为美的事物，例如，到美术馆欣赏美术作品，在欣赏中你产生或形成了某种审美意识，却不转化为美的事物。而在审美创造活动中，某种审美意识是指向实践对象的，有具体目标的，创造主体是沿着既定目标前进并付诸实践的，所以这里的审美意识不是一般观念，而是一种“审美实践意识”。“审美实践意识”是具象化的、意象化的（反映着未来产品形象的），所以也称为“审美实践意象”。审美创造的过程就是审美实践意象的建构和物化的过程。

一、审美实践意象的建构

（一）什么是审美实践意象

实践意象的概念是根据马克思关于实践问题的论述概括提出来的。马克思在谈到人类改造客观世界实践活动的特征时指出，人的实践活动和动物的物质活动有着根本性的本质区别：人不仅能使用自己制造的工具进行生产，而且人的任何实践活动都是自由自觉的、有目的的，人在进入实际的实践行为之前就事先在观念上提出生产的对象，把它作为“内心图像”，作为需要、动力和目标提出来。这里我们要重提马克思的相关论述：“最蹩足的建筑师从一开始就比最灵巧的蜜蜂高明的地方，是他在运用蜂蜡建筑蜂房之前，已经在自己的头脑中把它建成了。劳动过程结束时得到的结果，在这个过程开始时就已经在劳动者的表象中存在了，即已经观念地存在着。而劳动者通过劳动实现的这个目的，要使他知道的，是作为规律决定着他的活动方法或方式的。他必须使自己的意志服从这个目的。”[①] 马克思这段论述告诉我们，人的一切实践活动都是有意识的生命活动。人这个生命体中不仅存在着体力，而且存在着动物望尘莫及的智力，所以人在把自己的生命活动变成自己的意志和意识的对象化过程——实践过程中，都不是盲目的，而是在体现着一定需要和目的、反映着一定实践目标的观念的规定、控制、调节之下自觉进行的，就是说，都是以体现一定实践意向的观念为中介来建构对象世界的。这种观念，就叫“实践观念”，或称“实践意识”。

审美创造作为一种实践方式，同样是人的有意识的生命活动，同样受到实践活动普遍规律的支配，也必然要经过实践意识这一中介环节，在一定实践意识的作用下有计划地向着事先知道的一定目标——未来美的产品前进的。为了区别其他实践活动如生产劳动、科学试验、社会革命斗争等的实践意识，我们把美的创造中主体的实践意识称为“审美实践意识”。

实践意识（包括审美实践意识）不同于一般对客观世界的反映意识

① 马克思：《资本论》第一卷，北京：人民出版社 1975 年版，第 201～202 页。

（下称“一般意识”）。

第一，一般意识作为人对客观世界的反映和认识，只是停留在观念领域内的一种抽象意识，并没有具体行为的要求和具体行为对象的指向。例如“劳动创造了世界”这一意识，就是作为一个客观真理的反映，抽象地存在于人的脑海中，并不提出一项具体的劳动要求和劳动目标及劳动方式方法。实践意识则不同，它包含着对客观世界的抽象认识，却已表现为明确指向某一具体目标的、有一定具体目的的即有定向性的具体意识，它不停留在“劳动创造了世界”这样一种观念形式。例如建造一座大厦之前，实践主体的实践意识就是关于这座未来的大厦的建造意识，因为任何实践都是具体的，都有确定的实践目标、对象。

第二，一般意识既然不指向具体的实践对象，也就没有具体的对象化要求；它能影响人们的实践活动，却不涉及具体的实践意志，也就没有直接外化为具体对象的趋势，更不规定实践成果的内在功能和外在形式的特征。换句话说，“劳动创造了世界”这一意识可以引导人们正确理解、认识劳动的意义，可以促进人们积极投身于改造客观世界的伟大劳动实践，却不规定人们参加何种劳动，通过何种劳动方式创造何种劳动成果。实践意识则明确地向着预定的具体目标前进，要将自己转化为外在现实，用列宁的话说，就是有“想实现自己的趋势”，“想在客观世界中通过自己给自己提供客观性和实践（完成）自己的趋势”①。就是说，实践意识具有外化的“动势”。

第三，一般意识在感性认识的基础上升华为理性认识之后就舍弃了具体事物的感性形式，以抽象概念的形式观念地存在于人脑中，没有形象性。而实践意识因为始终指向具体目标，实践结果的样子已预先存在于主体的观念表象中，实践意识反映着未来产品的构造模型而具有形象性。例如要建造一座大厦，实践意识就反映了这座大厦的具体形象，这就形成了马克思所说的“内心图像”。这种图像不是实物形象，而是观念形象，是想象形象，是“人心营构之象”②。所以，它实际上就是中国古典美学中所说的“意象”。这样，实践意识也可称为“实践意象”。对于审美创造来说，就是“审美实践意象”。

上面我们指出了实践意识和一般意识的不同规定性，同样，审美实践意识和一般审美意识也是不同的。一般审美意识是关于审美感受、审美认

---

① 《列宁全集》第38卷，北京：人民出版社1972年版，第228页。

② 章学诚：《文学通义·易教下》。

识的意识，不涉及实践意志，而审美实践意识则是在一般审美意识的基础上形成的关于实践本身的意识；前者不受实践意志的支配，不具有直接外化为美的感性存在的动势，后者则受实践意志的支配，要通过物质行为外化为具体的未来美；前者的形象（一切审美意识都不能脱离美的形象而具有形象性，这是审美意识不同于一般意识的特点之一）是关于现实美的，后者的形象是关于未来美的。可见，审美实践意识才是直接参与美的创造的主体意识。也就是说，从一般审美意识到美的实际创造，中间不能不经过审美实践意识这个中介环节，没有这个环节，任何美的创造都是不可能的。西方某些“画家”随意在画布上泼颜色，或让猴子浑身蘸墨在地上翻滚，其结果据说就是“艺术美”。这毋宁说是取消艺术，它把审美实践意识这个中介环节取消了，把美的创造当作没有任何预先目的指向的活动，这是违反美的创造的一般规律的。

根据上述理解，审美创造实际上就是创造主体在一定审美实践意象的规定下，通过改变一定的物质外在形式和现实规定，建造出符合主体审美需要的新的形式和规定的审美客体的生命活动。

（二）审美实践意象的建构

审美实践意象的形成过程就是审美实践意象的建构阶段。在这个阶段，实践主体通过对现实美的感受、体验、分析，在美的理想的指导下寻求“两个尺度”的观念统一，形成关于未来美的理想意象。换句话说，创造主体在对现实美的感受、体验、分析的基础上，在观念中实现美的理想和美的规律的统一，形成了一种审美的“内心图像”，成为指向实践的意象，这就是“审美实践意象”。它形成之后，指导或支配着审美创造的实践活动的全过程。

前已指出，美的理想，是人们关于美的对象应当如何的观念，是对美的更高要求的集中体现。人不满足于现实美而要求创造新的美的世界，这正是人的美的理想的表征；没有美的理想，就没有创造美的动力、行为、标准和成果。不过，我们这里讲的是具体美的创造过程中的审美理想，它已不是一般的“美应当如何”的理想，而是“某物的美应当如何”的理想了，所以我们称之为“审美实践理想”。审美实践意象的建构，就是在审美实践理想的指导下，实现两个尺度高度统一的观念过程。

在这个过程中，一方面，实践主体要通过认识、掌握各种现实美的性质、特征、规律及它们相互联系的形式，加以集中概括，上升为一定的理论观念，进而确定关于理想美对象的理性尺度，即对未来美的内部规定和外在形式提出理性要求，主体认识愈深刻就愈知道怎样去驾驭“从外界吸收来的各种现象的图像”，“使它们服从于他的目的”。[①] 另一方面，实践主体要根据自己的情感要求和愿望（这种情感表现为个体形式，但积淀着时代的、社会的、民族的以至阶级的内容），对未来美提出情感要求。因此，主体在对现实美的种种信息进行理性处理的同时，也通过情感效应，对现实美的信息进行扬弃、过滤、凝聚，并将自己的感情灌注于其中；此外，主体还沿着情感发展逻辑的指向展开积极的想象等活动，对各种审美信息重新组合，通过这些心理过程，建造出洋溢着主体情感的、更加丰满、更加充实的理想美的内心图像。在这个过程中，理性的把握、情感的灌注双管齐下，缺一不可，正如黑格尔谈艺术美的创造时所说的：“一方面要求助于常醒的理解力，另一方面也要求助于深厚的心胸和灌注生气的情感。”[②]

审美创造可以分为两大类，一是实用物品美的创造，一是艺术美的创造。两种审美创造中都必须进行审美实践意象的建构，但具体要求和环节是有区别的。

1. 实用物品审美实践意象的建构

审美实践意象的建构，对于实用物品美如家具、用具、衣服、陶器、花瓶、笔筒、珠宝首饰、工艺产品的美的创造来说，就是审美设计。实用物品美的审美设计是在一定的目的、理想指导下，遵循一定的规律对将生产出来的产品的模型进行构思，然后把观念模型化为蓝图（特殊图纸上的表现）的过程。由于实用物品美要顾及实用和审美两个方面，所以，设计上要遵循实用的科学规律，又要遵循审美的规律。这样，设计过程要进行两种思维：科学思维和形象思维。例如制作一台机器，要使机器可以用，不能任意制造，必须遵循一定的物理规律，运用理性进行科学思维；但又要考虑这台机器的造型、色彩所形成的样子即形象，头脑里自然会浮现出种种看过的机器的形象，经过综合、选择而逐步形成一种新的形象，这就是形象思维。前者的结果是形成科学图像，后者的结果是形成审美实践意象。但设计过程两者是统一的，所以，设计实际是科学图像和审美实践意象的统一。

实用物品美设计的一般要求是：设计过程形成的未来产品的样子（科学图像和审美图像的统一），必须是未来实际完成的物品的形象；必

①② 黑格尔：《美学》第二卷，朱光潜译，北京：商务印书馆 1979 年版，第 359 页。

须使之更好地发挥其功能效用和审美效应；劳动产品的材料要求适当，功能结构合理，加工方法科学，从而造成一个和谐的整体；物品设计中的审美因素必须符合现代人比较流行的审美要求和审美需要，如建筑设计考虑建筑物与自然的融合，即外部空间的审美创造；物品美的设计必须考虑现代的技术力量。总之，实用物品美的设计是实用性、科学性、审美性、现代性的有机统一；审美性服从实用性。

那么，实用物品美究竟由什么构成的？依照我们对美的本质的理解，任何美包括实用物品美应该既符合自然物质本身的客观规律（真），又符合人的某种物质需要（善）才具有审美的意义，才可能是美的。而实用物品要达到真与善的统一，归根到底，取决于人对自然规律的认识、掌握（真）和按照一定的目的（善）去创造。换言之，取决于人的本质力量。所以，实用物品的美就其本质而言并不在于它的“物质层面”，而在于其中所物化的人的本质力量和产品的功能价值。就是说，实用物品的美不等于形式美。

20 世纪 50 年代在美国有一种流行观点，认为实用物品的审美价值完全在于形式，否定它与人的本质力量和功能价值的联系，这无疑是片面的。例如希腊建筑中的“柱式”显得很美，而这种美恰恰与它作为一种石材建筑的理想承重结构的功能有关；它不多不少，也是根据功能来考虑的。正如黑格尔所说：“古典建筑之所以具有高度的美，就因为它所竖立的柱子不多于实际撑持梁和顶所需要的。”① 今天我们所见许多高速运载工具如飞机、火箭、舰艇等多采用流线型形式，这种形式美正是根据功能来设计的。当然，有些实用物品的某些形式美则与功能无关，如工具器皿或衣服上印的各种花纹等，这又说明实用物品的形式美具有独立性的一面。19 世纪末美国芝加哥建筑学派主张“形式依附功能”，认为实用物品的审美价值必须完全服从于功能价值，甚至后来有人主张产品的经济原则就是美的原则等等，这种观点也是片面的。

实用物品的美不等于形式，它体现着人的本质力量，建立于功能价值的基础上，以真善统一为其本质内容，但它又必然要通过形式表现出来，呈现为形式美。

实用物品的形式美主要是由线条、色彩、尺度、比例、节奏、韵律、结构和质材（自然物质）自身特点等因素通过人的创造组合所形成的有

① 黑格尔：《美学》第三卷上册，朱光潜译，北京：商务印书馆 1979 年版，第 58 页。

机统一的形象美。这些因素的不同组合，便产生了实用物品千姿百态的美。由于这些因素本身各自具有独特的艺术表现力，因而它们在物质产品的形式整体中都各自能够产生独特的美感效果。

（1）线条作为事物形象的边沿感觉，既是实用物品造型的基本手段，又是创造不同风格的形式美的基本因素。线条有粗细、曲直、横竖、波旋、快慢、断续等不同状态。由于人类在长期社会实践中把线条的各种不同状态与生活现象联系起来，并赋予它们特定的情感内容，这种“赋予”一旦相对稳定化，各种线条给人们的感觉仿佛自身就具有某种表现力，如强调、斗争、宁静、骚动、和平、冲突、刚强、柔弱、欢乐、痛苦、悲哀等等，并直接造成某种美感风格。例如中国古代园林建筑（园林建筑既是艺术产品，又是实用物质产品），往往采用曲线、曲面、圆、椭圆进行围墙、道路、门窗、屋顶的设计，从而造成一种柔和、变化、运动、深幽的美；中国古代宫殿即使总体强调开阔、威仪，但在具体、局部方面也仍十分重视曲线设计，使人感到雄伟中有柔和纤巧相济。西方园林则以直线条为主调，给人整齐、舒展、刚劲的美感。

（2）色彩作为实用物品形式美的重要因素，它所产生的美感魅力往往更直接，也更容易引起注意，因为对“色彩的感觉是一般美感中最大众化的形式”[①]。色彩不仅能引起人们大小、轻重、冷暖、进退、远近等物理感觉，而且能唤起人们各种不同的情感联想，如纯真、贞洁、友谊（白色）；悲哀、痛苦、艰难（黑色）；热情、喜悦、激动（红色）；快活、智慧、希望（黄色）；安静、和平、青春（绿色）……人们根据各种色彩的不同物理特征和情感特征（当然也包括历史形成的某种色彩习俗），将其运用于实用物品美的创造，就能够造成不同的情感氛围和美感效果。例如服装设计，冲淡、含蓄、素雅的色彩能产生安静平稳、热情深沉的情感效果和柔和的美感效果；鲜艳、明度大的色彩能给人热情爽快、活泼好动的情感效果和轻盈艳丽的美感感受；等等。不同色彩的对比和调配，还可以避免单调，产生富于变化、多样统一的美感效果。例如，强色与中强色的对比调配，显得欢快而热烈；中强色与弱色的对比调配，当中强色占主导地位时，显得轻松而富于变化，当弱色占主导地位时又使人感到沉静而素朴；强色与弱色的对比调配，当强色占主导地位时，显得艳丽活泼，当弱色占主导地位时则使人感到优雅而庄重……色彩规律极其复杂，但运用得恰当，可以创造出丰富多彩的美。

---

① 《马克思恩格斯全集》第13卷，北京：人民出版社1979年版，第145页。

（3）比例，即尺度标准。是同一事物中整体与部分、部分与部分之间的大小、粗细、高低等关系的具体表现。比例恰当则美，不恰当则不美。因此，实用物品的形式美与恰当的比例有密切联系。古希腊人早就发现了这种联系，并自觉地将比例运用于美的形式创造之中。例如，毕达哥拉斯发现了著名的黄金分割律这一比例关系之后，便被人们运用到建筑、家具、箱盒以及人体艺术等的形式美设计创造之中。经验表明，这种比例的确能够使某些实用物品产生美的效果。当然，取何种比例才能取得美的效果，不同产品有不同要求，并非一定要符合黄金分割律。古希腊的瓶式器物，其瓶口、颈、肩、腰、腹、脚之间距离的比例就非常讲究，其中由瓶口至肩和由腰至肢的长度比例是13∶23，采用这种比例，不仅使用上方便、稳定，而且显得有变化、协调而优美。许多实用物品由于比例关系的不同而造成不同的美的风格，例如古希腊的陶立克柱式的柱高与柱径的比是8∶1，从而整个造型呈现出一种刚健雄壮的美；而爱奥尼柱式的柱高和柱径的比是10∶1，从而整个造型显出一种轻盈秀逸的美。

（4）对称也是造成形式美的重要因素之一。对称指的是在一事物的整体结构中，以某一点或线为轴心，在对应位置上造型一致或互相呼应。对称形式实际上是一种相等的比例关系。自亚里士多德以来，对称本身一直被公认为一种美的形式，而实际上早在原始时代它就已被我们的祖先运用到实用物品美的设计上了，例如从石器工具、陶器和原始武器（箭、弓等）的造型中就可以看到这种对称形式。后来对称形式被自觉地作为形式美的要素而广泛应用于各种实用物品美的设计中，无论是建筑物、交通工具、各种家具还是其他日常用品，对称美几乎无处不存在。很明显，对称形式具有实用功能性（如箭头不对称则偏离方向，飞机两翼不对称则不能飞行等），但它同时也能形成一种对照、调和、庄重的整体和谐美。例如北京故宫整个宏大建筑群，就是一个典型的对称结构，不仅总体对称，而且其中每一局部、每一独立的建筑物以及各种陈设、装饰等都是对称的，从而给人一种严整、庄重、和谐的美感。

（5）形式美并非一定要对称，对称也有其呆板性的一面。因此，现代实用物品美的创造愈来愈趋向于打破对称形式，但一般来说，是在保持总体均衡的基础上打破对称形式的。均衡与对称有联系又不相同，均衡可以是对称的，也可以不对称，对称则是一种均衡。均衡的基本要求是不失重心，因而即使不对称也给人一种稳重感。保持均衡而又打破对称格局，往往可以造成一种运动气势，表现出强烈的生命感，给人一种动态美的感受。悉尼著名的歌剧院的造型就显出这种美的特色。

（6）节奏作为实用物品形式美的因素，指的是形状、结构的有序变化，如起伏、凹凸、转折、疏密、长短、高低、方圆、肥瘦、虚实等的有序变化；或是色彩的浓淡、深浅、冷暖、轻重、进退、明暗的有规律变化。节奏能够使产品形式在有序的变化中产生一种动态的整体和谐美。中国古代宫室、塔和园林建筑都具有强烈的节奏感，现代交通工具如火车及铁路等都给人以明快的节奏感。

除了上述因素，实用物品的自然物质本身即质材（或质料）的某些天然属性和特征也是形成产品形式美的必然因素。马克思说："颜色和大理石的物质特性不是在绘画和雕刻领域之外。"① 就是说，质料本身的特性也是构成造型艺术形式美的一个方面。这里说的是艺术，实际上实用物品的美同样离不开质料的特性。例如一张用大理石加工制作出来的饭桌的美，就和大理石的天然颜色和纹样分割不开；一只用黄金制作的茶杯的美无论如何都包含着黄金本身的美的特性。质料本身的美不仅成为产品整体美的构成因素，而且它的其他物理特性也必然会影响产品的造型及质感、量感等，从而造成独特的外观美；同类的产品，由于质料不同，其形式美风格迥然相异。例如我国古代建筑物的质料主要是木质，这就决定了它多采用"斗拱"式结构，不宜高层和大跨度建筑，但适宜精雕细刻，多样变化和给人以柔、暖、韧的质感和轻盈灵巧的量感。而西方古代建筑物的质料主要是石头，这就决定了它多采用重叠、耸立的高层结构，轮廓鲜明而富于立体感并给人以刚、冷、脆的质感和沉重的量感。

实用物品形式美的创造实际上就是一种艺术创造，因此，实用物品美实际上就是物质文化的艺术化的产物；而当这种艺术化强化到一定程度时，某些实用物品也就同时成为艺术品，例如某些建筑物、园林、工艺品等。随着现代科技革命的兴起和发展，实用物品或者说物质文化产品越来越富于艺术性，以至于一些实用物品与艺术的界限也越来越模糊了。

必须指出，实用物品形式美的创造不是与人的精神生活无关的纯形式的随意组合。人们在实用物品的设计中要求对象在外在形式上也成为人对自身做情感上的直接肯定，要传达一定的情感、情绪、气氛、格调、风尚、趣味，使之与人的精神生活发生关系。

以上是实用物品审美实践意象的建构即设计问题。

---

① 《马克思恩格斯论艺术》（一），北京：人民文学出版社1960年版，第113页。

2. 艺术审美实践意象的建构

审美实践意象的建构，对于艺术创作来说，就是艺术构思。

艺术构思是艺术审美创造过程的核心阶段，是艺术创造主体在孕育艺术审美实践意象时所进行的创造性思维活动。这个过程，是艺术审美创造从现实世界向艺术世界的飞跃。

在艺术构思过程中，艺术创造主体在对生活的感受基础上，对所获取的生活素材加以选择、提炼和加工，依照一定的审美理想，遵循美的规律，通过想象等心理活动，在头脑中形成一定的艺术审美实践意象。

郑板桥在谈到画竹的时候曾讲道："江馆清秋，晨起看竹，烟光、日影、露气，皆浮动于疏枝密叶之间。胸中勃勃，遂有画意。其实胸中之竹，并不是眼中之竹也。因而磨墨展纸，落笔倏作变相，手中之竹又不是胸中之竹也。"[①] 这里，郑板桥非常生动地概括了感性表象、艺术审美实践意象和艺术形象之间的关系，即：生活里客观存在着的事物都有其一定形象（包括形状和模样），主体通过自己的知觉获得关于事物的感性表象——"眼中之竹"；在此基础上，经过主体思维、情感的进一步介入与加工，形成"胸中之竹"。"胸中之竹"就是在"眼中之竹"这一感性表象基础上诞生的、指向实践对象——"手中之竹"的艺术审美实践意象。

在形成艺术审美实践意象的过程中，与实用物品美的创造一样，创造主体各种心理活动非常活跃，特别是情感、想象和灵感在艺术构思中具有突出的作用。

在艺术的审美创造中，审美情感既是创造的动力，也是审美意象的深厚内涵。没有情感就没有艺术的审美创造。清代诗论家沈德潜说："以无情之语而欲动人之情，难矣。"[②] 鲁迅强调："创作须情感。"[③] 托尔斯泰在谈到艺术创造时也说："在自己的心里唤起曾经一度体验过的感情，在唤起这种感情之后，用动作、线条、色彩、声音以及言词所表达的形象来传达这种感情，使别人也能体验到这同样的感情——这就是艺术活动。"[④] 尽管艺术门类各不相同，但它们在艺术构思阶段主体情感一样始终起着主导作用，这一点是共通的。没有情感就没有艺术，艺术创造主体总是把他

---

① 郑板桥：《郑板桥集·题画》。

② 沈德潜：《说诗晬语》。

③ 《鲁迅全集》第3卷，北京：人民文学出版社1981年版，第332页。

④ 列·托尔斯泰：《艺术论》，韦陈宝译，北京：人民文学出版社1958年版，第47页。

自己对于各种生活现象的审美判断以及由此产生的情感凝聚在所生成的审美实践意象之中。这正是艺术作品之所以具有感人力量的源泉，也是伟大艺术和平庸艺术的根本区别之一。

在审美实践意象的建构中，情感不但支配着意象运动，推动着意象的生成，甚至还用“移情”方法去改变表象，赋予意象以人的感情，使对象涂满了人的感情色彩，即所谓“登山则情满于山，观海则意溢于海”[①]。当然，审美情感必须源于创造主体的亲身经历和切身感受，才会有真实感，才可能达到“真知灼见”。由这样的审美情感和审美认识结合而成的审美意象，才具有艺术的生命力。

审美实践意象的建构虽然主要是一种情感活动，但始终离不开理性认识。这种理性认识在审美活动中称为审美认识。审美认识是审美主体对于具体审美对象的审美价值或审美属性的一种把握；它依赖于审美对象本身的感性特征，一旦脱离具体审美对象的感性外貌（如竹子的形状、颜色、体态等），对象的审美价值或属性（美或丑）也就无从为主体所认识。当然，对于审美对象的审美价值或属性的把握、判断，仅仅有主体的感知还不够，还需要理性因素的参与。只是这种主体理性层面上的理解与思维并不表现为概念或逻辑的判断、推理，而表现为主体对由感知所获得的对象表象的直接领悟，表现为内含在感性之中的理性因素。因此，审美认识实际上是一种体现着感知与理解、感性与理性的统一的主体特殊心理活动。

审美想象是艺术构思中重要的主体心理条件。我们在前面已指出，审美想象是审美活动中一种真正的创造性思维活动。黑格尔在谈到艺术创造的一般本领时说：“谈到本领，最杰出的本领就是艺术想象。”[②] 想象是通过对审美表象的分析综合，在头脑中创造新形象的心理过程。没有审美想象，就无所谓审美创造。审美想象的特点，诚如刘勰所云：“文之思也，其神远矣。故寂然凝虑，思接千载；悄焉动容，视通万里；吟咏之间，吐纳珠玉之声；眉睫之前，卷舒风云之色；其思理之致乎！故思理为妙，神与物游。”[③]

审美想象能够在原有感性表象基础上，突破时空限制，实现对现实的超越，通过心理重构方式把记忆中的各种表象重新组合起来，在艺术创造主体头脑中形成从未有过的新形象。李白的《清平乐》从现实中人的衣

---

① 《文心雕龙 · 神思》。

② 黑格尔：《美学》第一卷，朱光潜译，北京：商务印书馆1979年版，第357页。

③ 《文心雕龙 · 神思》。

裳和面容的视觉映像出发，联想到“云”和“花”、“云”和“春风”，于是想象出“云想衣裳花想容，春风拂槛露华浓”；再由花的形态、性质，想象虚构出“若非群玉山头见，会向瑶台月下逢”的情境，以表现诗人特定的情感。在这里，诗人为了表现自己的思想感情，充分展开想象，对现实生活素材加以调整和重新加工、组合、补充和虚构，创造出了符合自己的审美理想的艺术形象。总之，借助艺术想象、艺术构思可以创造出有生命力的艺术形象。这正是艺术想象的奇妙之处。

审美想象不同于科学活动中的想象。科学活动中的想象是靠智力去推动的，是从属于理性认识的，它的指向是发现未知事物和真理；艺术创作中的想象以情感为中介，为推动力，它的指向和目的是创造形象、意境，创造观念性的“第二自然”。

在艺术构思中，灵感（inspiration）有着不可忽视的作用。关于灵感，古希腊人曾对它做了唯心主义的解释，说它是一种“神赐的灵气”，是世人在创作时吸入了诗神的灵气，才使作品具有超凡的魅力。德谟克利特最早提到灵感，他说：“一位诗人以热情并在神圣的灵感之下所作的一切诗句，当然是美的。”[①] 柏拉图把它解释为一种由于神灵凭附于身而丧失了理性的迷狂。他说，当灵感袭来时，人就处于“夜不能安寐，日不能安坐”的“带着焦急的神情，到处徘徊”的精神高度集中、紧张的状态。[②] 在神灵附身之后，灵感就会激发人的艺术创造激情。他说：“诗人是一种轻飘着的长着羽翼的神明的东西，不得到灵感，不失去平常理智而陷入迷狂，就没有能力创造，就不能做诗或代神说话。诗人们对于他们所写的题材，说出那样多的优美词句，像你自己说荷马那样，并非凭技艺的规矩，而是依诗神的驱遣。”[③] 也就是说，“诗歌本质上不是人的而是神的，不是人的制作而是神的诏语，诗人只是神的代言人，由神凭附着。最平庸的诗人也有时唱出最美妙的诗歌”[④]。柏拉图的解释当然是唯心主义的、神秘主义的，但他对灵感发生时人的精神状态的描述是切合实际的。在灵感状态中，艺术创造主体会产生一种特别强烈的、欲罢不能的艺术冲动，感觉特别敏锐、想象力特别活跃，往往能创造出连自己都意想不到的艺术成果。

一般来说，可以把灵感理解为一种顿悟，一种突而其来的又稍纵即逝

① 伍蠡甫：《西方文论选》上，上海：上海译文出版社 1979 年版，第 4 页。

② 《斐德若篇》。

③④ 伍蠡甫：《西方文论选》上，上海：上海译文出版社 1979 年版，第 19 页。

的心灵闪光。它在审美创造特别是艺术创造中是确实存在着的。果戈理（Gogol，1809—1852）就曾这样向友人描绘过他创作取材于扎波罗什人生活的悲剧《剃掉的一撇胡须》时的情形："我感到，我的脑子里的思想像一窝受惊的蜜蜂似地蠕动起来；我的想象力越来越敏锐。噢，这是多么快乐呀，要是你能知道就好了！最近一个时期我懒洋洋地保存在脑子里的，连想都不敢想写的题材，忽然如此宏伟地展现在我的眼前，使我全身都感到一种甜蜜的战栗，于是我忘掉一切，突然进入我久违的那个世界。"①这就是一种灵感状态。

作为艺术创造主体各种心理能力高度集中的结果，灵感是艺术构思中具有偶然性、亢奋性和直悟性特点的心理现象，是创造性思维过程中认识发生飞跃的心理现象。它源于艺术创造主体丰富的生活经验、长期的艺术修养和长时间持续的探索追求以及敏锐的直觉，是艺术构思过程中推动审美意象创造的一种心理动力，抓住灵感往往容易获得艺术构思的独特、新颖和完美效果。《宣和书谱》记载，唐代大书法家怀素"一夕，观夏云随风，顿悟笔意，自谓得草书三昧"，于是书艺大进，遂"若惊蛇走虺，骤雨狂风"。怀素书法之突然大进，直接源于"一夕"得之的"顿悟"，这就是灵感。但怀素之所以能"一夕"得之，是由于他长期"精意于翰墨，追仿不辍"，而"夏云随风"的景象只不过是一种触媒而已。就是说，灵感这种看似神秘的心灵现象，其实是艺术家长期艺术实践经验积累的结果。

相对于实用物品美的创造来说，艺术构思更注重于通过审美实践意象的建构表达某种思想。不可否认，实用物品的审美实践意象的建构过程也要表达创造主体的某种观念、情感态度、审美意趣等，但一般不刻意表现某种社会政治思想、伦理观念、人生理想等；但艺术构思不同，它往往要把创造主体的社会政治思想、伦理观念、人生理想等通过情感化的方式凝结于其建构的审美实践意象。

艺术审美实践意象的建构过程不是一蹴而就的，它比起实用物品的审美实践意象的建构来说要更复杂，时间也更长。它实际上往往是从对生活的感受即"感物"阶段就开始酝酿的，由此开始整个意象的建构过程，有的要数年，有的要数十年。如在文学创造领域，《红楼梦》用了10年，郭沫若的《屈原》用了21年，而《浮士德》用了60年。在这个过程中，

① 魏列萨耶夫：《果戈理是怎样写作的》，蓝天年译，天津：天津人民出版社1980年版，第11页。

艺术意象的形成是逐步由模糊到清晰、由单薄到丰满的。鲁迅的阿Q，正如作者所说，他最初甚至“不知道阿Q姓什么呢”，只有一个模糊的印象，在构思中才慢慢清晰起来：“三十岁左右，样子平平常常，……戴的是毡帽。这是一种黑色的，半圆形的东西，将那帽边翻起一寸多，戴在头上的”，“有农民式的质朴，愚蠢，但也很沾了些游手之徒的狡猾”；还说，在上海洋车夫和小车夫里面，恐怕可以找出他的样子来的，不过没有流氓样，也不像瘪三样。[①] 到最后构思完成，一个栩栩如生的丰满的阿Q意象才真正形成。

二、审美实践意象的物化

无论是实用物品的还是艺术的审美实践意象一旦形成，它就会激起实际创造的冲动，要求实现自身的对象化，犹如十月怀胎已满，实体的新生命就要来到人间，分娩的“实践”就开始了。这就进入了审美实践意象的物化阶段，即通过一定的物质手段或艺术符号把审美创造主体在观念中（或蓝图中）所建构的审美实践意象转化为美的感性存在。这个过程，一般物品美的创造称为审美制作，艺术创作称为艺术传达。审美实践意象的物化阶段是实践活动的过程，是审美创造的完成阶段。

如果说，审美实践意象的建构阶段是在观念上寻求情理两个尺度的高度统一、实现观念存在的理想美的话，那么，物化阶段就是在现实中寻求情理两个尺度的高度统一、实现感性存在的理想美。前者在观念中规划了蓝图，后者则是力图在现实中以物质形式显现这个蓝图，即美的蓝图的外化、现实化。艺术创造则最终要呈现为可以被人感受到的艺术形象，就是把观念形象（意象）“转化为一种有定性的感性材料，因而造成了一种新的、目可见耳可闻的艺术世界”[②]。也就是郑板桥所说的，把“胸中之竹”外化为“手中之竹”。“手中之竹”就是物化了的可以视听的艺术形象。

在物化阶段，审美实践意象就像一个信息中心，不断向实践主体发出信息指令，规定着实际创造每一个环节的处理，使之沿着确定的目标前进和建造，如刘勰所说：“独运之匠，窥意象而运斤。”[③] 在这个过程中，实践主体不是完全被动地依样画葫芦，而是自由自觉的、能动的。一方面，

① 《寄〈戏〉周刊编者信》。引自《鲁迅全集》第6卷，北京：人民文学出版社1981年版，第117页。

② 黑格尔：《美学》第一卷，朱光潜译，北京：商务印书馆1979年版，第315页。

③ 《文心雕龙·神思》。

实践主体不断根据审美实践意象的指令，按照预先建构的蓝图塑造对象；另一方面又通过反馈，不断检验原来的蓝图是否合理，是否理想化。实践主体或由于有了新的理性发现，或有了新的情感要求，或由于获得了新的审美信息，从而对原来的审美实践意象加以修改、充实、完善，甚至推翻原来的审美实践意象，重新构建新的审美实践意象。这种现象并非鲜为人见，正如毛泽东所说："不论在变革自然或变革社会的实践中，人们原定的思想、理论、计划方案，毫无改变地实践出来的事，是很少的。"[①]在艺术美的创造中，例如罗丹砍去已完成的巴尔扎克塑像的手臂，鲁迅增添原来没预想到的阿 Q 的大团圆结局，托尔斯泰重新设计玛丝洛娃与聂赫留朵夫的关系，法捷耶夫修改密契克的道路等等。这些事实表明，美的创造主体在实际创造之前形成的审美实践意象，并非一成不变，它对实际创造的规定不是绝对的。换句话说，从审美实践意象转化为现实感性存在的美的过程并非单向进行，而是双向交流进行的；实践意象直接参与了实际的创造，而实际创造过程又反过来促使实践意象的完善，这就是我们所说的反馈作用。这种反馈作用，使原来的审美实践意象不断受到检验，从而成为保证美的创造成果理想化的重要环节。从这个意义上说，艺术创作的物化阶段也是艺术构思即审美实践意象的观念建构的延续。

审美实践意象的物化都必须借助于一定的物质材料。这个材料是"艺术语言"，不能仅仅理解为"质材"。审美实践意象的物化过程就是创造者运用一定的艺术语言，依照审美实践意象的"样子"对一定的"质材"的加工或组织以形成物质性的可感的艺术形象。实用物品的形式美和建筑艺术、雕刻艺术、绘画艺术等造型艺术的艺术语言是线条、色彩；舞蹈艺术的艺术语言是身姿、动作；音乐艺术的艺术语言是乐音、节奏和旋律；文学的艺术语言是"言语"；而综合艺术如戏剧、影视艺术等的艺术语言则是线条、色彩、身姿、动作、乐音、节奏、旋律、言语等多种艺术语言的综合。不同的艺术语言，使审美实践意象呈现为各种不同的艺术形象。实用物品审美实践意象的物化材料首先是物品本身所采用的"质材"，是创造主体直接运用某些艺术语言例如线条、色彩在"质材"上进行加工创造。部分艺术作品如建筑艺术、雕刻艺术也如此。不同的是，前者的物化是依附于物品的功能美的制作，后者和其他艺术是把对象作为一个整体的艺术品来建造。

物化过程是实实在在的实践性活动，其中必然涉及物化的技术手段和

① 《毛泽东选集》（合订本），北京：人民出版社 1991 年版，第 270 页。

材料的恰当运用问题。面对苍茫暮色，沐浴涓涓细雨乃至纷纭复杂的社会生活，每个人都可能触景生情，心中都可能形成一定的审美意象并都试图通过实践化为实在，但并非每个人都能用一定的艺术语言和技巧表达出来。如果没有熟练和高超的艺术技巧，艺术传达就成为不可能，所以，有人可以成为工艺家、雕刻家、画家、音乐表演家、舞蹈表演家、作家、戏剧演员，有人不能。例如画家的色彩调配技巧、造型技巧、透视技巧、中国画的泼墨技巧等，没有这些技巧就不可能有绘画艺术的创造。对于文学家来说，主要是对文学语言——文学言语的驾驭和运用的技巧，包括遣词、造句、修辞和运用文学言语绘物、指事、抒情等技巧与方法。

在物化过程中，再现和表现是两种最常见、最普遍的方式：

再现，就是侧重于抓住客观世界的形象和特征，通过复现、模仿来传达主体的内在精神，如西方的古典绘画、雕塑和小说等。再现的过程凝聚着创造主体对现实的审美发现及其个人的审美感受，从而召唤着接受与主体相应的审美情感。

表现，则偏重于运用艺术形式直接表达主体情感和审美需要，强调在艺术传达过程中对主体精神世界的直接表现，以及在主体审美体验和想象基础上运用夸张、变形、简化、象征、抽象等手段实现艺术的目的。

在人类艺术史上，艺术审美创造经历了从再现到表现的发展、演变过程。古代艺术遵守的是以模仿为主的传达方式，而当艺术走过了它的童年时代，随着主体意识的强化，特别是浪漫主义思潮出现以后，艺术就更加注重以表现为主的传达方式，并且其表现的主体精神内容越来越复杂丰富。而从中西艺术来看，西方古代艺术更看重再现，这与西方古代哲学重视客观世界的真的研究相关，与由此形成的古希腊的模仿论艺术论的长期影响相关；中国古代艺术更看重表现，这与中国古代哲学强调天人合一、知人而知天的观念及强调心学的观念相关，与由此形成的意境论艺术论的长期影响相关。

不过，艺术的目的从根本上说不是为了模仿客观世界，而是要表达人的主观世界。因而，无论艺术创造主体怎样逼真地再现客观世界，都不是只为了提供一个客观事物的复制品或替代物给我们，都必然要表现一定的思想感情，就是说，都不可能使艺术作品保持纯粹的再现，这就是中国古代文论所说的“景中有情”，是再现与表现的统一。反过来，艺术要表现思想感情，也不能无所依托，它总是要借助于一定的客观事物来表达，这就是中国古代文论所说的“比兴”，就是“借景抒情”、“托物言志”，也是再现与表现的统一。

第三节 艺术意境的创造

艺术审美创造从构思到传达，始终贯穿着一种最高的理想追求，这就是艺术意境的追求。意境是艺术的灵魂。有没有意境、意境的高低，是艺术创造成败高低的根本标志。

一、意境是艺术追求的最高境界

艺术意境是艺术追求的最高境界。那么，什么是意境？

意境是中国古典美学中具有民族特色的范畴之一。宗白华指出：意境是中国文化史上最中心也最具有世界贡献的一方面。意境一词虽然可以从先秦典籍中或佛学中找到它的渊源，但在中国美学史上是作为一个诗歌理论命题提出来的，最早由唐代诗人王昌龄将其作为与物境、情境并列的三境之一提出来的。王昌龄在《诗格》说："诗有三境：一曰物境、二曰情境、三曰意境。物境一：欲为山水诗则张泉石云峰之境极丽艳秀者，神之于心，处身于境，视境于心，莹然掌中，然后用思，了然境象，故得形似。情境二：娱乐愁怨皆张于意而处于身，然后驰思，深得其情。意境三：亦张之于意而思之于心，则得其真矣。"

在王昌龄表述中，物境指自然景物，情境指人生经历和生活感受，意境则是人对自然景物、对生活感情和人生意义的思考和感悟。

后来，皎然提出"缘境"，中唐刘禹锡提出"境生于象外"（《董氏武陵集记》），晚唐司空图提出"不着一字，尽得风流"（《二十四诗品》），宋代严羽则以佛教的禅境比喻诗的意境如"羚羊挂角，无迹可求"超脱玄妙，意境的内涵不断明确和丰富。到了清末民初，王国维在《人间词话》里将意境发展为"境界"，强调"言外之味，弦外之响"。

从强调"境生于象外"、"不着一字，尽得风流"、"羚羊挂角，无迹可求"、"言外之味，弦外之响"的意义看，意境显然与意象有联系又有区别。意象是意与象的统一，即情景交融的艺术形象，而意境是蕴涵着更深远意义的"象外之象"、"象外之意"的统一。意境以意象为载体，又超越了一般意象，可以说，意境是一种体现于意象又高于意象的艺术境界和精神境界的统一。具体说，意境是审美创造主体匠心独运和精心熔铸所形成的情景交融、物我贯通、虚实相生，具有广阔想象空间并能深刻表现宇宙人生真谛的艺术化境。王昌龄说的最后一句是意境区别于意象的根本内涵。意境是诗乃至各种艺术最高的艺术境界。

所以，有意象不一定有意境。例如唐代张籍和王维写的送别诗，题材相同，诗式相同，都有诗歌意象，但读起来就有区别。

送梧州王使君

张籍

楚江亭上秋风起，看发苍梧太守船。
千里同行从此别，相逢又隔几多年。

送沈子福归江东

王维

杨柳渡头行客稀，罟师荡桨向临圻。
惟有相思如春色，江南江北送君归。

两诗开头两句难分伯仲，但后两句就不同了。“千里同行从此别，相逢又隔几多年”，平铺直叙，只有议论，没有意象，更缺少想象空间，没有可供玩味的余地。而“惟有相思如春色，江南江北送君归”两句，把抽象的“相思”化为具体的“春色”这一意象，生动且优美。“春色”在哪里？无处不在；“我”对朋友的思念之情，就像“春色”一样无处不在地陪伴着你，无论你在江南还是江北，我的思念、朋友的温暖一直在你身边……诗歌给我们创造了一个既实又虚、既有限又无限的想象空间，让我们想象、玩味，余味无穷。这就是王维诗的意境。张籍的诗缺的正是意境。一些诗固然是诗，也有意象，但多没有意境，王国维在《人间词话》中评论姜白石词，就说过他的词格调很高，但没有意境。他强调“词以境界为最上。有境界，则自成高格，自有名句”①。

意境说产生后，逐渐成为后人诗歌创作乃至各种文学艺术包括文学、建筑艺术、园林、雕塑、绘画、书法、舞蹈、音乐、戏剧、影视乃至实用物品美的创造的理想目标，成为一种普遍遵守、践行的审美理想，同时也成为人们衡量文学作品质量高低的重要艺术标准。如绘画，苏东坡在评论吴道子和王维的佛教题材画的差异时就进行了意境比较。他认为王维的画有意境，而吴道子的画比较缺乏意境，因为“吴生虽妙绝，犹以画工论。摩诘得之以象外，有如仙翮谢笼樊。吾观二子皆神俊，又于维也敛衽无间言”。就是说，吴道子的画意象雄放，气势笼罩；王维的画则格调清奇，

① 王国维：《人间词话》（一）。

风韵浑朴，各有千秋，但王维高于吴道子之处在于“得之以象外”[①]。

有意境的艺术给人以强烈美感；没有意境的艺术，必然缺乏美感。

意境作为一种理论，产生于中国，但对世界各种艺术创造具有普适价值。关于这一点，叶朗有一段论述：

> “意境”是中国古典美学的独特的范畴，这是从美学范畴说，这个范畴是中国古代思想家提炼出来的，同时也是中国历代许多艺术家有意识去追求的。但是这不等于说西方艺术没有意境，因为“意境”的特殊意蕴在于它包含有哲理性的人生感。西方艺术中当然有这样的作品。贝多芬的交响曲就充满了人生感、历史感和宇宙感。当然，不同时代、不同民族的艺术家的人生感、历史感会有不同的内容。但只要有人生感、历史感就有意境。例如俄罗斯民歌《伏尔加船夫曲》，它不仅唱出了伏尔加纤夫的苦难，也唱出了俄罗斯民族的苦难，而且唱出了人类共同的苦难，所以它引起全世界听众的共鸣。有人听我说电视剧《红楼梦》缺乏意境，就问：是不是电影这种艺术形式比较难以产生有意境的作品？我想也不一定。如我看电影《日瓦戈医生》，就感到它充满了人生感。它不仅写出了时代的悲剧，而且写出了人生的悲剧。[②]

当然，中西方艺术理想的追求是有差异的，从传统艺术的追求看，西方更重典型创造。再一点，在各类审美创造中，中国艺术都重意境创构，但相对而言，诗词尤其视意境为灵魂。

二、艺术意境的创造

意境的创造，是审美创造特别是艺术创造的核心。审美创造从审美实践意象的建构到物化，整个过程都要把意境创造作为中心任务。

意境的创造从根本上说必须根据意境的要义和特征进行建构。下面结合前人论说，阐述艺术意境创造的几个重要原则和方法。

1．意境的创造必须写真景物真感情

意境不等于“情景交融”，但必须“情景交融”，要化景语为情语；不仅如此，还必须景真、情真。“诗欲其真，不欲其伪……得其真，则一华一木，一水一石，一讴一咏，皆有天趣，足以移人；失其真，则虽镂金

① 苏轼：《王维吴道子画》。

② 叶朗：《说意境》，载《文艺研究》1998 年第 1 期。

错采，垒牍连篇，吾不知其中何所有也。”① 言情体物，真实而不作伪，才能从自然景物获得情趣。镂金错采、刻意地堆积华丽词采，肯定无意境。真，就是要坚持“艺术真实”。具体说，要从生活（景）出发（不是照搬生活），对生活有真实的感受；要表达由景所生的真实情感。只有当真情与真景交融一体时，才可能有意境。如同样题材的送别诗，李白的《黄鹤楼送孟浩然之广陵》（故人西辞黄鹤楼，烟花三月下扬州。孤帆远影碧空尽，唯见长江天际流）、王维的《送元二使安西》（渭城朝雨浥轻尘，客舍青青柳色新。劝君更尽一杯酒，西出阳关无故人）；或如苏东坡的《念奴娇·赤壁怀古》（大江东去……）、秦观的《踏莎行·郴州旅舍》（雾失楼台……）、李清照的《声声慢》（凄凄惨惨戚戚……）、柳永的《雨霖铃》（寒蝉凄切……），等等，其景也真，其情也真，诗情画意浑然一体，想象空间广阔，意境深远，余味无穷。所以王国维说：“故能写真景物真感情者，谓之有境界。否则谓之无境界。”②

2. 意境的创造必须虚实统一

王国维提出，意境的创造要“有造境，有写境”，即“诗人所造之境必合乎自然，所写之境亦必邻于理想”。“合乎自然”就是随顺天然，非造作。古人常说，“文章之妙，妙在自然”③。李白诗“清水出芙蓉，天然去雕饰”（《经乱离后天恩流夜郎忆旧游书怀赠江夏韦太守良宰》）说的也是自然。自然才能“知其妙而不知其所以妙”，这就叫作“自然高妙”④。自然特别强调的是真情实感自然流露，唯此艺术创作才能高妙。所谓“情性所至，妙不自得”⑤，就是说，只要真情实感自然流露了，神妙即自见，用不着再去寻觅了。

“邻于理想”就是不囿于“写实”。要超越现实，表达理想追求，就是既要合乎自然的“写境”，又要有超越现实的“造境”，有实有虚，虚实统一。宗白华指出，艺术意境的显现，绝不是对自然的机械描摹，“须凭胸臆的创构”，即“艺术家以心灵映射万象，代山川而立言”，使“他所表现的是主观的生命情调与客观的自然景象交融互渗”，使“客观景物作我主观情思的象征”。如陶潜《饮酒》第五首云：“结庐在人境，而

---

① 林昌彝：《射鹰楼诗话》卷十。
② 王国维：《人间词话》。
③ 毛声山：《第七才子书总论》。
④ 姜夔：《白石道人诗说》。
⑤ 司空图：《二十四诗品·实境》。

无车马喧。问君何能尔，心远地自偏。采菊东篱下，悠然见南山。山气日夕佳，飞鸟相与还。此中有真意，欲辨已忘言。”那菊花、山气、飞鸟，都成了诗人淡泊人生、远离俗尘的心灵映射的对象，此中真意，不复在客观的自然景象本身，而是在凭胸臆的创构的虚境中。所以宗白华又说，艺术家“以宇宙人生的具体为对象，赏玩它的色相、秩序、节奏、和谐，借以窥见自我的最深心灵的反映；化实景而为虚境，创形象以为象征，使人类最高的心灵具体化、肉身化，这就是‘艺术境界’。艺术境界主于美。所以一切美的光是来自心灵的源泉：没有心灵的映射，是无所谓美的”。有心灵的映射才能构成一个“渊然而深的灵镜”即艺术意境来。①

3. 意境的创造必须于有限中寻求无限

任何艺术作品直接描写的对象都是有限的具体。仅仅生动地反映有限的具体，艺术作品就绝无意境可言。

从有限到无限，一是追求时空的无限。如中国古代山水画家对“远”的追求。宋代画家郭熙在《林泉高致·山水训》中提出了画山的“三远”问题，即高远、深远、平远。眼前近处山水是有限的，而“远”可以突破眼前近处山水有限的形体，使人的目光伸展到远处，从有限的时间空间进到无限的时间空间，进到所谓“象外之象”、“景外之景”。所以，“远”，就成为中国山水画意境创造的方式。中国园林艺术也是如此，园林本身是有限的空间，但园林设计者总是突破小空间，进入无限的大空间。如明代造园学家计成在《园冶》中所说：“轩楹高爽，窗户虚邻，纳千顷之汪洋，收四时之烂漫。”就是强调把外界无限的时空的景色收纳进来。所以，古典园林中的建筑物，楼、台、亭、阁，它们的审美价值不只是在于这些建筑物本身，而是在于与其统一于一体的大空间所产生的一种既具体又无限的空间美，从而具有深远的意境。

从有限到无限，更深沉的追求是意蕴的无限。宗白华说，艺术意境的创构必须是“在一丘一壑、一花一鸟中发现了无限”②。他说的就是要赋予有限对象以某种更深远的意义，不仅有言内之意，又有“言外之意”、“弦外之音”，甚至是“意外之意”。这样，艺术作品就能给人“言有尽而意无穷”的感受，这才可能创造出某种意境。要做到这一点，创造主体观察事物必须既“入乎其内”，又“出乎其外”，即既要深入事物内部认

① 宗白华：《美学散步》，上海：上海人民出版社 1981 年版，第 63、60、59、62 页。

② 宗白华：《美学散步》，上海：上海人民出版社 1981 年版，第 125 页。

识该事物，又要跳出有限事物，不以一物之理观物，而是以万物之理观物，获得对宇宙、人生更深远的体悟。所以，“入乎其内，故有生气；出乎其外，故有高致”①。这样的艺术作品才能引发人们无限的想象。

4．意境的创造必须追求韵趣高奇，独超众类

“韵趣高奇”指的是诗的语言富有韵律和情趣，如陶渊明的“抑扬爽朗”，或如薛收赋的“词义旷远，嵯峨萧瑟”。用字、遣词、造句生动形象，如“红杏枝头春意闹”着一“闹”字、“云破月来花弄影”着一“弄”字而境界全出。“独超众类”在王国维那里是指用词独特，这里扩大说就是富于个性，就是灵思独辟，非他人所有。从艺术语言的运用到意象营构到所蕴涵的意义、思想感情、人生情趣等都有自己的独特性，如宗白华所说，创造一个“独特的宇宙，崭新的意象”②。

5．意境的创造必须豁人耳目，沁人心脾

此指从审美效果说艺术作品必须具有强烈的美感，既能给人带来感官的快乐，又能动人之情，陶冶情性；既能悦耳悦目，又能悦心悦神悦志；同时能启人之智，给人深刻的人生启示。

【思考题】

1．为什么说审美需要是审美创造的内驱力？

2．审美创造作为人的一种生命活动与其他生命活动的区别是什么？

3．什么是审美理想？结合艺术创造谈谈审美理想对审美创造的意义。

4．什么是审美规律？审美规律对审美创造有什么意义？

5．实用物品美的创造与艺术美的创造有什么区别？

6．什么是审美实践意象？审美实践意象与审美意象有什么不同？

7．审美实践意象是怎样形成的？

8．审美创造的过程是怎样的？

9．论述审美创造过程中想象活动的作用和特点。

10．什么是灵感？灵感有什么特点？举例谈谈灵感在审美创造中的积极意义。

11．审美创造的物化阶段与构思阶段的关系如何？举例说明。

12．审美创造中再现与表现的关系如何？举例说明。

① 王国维：《人间词话》。

② 宗白华：《美学散步》，上海：上海人民出版社 1981 年版，第 61 页。

第七章　艺　术　美

本书第三章中指出，艺术属于人类创造的文化世界中的精神文化。作为一种精神文化的美，艺术是整个文化世界中美的典型形态，也是所有领域中美的典型形态。艺术最集中体现了美的本质特征，它是人积极参与的文化现象，是人类对美的追求不断提升的必然产物，是人的本质的最完满的体现。通过艺术，我们可以更好地理解美和人的美感及审美创造活动等的本质规律等理论问题，所以，艺术是美学研究的主要对象。

在一般艺术理论中，对艺术的研究主要是从哲学、社会学的角度进行的，可以说还只是一种外在的研究。美学将进一步从内在方面研究艺术的审美本质、一般审美特征及各类艺术的特殊审美特征。

第一节　艺术的审美本质和特征

一、艺术的审美本质

什么是艺术？对这个问题的看法就像对美是什么的看法一样，几千年来人们争论不休。在西方，从古希腊开始，有人说艺术是模仿，有人说是巫术，有人说是游戏；20 世纪以来更是众说纷纭，有的说艺术是“梦的象征”、“性欲的升华”、“苦闷的象征”，有的说“艺术是直觉”、“艺术即表现”、“艺术是一种符号密码”、“艺术是一种有意味的形式”、“艺术是一种交往形式”、“艺术是一种符号密码”、“艺术是人类情感的符号形式”、“艺术是一种社会惯例”、“艺术是一种想象中的情感表现”、“艺术是人的一种意图”等等。中国古代有“诗言志”、“诗缘情”、“文载道”等命题，也涉及艺术的本质问题；当代理论对艺术本质的理解也学派林立，观点各异。

1949 年新中国成立后，我国学术界对艺术本质问题的认识大体经历了这样一个过程：

20 世纪 50 年代初期，主要是社会学的艺术观。认为艺术是社会意识，是社会生活的反映，是一种上层建筑。另一种观点认为艺术是“使情成体”，即艺术是情感的表现。

20世纪50年代中期，主要是认识论的艺术观。认为艺术是认识，和科学一样，只是认识形式不同，艺术用形象认识和反映世界，科学用概念认识和反映世界。这一观点与社会学的艺术观相结合之后，自50年代中期以后流行这样的艺术定义：艺术是社会生活的形象反映。50年代中期也有人针对反映论提出了不同看法，提出了“文学是人学”[①] 的命题。

但是，“使情成体”、艺术是情感的表现和“文学是人学”等观点一直受到批判，而“艺术是社会生活的形象反映”的说法直至20世纪70年代末以前，几乎成为经典性艺术定义。

20世纪70年代末以后，1978年《诗刊》1月号发表毛泽东谈诗的形象思维问题的信，于是有人重新提出艺术本质是形象思维。[②] 80年代初以后，随着思想解放大潮的涌动和西方文艺理论新观念的引进，学术界对艺术本质问题展开了新的思索和讨论，研究的视野开始较为宽广，研究方法也呈多样化，出现了从心理学、文化学、美学、语言学等角度对艺术进行重新审视，产生了一些新的观点，如“主体论艺术观”、“审美意识论艺术观”等；过去备受批判的“自我表现论”、“情感表现论”、“文学是人学”等艺术本质论也重新受到重视。

艺术本质是多层次的，对它的理解也可以是多角度的。从哲学的角度看，艺术确实是一种意识，那么，从意识与存在的关系而言，艺术是社会生活的反映。从社会学的角度看，艺术当然是社会的上层建筑，是作为上层建筑的意识形态。从认识论的角度看，艺术的确体现了艺术家对生活的某些认识，也并非无道理。问题在于，这些命题的共同特点是，只说出了艺术和其他精神文化或意识形态的共同性，并未揭示艺术之所以为艺术的独特品性，即艺术区别于其他精神文化或意识形态的本质特征。即便说“艺术是一种符号密码”、“艺术是一种有意味的形式”、“艺术是一种文化”、“文学是一种话语形态”等，其实也仍没有把艺术与其他精神文化或意识形态区别开来。

---

① 钱谷融：《论“文学是人学”》，见《文艺月报》1957年5月号。

② 关于艺术本质与形象思维的关系问题，20世纪50年代至60年代已展开了热烈讨论；70年代末至80年代中期因毛泽东谈诗的信再次引发了深入讨论。

（一）艺术是一种审美意识形态

如果承认事物的本质包括艺术本质具有层次性，那么，上述各种艺术观大多还是未深入艺术本质的内核。艺术本质的内核如何，取决于艺术作为人掌握世界活动的根本性质。

人类的一切文化成果都是人的活动结果，都是人与现实的关系产物。人类各种不同的活动成果的性质，都取决于人与现实的关系，而不仅仅是活动主体或活动客体一方面所决定的。马克思在《哲学手稿》中指出："对象如何对他说来成为他的对象，这取决于对象的性质以及与之相适应的本质力量的性质；因为正是这种关系的规定性造成了一种特殊的、现实的肯定方式。眼睛对对象的感受与耳朵不同，而眼睛的对象不同于耳朵的对象……"[①] 就此看来，事物的本质正是决定于人与现实的关系的特殊规定性，而这种关系的特殊性又主要取决于人对现实的特殊掌握活动方式。

人对现实的掌握活动方式多种多样，马克思在论述政治经济学的方法问题时讲到科学研究的"思维的方式"时说："整体，当它在头脑中作为被思维的整体而出现时，是思维着的头脑的产物，这个头脑用它专有的方式掌握世界，而这种方式是不同于对世界的艺术的、宗教的、实践—精神的掌握的。"[②] 马克思是在论述精神活动的范畴时拿科学研究的思维方式与另外三种方式做比较的，就是说，人对现实的精神掌握方式有四大类：理论的方式（即科学思维方式、认识方式）；艺术的方式；宗教的方式；实践—精神的方式。

人对现实的精神掌握的成果是精神产品，它们性质的不同，根源于人对现实的掌握方式的不同。作为理论方式的科学研究，是通过思维（理性认识），运用概念去表达人对客观规律的认识的活动方式。宗教是一种"颠倒的世界观"，是"外部力量在人们头脑中的幻想的反映"，是"神秘力量的幻象"，[③] 因此，宗教是一种虚幻的臆想的掌握方式。实践—精神的掌握方式有不同的理解，有的认为指艺术和宗教两种方式，有的认为指伦理方式，我们赞同后一种观点。伦理方式的特点是通过意志掌握人与人、人与社会的关系的方式。而艺术是人对世界的一种直观知觉和情感体

---

① 马克思：《1844 年经济学哲学手稿》，刘丕坤译，北京：人民出版社 1979 年版，第 79 页。

② 《马克思恩格斯选集》第 2 卷，北京：人民出版社 1972 年版，第 104 页。

③ 《马克思恩格斯选集》第 3 卷，北京：人民出版社 1972 年版，第 354、355 页。

验的方式。本书前面曾指出，所谓审美就是人对现实的直观和情感体验。所以，艺术对世界的掌握方式本质上就是审美活动方式。这种方式显然不同于理论的、伦理的、宗教的方式。

艺术不同于理论认识方式，如果说科学是现实对人的理性思维力量的肯定的话，艺术则是现实对人的直观能力和情感力量的肯定。首先，科学需要理性的冷静，艺术需要情感的热烈；科学是理智的外化，艺术是情感的结晶；科学是理智的诗，艺术是情感的诗。一句话，情感是艺术的特质。艺术一旦对情感冷漠，人也就对情感冷漠。无情艺术绝不是真艺术。其次，既然科学是人的本质力量在思维中的肯定，艺术是人的本质力量在直观和感觉中的肯定，那么，科学的肯定方式必然是概念体系和理论形态，而艺术的肯定方式必然是形象体系，也就是说，科学对现实的反映是抽象的反映，而艺术对现实的反映是形象的反映。所以，我们不能简单地把艺术定义为对生活的认识，否则就会把艺术当作科学而抹杀了两者的基本区别，否定了艺术的独特品质。

但是，上述只是问题的一个方面。艺术作为一种审美方式，虽然不同于科学认识，却包含着认识的因素，体现着艺术家对世界、社会和人生的理解和认识。没有理解和认识就没有真切深沉的感情活动。艺术实际上是情与理的统一，是一种溶化着人对世界、社会、人生的认识的情感活动，只是这种认识如盐之于水，溶解于情感之中而已，所以艺术也可以说是一种特殊的“认识”。大量例子足以证明，如《人间喜剧》、《红楼梦》都体现着艺术家对世界的认识，但这种认识是情感态的，是诗情观念，并体现于感觉形象中。总之，艺术包含认识，但不等于认识；艺术包含思维，但不等于思维，艺术主要不是哲学认识论问题。所以，单纯从哲学认识论和反映论的角度看艺术，是不能切中艺术的特质的。

再说艺术与宗教的关系和区别。黑格尔认为最接近艺术的领域就是宗教，① 蔡元培也说艺术与宗教“都是感情的产物”②。这是有道理的，因为艺术和宗教都是对现实的情感体验，都追求某种超凡脱俗的境界，而且都具有直观性、形象性、想象性、幻想性、象征性等特征；从历史渊源看，两者常常若即若离，你中有我，我中有你——艺术与宗教常常历史地糅合为一体。但它们有根本区别，艺术是人对世界最真实的、积极的情感体验，宗教对世界是虚幻的、消极的情感体验；艺术活动的过程是对人的

① 黑格尔：《美学》第一卷，朱光潜译，北京：商务印书馆 1979 年版，第 131 页。

② 《蔡元培美学文选》，北京：北京大学出版社 1983 年版，第 162 页。

本质力量的肯定和对人自身的创造，宗教活动过程是对人的本质力量的否定和对神的创造；艺术是导向人的解放，宗教却导向人的压抑和淹没；艺术的形象是建立在对世界的真实体验基础上的创造，宗教的形象是对世界的虚幻建构，是“幻象”。因此，艺术本质上是审美的，宗教虽然有审美的因素，但本质上是“人类理性迷误的结果”①，是非审美的。

总之，艺术是人对客观世界的审美掌握形式，是审美关系的产物。艺术作为一种意识形态，不同于其他意识形态，是审美的意识形态。

（二）艺术是审美价值的最高形态

美是一种价值，艺术作为人对现实的审美活动成果，是一种美的价值形态。这是因为，从艺术家对现实的审美掌握的过程（艺术创作过程）看，艺术是这样形成的：艺术家在对现实的审美感受和体验过程中，逐步形成了对于世界、社会、人生的审美意识，这种意识经过提炼、集中、概括、升华之后再通过由一定的物质材料构成的艺术语言（经过审美处理的）把它传达出来，给它一个物质存在形式，这就形成了艺术品。在这个过程中，艺术家在对生活材料进行审美处理的基础上，把自己对生活的审美感受、审美理想、审美追求凝练于其中，并按照美的规律创造艺术形象。这样，作为艺术家对现实审美活动的成果，作为艺术家审美意识的结晶，艺术品必然是一种美的形态。

艺术作为一种美的形态，不是仅就形式而言，而是就艺术的本质属性来说的。现实世界中，美的事物不等于艺术，美的人、美的山水并不是艺术，把美等同于艺术是一种把美狭隘化的观念。但是，美对于现实事物来说并不是本质属性，一个人、一座山不美，并不丧失一个人、一座山的本质，人还是人，山还是山；但对于艺术来说，不美就不成其为艺术。在意识形态领域，如果说科学是人类求真、道德是人类求善的产物，那么，艺术正是人类求美的产物。不可否认，科学在求真中也伴随着善与美的要求，道德在求善中也追寻真与美，但求真是科学的根本目的，求善是道德的根本目的。艺术产生于人类审美需要的冲动，人类正是为着满足自己的审美精神需要才有意识地创造艺术的。虽然艺术也体现着真与善的要求，但它最终要求以美的形式来体现真与善的内容，正如传闻为马克思所写的《新亚美利坚百科全书》“美学条目”说的：“真是思想的最终目的；善是

---

① 《马克思恩格斯全集》第42卷，北京：人民出版社1979年版，第180页。

行为的最终目的；美则是感受的最终目的。”①

艺术作为对世界的特殊感受形式，其最终目的就是美。美是艺术的特质，失去了美，也就失去了艺术。这是绝大多数美学家所公认的。例如谢林说：“每一件艺术作品的基本特点就是美。没有美，就没有艺术作品。”② 黑格尔认为这种观点正是谢林对艺术的“最高旨趣”和“实际概念”的“发现”。而黑格尔本人也说，“美的领域”就是“美的艺术”③。虽然他把美的领域狭隘化了，但他肯定艺术的特质在于美则不言而喻。别林斯基也认为：“美是艺术必不可缺的条件，没有美也就不可能有艺术——这自然是公理。”④

艺术作为人对现实的审美活动成果，不仅是一种审美价值，而且是审美价值的最高形态、典型形态。鲍桑葵在谈到自然美与艺术美的关系时曾说：“我们不妨把美的艺术看做是美的世界的主要代表。”⑤ 我们赞成这种观点，理由是：

1. 艺术是现实美与理想美的统一，艺术美是现实美的典型化

现实美如自然美、社会生活美等是无比丰富多彩的。但是，现实美存在着这种那种缺陷，如比较分散、不够集中、不够理想、不够典型，一个人的美很难十全十美，甚至于内外矛盾。再如，自然美、社会生活美等受时间和空间的局限，如春天无限好，但人们“无法留春住”，人的青春的美也终将随着时间的迁移而消逝；俄罗斯神秘的白夜、挪威午夜的太阳、尼罗河的风光都很美，但许多人受空间限制无法直接欣赏。又如，自然美本为“无情物”，不能直接体现人的审美情思。

人们喜欢现实美，因为它是实在的、丰富多彩的。但是，人们又不满足于现实美，因为它存在着上述缺陷。就人的天性来说，人总有理想、有追求，人不会永远满足于现状，他有高于现实的美的追求。艺术就是在这种需要和追求的推动下创造出来的。在创造中，艺术一方面力图再现现实的美，使现实美获得永恒和不朽，另一方面要表达人更高的美的理想。因

---

① 中国社科院哲学研究所美学教研室、上海文艺出版社文艺理论编辑室：《美学》第2期，上海：上海文艺出版社1980年版，第251页。

② 鲍桑葵：《美学史》，张今译，北京：商务印书馆1985年版，第412页。

③ 黑格尔：《美学》第一卷，朱光潜译，北京：商务印书馆1979年版，第3页。

④ 《别林斯基选集》第三卷，满涛译，上海：上海译文出版社1980年版，第582页。

⑤ 鲍桑葵：《美学史》，张今译，北京：商务印书馆1985年版，第7页。

而，作为一种人类有意识创造的美的形态，艺术美必然要寻求现实美与理想美的统一、内在美与形式美的统一。艺术可以把自然美心灵化，可以化景物为情思，可以让“哑巴”、“无情”的自然“开口说话”，直接或间接地表达人的审美情思；艺术可以通过概括和典型化，让现实美更集中更典型，如维纳斯雕像是现实女性的理想化、典型化；海伦王后的绘画形象据说是公元前 5 世纪古希腊画家宙西斯集中了古马其顿城的美人的特点而创作出来的。可见，艺术美高于现实美，艺术美是美的最高形态。

2. *艺术是人对现实的审美意识的最集中的表现*

在现实生活中，人们不仅用科学眼光、功利眼光看世界，也常常用审美的眼光看世界。这就是说，审美意识并不只产生于艺术活动之中，也产生于实际生活中。但是，艺术活动是审美活动的基本代表，是最典型的审美活动。在艺术活动中，人们对现实的审美体验和感受最充分，所形成的审美意识最集中、最丰富、最完整。不仅如此，艺术家从对生活的审美感受到艺术作品的完成过程中，还要对所形成的审美意识进行提炼、凝聚，去粗存精、去伪存真、不断升华，最后才凝结于艺术品中。这样，艺术必然成为美的最高形态。

必须指出，艺术是一种美并不意味着艺术与丑不相干或回避丑。的确，在表现对象的选择上，艺术必须考虑其是否具有审美意义，是否能给人以美感。鲁迅说世界上总有些人和事物是进不了小说的，画家绝不去画毛毛虫、大便、鼻涕，因为对这些事物的描写丝毫不能给人以美的感受。但这并不是说艺术不能反映丑的对象，《红楼梦》、《阿 Q 正传》不是写了丑吗？《欧米哀尔》不是反映了丑的对象吗？但是，它们却让我们感到美，因为它们表现了一种美的理想、美的目的。丑的事物经过艺术家的审美化处理就可以成为艺术美，正如布瓦洛说的：“没有一条蛇，没有一个丑恶的怪物不会在艺术再现中被人们所喜爱。”① “对美的崇拜和对丑的描绘，是并不矛盾的。”② “俗人往往以为现实世界中他们认为丑的东西都不是艺术的材料，他们想禁止我们表现他们所不喜欢的自然事物，这其实是大错的。在自然中人以为丑的东西在艺术中可以变成极美。”③ 这就是所

---

① 维果茨基：《艺术心理学》，上海：上海文艺出版社 1985 年版，第 311 页。

② 庞德：《严肃的艺术家》。引自伍蠡甫：《现代西方文论选》，上海：上海译文出版社 1983 年版，第 259 页。

③ 朱光潜：《朱光潜美学文集》第一卷，上海：上海文艺出版社 1982 年版，第 142 页。

谓化腐朽为神奇。可见，丑也是艺术的一个母亲。关键在于艺术家应站在美的立场上去处理和表现丑，要通过丑表现美的理想目的，这样才可能成为美的艺术。

综上所述，我们认为，艺术的审美本质可以这样概括：艺术是人在对现实的审美把握中所形成的以情感为特质的最高级的美的感性形态。

二、艺术的审美特征

艺术是一种精神文化，本书在第三章中指出，精神文化是在观念领域中运用符号，观念地反映对象世界的活动，其成果具有观念性、符号化、意象化和自由性等特征。艺术活动是一种审美经验，本书在第四章中指出，审美经验具有情感性、直观性、非功利性等特征。这些特征实际上不仅是艺术应有之义，而且最突出地体现于艺术中。本章强调，艺术是一种审美意识形态，是精神文化，而且是审美经验所凝聚的审美的精神文化，因此，对艺术特征的认识与上述的阐发是完全一致的。

1. 情感性

艺术的情感性特征是由艺术家和现实的审美关系所决定的。艺术创造的过程，是艺术家对现实的审美掌握的过程，是以情感体验为核心的意识活动，所以，从对生活的感受到艺术品的完成，整个过程无不渗透、凝结着艺术家的某种炽热的情感。创作的冲动，是艺术家的情感为一定生活所激动而直接导发的创作欲求，如“国民的劣根性”激发了鲁迅的悲愤之情，于是才有《阿Q正传》的创作；“对于不合理的封建大家庭制度的愤恨”和对不幸的青年男女的“爱怜”、同情，驱使巴金去描绘那个罪恶的“家”[①]；“对损不足以奉有余”的世相的不平，促使曹禺挥毫创作了《日出》[②]……从实际创作过程看，艺术家始终洋溢着某种感情，并倾注于作品之中，倾注于他所创造的艺术形象之中，甚至与作品中人物同歌同哭。汤显祖写到杜丽娘唱“尝春香还是旧罗裙”时“掩面痛哭”；巴尔扎克写到高里奥死去时一病不起；拜伦的诗作《与你再见》原稿上留下了诗人的泪痕；《红楼梦》中的悲剧人物浸透了作者的“辛酸泪”；巴金说他写《家》的时候，“仿佛在跟一些人一同受苦，一同在魔爪下面挣扎”、“陪着那些可爱的年轻生命欢笑，也陪着他们哀哭”[③]。事实表明，艺术之所

①③ 巴金：《谈〈家〉》。

② 曹禺：《〈日出〉跋》。

以能动人之情，在于它是因情而作、为情而造、以情传情。所以说，艺术是情感意识的集中、升华、凝结，是涂满了情感色彩的情感世界。

情感性作为艺术的特征，也是艺术的特质，古希腊人早已有所认识。公元前5世纪，德谟克利特就“不承认有某人可以不充满热情而成为大诗人”的①；即使对情感不怀好感的柏拉图也说艺术模仿感情。不过，近代以前整个西方哲学长期偏重客体论，美学、艺术理论对艺术的研究也多从艺术与外部世界的关系去考察。因此，自亚里士多德以后两千余年，把艺术理解为对现实的模仿和认识的观点一直占主导地位。直到近代，随着哲学从客体论转向主体论，人们才着重从创作主体的内心世界方面把握艺术的情感特质。18世纪德国哲学家康德在《判断力批判》中阐述了审美判断的情感特征，从而揭示了情感作为艺术的特质的因由。其后许多理论家、艺术家一再论述和强调艺术的情感特征。例如托尔斯泰，他经15年五易其稿的《艺术论》就给艺术下了这样的定义：艺术是艺术家“把自己体验过的感情传达给别人”，而别人“为这些感情所感染”，也体验到这些感情。② 很强调理性的黑格尔、别林斯基等也一再指出，没有情感就没有艺术。当代西方许多美学学派，如表现说美学学派的科林伍德说，诗是“诗人的情感表现”；新实证主义美学学派的理查兹说，“诗的陈述的本质在于它是作为情感态度的一种操作和表现手段而存在的”；符号论美学学派的朗格也说：“艺术是人类情感的符号形式的创造。”③ 等等。

在中国传统艺术理论中，强调艺术的情感特质，渊源更远，而且几千年一脉相承，始终占主导地位。《尚书》记载，上古时代就有“诗言志”说，虽然“志”不等于“情”，但包含着情，至少也是“言情说”的先声；其后，《诗大序》说诗是“情动于中而形于外”；《乐记》说，乐是“情动于中，故形于声”，并把乐和礼做了比较，认为礼主“敬”，是理的表现，乐主“爱”，是情的表现。这可以说是最早把艺术与其他意识形态做了本质区别。魏晋时期，随着“文学的自觉时代”的到来，人们愈来愈普遍强调艺术的情感性，“诗缘情而绮丽”（陆机《文赋》），“诗者，持也，持人情性”（《文心雕龙·明诗》）。从陆机、刘勰到司空图、白居易、严羽等，都把情感看作诗的根本，称诗为情性的吟咏。

强调艺术的情感特征，绝不否定艺术的理性内容。托尔斯泰在强调情

① 伍蠡甫：《西方文论选》上卷，上海：上海译文出版社1979年版，第6页。

② 托尔斯泰：《艺术论》，北京：人民文学出版社1958年版，第45页。

③ 朱狄：《当代西方美学》，北京：人民出版社1984年版，第72、96、130页。

感的同时也指出，艺术离不开人们对生活意义的理解，情感“是人们借以辨明生活中的善与恶的那些东西为依据的”。中国传统的表情说也并不排斥理性，先秦已强调“情以理归”，《文心雕龙》既说“情”为“文之经”，也说“理定而后辞畅”（《情采》），都不否定情与理的统一。但要进一步指出，艺术中的理绝不是孤立的抽象物，不是游离于情感之外的附加品，而是融于情感之中，即所谓“理在情中，如盐之于水”，理性、思想在艺术中已有了新的质，所以别林斯基称之为“诗情观念”。总之，艺术是多情的美的世界。

2. 象征性

所谓象征，就是以一事物暗示、指称、标志另一事物或意义的方法。在艺术中就是用某一符号创造形象以暗示、指称、标志另一事物或意义，例如用龙的形象标志中华民族，就是象征。所谓符号，作为人类的创造物，从自然符号到人为符号，都是人类用以暗示、指称、标志某种事物或意义的东西，换言之，符号本身就是某种事物或意义的象征。艺术符号（线条、色彩、舞姿、音响、节奏、韵律、语言等）就是艺术家在艺术创造中用以象征、寄寓审美意蕴的手段。艺术是运用艺术符号创造的文化样式，而任何符号本身都是象征性的，这就决定了艺术具有象征性特征。

不过，如果单纯从符号的象征性来理解艺术的象征性特征显然是不够的，因为别的许多文化产品也是借助于符号创造的，例如科学著作乃至马路上的红绿灯等等。但是科学著作的语言和生活中许多实用符号所指称、标志的意义是明确的、单一的、固定的，它所赋予的意义和人们的理解、接受是一致的，不能任意改变。而艺术要求含蓄，它借助艺术符号所创造的形象所象征的意义往往超越了形象本身的意义，它可以包含更多的寓意。正如美国学者劳·坡林（Lawrence Perrine）所说的，“象征的定义可以粗略地说成是某种东西的含义大于其本身”，“象征意味着既是它所说的，同时也是超过它所说的”。[①] 例如，文学中的“狐狸”，不仅往往不是自然界中实际的狐狸，而且可以象征人的狡猾，也可以象征人的聪明等；雕塑中的维纳斯既是女人的形象，还是女神的形象，又是爱的象征、美的象征；画中的一枝梅花，可以象征具体某人，也可以象征某种人格，等等。总之，艺术的象征是形象的、含蓄的、模糊的、多义的。艺术的这种象征性特征使艺术作品往往像谜一样，让欣赏者不能一眼看穿，你似乎理

① 《诗的声音与意义》，载《世界文学》1981 年第 5 期，第 248 页。

解了，又似乎不理解，如《红楼梦》，“都云作者痴，谁解其中味?”你必须反复品味，才能把握其所象征的意蕴。

3. 自由性

艺术活动是人类审美活动的集中表现，而审美是人最自由的生命活动。所以艺术创造是人的自由的心理活动形式，必然集中地体现了审美的自由特征而成为人的自由的心理活动形式，自由是艺术的重要特征之一。

早在 18 世纪，德国古典美学的大师们如康德、席勒、黑格尔就从审美的角度阐述了艺术的自由特征。康德说，审美判断不同于逻辑判断和道德判断，不受概念所束缚、不为功利所支配，因而是自由的。他说，艺术作为人对审美对象的审美判断，就如同游戏一样没有实际欲求；手工艺之所以不能称为艺术，就因为它是雇佣的，有实际欲求，而有实际欲求就不自由。他显然把自由作为艺术的标志之一。席勒进一步发挥游戏说，认为游戏冲动不像感性冲动那样受自然规律的支配而没有主动性，也不像理性冲动那样受道德规律的强制而没有真正的自由，人们参加游戏是自愿自觉的，在游戏中人才成为全面的人、自由的人。因此他的结论是：“艺术是自由的女儿”①。其后黑格尔也认为，艺术不同于自然物，自然物是感性的具体存在，艺术却只有感性的形象，自然物可以实用，艺术不能；自然物能被利用来维持人的生存，人能吃掉它、消灭它，牺牲它们来满足自己，艺术不能。换句话说，人对自然物有欲望，不让对象自由存在，因为欲望的冲动就是要消灭外在存在的自由，同时主体被欲望束缚，也不自由。艺术不是欲望对象，只作为观赏对象，可以自由存在。所以，审美具有“令人解放”的特点，艺术审美活动克服了人的片面性即不自由性，是人的自由创造；美，艺术美凝结着人的自由本质，艺术就是自由的形式。

艺术的自由特质也是由其作为一种精神生产的性质所决定的。马克思早在《1844 年经济学哲学手稿》中就把文学艺术和科学、哲学、宗教等一起称为“生产的一些特殊方式”，后来在《德意志意识形态》和《〈政治经济学批判〉导言》中把艺术活动称作“艺术劳动”和“艺术生产”的同时，将艺术其列入“精神生产”的范畴。精神生产是一种富于个性的自由生产。马克思曾指出，支配物质生产和精神生产的原则并不完全相同，其中突出的差异是：物质生产始终受到物质世界客观规律即必然性的制约，受到生产力发展水平和工具科学化程度的限制，不够自由，而生产

① 席勒：《美育书简》第二封信，北京：中国文联出版社 1984 年，第 37 页。

力水平和工具科学化程度较高的阶段，例如工业生产时代，由于物质生产方式群体化、流水化，以及大机器运作的严格规范化等原因，生产的任何个体都受到群体和机械等因素的制约，同样不够自由。马克思在《资本论》中虽然指出人类可以通过“联合”的方式，“合理地调节他们和自然之间的物质交换，把它置于他们的共同控制之下，而不让它作为盲目的自然力量来统治自己，以争取人在物质生产中的自由”，但他仍认为“自由王国”不在物质生产领域，“自由王国只有在生活的必需和世俗的因素所规定的劳动终止的地方才真正开始，因此按照事物的本性来说，它存在于实际物质生产的范围之外”。[①] 这个“自由王国”就是精神生产领域。因为精神生产始终保持着“精神的自律”，主要表现为“精神个体性的形式”，因而它是一种“自由的精神生产”[②]，一种“真正自由的劳动”[③]。当然，精神生产的自由也是相对的，例如，它始终受到物质的纠缠，仍然“受生产的普遍规律的支配”[④]，同时也必然受到历史和现实的限制，但它还是保有较大的自由度。即使在把一切都尽量变为商品，造成生产同某些精神生产部门相敌对的资本主义社会，精神生产特别是艺术也仍然是一个比较自由的领域，艺术家们仍然享有较大的自由度创造他们非创造不可的东西。正是这种相对自由的性质，精神生产的成果特别是艺术生产的成果总是富于个性特征和个体风格的。

恩格斯还描述过人在审美中的自由心境：“你抓住船头桅杆的绳索，望一望那被龙骨冲开的波浪，它们溅起白色的泡沫，远远地飞过你的头上。你再望一望远方碧绿的海面，波涛汹涌翻腾，永不停息。阳光从无数闪烁的镜子中发射到你的眼里，碧绿的海水同蔚蓝的镜子般的天空和金色的太阳熔化成美妙的色彩，——于是你的一切忧思，一切关于人世间的敌人及其阴谋设计的回忆，就会烟消云散，你就会熔化在自由的无限的精神的骄傲意识中。”[⑤]艺术作为一种审美活动，具有“自由的无限的精神”。

创作实践证明，在艺术世界里，艺术家仿佛冲破了一切理性教条的栅栏，仿佛跨越了自然事物的重重障碍，无视形式逻辑的充分理由律和客观

---

① 《马克思恩格斯全集》第25卷，北京：人民出版社1979年版，第926页。

② 《马克思恩格斯全集》第26卷第1册，北京：人民出版社1979年版，第296页。

③ 《马克思恩格斯全集》第46卷（下），北京：人民出版社1979年版，第113页。

④ 《马克思恩格斯全集》第42卷，北京：人民出版社1979年版，第121页。

⑤ 《马克思恩格斯论文学与艺术》（四），北京：人民文学出版社1983年版，第393页。

世界的“实然之则”，一往纵横驰骋，独来独往，无拘无束，自由徜徉。《离骚》的主人公，驾驭云霓龙凤，驱策日月风云，时而在天边抚摩彗星，时而在缥缈的幻境中与神女谈情说爱。《西游记》中的孙悟空，似人似魔，法力非凡，竟能七十二般变化，一个筋斗十万八千里，忽而天庭，忽而地府，忽而龙宫。《牡丹亭》中的杜丽娘，死后竟能和生前梦恋的柳生过着美满的生活，而且死而复生，梦幻变现实。李白笔下的黄河是“落天走东海，万里泻入胸怀间”；杜甫眼中的古柏竟是“霜皮溜雨四十围，黛色参天二千尺”；传为王维所作的《袁安卧雪图》，竟把不同时令的雪景和芭蕉放在同一时空里；齐白石的虾居然只有六条腿；徐悲鸿的奔马前腿着地时并不弯曲……

艺术就是这般奇妙，说它是客观世界的反映，它却分明不屑于描写客观事物的本来面目；说它是人对客观世界的认识，它却常常违背科学思维的逻辑规律；说真实是它的生命，它却常常言过其实，甚至人神不分，生死无别；说客观制约主观，艺术家却常常用主观将客观事物变形，或以己度物，或以己度人，分明造物在我。这就是艺术的自由。艺术是自由的天使，它宛如中天歌唱的小鸟，宛如江河欢跃的游鱼，无拘无束，自由自在！自由就是艺术的天性和品质。

艺术的自由，不仅仅是想象的自由、虚构的自由，从根本上说，它是情感活动的自由。

在艺术中，人的情感受到最全面、最大限度的尊重。艺术是情感自由发展的区域。在这个领域里，情感可以自由伸张舒展，不仅表现在喜怒哀乐不受束缚，艺术家可以把心灵之窗彻底打开，自由地诉说自己内心世界深处的愁苦、悲愤和喜悦，而且表现在艺术家可以根据自己的情感需要超越现实生活，尽情描绘自己所追求的、现实中得不到的理想世界（如陶渊明的《桃花源记》）；可以超越现实世界的客观法则，打破科学的时空观念，冲破人神、生死的界限，让现实世界的人和想象世界中的神鬼自由来往（如《离骚》、《西游记》、《牡丹亭》、《天仙配》）；可以超越现实自我，“俨然变成一棵植物，变成小草、飞鸟、浮云、流水，可以时而走，时而飞，时而潜……”，可以“把自己忘去，创造什么人物就过什么人物的生活”，可以“同时是丈夫和妻子，是情人和他的姘头”；还可以赋予无生命的事物以人的情感，如细草含愁、斑竹滴泪、杨柳惜别、春风得意、飞星传恨，等等。总之，在艺术的天地里，艺术家有权主宰自己，也有权按照自己的情感需要主宰他的对象，创造自己的世界。这就是艺术的以情感为特征的自由选择、自由创造。“艺术是现实肯定实践的一种自由形式”,[①] 是人的自由本质的现实肯定的自由形式。艺术就是自由的美的世界。

4. 形象性

艺术是一种形象存在。形象性是艺术的最基本的特征。

黑格尔在谈到艺术与科学的区别时说，科学对对象的内在本质、普遍性、规律、思想和概念感兴趣，虽然它也从个别的感性事物出发，但它一旦获得某种认识，就“不仅把个别事物丢在后面，而且把它转化为……一种抽象的思考的东西”，而艺术“对于对象的个体存在感到兴趣”。[②] 别林斯基也指出，艺术与科学的差别在于，“哲学家用三段论法，诗人则用形象和图画说话，然而他们说的都是同一件事……诗人被生动而形象的现实武装着，诉诸读者的想象，在真实的图画里面显示社会中某一阶级的状况……可是他们都是说服，所不同的只是一个用逻辑结论，另一个用图画而已”[③]。又说：“诗人用形象思索；他不证明真理，却显示真理。”[④] 谈到艺术真实时，别林斯基也说：“艺术是直观状态的真实，就是说，不是在抽象的思想里面，而是在形象里面。”[⑤] 虽然我们不赞成把形象性视为艺术的根本性特征，更不赞成视之为艺术与科学、哲学的本质区别，却认为形象性确实是艺术的最基本的特征。正如车尔尼雪夫斯基所强调的，诗“永远必须用鲜明清晰的形象来表现事物的主要特征”[⑥]。没有形象就没有艺术。

当然，现实存在的自然物都有形象。但是自然物那种感性的具体存在，只有感性存在物的外形而没有灵魂，而艺术“它一方面是感性的，另一方面却基本上是诉之于心灵的”[⑦]，“这样，在艺术里，感性的东西是经过心灵化了，而心灵的东西也借感性化而显现出来了”[⑧]。艺术就是心灵化的形象体系，是形象化了的人的心灵世界。

---

① 李泽厚：《美学论集》，上海：上海文艺出版社 1980 年版，第 116 页。

② 黑格尔：《美学》第一卷，朱光潜译，北京：商务印书馆 1979 年版，第 47 ~ 48 页。

③ 《别林斯基选集》第 2 卷，满涛译，北京：时代出版社 1952 年版，第 429 页。

④ 《别林斯基选集》第二卷，满涛译，上海：上海译文出版社 1979 年版，第 96 页。

⑤ 《别林斯基选集》第二卷，满涛译，上海：上海译文出版社 1979 年版，第 85 页。

⑥ 伍蠡甫：《西方文论选》下卷，上海：上海译文出版社 1979 年版，第 413 页。

⑦ 黑格尔：《美学》第一卷，朱光潜译，北京：商务印书馆 1979 年版，第 44 页。

⑧ 黑格尔：《美学》第一卷，朱光潜译，北京：商务印书馆 1979 年版，第 49 页。

第二节 各类艺术及其审美特征

一、艺术种类的划分

（一）艺术范围的界定

要给艺术进行分类，首先遇到的问题是，究竟哪些东西属于艺术。对此，美学史上人们有不同的看法，而根源还是对艺术本质的不同认识。例如：古希腊人把一切技艺都称为艺术，艺术和技术、技巧是同一回事，这样，艺术的范围就很宽。中国先秦时代有“六艺”的概念，“六艺”指礼、乐、射、御、书、数，“艺”的范围也很宽。18世纪，康德强调艺术的无目的性，把一切以功利为目的的活动和产品排除在艺术之外，例如手工艺品。康德说：“艺术也和手工艺区别着。前者唤作自由的，后者也能唤作雇用艺术。前者人们看作好像只是游戏，这就是一种工作，它是对自身愉快的，能够合目的的成功。后者作为劳动，即作为对于自己是困苦而不愉快的，只是由于它的结果（例如工资）吸引着，因而是被逼迫负担的。”① 黑格尔的“美是理念的感性显现”② 是美的定义也是艺术的定义，他根据这一定义，从精神（理念）与感性的关系上，把园林和舞蹈看作一种“不完备的艺术”③，在他的艺术分类中成了“编外”艺术。

别林斯基认为，建筑还“不是名副其实的艺术，而只是对于艺术的追求，走向艺术的第一步而已……是仅仅暗示思想的艺术形式”④。车尔尼雪夫斯基也说：“我们无论怎样也不能认为建筑物是艺术品。建筑是人类实际活动的一种，实际活动并不是完全没有要求美的形式意图，在这一点上说，建筑所不同于制造家具的手艺的，并不在于本质性的差异，而在于那产品的量的大小。”⑤ 当代人们的意见仍然分歧很多，除了对建筑是

---

① 康德：《判断力批判》上卷，宗白华译，北京：商务印书馆1987年版，第149页。

② 黑格尔：《美学》第一卷，朱光潜译，北京：商务印书馆1979年版，第149页。

③ 黑格尔：《美学》第三卷上，朱光潜译，北京：商务印书馆1979年版，第21页。

④ 《别林斯基选集》第三卷，满涛译，上海：上海译文出版社1980年版，第1页。

⑤ 车尔尼雪夫斯基：《艺术与现实的审美关系》，周扬译，北京：人民文学出版社1957年版，第61页。

否属于艺术有不同看法，也有人把服饰、家具、器皿，甚至广告、商品等列入艺术范围，但也有人坚决拒绝；体育运动中的艺术体操、花样滑冰、花样游泳，被不少人列入艺术范围，但也有不少人持否定态度。

苏联美学家波斯彼洛夫认为，艺术可以分为三种不同含义和范围：第一种是最广义的艺术，指人类活动的“任何技艺”；第二种是较狭窄意义上的艺术，指“按照美的规律来创造”的东西，包括精神文明领域的各种“艺术创作”，也包括物质文明领域的服装、家具、器皿、车轮等实用艺术；第三种是最严格意义上的艺术，即“精神文明领域的艺术创作”。[①]

波斯彼洛夫的第一种含义太宽泛，作为一种历史认识已过时。第二种含义混淆了精神产品和物质产品的界限、审美与实用的界限。当然，实用物质产品应做具体分析，如一般实用住房、服装、家具、器皿就不能算艺术。第三种含义比较恰当，但具体包括哪些对象呢？本书作者认为，严格意义上的艺术包括建筑艺术（以表现某种情感氛围和精神观念为主的建筑物）、园林、雕刻、绘画、书法、舞蹈、音乐、文学、戏剧、影视等。

（二）艺术种类的划分

古代已有对艺术进行分类。亚里士多德在《诗学》中说：“史诗和悲剧、喜剧和酒神颂以及大部分双管箫乐和竖琴乐——这一切实际上是模拟，只是有三点不同，即摹仿所用的媒介不同，所取的对象不同，所采的方式不同。”[②] 这是西方最早根据摹仿媒介、摹仿对象、摹仿方式的不同对艺术进行分类。中国《毛诗序》云：“诗者，志之所之也，在心为志，发言为诗。情动于中而形于言，言之不足则嗟叹之，嗟叹之不足故永歌之，永歌之不足，不知手之舞之，足之蹈之也。”这些论述都涉及对艺术的分类。但古人这些分类是狭窄的、不系统的，那时实际上也没有形成划分艺术的理论。运用一定的理论，并有意识、系统的艺术划分和理论研究，是近代的事。

近代以来，对艺术进行分类的方法多种多样，分类结果也多种多样。例如：莱辛将艺术分为空间的、静的艺术和时间的、动的艺术两种。哈特曼主张分为视觉、听觉和想象的诗三种。康德从审美主体的感受特征上分为感觉艺术（也叫感觉力的艺术，如音乐）、直观艺术（也叫直观力的艺

① 波斯彼洛夫：《论美和艺术》，刘宾雁译，上海：上海译文出版社 1981 年版，第 143 ~ 146 页。

② 亚里士多德：《诗学》，罗念生译，北京：人民文学出版社 1982 年版，第 3 页。

术，如雕刻、绘画）和想象艺术（也叫想象力的艺术，如诗）；黑格尔按照理念发展过程划分为象征艺术（理念尚未找到充分表现自己的物质形式，物质压倒理念内容，如金字塔）、古典艺术（理念找到与自己相适应的物质形式，物质和理念内容和谐统一，如古希腊雕刻）、浪漫艺术（精神、理念溢出物质，有限的物质形式容纳不下无限的理念内容，如近代艺术）；还有一些美学家从形象创造的主客观因素比重来划分为表现艺术（偏于主观世界的表现）、再现艺术（偏于客观世界的再现）和语言艺术（诗）；等等。

目前我国学界一般划分为造型艺术（建筑、园林、雕塑、绘画、书法）；表演艺术（音乐、舞蹈）；语言艺术（文学）；综合艺术（戏剧、电影）。

上述种种划分，都不是绝对的，它们实际上是交叉的，有的艺术既可以列入某一类，又可以列入另一类。如舞蹈也可以是造型艺术，几乎所有艺术都有造型特征；园林也可以说是综合艺术。

下面按本书关于艺术范围包括建筑艺术、园林、雕刻、绘画、舞蹈、音乐、文学、戏剧、影视等门类的观点逐一阐述。

二、各类艺术的审美特征

（一）建筑艺术

1. 什么是建筑艺术

建筑算不算艺术？前面已指出，一直有争论。我们的看法是，并非任何建筑都可以称作艺术。我们讲的建筑艺术只是指建筑中的一部分。建筑从一开始出现就服从于实用目的，这种单纯的符合实用目的性的建筑还不是艺术。只有当建筑“把单纯的符合目的性提高到美”① 的时候，建筑艺术才诞生。

可以把建筑物粗略划分为三种类型：

一是以实用功能性为主导的，不以情感功能性为主导的建筑物，如一般住宅、工厂、课室、实验室等。

二是以情感功能性为主导的，以表现气氛、气势、情调、情趣为主要特征的建筑物，如宗教建筑、殿堂、纪念碑、金字塔、祭坛、陵园等。

三是处于上述两种类型之间的状态的，如剧院、展览馆、宾馆等。

---

① 黑格尔：《美学》第三卷上，朱光潜译，北京：商务印书馆1979年版，第61页。

建筑艺术指的主要是第二、第三种。这样，我们就可以给建筑艺术下定义：建筑艺术是一种采用自然物质和装饰材料，按照物理规律，通过一定的结构方式和色彩调配等审美规律的处理，形成一定的空间形象，表现某种情感氛围和观念的美的建筑实体。建筑艺术是一种“巨大的工艺”。由于它在三度空间中展开形象表现情感和观念，所以建筑艺术是一种三度空间的可视性静止表现艺术（其空间包括内、外部空间，纪念碑除外）。建筑艺术具有不可移动性。人们也把建筑艺术称作“凝固的音乐”、“抽象的雕刻”、“石头写成的历史”。

2. 建筑艺术的审美特征

建筑艺术具有以下审美特征：

(1) 审美性与实用性相统一，审美功能以实用功能为基础。

这是建筑艺术区别于其他艺术的显著特征。一般的建筑，其实用性占主导地位，审美功能完全服从于实用功能；而被称作建筑艺术的建筑物，虽然以表现情感、气势、情趣等为主导，但一般不排除实用功能，或原来的实用功能并没有消失，审美功能始终和实用功能相依存、相统一，审美功能仍然建立在实用功能的基础上。正如黑格尔在谈到希腊建筑时所指出的，希腊建筑艺术的特征在于既有彻底的符合目的性而又有艺术的完美。所谓合目的性就是实用功利性。如宗教建筑，就是用以祭祀的地方，是出于对神顶礼膜拜的宗教目的而建造的，它的美是以这种宗教目的为基础的。殿堂如我国北京的故宫，它既是一种美的形态，又是封建王朝用以议事、皇族居住的地方。

所以，从总体上说，建筑艺术的审美功能依附于、服从于实用功能。西方宗教建筑的色彩装饰，表面看，人们不知道它有什么实用意义，其实它是出于宗教崇拜的功利目的。“窗扇是嵌着半透明的彩画玻璃，玻璃上画的是宗教故事，有时只是涂上各种色彩，用意是使从外面射进来的光线变得暗淡些，让里面的烛光显得更明亮些。因为教堂里照明的不应该是外在自然界的光而应该是另一种光。”① 显然，这种彩画玻璃的美和宗教目的不可分割，并且是按照宗教目的来设计的。

当然，建筑的美也具有相对的独立性，所谓“形式服从功能”的说法是绝对化的。某些装饰就不受实用功能支配，而仅仅为了追求审美效果，如窗四周的花纹装饰、柱子的凹形线条装饰等。

(2) 建筑艺术表现情感和观念是概括的、抽象的、象征的，具有模

① 黑格尔：《美学》第三卷上，朱光潜译，北京：商务印书馆 1979 年版，第 93 页。

糊性和不确定性。

建筑艺术是一种表现艺术，而不是再现艺术，它不再现客观世界中实际存在的什么事物。亚里士多德曾认为艺术的本质是摹仿自然。然而，建筑艺术并非自然的摹仿品。摹仿说至少对于建筑、音乐来说是无能为力的。

建筑艺术是表现艺术，它表现某种特定情感和观念。但是，这种表现却是抽象、概括的，模糊和不确定的。英国吉尔·伯特和库恩在《美学史》中说："建筑中观念的表现是含糊的。"① 这一特点显然和建筑艺术"语言"——所采用的物质材料的局限性相关。建筑艺术的媒介难以直接表现人的情感和观念，因此建筑艺术的情感、观念都是通过象征来表现的，象征性也就成为建筑艺术的重要特征之一。拿宗教建筑来说，其"超凡入圣"等观念和强烈的宗教情感就是通过建筑的结构、色彩、采光或特殊构件、雕塑等来象征的。如哥特式建筑，柱子向上耸立伸展，在上部形成尖拱形，呈现出自由向上升腾的形态，就像植物茎向上生长开放出花朵，又好像节日的焰火，在夜空中繁花似锦，外部特点是高、尖、动势，轻灵的垂直线贯穿全身，墙、塔越往上越细，顶上有锋利的小尖顶，直刺苍穹。它实际表现和象征了一种"超凡入圣"的忘我的宗教精神，仿佛要把人们引向天国的神秘的幸福中去。这种观念是象征性的。北京天坛，是天子祭天处，其总体布局是南方北圆，象征天圆地方；祈年殿殿檐有三重，深蓝色，象征天；殿内 28 根柱，当中 4 根，叫"龙井柱"，象征一年四季，中层 12 根，象征 12 个月，外展 12 根，象征 12 个时辰。总的象征意蕴是"天人感应"。西藏布达拉宫，正面矗立如刀，宽 300 多米，高 100 米；开阔的壁面上开了 13 行瘦小而成梯形的小窗户，仿佛深奥莫测，渲染了一种冷漠、禁欲、超脱、闭锁的佛教意识和精神境界；它的石蹬道是"之"字形，拾级而上，仰望庞大的宫墙，令人产生压抑的感觉，顿感人生的渺小；但经过狭窄孔道之后，在离地面 70 多米高的地方，是 1 600 平方米的大平台，光滑如镜，使你感到走完修法的艰苦道路之后便进入一个开朗宽阔、光辉灿烂的极乐世界似的；它的走廊通道狭窄、曲折、阴森，暗示的是"去欲行戒"、"静观修法"的艰苦道路，给人"路曼曼其修远兮"的感受，无不充满象征意味。

中西建筑艺术由于文化背景不同，象征意蕴不同，其风格也大异。一

---

① 吉尔·伯特、库恩：《美学史》，伦敦 1956 年版，第 449 页。引自朱狄：《当代西方美学》，北京：人民出版社 1984 年版，第 404 页。

般说，西方建筑艺术受其根深蒂固的宗教文化影响，追求巍峨、奇特、高耸，把人引向神秘世界，寄希望于彼岸，追求灵魂不死，造成刺激，引起恐惧，令人目眩神迷。中国建筑艺术受崇尚自然、追求天人合一、天人感应的观念和实践理性精神熏陶，喜平面展开，把联想引向现实世界，重视可居可游，陶染生活情趣，于有限中追求无限，让人感到人间也是极乐世界。

(3) 建筑艺术的美是一种整体造型的美。

构成建筑艺术的美的因素是多方面的，如结构、色彩、线条、装饰以及材料的美等。但这一切都必须有机统一，构成整体。建筑美就是一种整体造型的美。如别林斯基所说："建筑物之所以使我们叹赏折服，是因为它的各部分匀调一致，构成一个优美的整体，或者因为它具有巍峨的外形……"①

建筑物本身的空间整体造型首先鲜明地显示了它的美的风格。古希腊的帕尔农神庙，巴黎的凯旋门，中国的故宫、长城，其形体直接显示了雄伟、刚强、粗犷、稳重等特点，给人壮美的感受。北京的民族文化宫、西安的小雁塔等显示了优美的风格。当然，建筑艺术常常是壮美与优美相融合，壮美主体体现在结构、块面、量块的安排上，优美主要体现在线条、装饰的处理上。

建筑艺术结构形式的美也由于施工方式、建筑材料的差异，具有不同时代的美。现代以预制构件和混凝土进行机械施工，采用悬索、薄壳、网架、充气等新结构，从而创造了种种新的建筑美。高层框架结构和大跨度空间结构，使现代建筑更具气势的美。但另一方面，这种技术和材料又使现代建筑形成一种以平板、立方体为主的结构形式，不像古代建筑那种富于变化、那样精雕细刻和富于个人风格的美。

建筑艺术的空间整体造型的美又通过节奏感来体现。节奏本是音乐名词，作则奏之，止则节之。广而言之，一切有规律、有秩序的变化运动都是节奏，节奏是一种美。节奏实际上是一种数的比例关系，建筑和音乐一样，都严格按照一定的数的关系（数学结构）来设计和组合，所以两者有相通之处，这正是人们把建筑称作"凝动的音乐"的缘故。所以，许多建筑物往往就是一部无声的音乐作品。如故宫，就给人一种空间和时间有序的、渐次的、持续有规律的节奏变化而显出一种音乐美的感受（建筑的节奏主要是一种空间节奏）：从天安门走进故宫，穿过端门和午门，

① 《别林斯基选集》第三卷，满涛译，上海：上海译文出版社1980年版，第1页。

两旁是一间间有严格距离的、重复出现的朝房，仿佛一种旋律反复出现；再进去是太和门，之后是太和殿，这一系列建筑物仿佛就是一部乐章的一个乐段；到了三大殿就像进入乐章的高潮，节奏加快，乐音提高开阔，反复回旋；过了三大殿，出现了后三宫，又是大同小异的建筑物不断重复，节奏复归缓慢，进入尾声。从天安门到后三宫，就像在时间进程和空间变化中欣赏着一部大型的凝聚的“可视”乐章。

建筑艺术空间整体造型的美又不局限于建筑物自身形体。实际上，这个“整体”还包括建筑物与周围环境的审美组合。中国传统文化强调天人合一，人与自然和谐统一的观念（水光山色与人亲的观念）一直体现在建筑整体美的设计上。古诗云：“窗含西岭千秋雪，门泊东吴万里船”（杜甫《绝句》），“画栋朝飞南浦云，珠帘暮卷西山雨”（王勃《滕王阁序》），“隔窗云雾生衣上，卷幔山泉入镜中”（王维《敕借岐王九成宫避暑应教》）……表明中国建筑艺术追求的是内外空间统一、人与自然合一的整体美，如颐和园一块匾额所云：“山色湖光共一楼”。西方在20世纪30年代有人提出设计“瀑布上的房子”，现代建筑家们把外部空间看作“没有屋顶的建筑”，表明西方也越来越重视这种整体美。丹麦建筑师尤恩·伍提森设计的悉尼歌剧院，位于悉尼港的班尼朗岛上，屋顶像鼓满风的白帆，与整个环境、海面构成一个更大的整体美。

（二）园林艺术

1. 什么是园林艺术

园林艺术是一种由自然美、建筑美、雕塑美、绘画美、书法美、工艺美等有机统一的综合艺术，也是一种自然景观和人文景观、天然的自然与人为的自然有机统一的综合艺术，属三度空间造型艺术。

我国是有着悠久园林艺术历史的国度，大约在东晋太元初，以慧远在庐山营造东林寺起（江南佛教中心），标志着我国园林艺术的成熟。明清是园林艺术迅速发展的时期，而江南尤为发达，如扬州就有园林三四十处，苏州达170多处（历代共500多处）。北京的颐和园和苏州园林是这一时期皇家园林和私家园林的代表作。

园林艺术是对自然山水的典型再现，但不是单纯的再现，是造园艺术家（巧匠能手）对大自然之美产生的内心感受的创造性营构，是造园艺术家内心情感的外投和物化，因而，它是情与景的创造性融合。如苏舜钦《沧浪亭记》所云：“情横于内而性伏，必外遇于物而后遣。”它通过小桥流水、荷塘月色、曲径通幽、水阁楼台、花草树木，表现某种诗情画意、生活理想，是再现和表现的有机统一。园林艺术在中国之所以特别发达，是和中国民族“天人合一”的传统观念和追求人与自然的统一的审美心理密切相关的。

2. 园林艺术的审美特征

园林艺术具有以下审美特征：

（1）可行、可望、可游、可居相统一。

宋代郭熙论山水画说：“山水有可行者，有可望者，有可游者，有可居者。”① 我国园林艺术正是以此为美学设计的指导思想，强调园林可行、可望、可游、可居，无论是颐和园还是江南的私家园林，都既是游赏胜地，又是园林主人的生活场所，即审美与实用相统一，这一点与建筑艺术相同。

（2）园林艺术表达某种审美情趣或生活理想，但朦胧而含蓄。

我国古典园林多为封建士大夫所建造，它和主人的审美情趣与生活理想是结合在一起的，正如山水诗、山水画一样，往往是艺术家寄情山水、放浪形骸的所在。所以，园林里的一山一水、一花一草，都体现着园林主人和营造者某种情感、某种人生情怀。如沧浪亭石柱对联所云：“清风明月本无价，近水远山皆有情。”由于深受中国传统文化中道家、禅宗的自然观、人生观的熏陶，中国许多园林特别表现了对老庄、禅的虚无缥缈境界和超脱现实人生的静谧境界的追求。这可以从其追求迷离恍惚的神韵，使人探之茫茫、索之渺渺和幽静景致的创造中看出。但这种情趣和生活理想，毕竟是通过那些不能直接表现情感观念的山石、池水、树木、花卉、亭台、楼阁象征表现出来的，因而含蓄而朦胧，给人含蓄美的感受。

（3）静态美与动态美有机统一。

园林艺术本身是静态空间艺术，但对它的欣赏活动却是在“游”的过程中实现的，因而它又是一种以静为动的时空艺术。

园林艺术好比一幅展开的画卷，景物布局是考虑人们游览的动态过程来设计的，因而布局上是静与动的结合，整个园林建筑是在时间过程、空间排列的一系列变化和连续中流动的。如风景设计强调流动的层次，常有近景、中景、远景的布局，游人漫步其中，水随山转，亭台迷失，随步移动，忽隐忽现；时而丘壑当道，时而别有洞天，时而一水横陈，时而山回路转，步移景换，时过境迁，令人产生“山重水复疑无路，柳暗花明又一村”的感觉。如游苏州网师园的“月到风来亭”，从北面走廊走去，经

① 郭熙：《林泉高致·山水训》。

过假山花坛、旁僻水涧、濯缨水阁、云岗、曲廊、小山丛桂轩、射鸭水阁，游人从一处到另一处，漫步之间，景物流动，意趣变化，造成一种连续不断的运动画面。

为体现上述审美特点，中国园林传统采用的创造手段主要有：

一是在建筑构件、布局、形态上，力求曲折虚实、多样变化。曲折指避开直线，“造园如非诗文，务使曲折有法”。例如，墙多为“之”字形走廊，地有高低起伏；水池多依假山，曲水潆流；路径迂回，门内有径，径欲曲；室旁有路，路欲分。虚实指有隐有露，或断或续，以实为虚，化景物为情思。多样变化指打破对称，节奏变化，丰富多彩。

二是借景布置空间、组织空间、创造空间。计成在《园冶》中云：“天借景，林园之最要者也，如远借、邻借、仰借、俯借、应时而借，然物情所逗，目察心期，似意在笔芯，庶几描写之尽哉。”如颐和园远借玉泉山、西山之景；北海公园、景山公园互相借景，互相映衬。借景常通过门、窗，如苏州园林的门窗，从不同角度看去，景色变化。颐和园乐寿堂，四边是窗，面向湖景，意境深远。

三是相反相衬手法。如集聚与分散、参差与整齐、连续与阻隔、明与暗、向与背、静与动（山、水）、隐与露等，构成形式美上的强烈对照。《园冶》说：“园地惟山林最胜，有高有凹，有曲有深，有峻有悬，有平有坦，自成天然之趣。”如苏州拙政园，总体布局以水为中心，园的中部面积1.8公顷，池水占五分之三多，给人开朗的感觉，但临水处又安排不同形体、高低错落的建筑。通过这种集聚与分散、隐与露的空间处理和对比，景致更有深度广度。有的是先隐后露，如颐和园，从乐堂门入园，经过几重封闭的院落，绕过仁寿殿南侧的土冈，突然出现湖山开阔之景。有的先露后隐，如苏州沧浪亭，是看到主景的轮廓和隐约的次要景色，再穿过廊径、树丛，主景才逐步露出，形成强烈对比。

（三）雕塑艺术

1. 什么是雕塑艺术

雕塑是雕与塑的合称。在拉丁文中，雕刻（sculpture）指用凿子在石头或大理石上的劳作；古希腊雕塑一词，指以石膏、黏土、陶土制作模型的活动。总的说，雕塑是一种以实体性物质存在形式再现事物形象的三度空间静态艺术。

雕塑的表现对象有三个系列，一是神，二是人，三是动物。但以人体为主要表现对象。

西方表现动物的雕塑较少（中国古代较多），而表现神实际也借助于人体，所以，人体成为雕塑的主要对象。黑格尔说过：雕刻以人的形象——肉体作为它的造型的基本类型。他也说过，雕刻最适合于表现神，但古希腊雕刻从产生开始，表现的神实际上是人。人体之所以成为雕刻的主要对象，这主要是由于古希腊人对人体美的崇拜引起的；另一方面，艺术家首先发现人体是人的内在精神生活的现成的表现。由于雕塑以人体为主要对象，因而人们把它看作“人的最早的艺术”；而因为它表现静止的人体姿态，因而被称为“冻结了的形体模拟”，或称为“静止的舞蹈”。

最初的雕塑主要用于歌颂，表现理想的、崇高的正面形象，所以莱辛说，希腊只为美丽的人造像。近代以后出现了反面形象或丑的形象。

雕塑可分为圆雕和浮雕两大类。从雕塑的发展看，先有圆雕，后有浮雕。浮雕又可分为高浮雕、半浮雕和浅浮雕。高浮雕如《马赛曲》等；半浮雕如《吹笛少女》、《母神》等；浅浮雕如《少年》等。浮雕是雕塑向绘画发展的过渡。从所用质材又可把雕分为铜雕、石雕、象牙雕、木雕、玉雕等；把塑分为石膏塑、黏土塑、陶土塑等。不过，雕与塑常常合而为一。

雕塑又可以分为“单独的雕塑”和“群雕塑”两类，前者如《米洛的维纳斯》、《掷铁饼者》、《胜利女神》、《展望者的身躯》、《摩西》、《大卫》、《思想者》、《思》、《拉大弓的赫拉克利斯》等，后者如《尼奥贝》、《拉奥孔》、《创世纪》、《加莱义民》、《马赛曲》、《艰苦岁月》等。

2. 雕塑艺术的审美特征

雕塑艺术具有以下审美特征：

(1) 表现观念、情感比建筑艺术明晰，但较单纯、概括。

建筑艺术表现观念、情感较模糊，只是一种象征，雕塑通过人的形体直接寄寓某种观念和情感已表现出较大的明晰性，例如《米洛的维纳斯》就寄寓了爱情的观念。对此，美学史家吉尔伯和库恩在其《美学史》中有准确说明：“雕塑在它所使用的坚固的物质材料的三度空间这一点上虽然与建筑相似，但是在观念贮存于石头之中的清晰性和富有精神性方面则有所区别，建筑中观念的表现是含糊的，而一个雕像所传达的观念则是清晰的和毫不含糊的。”[①] 这一特征是由人体可以较为清晰地表现人的内在精神生活所决定的。

---

① 吉尔·伯特、库恩：《美学史》，伦敦1956年版，第449页。引自朱狄：《当代西方美学》，北京：人民出版社1984年版，第404页。

但是，雕塑所表现的观念、情感又是单纯而概括的。我们说维纳斯表现的是爱情，但这不是具体的爱情，没有什么复杂的内容，它表现的也仅仅是爱情，这种爱情是单纯的、高度概括的。黑格尔曾中肯地指出：“雕刻作品所要表现的只是人体形式中常住不变的，带有普遍性的，符合规律的东西。”① 它要排除特殊细节，只是“牢牢把握住精神表现中的一些常住不变的特点，把它们反映在面孔神色和身体姿态上”②。这在大量古代流传下来的作品中可以看得很清楚，那时的雕塑几乎都没有瞳孔和目光的精神表现，不表现人的复杂的内心生活，只是概括地表现他们单纯的性格、品质、气概，如爱、勇敢、凶猛、悲哀、权威等，而不以某一具体的形体姿态或动作细节去揭示人物的非常个性化的内心生活和外部精神风貌的特殊性。正如莱辛所说：“对于雕塑家来说，女爱神维纳斯就只代表‘爱’……”③ 或别林斯基所指出的：“雕塑的范围比建筑广阔些，它所利用的手段也更丰富些，它已经表现形体的形式的美，人的脸上的思想的浓淡色度；可是，它仅仅抓住脸上的思想的一个瞬间，肉体的一个姿态，并且，雕塑的创作活动范围并不扩展到整个人，而是仅仅局限于人的肉体的外部形式，仅仅描写男人的勇敢、雄伟的力量，女人的美艳和娇媚。”④ 这又是由肉体不足以充分表现人的内在精神生活决定的。

（2）雕塑的美主要表现于瞬间的形姿和神韵。

雕塑以人体为主要对象，人的内在精神和性格主要是通过语言、形姿和神韵表现出来的。雕塑是无声的艺术，因此它主要是通过对象的形姿和神韵来表现人的内心世界；同时人体雕塑又是凝固的人体，所以它必须抓住对象最富于特征的瞬间形姿和神韵加以表现。在最成功的雕塑中，总是以最富于艺术魅力的形姿和神韵表现了人的性格特征或内在精神，如《命运之神》的活力与不朽，《米洛的维纳斯》的爱与美的精神品质，《掷铁饼者》、《拉大弓的赫拉克利斯》的气势和力量，《卡拉卡拉像》的冷酷残忍，《大卫》的英武刚毅，《巴尔扎克》的豪放自信，等等，正是通过它们最富于特征的瞬间形姿和神韵而充分显现出来。

---

① 黑格尔：《美学》第三卷上，朱光潜译，北京：商务印书馆 1979 年版，第 129 页。

② 黑格尔：《美学》第三卷上，朱光潜译，北京：商务印书馆 1979 年版，第 129～130 页。

③ 莱辛：《拉奥孔》，朱光潜译，北京：人民文学出版社 1979 年版，第 54 页。

④ 《别林斯基选集》第三卷，满涛译，上海：上海译文出版社 1980 年版，第 1 页。

中国古代也有人体雕塑，最有艺术成就的是佛教雕塑和陶俑——特别是秦皇陵兵马俑，都是以人体为对象的雕塑。中国古代的动物雕塑也比较发达。动物也是一种生命体，一切对生命体的艺术表现都非常注重形姿和神韵的刻画。如中国古代的石狮，造型有蹲立式、蹲坐式、卧式、行跃式、倒爬式等多种，造型有大有小，各具形态。汉代石狮，显示了矫健、威武、强壮的神态；南朝石狮，粗壮、凶猛、威武，与汉代相似，总是昂首挺胸，傲视一切，突出了狮子的威猛、雄强的神态；到了唐朝，石狮形姿一般是前肢斜伸，胸部挺起，狮头高昂，双目圆睁，气势凌人。这些富于特征的瞬间形姿和神韵，象征着中华民族的威严与宏伟大气，但其所象征的精神同样比较单纯和概括。

19 世纪末 20 世纪初，欧洲的雕塑艺术出现了以抽象派为代表的各种艺术流派，一般通称为现代派。抽象主义雕塑的共同特点是表现主观的情绪，而不是客观的具象。现代派雕塑家们追求新的艺术形式，明显与传统雕塑艺术的表现法不同。如被人们赞誉为 20 世纪伟大的雕塑家的英国亨利·摩尔，他的《国王与皇后》、《斜卧像》等，已经完全把人体抽象化。20 世纪 60 年代，形式丰富多彩的抽象雕塑已遍布在欧美许多国家的广场、公园、十字街口等地，今天更是遍及全世界各个角落。这表明，雕塑艺术的艺术追求和表现形式已经发生了巨大的变化。

（四）绘画艺术

1．什么是绘画艺术

《说文》云：“画，界也，描绘四界。”“画，畛也。像田畛畔，所以画也。”《尔雅·释言》云：“画，形也。”其注云：“画者，为形像。”汉代刘熙《释名》云：“画，挂也，以色彩挂物象也。”挂即钩取，物象即物体的形象。宋代王昭禹在注释《论语·八佾》中的“绘事后素”时说得更明白：“画绘之事不过五色而已。模成物体而各有分画，则谓之画，分布五色而会聚之，则谓之绘。”① 其意思是，画指勾线，绘指着色，合而谓绘画。

绘画是一种以线条（包括点）、色彩等物质手段，通过明暗、透视、构图等方法，在平面上展开形象的两度空间静态艺术。

传统观念多认为绘画属于再现艺术。所谓“挂物象”、“模仿物体”

---

① 伍蠡甫：《中国画论研究》，北京：北京大学出版社 1983 年版，第 42 页。

的说法就是这种观念。陆机也说："宣物莫大于言，存形莫善于画。"[①] 意思是，绘画更适宜于再现事物的形相。应该说，绘画的再现功能是明显的，但是，像其他任何具有明显再现功能的艺术一样，绘画也表现人的情思，也是再现与表现的统一。中国的国画作为"线的艺术"，其实表现性更突出。而西方现代抽象绘画出现之后，传统认为绘画偏于再现的观念更受到冲击。例如西方抽象派鼻祖、俄罗斯画家康定斯基（Василий Кандинский，1866—1944）的《在白色的上面》、《贯穿的线》、《在黑色的四角之中》、《回忆》等，画面上线条、色块的抽象组合，什么也没有再现，而只是画家某种内在精神表现的产物，只是欲望、激情的自由流露。

许多美学家往往把绘画与诗歌看作同源艺术，即"诗画同源"，所以，有人说绘画是"点、线、色的交响诗"。这种观点也说明绘画具有诗的表现性特点。所以，我们不能笼统地把绘画划入再现性艺术领域。

绘画的形式多种多样。从画种看，有中国画、油画（西洋画的代表）、版画、水彩画、水粉画、素描、速写等。每一种又可细分，如中国画从物质材料、工具的不同可分为壁画、卷轴画；从表现特点可分为工笔画、写意画和"工带写"三种；从画的题材内容看，可分为肖像画、风俗画、风景画、历史画、静物画等；从社会作用和采用的形式上分，又包括宣传画、年画、漫画、连环画等。

2. 绘画艺术的审美特征

绘画艺术具有以下审美特征：

（1）绘画通过有形有色的平面艺术形象反映生活和表现画家的情思。

和雕塑、建筑艺术比较，绘画也创造可视的空间形象，都是造型艺术。但雕塑、建筑是以物质实体的形式存在于三度空间中的立体形象，具有可触摸性，人们可以从不同方位，取不同视角对它进行观照；绘画则摆脱了物质实体的存在形式，在二度空间即平面上展开形象，不具可触摸性，也只能正面观照。

但绘画是一种有形有色的艺术，它可以通过色彩以及光线的明暗和透视法给人以量感和质感，唤起三度空间的幻觉。如中国画通过量色的淡浓创造远近空间，从而形成一种立体感。

（2）绘画能较丰富地刻画和表现人物形象和反映现实生活。

---

① 杨大年：《中国历代画论采英》，郑州：河南人民出版社 1984 年版，第 3 页。

绘画和雕塑在再现人物形象方面都比其他艺术更具有自己的优势，这是因为它们都通过可视的造型反映人，更为逼真。但相较而言，雕塑的立体性特点使之可以创造与实际人体接近的人物形象，更为逼真。然而，绘画对线条的运用更加灵活，因而更能丰富地刻画人物形象。别林斯基说："绘画可以表现整个人，甚至还可以表现他的内心世界。"① 虽然说得过分些（其实表现"整个人"是困难的，因为它毕竟也只能表现人的一个瞬间的形象），但相对于雕塑而言则有道理。以《蒙娜·丽莎》和《米洛的维纳斯》做比较就可以看出，后者对人物性格的表现是较单纯的，前者却十分丰富，刻画了一个富于个性的性格、品性和气概。

在反映人物关系方面，绘画比雕塑也更丰富化。如《最后的晚餐》，画面人物动作和神态由耶稣一句话引起："我实实在在告诉你们，你们中间有一个人要出卖我了。"座上为之惊愕失色。在以三人为一组的四组门徒的表情动作上，反映出各自不同的性格和心理状态，以及他们与耶稣的关系。这在雕塑中是较难塑造的。

此外，绘画能较广泛反映社会生活事件。如《清明上河图》，这是一幅社会风俗生活的全景式风俗画，它反映了北宋京城汴梁（即今开封）的世俗生活场景，真实地演绎了900多年前汴梁城的都市生活。全图可分为三部分：序幕是疏林薄雾中各形各色的人从京郊踏青扫墓归来；中段是繁忙的汴河码头，粮船云集，人来人往，车水马龙，熙熙攘攘；后段是热闹的市区街道部分，以高大的楼城为中心，两边的屋宇鳞次栉比，各色人等、各种交通工具穿插其中，绘色绘形。全画共涉及人物500多个，牛、马、骡、驴等牲畜五六十四，车轿20多辆，大小船只20多艘。特别是画中人物，衣着神情各异，其间穿插各种活动，富有戏剧性。这是雕塑所难以达到的。

（3）绘画的美主要通过线条、色彩等来表现。

线条是绘画最基本的手段，没有线条就没有绘画形象。因为线条最基本的功能在于它能够暗示或标明块体和立体形象。最早的绘画就是从线条开始的，如原始人画动物，首先是用线条来勾画出动物的轮廓。现代绘画无论怎样发展，即使用色块，也离不开线条。

线条虽然是抽象的，但它具有很强的表现力。如康定斯基就说，线有

---

① 《别林斯基选集》第三卷，满涛译，上海：上海译文出版社1980年版，第1页。

一种“内在声音”，“线条是诉诸心灵的”。[①] 在绘画中，表现宁静之感，一般采用平卧线；表现欢乐，宜用上升线；表现忧郁，宜用下降线。介于三者之间的线，将产生其他无限变化的感觉。总之，线条具有无穷的表现魔力，它可以直接创造某种美，如细线、曲线可以创造阴柔之美，直线、粗线可以创造阳刚之美等等。线条还可以创造动态美、空间美、立体美、节奏美。

相对而言，中国绘画更重视线条，英国诗人赫伯特·里德（Herbert Read，1893—1968）说：“线条在东方艺术中也占有非常突出的地位。在中国与日本的绘画中，在素描和木刻里，安排得当的线条会产生一种节奏。”[②] 中国绘画重线条，不重光影，这与中国强调写意表现有关，因为线条有很强的表现功能。里德认为，“线条如同速写一样，常常是表现主题的一种简括而抽象的工具”[③]。中国绘画的表现特征非常突出，显然与此相关。黑格尔曾说中国画“不能够表现出美之为美，因为他们的图画没有远近光影区别”[④]。这是对中国画写意特征不了解的偏见。中国绘画对线条的研究很重视，明代汪砢玉的《珊瑚纲》列有“古今描法十八则”，概括了各种线条表现法，有“游移描”、“铁线描”、“柳叶描”、“三叶描”、“折芦描”等等，所以中国画可谓是线的艺术。中国书法则是线的艺术的高度集中化和纯粹化。

色彩是绘画的最重要的手段。雕塑一般不采用色彩，绘画一般要采用色彩。相对而言，西方更强调色彩，西方画家认为线条、明暗的空间因素只是色彩的修辞。沃尔·E. 斯坦克劳斯说：“绘画中最重要的因素当然是色彩。雕塑和建筑都不像绘画那样和色彩有密切的关系。虽然这三种艺术都与光有密切的关系，而唯独绘画才真正用色彩作为它的媒介……”[⑤] 康定斯基认为，色彩是研究绘画的出发点，绘画的审美功能只能存在于色彩呈现的纯形式中。一般来说，色彩能够直接影响到心灵，引起心灵震

---

① 康定斯基：《艺术中的精神》，李政文、魏大海译，北京：中国人民大学出版社2003年版，第23页。

② 赫伯特·里德：《艺术的真谛》，王柯平译，沈阳：辽宁人民出版社1987年版，第29页。

③ 赫伯特·里德：《艺术的真谛》，王柯平译，沈阳：辽宁人民出版社1987年版，第30页。

④ 黑格尔：《历史哲学》，王造时译，北京：三联书店1956年版，第180页。

⑤ 黑格尔：《历史哲学》，王造时译，北京：三联书店1956年版，第100页。

动。有的艺术家认为，有丰富的色彩，就有完美的形式。

色彩通过明暗处理、浓淡处理和对比调配，可以获得充分的空间表现，可以造成真实感，而且可以直接表现某种情感。所以，西方画家把色彩看作“感情的语言”。例如：红色可以表现热烈、热情、喜悦、激动；黄色可以表现希望、快乐；绿色可以表现生命、朝气、安宁、和平；黑色可以表现悲哀、痛苦、庄严、稳定；等等。所以，色彩不仅被作为描绘对象的手段，也常常被作为某种感情的象征。

（五）舞蹈艺术

1. 什么是舞蹈艺术

在希腊文中，舞蹈一词是“XOP”，意为“人群”。这表明舞蹈一开始就带有群体活动的特征。当然，只有在这样的情况下，才开始有了舞蹈艺术：当人的身体动作的韵律由于它本身的缘故而被加以组织并被鉴赏之时，那么舞蹈就开始了。舞蹈是一种非常古老的艺术，舞蹈至少和人类本身一样古老，或者说，人类在地球上出现并开始生活时舞蹈就已存在。中国古籍《尚书·尧典》中有所谓“击石拊石，百兽率舞”的记载，《周官·司巫》中有所谓“若国大旱，则师巫而舞云”的书写，《吕氏春秋》有“昔葛天氏之乐，三人操牛尾，投足以歌八阕”的描述，等等。这说明，最早作为人类主体的某种内在的热烈的宗教情绪表现的舞蹈，已在原始初民那里如火如荼地表演了。

舞蹈是通过经过提炼加工的、由节奏组织的人体姿态、造型，特别是动作过程来塑造形象、表现思想感情的动态艺术。有人把舞蹈称作“活动的雕塑”、“解冻了的雕塑”；也有人称之为“可见的音乐”。从文化学的角度，可以称之为一种特殊的“人体文化”。

舞蹈与音乐的关系非常密切，最早的舞蹈就是依照音乐节奏起舞的，并且一直与音乐结合。

2. 舞蹈艺术的审美特征

舞蹈艺术具有以下审美特征：

(1) 舞蹈形象是在空间转换和时间流动过程中展开的，具有时空性。

建筑、园林、雕塑、绘画等艺术都具有空间性，都是空间艺术，就此而言，舞蹈和上述艺术有共同性。舞蹈以人体为媒介，必然具有空间性，并且是立体空间的，是立体空间艺术。雕刻以人体为主要对象，这就使舞蹈和雕塑极为接近。但雕塑是静止的，是“瞬间艺术”，属静态艺术；而舞蹈是通过活的人体动作过程塑造形象的，即在时间流动过程中塑造形象，因而又是时间艺术。舞蹈艺术是由空间艺术过渡到时间艺术的一个中间环节。

（2）舞蹈具有强烈的表情性。

这是由其以人体为媒介的特性决定的。人的感情大量地通过人的动作、神态表现出来，舞蹈把现实的人的动作、神态加以提炼而成为舞蹈语汇（体态符号），这些语汇便具有直接表现人的情感的优越性，例如双手屈向胸前可以表示爱或痛苦，向前直伸可以表示期求等等。从生理学角度看，人的感情强度到了顶点时，往往通过动作、神态表露出来。我国古代《毛诗序》指出："咏歌之不足，则不知手之舞之足之蹈之……"《乐记》云："言之不足，故嗟叹之；嗟叹之不足，故咏歌之；咏歌之不足，不知手之舞之，足之蹈之。"西方也有人指出："所描绘的激情越强烈，言词也就越不够。言语表情的顶点是喊叫。再往下去，就是手势了。"① 这都是说明动作和舞蹈的表情的优越性。因此，许多美学家认为，与其说舞蹈是再现艺术，毋宁说是表现艺术或表情艺术，这是有道理的。当然，舞蹈可以再现生活，也具有摹仿性。从原始艺术来看，摹仿性是主要的，如摹仿猎狩过程，摹仿动物动作和人的动作等。但是，随着舞蹈的发展，摹仿因素已不是主要的了，舞蹈主要不是人物行为的再现，而是人的内心世界的表露；不是再现性格，而是表现性格；不是摹仿，而是比拟。

（3）舞蹈的美主要通过动作、姿势（形象的形态）、图形结构以及节奏、旋律等表现出来。

动作，即在空间中形象从一种姿势向另一种姿势转变的过程，它是构成舞姿的最基本最重要的因素。"如果可以把舞蹈说成是活的雕刻的话，那么，舞姿就是舞蹈中雕塑性最强的因素。"② 而舞姿及图形结构都是借助于动作过程形成的，是活动的。柏拉图说舞蹈是以"手势讲话的艺术"，其实动作不仅仅是手、脚的活动，而且是头、眼、肩、躯干、胸、臂部等的运动，人的全身都参加舞蹈。可以说，正是由于人体的全面的自由运动，才形成了舞蹈丰富而独特的动态美，这是雕塑难以与之相比的。

东汉傅毅的《舞赋》曾对领舞人舞姿的美做过精妙的描绘，令人感到一种"艳若春花、清如白鹤、华美而飘逸"的美：

---

① 别列卓夫斯基：《论舞剧的特性》，朱立人译。引自《世界艺术与美学》第一辑，北京：文化艺术出版社1983年版，第275页。

② 别列卓夫斯基：《论舞剧的特性》，朱立人译。引自《世界艺术与美学》第一辑，北京：文化艺术出版社1983年版，第258页。

……罗衣从风，长袖交横。骆驿飞散，飒擖合并。鶣飘燕居，拉揩鹄惊。绰约闲靡，机迅体轻。姿绝伦之妙态，怀悫素之洁清。修仪操以显志兮，独驰思乎杳冥。在山峨峨，在水汤汤，与志迁化，容不虚生。明诗表指，喟息激昂。气若浮云，志若秋霜。观者增叹，诸工莫当。

轻柔的罗衣，随风飘扬；长长袖子，左右交横；飞舞挥动，络绎不停；宛转袅绕，或快或缓。她轻而稳的姿势，如燕飞跃，又像掠云的鹄鸟；体态美好而柔婉，迅捷而轻盈，真是美到极致，也显示出胸怀的纯洁……当她想到高山的时候，便真峨峨然有高山云势，想到流水的时候，便真洋洋然有流水之情……她的气概像浮云般高逸，她的内心像积霜般的皎洁，令观众赞叹不已，乐师们也自叹不如。①

再如现代舞蹈《天鹅湖》以及我国的《蛇舞》、《孔雀舞》等，都是通过动作以及构图而形成一种特殊的美的形象，令人叹为观止。

动作的美与力度、技术有关，但舞蹈不是体育，不是越有力越好；也不是杂技，杂技主要是技巧性的人体活动（也吸收舞蹈因素），而舞蹈是一种审美化的即美的技巧性的人体活动。

（六）音乐艺术

1. 什么是音乐艺术

前面所讲的各种艺术，都是以可视的物质材料作为艺术媒介的，都属于视觉艺术。音乐就不同了，它所运用的手段，采取的媒介材料，已不是视觉感官可以感受的物质材料了，而是只有凭听觉才能把握的材料；同时，它的形象不再在实际的物理空间中展开，而是在时间过程中展开。如果说有空间，那只是一种想象性空间。这就决定了音乐艺术具有自己独特的性质。

概括地说，音乐是一种以音响、节奏、旋律、调性等为手段，在时间的流动过程中，通过概括性的比拟来展示形象、表现情思的艺术。

由于音乐的声音振动、音与音的关系构成一定数学关系，所以如康德所说，音乐的审美价值应归结于数学上的相互比例，一系列声音就靠了这种比例变成了一个整体；或如莱布尼兹所说，音乐是灵魂在数学中不自觉的练习。这一点类似于建筑的数学结构，所以，人们据此常常认为“建筑是冻结了的音乐”，而音乐则是“流动的建筑”。但是音乐和建筑在运

① 《民族音乐研究论文集》第一集，北京：音乐出版社1956年版。

用的材料、表达内容和形象展示、给人的感染作用方面都存在着很大的差别，我们不能误以为它们是最接近的艺术。

2. 音乐艺术的审美特征

音乐艺术具有以下审美特征：

(1) 音乐以人的内心生活为直接表现对象。

音乐是由乐器或人声发出的有节奏、有韵律的音响艺术。和雕刻、绘画以及舞蹈相比，音乐不直接以客观物质生活为表现对象。它和建筑一样，难以摹仿或再现现实客观世界的具体事物，它不描绘现实生活中的具体事物，而是直接表达人在特定生活情景中的心理感受和情感体验。所以，康德指出，音乐是“感受的游戏”。黑格尔说：“音乐用作内容的东西乃是主体的内心生活本身，目的不在于把它外化为外在形象和客观存在的作品，而在于把它作为主体的内心生活而显现出来。”[①] 音乐是内心生活的反映，它表现由生活所引起的感受和情感。

当然，由于人的情感、内心生活说到底是由生活引起的，所以我们不能把音乐和现实生活割离开来。但音乐决不是现实生活的摹仿和再现。至18世纪，西方仍有人认为音乐是对客观世界音响的摹仿，苏联克列姆辽夫也说音乐是追求“现实音响的概括”，是“客观音响原型的人化”。从实质上看，这些观点是不正确的，是机械反映论的表现。音乐的音响有的来自生活音响、自然音响，但它不是生活音响的摹仿，而是一种比拟。如定音鼓上的滚奏和雷鸣、小提琴上半音阶的音响和风声、琵琶协奏曲《草原小姐妹》中的暴风雪呼啸的声音，都只是一种比拟。音乐中的音响，更多的并非来自现实世界，如《命运交响曲》、《皇帝圆舞曲》等，更谈不上任何摹仿的影子，而是通过比拟来引起人们的联想，更多的只是用一些纯粹的音响结构所建筑起来的音乐语言形式。贝多芬《田园交响曲》中有鸟鸣和暴风雨的声响，海顿的《玩具交响曲》中有各种玩具的声音，但这仅仅是模拟。

由于音乐以人的内心生活，以人对世界的情感体验为直接表现对象，所以它必然如黑格尔所说的：音乐是最情感的艺术，是心情的艺术，它直接针对着情感。[②]

---

① 黑格尔：《美学》第三卷上，朱光潜译，北京：商务印书馆1979年版，第353～354页。

② 黑格尔：《美学》第三卷上，朱光潜译，北京：商务印书馆1979年版，第332页。

（2）音乐形象具有突出的想象性、模糊性、不确定性特点。

音乐形象不是由可视物质塑造的，不直现可视形象，因而，它不能靠视觉感官感受到，而必须通过听觉接受音乐符号之后，再经过心理的联想、想象才能把握到，即所谓“听声类形”。所以，音乐形象是一种想象形象。

由于音乐形象的不可视性和它不具体地描绘现实生活中的特定事物、情景，而必须是概括的、比拟的，因而，其艺术形象必然更具模糊性、不确定性的特点。雕刻、绘画等表现内容也具模糊性、不确定性特点，但就其外在形象而言，则是较确定的；音乐虽然表情性更强，但它毕竟仍以比拟的方法表情，无法使所表现的情感具体化。例如，《江河水》、《悲怆交响曲》，它表现悲，但它不能直接告诉你是哪种悲，更不能说明悲的背景和原因；贝多芬第五交响曲的音乐本身也没能告诉你这是“冲突”和这是什么冲突。这是因为“音乐语言”是一种不确定的语言，它不提供概念，不能对情感做确定的说明，所以，音乐形象总是模糊和不确定的。

（3）音乐具有强烈的动情性。

《乐记》指出：“乐者，乐也。”说的是音乐是乐人的，能给人们带来娱乐作用。当然，这是艺术共通的。《乐记》又指出：“移风易俗，莫善于乐。”这说明音乐具有巨大社会作用。艺术的社会作用都是通过对人的情感、思想作用来实现的。音乐的巨大社会作用来自其强烈的动情作用。这就是音乐的强烈动情性。它来自三个方面的原因：

一是上述所说，因为音乐直接表现人的内心生活，抒发人的情感。情感只为情感所理解，情感也只为情感所打动。艺术以情动人，与之相呼应的艺术感受必然是情动；动人之情愈烈，引起的情也必然愈烈。音乐是“最情感的艺术”，所以引起的情感也必然更强烈。

二是因为音响引起的感受更能激动人心。与视觉相比较，视觉在认识过程中具有较大的明晰性。眼睛是比耳朵更准确的见证人，“百闻不如一见”，正是就此而言的。所以，音乐的认识作用不如视觉艺术。但心理学证明，听觉感受比视觉感受更能激动人心，能强烈影响人的情感领域。

三是音乐的声调本身具有很强的表情和动情作用。亚里士多德早就指出，音乐直接包含情绪，特定的曲调、声调能引起特定种类的情绪激动。[①] 声调、曲调的强弱、高低、快慢，稳定与不稳定，和谐与不和谐，都能直接表现各种情绪和情感，并且能表现我们内心世界中无法用言词表

---

① 鲍桑葵：《美学史》，张今译，北京：商务印书馆1985年版，第81页。

达的东西。

(4) 音乐美主要是通过节奏、旋律、音色、调性等的有机组合表现出来的形式美。

音乐是有一定内容的特定体验，情感就是音乐的内容，否定音乐的内容是片面的。如西方近代最著名的音乐理论家汉斯立克曾说过一句著名的话："音乐的内容就是乐音的运动形式。"[①] 又说：音乐的特有的美是"一种不依附、不需要外来内容的美，它存在于乐音以及乐音的艺术组合中"[②]。宗白华也认为："节奏、和声、旋律是音乐的核心，它是形式，也是内容。"[③] 这种观点存在着一定的片面性。但是，他们强调音乐的形式美，是有道理的。音乐直接引起我们的美感的，的确在于音乐的形式美，所以汉斯立克说："优美悦目的音响之间的巧妙关系，它们之间的协调和对抗、追逐和耦合、飞跃和消逝，……这些东西以自由的形式显然在我们直观的心灵面前，并且使我们感到美的愉快。"[④]

音乐的形式美由音响、节奏、旋律、调性等有机构成。音乐的原始要素是和谐的音调（音响与调性），节奏是音乐的灵魂，旋律是音乐美的基本法则，不同的调性、节奏、旋律造成不同的音乐美。

音乐还可以造成一种色彩的美。《异国的鸟》的作曲者梅西安说："我有一种理论：一种声音的组合具有一种颜色……高八度的颜色明亮，低八度颜色暗淡。激烈的和弦是红色，温和的和弦是蓝色，许多二度结合则是灰色、黑色。"[⑤]

（七）文学艺术

1. 什么是文学艺术

文学是一种用语言塑造形象以反映生活和表达思想感情的艺术。这是文学与上述雕刻、绘画等视觉艺术和听觉艺术音乐在物质手段上的基本区别。

---

① 汉斯立克：《论音乐的美》，杨业治译，北京：人民音乐出版社 1978 年版，第 39 页。

② 汉斯立克：《论音乐的美》，杨业治译，北京：人民音乐出版社 1978 年版，第 38 页。

③ 宗白华：《美学散步》，上海：上海人民出版社 1981 年版，第 162 ~ 163 页。

④ 汉斯立克：《论音乐的美》，杨业治译，北京：人民音乐出版社 1978 年版，第 38 页。

⑤ 沈仁康：《现代作曲家及其名曲》，上海：上海音乐学院出版社 1985 年版。

但要指出的是，文学所运用的语言是一种特殊的语言。现代语言学之父索绪尔（Saussure，1857—1913）把言语活动分成“语言系统”（langue，或译“语言”）和“言语”（parole）两部分。语言是言语活动中的社会部分，即社会普遍性语法系统，它不受个人意志的支配，是社会成员共同遵守的语法系统。言语指个人实际言语活动运用的语言，是言语活动中受个人意志支配的部分，它带有个人发音、用词、造句的特点。[①] 文学使用的语言显然是属于受个人意志支配的部分，即个性化的言语。在这个意义上，我们可以说，文学是一种言语艺术。

但是，不管个人的语言特点如何不同，同一社团中的个人都可以互通，这是因为言语是以语言系统为基础的缘故。法国思想家福柯（Foucault，1926—1984）进而认为，语言与言语的结合所形成的具体的言语方式，是一种特定社会语境中人与人间互相沟通的具体言语行为，这种言语行为叫作“话语”。[②] 文学作为一种语言艺术，是特定社会语境中人与人间互相沟通的具体言语实践，因此，不宜简单把文学语言看作一般语言或言语，而应视为“话语”。

当然，并非任何话语都可以构成文学语言，文学的话语除了要有个性外，还必须具有情感性、形象性、生动性，一句话，必须具有审美性。

由此，我们可以认为，文学是一种具有审美性的话语艺术。

2. 文学艺术的审美特征

文学艺术的审美特征主要是：

（1）形象具有想象性。

语言的符号是文字。文字和发出声音的语言都是一种已经失去形象直观性的抽象符号系统。文学运用的言语、话语都是抽象的符号，它创造的艺术形象并不像视觉艺术那样直接呈现于我们眼前，也不像音乐那样可以直接通过听觉感受到，文学形象完全隐藏在抽象的话语系统背后。因此，读者必须通过对文学文本的阅读，在理解文学话语的基础上，捕捉文学话语所承载的生活信息、思想信息和情感信息，展开想象，对各种信息进行综合整合，才能使隐藏于文本中的艺术形象“浮现”出来。这个“浮现”出来的形象虽然“如见如闻”，但始终只存在于想象中。这就是文学作为

---

① 索绪尔：《现代语言学教程》，高明凯译，北京：商务印书馆 1982 年版，第 28 ~ 37 页。

② 童庆炳：《文学理论教程》修订二版，北京：高等教育出版社 2004 年版，第 68 页。

话语艺术的想象性特征。

必须指出，读者对文学形象的想象包含着个人的创造。想象不仅是对文本中形象的客观再现，而且是创造性的再现，因此可以说这种想象实际上是一种重构。

（2）反映生活具有丰富性灵活性。

文学语言具有比其他艺术符号更丰富更灵活的表现力，可以叙述、描绘、抒情、对话，可以直叙也可以倒叙、补叙、插叙，可以暗示、比喻、象征，且不受空间限制（视觉艺术受空间限制），不受时间限制（听觉艺术受时间限制，表演艺术受时空双重限制）。许多其他艺术无法反映和表现的事物和思想感情，文学却能够反映和表现，它能容纳更丰富的生活信息，所以，文学对世界的反映是最丰富最灵活的。例如，一部《三国演义》，可以反映自汉末至西晋统一近百年的历史，其中描写大大小小战争数百场，人物数百名，如前人所说，“陈叙百年，该括万事”，这是其他艺术无法做到的。

（3）语言所指具有模糊性多义性。

就语言与其他艺术符号比较而言，语言在表达意义方面是最清晰的。但是，由于文学语言的特殊性，文学同样具有模糊性多义性。这种模糊性多义性主要是由语言的“所指”的模糊性多义性决定的。

索绪尔认为，语言是一种符号系统，符号由“能指”（signifiant）和“所指”（signifie）两部分组成。能指是声音的心理印迹，或音响形象；所指就是概念。能指使语言符号与其指称对象具有确定性联系，或说，具有传达信息的有效性，它决定了语言具有透明性。但是，文学语言作为一种言语，却不同于语法系统的语言，它是一种对语法系统的语言的变形、偏离和陌生化，且常常采用隐喻、暗喻、暗示、借代、象征的形式出现。就是说，文学语言的所指即意指常常与能指不一致，并且可能具有多种意义，如“狮子”一词作为能指是明白的，就是狮子，但其所指却可以是“力量”、“权力”或“中国”，这就是文学语言所指的模糊性多义性。

（八）戏剧艺术

1. 什么是戏剧艺术

戏剧是一种综合艺术，是由文学（剧本）、音乐、舞蹈、绘画以及灯光等艺术因素综合而成的整体艺术，是通过演员的舞台表演反映和表现生活的、可以视听的、立体时空的动态表演艺术。戏剧只活在舞台上，没有舞台，它就像没有灵魂的躯壳，所以戏剧也称舞台艺术。

在戏剧的各种艺术因素中，文学——剧本是为搬上舞台而写作的，具有舞台性，但它可以独立作为文学作品而存在；其他艺术因素——音乐、绘画等是根据剧本内容而创作的，但也可以独立作为艺术作品而存在。

戏剧艺术的性质主要由戏剧文学的性质所决定。戏剧文学塑造形象的手段，既不是由作家以旁观者的身份去叙述，也不是作者以主人公的身份来诉说，而是直接由作品中人物通过自己的语言和行为塑造形象。作者一般隐去，成为幕后人，剧本搬上舞台，是由演员模仿作品中人的活动和语言而将形象展现于观众眼前的。再就其外在形式看，戏剧文学是分场分幕的。

戏剧文学虽然不等于叙事文学或抒情文学，但有内在的联系，在一定意义上可以说，戏剧文学是叙事文学和抒情文学的结合。黑格尔就说过，把以上两种表现方式结合起来就成为一个新的整体。这个新的整体就是戏剧。在戏剧中，我们既看到一种客观的展现，也看到这种展现的根源在于个别人物（角色）的内心生活，即以客观的事物被表现为属于主体的……[①]从戏剧的起源看，戏剧起源于祭祀仪式，即祭神、颂神的祭祀仪式。其中有述说神的丰功伟绩的，有表述自己的愿望、心情的，即具有叙事与抒情的因素，这种特点一直保留下来。不过，叙事与抒情两种因素，中西戏剧各有侧重，西方戏剧叙事性更强，从亚里士多德的理论开始，西方戏剧强调的是叙述事件，事件成为西方戏剧的中心。中国戏剧也叙述事件，但有较强的抒情色彩，正如明代王骥德所说：最好的剧作应是，“抒一‘情’字，方挹之不尽，写之不穷。淋漓渺漫，目有余力”[②]。

2. 戏剧艺术的审美特征

戏剧艺术的审美特征主要是：

（1）集中性。

戏剧受舞台条件——空间条件和演出时间的限制，要求高度集中。所以，戏剧的内容容量不宜太大，篇幅不宜太长，情节不宜太复杂，人物不宜太多，人物的活动不宜太多变化，必须集中在几个场景中，集中反映某一事件的最主要的部分，突出刻画若干人物形象。

一般来说，戏剧内容的集中性通过三方面来实现：第一，截取生活历程的一段；第二，突出情节的主要线索；第三，把不同时空中发生的事件

① 黑格尔：《美学》第三卷下，朱光潜译，北京：商务印书馆 1979 年版，第 100 页。

② 王骥德：《曲律》。

集中在一个场景中表现。例如，越剧《红楼梦》只突出宝黛的爱情线索，并只截取其中的关键性具体情节：相爱—葬花—焚稿—哭灵—出家。而对有关事件的时空顺序也做了处理，如宝玉成婚（第98回）后，按小说的描写，哭灵是几天后的事，但戏剧则把哭灵安排在宝玉成婚当日。《屈原》（郭沫若编），原构思写屈原30多年的悲剧历程，后来只写了屈原的一天：由清早至夜半过后发生的事件。《雷雨》（曹禺编），把几十年间发生的事件过程集中在夏天的某一天之内；场景只有两个：第一、二、四幕在周公馆客厅；第三幕在鲁家一个小套房内。西方古典主义戏剧家提出的“三一律”（又译作“三整一律”）就是根据戏剧的特点，提倡一个戏只写在一天里、一个地点发生的一件事。直到近现代，人们仍认为，把间隔很长的许多事件分隔开，这不是戏剧所应有的事，戏剧应是一件事、一个时间，而且越短越好。总之，戏剧强调集中。

（2）强烈的戏剧冲突。

戏剧冲突也称为“冲突律”。没有冲突就没有戏剧。这是戏剧的一般规律。虽然文学作品或多或少要反映社会生活中的矛盾冲突，特别是叙事文学，但也有不少文学作品并不直接或实际上不反映社会矛盾冲突。对于戏剧来说，冲突是不可无的，而且必须高度集中。

戏剧冲突就是对立面的矛盾、两种力量的角逐。冲突的过程就是矛盾的展开和矛盾各方角逐的过程，也就是戏剧情节的过程。

亚里士多德最早提及戏剧冲突，但主要讲的是“行动冲突”。黑格尔提出“两种伦理力量的冲突”，指行动的冲突和伦理观念的冲突，如《安提戈涅》的冲突。美国戏剧家劳逊（Lawson，1894—1977）发展为“意志冲突”，包括“外部冲突”和“内部冲突”。外部冲突指外部动作的冲突，内部冲突指内部意识的冲突，包括思想、情感整个心理的冲突。应该说，这种冲突说是比较全面的。外部冲突，如《窦娥冤》中的谋杀、枉审、申冤；《白毛女》中的抢喜儿、奸污喜儿、喜儿逃入深山、斗争黄世仁。《哈姆雷特》中的“复仇”过程都属外部动作冲突。内部冲突，如《捉放曹》中曹操杀死吕伯奢一家以后，陈宫在曹操入睡之后有一段沉思独白，对曹的为人进行重新评价，对自己追随曹的行为进行反思，最后决定离曹而去。中国戏剧比较重视这种内心冲突。

戏剧冲突的过程和一般情节过程一样，有发生（开端）、发展、高潮、结局几个基本环节。但高潮往往有多个浪头，如《西厢记》，白马解围似是高潮，但之后又有《赖婚》、《酬简》、《拷红》等，一浪推一浪。

（3）戏剧语言个性化、动作化、口语化。

在戏剧中，语言就是一切。因为作者不能出来叙述，人物性格、行动的发展与展示、人物的内心活动等都要靠人物语言来组织；有关事件的背景、先行事件、正在进行的舞台现实之外的行动、不为人知的行动等，都要通过人物语言来交代。例如《长生殿》中的“丑”说道：“前日万岁爷同杨娘娘游幸曲江，欢天喜地，不想昨日杨娘娘忽然先自回宫，万岁爷今日才回，圣情十分不悦，不知何故?”这就是把下面将发生的动作的背景、先行事件、舞台外的行动点出来，起到组织整个情节的作用。戏剧又不能拖长，没有人物语言的交代，戏剧情节就不清楚。这就是戏剧语言的重要性。

戏剧语言的重要性决定了它有严格的要求：

首先是个性化。个性化是戏剧语言的第一要求。戏剧中的人物形象被创造出来，主要靠自己的台词和行动，而不能像小说那样借叙述人向人们介绍。正如高尔基说的，剧本不容许作者这样随便地干涉。在剧本里，用不着他对观众提示。剧本的登场人物的产生，特别依靠而且只有依靠他的话语，即纯粹口语，而不是叙述的语言。剧中人的身份、年龄也一样要靠人物语言透露出来。因而，语言是否个性化，直接决定了人物性格塑造的成败。

其次是动作化。在戏剧文学中，语言就是动作。这是因为戏剧以反映事件为主，反映事件的过程和人在事件过程中的心理变化。戏剧语言的主要任务就是重现这一切，因而戏剧语言必须处于动作进行之中，与动作紧密相连。戏剧语言的动作化应是外部动作与内部动作的统一。戏剧语言不和动作结合，演员就变成在台上念台词，变成对诵。马克思于1859年4月19日致拉萨尔的信中，曾批评他的剧作《济金根》中“让人物过多地回忆自己”[①]，就是批评其语言没有动作化。该作品台词太长，又没有动作化，使人疲倦。

再次是口语化。口语化指的是戏剧语言对演员来说要“入口”，对观众来说要“入耳”，避免艰涩难懂的台词，否则会削弱戏剧效果。中国人特别重视戏剧语言，看戏叫“听戏”，在听中得到一种高级艺术享受，如果全然听不懂，就失去戏剧的意义。口语化并不是不要艺术性，恰恰相反，中西戏剧都强调语言的口语化与艺术性的有机统一。

① 《马克思恩格斯全集》第29卷，北京：人民出版社1979年版，第575页。

（九）电影艺术

1. 什么是电影艺术

电影艺术（包括电视影剧，所以也称为影视艺术）是一门综合了文学、美术、音乐、戏剧以及现代光学技术、声学技术、电子技术，通过演员塑造的银幕形象、反映生活的艺术（影视剧是屏幕艺术）。电影艺术是艺术王国中最年轻的艺术样式之一。

自从电影问世以来，有两个问题一直有争论，一是电影是否属于艺术的问题，一是电影是何种艺术的问题。前一问题，开始时有不少西方艺术家认为电影是一种机械技术，不是艺术，他们看不起电影。如法国的托马斯·曼就说："我本人是看不起电影的。""它不是艺术，它是生活，是现实。"这种理念随着电影的发展渐渐被否定。后一问题，人们最初给电影下定义往往用其他艺术来说明它，如认为电影是"光的绘画"、"活力的雕塑"、"可见的音乐"、"具体化了的文学"；有的则说电影属于戏剧文学的一种，是通过技术手段再现出来的戏剧文学。总之，不认为电影是一门"独立的艺术"（即"依附论"）。我们认为，用今天的眼光看，电影已不再是"某种别的艺术"，电影就是电影，就是一种独立的艺术。当然，说它是独立的艺术不是说它与别的艺术无联系。关于电影与什么艺术关系最密切，也是有争论的，有人说与戏剧关系最密切；有人说是小说，因为两者都是比较开放的叙说故事的一种形式。

2. 电影艺术的审美特征

（1）最具综合性艺术审美效应。

电影综合了文学、戏剧、美术、音乐并吸收了各种艺术的特长，在统一的创作意图下把它们有机地结合起来，是一种完整独特的综合艺术形式。所以，电影是最具综合性艺术审美效应的艺术样式。

戏剧也是综合艺术，这与电影艺术有着相通之处。但电影的综合性更强，许多在戏剧中不能采用的艺术手段，在电影中可以采用。如小说对人物的心理描写，在戏剧中只能通过演员的表现和有限的独白来表现，电影则可以通过"画外音"（如同小说中叙述人的议论）、景物暗示和特写镜头完满地表现出来；电影还可以运用摄影艺术特殊的特写手段来表现人物形象的某种显著外貌特征以揭示人物的内在特质；再如，电影与音乐的结合是全方位的，音乐不仅紧密配合电影故事情节的发展不断变化，还常常运用插曲深化主题，插曲本身也成为独立的审美对象；电影可以运用"空镜头"（指没有人物，只有景物的画面）来表示时间的流逝、季节的变迁等，这与小说的描写具有同种审美功能，而戏剧难以达到电影这一程度，所以有人说电影更接近小说。当然，小说只局限于文字语言的表现，电影却可以把小说的抽象语言转化为视觉形象而给人具体可感的审美效果。

（2）形象的逼真性和时空交换的自由性。

电影是最接近生活的一种艺术。这不是说电影可以把生活的真实面貌照搬上银幕，不是说它只是生活，只是现实，或说它是“未经加工的第一手生活素材”，而是说，它出现在银幕上的人物、环境等和现实生活中活动着的人物、存在着的环境形象没有差别，不像戏剧中的环境只是一种虚拟、象征；人物语言也如同现实生活中人们的语言，不像戏剧人物语言那样诗化或规范化（如话剧，有的话剧演员拍电影，语言太像话剧，我们就会感到难以接受）；戏剧中可以“三五步千里万里，六七人百万雄兵”，电影则可以真实地展现广阔的活动空间和动用真的百万雄师。任何虚拟、假定都会使电影艺术受到破坏。所以，看电影最容易使人忘记它是艺术，最容易使人觉得进入实际生活情景中。

（3）以“镜头”作为特殊表现手段。

电影在叙述故事，描绘景物、环境，抒发感情，展示事件过程中，运用的手段是“镜头”。从摄影机开拍到停拍过程中，拍摄于电影胶片上的画面就是镜头。在一次拍摄中拍出来的胶片就是一个镜头；更换地点再拍又是一个镜头。一部电影是由许多镜头组接起来的，如《英雄儿女》由694个镜头连接而成。镜头是电影艺术中最基本的单位，也称电影的“基本语汇”。

镜头变化复杂多样，如近景、远景、中景、全景、特写、大特写镜头等，还有平摄镜头、仰摄镜头、俯摄镜头、跟镜头、摇镜头、推拉镜头、移动镜头、升降镜头等（不同节奏的不同镜头的不同处理：切入、淡入、化入、淡出）。其手段丰富复杂，使之能更具体、逼真地反映复杂事物，为其他艺术所不可企及。

（4）以“蒙太奇”为艺术结构方法。

“蒙太奇”是法语音译，原是建筑学术语，意为构成、装配，用于电影创作上就是镜头与镜头的组接，也就是剪辑。剪辑包括：画面（镜头）的组织关系；音响、音乐的组织关系；画面和声音的组织关系。具体说，就是把摄影机摄录下来的一个个镜头，按照影片的主题、人物、情节的需要连接起来，形成一个有机整体，这种连接法叫“蒙太奇”。由此形成蒙太奇句子，就是电影语言。

蒙太奇的手法很多，如：对照手法（也称对话式，如《南征北战》中，敌："他们的两条腿总跑不过我的汽车轮子。"我："我们的两条腿一定要赶在汽车轮子前头"）、平行手法（如《一江春水向东流》，两条情节线索平行发展）、象征手法（如一英雄倒下，下一镜头出现耸立的大树）、交叉手法（情节交叉展开）、反复再现手法（如《大红灯笼高高挂》，高大围墙反复再现）等。

以上阐述了建筑艺术等九种艺术，其实还有书法艺术、陶瓷艺术或扩大而言的工艺艺术等，这里不再一一论述。

【思考题】

1. 如何理解艺术的本质特征？
2. 为什么说形象性是艺术的基本特征而不是本质性的特征？
3. 如何界定艺术的范围和分类？
4. 什么是建筑艺术？建筑艺术具有什么审美特征？
5. 什么是园林艺术？园林艺术具有什么审美特征？园林艺术与建筑艺术的关系如何？
6. 什么是雕塑艺术？雕塑艺术具有什么审美特征？
7. 什么是绘画艺术？绘画艺术具有什么审美特征？
8. 什么是舞蹈艺术？舞蹈艺术具有什么审美特征？
9. 什么是音乐艺术？音乐艺术具有什么审美特征？
10. 什么是文学艺术？文学艺术作为语言艺术具有什么审美特征？
11. 什么是戏剧艺术？戏剧艺术具有什么审美特征？戏剧艺术与其他艺术的关系如何？
12. 什么是影视艺术？影视艺术具有什么审美特征？影视艺术与戏剧艺术的区别和联系如何？

第八章　审美教育

社会进步的标志，不仅仅体现在物质文明上，而且体现在人的精神文明上；社会主义的现代化，不仅仅表现于科学技术、物质生产的现代化，也表现于人的现代化，而且首先在于人的现代化。没有高素质的现代化的人，就没有社会主义的现代化。

所谓高素质的现代化的人，应该是具有与现代科学文化水平相适应的道德情操、专业知识修养、健康的身体素质和人文素养、审美素质等高度统一的人，即具有现代特征的德、智、体、美全面发展的一代新人。

造就这样全面发展的新人，是一个复杂的系统工程，需要多方面的努力，其中审美教育是一个重要的工作。

美学作为一门专门研究客观世界的美和人对美的审美反映、审美创造等规律的特殊学科，其研究目的不仅在于深化、提高美学理论自身，而且在于发挥美学对现实的积极作用，包括对人的积极作用。美学要引导人们运用美的规律去创造生活的美、艺术的美，也要通过美的教育创造和提升人自身的美，促进社会文明的发展。这就是审美教育美育理论所要研究的问题。

第一节　美育的性质

审美教育也称美感教育，简称美育，古希腊人称作“缪斯教育”。美育是一种以“美”育人的特殊教育。美育有实践意义上的美育和理论意义上的美育两种概念，后者是对前者的理论概括和阐说，可称美育学。

美育作为一种理论，是美学的一部分，又是教育学的一部分，前者可谓“美学的教育学”，后者可谓“教育学的美学”。

美育的根本目的是什么？应如何理解美育的性质？这是我们首先要认识的问题。

一、美育是审美的人格教育

美育的性质是什么？首先，美育是一种审美的人格教育。就是说，美育把以“美”作为手段，通过审美活动的教育方式，让美滋润人的心灵，培育人的美好情操和审美修养，塑造美好的人格作为根本目的。

美育作为一种审美的人格教育的思想，贯穿于中西方美学史和教育史。

西方审美教育理论渊源于古希腊哲学和美学。不论是斯巴达的武士教育、雅典的艺术教育，还是柏拉图、亚里士多德的教育理论，都非常重视审美教育对人格的塑造。这个优良传统可以说贯穿于整个西方教育的历程。

柏拉图是西方最早对审美教育提出较为系统看法的古希腊哲学家和美学家。他的美育观点是与其美学思想和政治主张紧密联系在一起的，他将理想中的公民分为三等，最高的是哲学家，即国家的最高统治集团，其次是武士，最低的是农工商，这三个等级的人只有各安其位，各司其职，毋相逾越，国家才能有正义和秩序。他认为，国家如此，人性也如此，人性可分为理智、意志、情欲三个等级。理智是人性中最高等级；意志次之；情欲则是人性中最低劣的部分。人性要达到“正义”，也必须像国家一样，使情欲和意志服从理智，受理智的支配和统辖。他理想中的教育就是要培养出“理想国”里的理想的人，而艺术教育、美感教育是培养这种理想的人的重要手段。因为他把艺术看作是感性教育的重要手段，认为艺术能够深入人的心灵深处，使人敏感地看出一切艺术作品和自然事物的美丑，赞赏美的事物，并用以滋养自己的心灵，使之高尚优美。所以他主张寻找一些有本领的艺术家，“把自然的优美方面描绘出来，使我们的青年们像住在风和日暖的地带一样，四周一切都对健康有益，天天耳濡目染于优美的作品，像从一种清幽境界呼吸一阵清风，来呼吸它们的好影响，使他们不知不觉地从小培养起对于美的爱好，并且培养起融美于心灵的习惯”①。他特别提到音乐的教育意义，认为从小受到音乐美滋润的人，“性格也会变成高尚优美”②。为此，他设想的教育蓝图是：7 岁前的教育主要

---

① 柏拉图：《文艺对话集》，朱光潜译，北京：人民文学出版社 1963 年版，第 62 页。

② 柏拉图：《文艺对话集》，朱光潜译，北京：人民文学出版社 1963 年版，第 63 页。

是音乐（儿歌和摇篮曲使人敏感地看出一切艺术作品和自然事物的美丑）和儿童游戏的教育；7～18 岁的教育是以体操锻炼身体，以音乐陶冶心灵的教育；此后经两年的军事训练，其中大部分成为战士，少数才智优异者再接受十年的心智教育以培养他们对理念世界绝对真理的兴趣，发展他们的理智，这些人将成为理想国度的政府官员；其中出类拔萃者将继续接受五年的哲学教育，以培养少数能依理念世界的绝对真理治理国家、制定法律的最高统治者。柏拉图的以艺术为手段的审美教育从根本上说是为了节制情欲，使感性服从理性的支配与辖制。

古希腊哲学家亚里士多德在审美教育的理论观点上比柏拉图前进了一大步。如果说柏拉图的理想人格是理智处于绝对统治地位，而情感与欲望受到压抑的话，那么亚里士多德的理想人格却是理智与感性两种心理功能全面和谐发展的人格。亚里士多德认为，人的本能、情感、欲望与理性一样都是人性固有的，应给予适当的满足，而不应受到排斥或压抑；艺术教育和审美教育只有满足人的这一自然要求，才能有利于人格的健康发展，有益于社会。亚里士多德是历史上第一个肯定快感的合理性并为之辩护的思想家，他认为人的快感有几种来源，有因摹仿而来的快感，有因节奏与和谐而产生的快感，还有因情感受到净化而产生的快感，音乐、悲剧等艺术都具有这种对人的情感的净化作用。他在《诗学》中认为悲剧是借引起怜悯和恐惧来使这种情感得到陶冶。在《政治学》中特别论述了音乐对情感的净化作用，认为不同音乐的乐调可以净化不同的情绪如宗教的迷狂情绪；过度的热情、哀怜与恐惧的情绪受到音乐的激动，得到净化，心里就感到一种轻松、舒畅的快感，“一种无害的快感”[①]。可见，亚里士多德认为审美教育不是压抑情感强调理性的教育，而是情感的教育，是一种对情感的陶冶和净化；而通过这种陶冶和净化，使过分强烈的情感和情绪得以宣泄而趋于平静，以保持情感的适度和心理的平衡。

到了古罗马，诗人、文艺理论家贺拉斯（Horatius，前 65—8）提出了艺术教育要“寓教于乐”的著名论断。他在概括文艺的社会功能时说：“寓教于乐，既劝谕读者，又使他喜爱，才能符合众望。”[②] 他认为，诗人的愿望应该是给人以益处和乐趣，应当把愉快和有益的东西结合在一起，使人在快乐中受到教育。

---

① 亚里士多德：《政治学》卷八，“论音乐教育”第七节。引自北京大学哲学系美学教研室：《西方美学家论美和美感》，北京：商务印书馆 1980 年版，第 45 页。

② 贺拉斯：《诗艺》，杨周翰译，北京：人民文学出版社 1982 年版，第 155 页。

审美教育的独立理论形态形成于近代。随着生产力和科学的发展，资本主义生产方式的兴起，一方面生产力提高了，社会物质财富增加了；另一方面也造成了劳动的异化和人性的分裂。在这一背景下，审美教育作为克服人性分裂和完善人格的途径被提出来，并作为独立的对象加以理论的探讨。德国剧作家、美学家席勒发表了《审美教育书简》，这是历史上第一部以审美教育为研究对象的理论著作，是审美教育理论形成独立理论体系的标志。在该书简中，席勒首次提出了审美教育的概念，而且从理论上系统阐释了审美教育的本质、任务及社会的意义，该书简被后人称为“第一部美育的宣言书”。

席勒从抽象的人性论出发，认为理想的人性应是和谐、自由发展的“完整的人”。这种人的完整性主要表现为感性与理性的统一，必然与自由的统一以及理想与现实的统一，古希腊人就是这样理想的人。但是，近代文明社会的严密分工和国家机器造成的等级差别却使人性的内在和谐与完整遭到破坏，“国家与教会、法律与习俗都分裂开来，享受与劳动脱节、手段与目的脱节、努力和报酬脱节。永远束缚在整体中一个孤零零的断片上，人也就把自己变成一个断片了”①。他认为，解决这一危机的根本出路不是进行社会政治、经济领域的改革，而是要改造人性，实现“人格的高尚化”，而只有通过审美教育才能恢复完美的人性。他说：“我们为了在经验中解决政治问题，就必须通过审美教育的途径，因为正是通过美，人们才可以达到自由。”② 席勒进而指出，人生来有两种冲动：感性冲动和理性冲动。感性冲动的对象是广义的生活，它包括一切物质存在和呈现于感官之前的东西，它要求理性形式获得感性内容，使潜在能力变为现实。理性冲动（又称形式冲动）的对象是形象，它包括一切理性形式和理性的法则，它要求感性内容获得理性形式，使变化着的客观世界显出和谐。两种冲动，产生了人的两种相反的要求，造成了感性和理性、个人和社会、主体与客体的分离，就是说，人性是分裂的。人在自然力量、物质需要和理性法则的双重压迫下，是不自由的。要清除这种人性的分裂和不自由状态，必须实行第三种冲动，即“游戏的冲动”，也就是实施审美教育。因为游戏冲动的对象是活的形象，是美，是艺术，游戏与强迫是对立的。通过游戏冲动，便可以使人们从感性与理性、现实与道德分离的束缚中解放出来，使人成为完整的人。“只是当人在充分意义上是人的时

① 席勒：《美育书简》，徐恒醇译，北京：中国文联出版公司 1984 年版，第 51 页。

② 席勒：《美育书简》，徐恒醇译，北京：中国文联出版公司 1984 年版，第 39 页。

候，他才游戏；只有当人游戏的时候，他才是完整的人。”①

席勒把美育看作是培养完美人性和理性的人的一种手段，它“使人由素材达到形式，由感觉达到规律，由有限存在到达绝对存在”②。当然，这种通过审美教育来建立自由王国的设想，只能是一种虚幻的空想。

在批判吸收人类以往优秀理论遗产的基础上，马克思和恩格斯对人的全面发展问题做了深刻的论述。他们认为，全面发展的人应该是自由发展的人，美育的根本目的是促进人的自由与发展。与以往的理论不同，马克思和恩格斯的基本出发点是唯物史观而不是唯心史观的抽象人性论。在他们看来，生产劳动实践是人类社会发展的动力和基础，人只有通过劳动实践活动，实现对客观世界的改造时，才会获得真正的自由。生产劳动是人区别于动物之所在，人认识和改造客观世界的程度，即马克思所说的自然人化的程度是人获得自由程度的标志。人类的劳动促进了人类的手、脑等的发展及完善，也进一步提高了人征服自然和按照美的规律创造世界的能力，从而使人得到了更大的自由。因此，离开生产劳动实践的发展就没有人的自由发展。这是关于美育问题的观点的根本转变。

马克思认为，劳动的实现，就是劳动的对象化。但是，在资本主义和私有制的条件下，劳动的对象化成为劳动的异化。“劳动为富人生产了奇迹般的东西，但是为工人生产了赤贫。劳动创造了宫殿，但是给工人创造了贫民窟。劳动创造了美，但是使工人变成畸形。劳动用机器代替了手工劳动，但是一部分工人回到野蛮的劳动，并使另一部分工人变成机器。劳动生产了智慧，但是给工人生产了愚钝和痴呆。”③ 人只有从异化劳动中解放出来，向着具有人类特征的感觉复归，人才能得到真正的解放和自由，人的本质的丰富性才充分发展起来，人们在艺术、科学等方面才能得到充分的发展。就是说，美育的根本目的是消除异化劳动带来的人的自由自觉性的丧失，促进人的本质的全面和谐发展。

在中国，审美教育的起源也很早，而且一开始就视之为人格教育的重要方式。

中国最早谈及审美教育的是大教育家孔子。孔子的思想核心是

---

① 席勒：《美育书简》，徐恒醇译，北京：中国文联出版公司1984年版，第90页。

② 席勒：《美育书简》，徐恒醇译，北京：中国文联出版公司1984年版，第102页。

③ 马克思：《1844年经济学哲学手稿》，刘丕坤译，北京：人民出版社1979年版，第50~51页。

"仁"。"克己复礼为仁"[1]，仁是把遵守奴隶制社会等级制度的"礼"作为自觉要求的那种思想境界。在孔子看来，人要达到"仁"的境界必须经过自我的主观修养，而诗与乐就是用来修养自己以达到仁的最高境界的重要手段。孔子说，只懂得"仁"的道理还不行，还要爱好"仁"，但更重要的是要对"仁"产生一种内在的愉悦的情感。这就需要"诗教"与"乐教"，因为它们可以深入人的内心，感发人的心灵，改变人的性情，使之自觉接受和实行仁道。他说："《诗》可以兴，可以观，可以群，可以怨。"[2]"兴"就是一种感发人的意志，荡涤其浊心，激励其精神的情感教育作用，也就是一种情感的净化和陶冶作用。孔子认为人的修养是"兴于《诗》，立于礼，成于乐"[3]，即由诗开始，由乐来最后完成。据《礼记·经解》记载，孔子说："入其国，其教可知也。其为人也，温柔敦厚，《诗》教也。"可见，孔子认为，"诗教"是培养温柔敦厚的理想人格的方式，"诗教"与"乐教"作为审美教育在人格教育中具有重要意义。

荀子是孔子美育思想的继承者和发挥者。他认为对美的要求是人的本性，具有人类的普遍性。他强调通过"乐"的教育作用，能够使人与人保持和谐、协调的关系。他认为，喜怒哀乐是人先天具有的情欲，但情欲任其发展也是不行的，必须给情欲以引导和节制。诗与乐的审美教育就是要给人的情欲以理性的规范，使之合乎道的要求。荀子的美育思想在后来的《乐记》（一说《乐记》为公孙尼子作）中得到进一步的说明与发挥。《乐记》是中国第一部美学著作，也是儒家美学的重要经典。《乐记》第一次明确提出音乐是情感的表现，"乐者，音之所由生也；基本在人心之感于物也"。正因为音乐是情感的表现，所以运用音乐进行审美教育，其直接的作用即在于打动人的情感。《乐记》指出音乐的功能是"和同"："乐者为同，礼者为异。同则相亲，异则相敬。"音乐的这种美育功能就是要影响人的情感，使不同的人在情感上融合协同起来，在整体人格上符合社会伦理要求。

在近代中国，随着西方哲学、美学及教育理论的传入，审美教育思想的发展出现了新的契机。经过梁启超的启蒙、王国维的开拓、蔡元培的系统阐发，到20世纪30年代，中国的美育理论已初具独立体系的形态。

梁启超是最早引进西方美学并把它与中国传统美学思想结合起来的尝

① 《论语·颜渊》。
② 《论语·阳货》。
③ 《论语·泰伯》。

试者。他首次提出“趣味教育”的概念。在他看来，“趣味教育”和“情感教育”同义，实际上就是审美教育。他认为，情感教育是一种内在的感化，其根本目的在于培养人的高尚情操，推动人类的进步。他还认为艺术和自然景物都是情感教育的有力手段，艺术尤为重要，例如小说对人的情感具有“熏”、“浸”、“刺”、“提”的作用。

王国维对审美教育在教育中的独立价值及其特殊性也做了深入的探索。他认为教育的宗旨在于培养“完全之人物”，即“身体能力”和“精神能力”两个方面都得到和谐与全面发展的人，因此教育也应分为体育和心育两大部分。他认为：“最高之理想存于美丽之心（beautiful soul），其为性质也，高尚纯洁，不知有内界之争斗，而唯乐于守道德之法则，此性质唯可由美育得之。”① 也就是认为美育对促进、培养人的高尚品德具有重要作用。他还对美和美的情感教育的特殊性做了深入的阐述，认为美是无功利性的，即只“可爱玩”而“不可利用”，由美的对象而引起的情感也是一种与功利和欲求无关的“纯粹之乐”，是一种高尚的情感。因此，审美教育在于以美的事物诉诸感情领域，引起无利害的高尚纯洁的快乐，从而达到陶冶情感、完善人格的目的。

蔡元培是我国近代美育思想的集大成者。他曾从“教育救国”的宗旨出发，提出把美育定为新式教育方针的内容之一。蔡元培在《对于教育方针之意见》一文中提出了包括美育在内的国民教育宗旨，后来又将自己的新式教育方针总结为德、智、体、美四个方面。他说普通教育的宗旨是养成健全的人格。所谓健全的人格，内分四育，即德育、智育、体育、美育。他认为，四育之中，德育是中心，但德育必须有智育和美育的帮助。“美育者，与智育相辅而行，以图德育之完成者也。”② 在他看来，美育就是通过陶养人的感情，使人的情操高尚并促进智育、德育完成的人格教育。

二、美育是情感教育和形式美感教育

1. 美育是通过情感的教育实现人格完美化的教育

美育是一种审美的人格教育。那么，美育是通过什么而达到人格教育呢？上面的历史叙述表明，几乎所有的理论家都认为，美育是通过对人的

① 王国维：《孔子之美育主义》。引自佛雏：《王国维学术文化随笔》，北京：中国青年出版社 1996 年版，第 152 页。

② 《蔡元培美学文选》，北京：北京大学出版社 1993 年版，第 174 页。

情感熏陶而实现人格教育的。就是说，美育本质上是一种情感教育。对此，可以从以下几个角度来理解：

首先，从“美学”、“美育”概念提出的特定内涵看，美育主要涉及人的情感领域。如前所说，从古希腊开始，传统哲学都认为人的心灵世界包括知、情、意三个领域，知、意分别由逻辑学、伦理学所研究，而情也应该有专门的学科来研究。到了18世纪德国美学家鲍姆嘉通就把这个专门学科定名为“美学”，所以，无论是鲍姆嘉通还是后来的美学家，都形成一种共识：美学的对象是感性认识（情感）所理解的完善，而这种理解到的完善就是美；与此相反的就是感性认识（情感）的不完善，就是丑。可见，“美学”概念的提出及其作为独立学科的建立是与人的情感领域紧密相连的，美学实际上就是“情感学”。而美育概念的提出者席勒认为，美育的性质和任务就是要在感性和理性的领域之外开辟一个新的消除感性和理性束缚的高尚的情感领域，使人获得精神上的解放，培养完美的人格。由此可见，从“美学”、“美育”概念的提出及其作为两门独立学科最早建立时的定位，可以看出它们都主要涉及人的情感领域，这就从一个方面印证了美育作为情感教育的性质。

其次，从审美的性质特点看，美育是在审美活动中展开的教育，美育本身就是一种审美活动，而审美活动的性质和美感的特点决定了美育是一种情感教育。本书前面谈美感时已指出，审美活动实质上是一种情感体验活动。审美主体对美的把握，在心理上展开的主要是情感而不是理想认识或道德意志，审美对象引发的愉快主要是情感愉快，就是说，审美对象对审美主体的作用是由悦目悦耳进而是悦心悦情，审美过程就是一种情感自我陶冶的活动。美育作为一种审美活动也是一种情感自我陶冶的活动；而从教育学的角度看，美育就是借助于美对受众进行情感教育的教育方式。

再次，从教育价值观看，美育也不同于德、智、体的教育。德育主要是对人们进行思想和伦理道德方面的教育，它体现着“善”的要求；智育主要是向人们传授知识、技能，开发人们的智能，它体现着“真”的要求；体育主要是通过运动和锻炼，提升人的健康水平，它体现着“健”的要求；而美育则主要是培养人的美感情操，使人的审美心理架构完善、人格完美、个性和谐发展，它体现着情感美化的要求。

由上述可见，美育是通过情感教育实现人格完美化的教育。

在美学史和教育史上，不少美学家和教育家都把美育的性质看成是情感教育。

在西方，如古希腊的柏拉图、亚里士多德，古罗马的贺拉斯，17—18

世纪法国的卢梭，德国的鲍姆嘉通、席勒、黑格尔等人的美育思想都证实了这一点。柏拉图虽然把情欲视为人性低级的部分，但他要求优秀的艺术家用优美的作品教育人，滋润人的心灵，目的就是要使人的情欲高尚起来。这说明，在柏拉图看来，美育是一种情感的教育。亚里士多德的净化说就非常直接地肯定了美育的情感教育的性质。他说，通过艺术的陶冶和净化，使过分强烈的情感和情绪得以宣泄而趋于平静，以保持情感的适度和心理的平衡。这是美育的目的，也是美育作为情感教育的性质的鲜明表述。

在我国，从古代的孔子、荀子、朱熹到近代的梁启超、王国维、蔡元培等人都把美育视为情感教育。孔子虽然更强调的是艺术的社会功能和言志作用，但从他对《诗经》的“乐而不淫，哀而不伤”的评价和把《诗经》视为教育人的手段看，也肯定了“诗教”的情感教育性质。荀子认为诗与乐的审美教育就是要给人的情欲以理性的规范，这观点恰恰也说明了审美教育的情感教育意义。《乐记》说的就更直接，它指出艺术的美育功能就是要影响人的情感，使不同的人在情感上融合协同起来。到了近代，如前所述，梁启超提出的“趣味教育”即审美教育，就是“情感教育”。他所说的小说对人的“熏”、“浸”、“刺”、“提”的作用，其实就是情感教育的作用。王国维明确指出美育的性质是“情育”，即情感教育。蔡元培也说：“美育毗于情感。”[①]“美育者，应用美学之理论于教育，以陶养感情为目的者也。”[②] 朱光潜也说：“美感教育是一种情感教育。”[③]

2. 美育是通过形式美感来实现的

美育作为一种情感教育又是通过形式美感的教育来实现的。就是说，美育又是一种形式美感的教育。对此，可以从以下两方面来理解：

第一，美育是以“美”育人的教育。而我们知道，美，无论是艺术美还是自然美、人的美、文化美，都呈现为生动的形象。如黑格尔所说：“美只能在形象中见出。”[④] 而审美活动——不论是美的欣赏还是美的创造都是通过形象感知来实现的。换句话说，在审美活动中，审美对象都是以其鲜明生动的形象（由色彩、线条、形体、声音等形式因素构成）诉诸人的感官，影响人的思想感情的。美和审美活动的这一形象性特征决定了

① 《蔡元培美学文选》，北京：北京大学出版社 1993 年版，第 5 页。

② 《蔡元培美学文选》，北京：北京大学出版社 1993 年版，第 174 页。

③ 朱光潜：《朱光潜美学文集》第二卷，上海：上海文艺出版社 1982 年版，第 505 页。

④ 黑格尔：《美学》第二卷，朱光潜译，北京：商务印书馆 1979 年版，第 161 页。

美育必然是一种“审美形式感”或称为“形式美感”的教育。

第二，在审美教育活动中，审美主体对美的欣赏，必须保持一种非功利的心态，即对对象无所求、无所为、无欲望、无沾无碍的超然的、静观的心态，也就是不涉及对象的“实质性”内容。如黑格尔所说，像希腊人在欣赏人体美时对一切涉及欲望的部分“漠不关心”一样；或如朱光潜所说，只把对象当作一幅画来看一样，这样，你就可以获得真正的审美愉快。美感教育就是这样一种形式美感教育，就是一种超越功利、超越实用、超越世俗的形式美感教育。

美育的独特性，就在于通过各种美的形象来触发人的情感，以美感人，以情动人，从而起到潜移默化的感染和教育作用。美育主要是一种通过形式的感受达到情感熏陶的情感教育。

综上所述，美育是一种情感教育和形式美感教育有机统一的人格教育。

三、美育与德育、智育、体育

美育与德育、智育、体育的关系，是深入理解美育的性质的一个重要方面。

教育的功能和价值，一是促进人类社会的发展和完善，一是促进人类自身的发展和完善。这就是说，教育的根本任务是推动社会和人类自身的发展和完善。教育是一个系统工程，人的全面发展有赖于多方面的动力。我们知道，人的心理结构由智慧、意志、情感三种因素所组成，这三个方面在实践中分别表现为认识关系、伦理关系和审美关系。认识关系解释了主观与客观、认识与实践、感性和理性的发展过程，它运用概念的普遍形式去把握事物的本质，这属于智育的范畴；伦理关系揭示了人与人之间、个人与社会之间的一般道德准则，它告诉人们什么样的行为是善的，什么样的行为是不善的或丑恶的，这属于德育的范畴；审美关系表现为一种情感关系，它揭示了人怎样按美的规律与审美理想来改造世界和塑造人自身，这属于美育的范畴。这三个方面，对构成人的健全心理是不可或缺的。它们和侧重于人的体质锻炼、使人获得健康体魄的体育一起，共同构成了促使人全面发展的教育体系。可见，整体动力观的教育观念决定了德、智、体、美育是相互联系、相互促进的统一整体。

20 世纪 90 年代末，《中共中央国务院关于深化教育改革全面推进素质教育的决定》（简称《决定》）明确把美育纳入教育方针，作为全面素质教育的一个重要组成部分。《决定》指出：“美育不仅能陶冶情操、提高素养，而且有助于开发智力，对于促进学生全面发展具有不可替代的作用。要尽快改变学校美育工作薄弱的状况，将美育融入学校教育全过程。”2000年《中国教育改革和发展纲要》再次明确指出：美育对于培养学生健康的审美观念和审美能力，陶冶高尚的道德情操，培养全面发展的人才，具有重要作用。没有美育就没有完整的素质教育。

美育作为实施素质教育的切入点，除了自身的重要性以外，还对其他各育起促进作用。以美辅德，以美益智，以美健体，以美促劳，必将促使学生全面和谐地发展。

美育以它突出的人文性和面向整体人格的全面性而有别于德、智、体三育，又与德、智、体三育互相渗透、互相交融。只有把握好美育与德、智、体三育的关系，才能更好地开展美育。

（一）美育与德育的关系

美育与德育的关系问题，从理论上讲，就是美与善的关系问题。美与善的关系非常密切，善是美的基础，在道德领域甚至善即美。这就是说，美育与德育的关系是非常密切的，美育最终要达到人格的提升的目标，与德育的最终目标具有一致性。

美育与德育虽然存在着密切的联系，但又各有特点，两者的差别主要体现在以下几个方面：

第一，从性质上说，美育是通过美的事物、美的形象、美的理想陶冶人的情感，塑造美的心灵，培养全面发展人格的教育。美育具有自由和愉悦的特点。美育注重发展受教育者的审美感受力、创造力，使个性得到和谐而自然的发展；在最个性化的审美体验中，受教育者往往超越了现实生活的某些限制，自发地投入到受教育过程中并乐此不疲。德育则是偏重于对善的行为的逻辑判断，注重发展受教育者的意志约束力，是一种规范性的教育；偏重于培养个性对社会的服从，它努力使受教育者以社会普遍的规范和法则作为自己的需要和准则，而这种由外向内的约束常常使个性的发展要求受到克制。

第二，从方式上说，美育是一种感性的引导和诱发，它通过美感染人，使人的个性情感得到自由表现和升华，因而具有明显的情感性、形象性、自由性。在这个过程中，一切都得靠受教育者自己去体验，这种体验是主动和创造性的，也是生动活泼的，受教育者可从趣味满足中获得认同和教益。德育则主要是通过说理，言明大义，以理服人。它的重要特点是说服，尽管也可以采取一些生动活泼的形式，但它终究是理性化的，受教育者也基本上处于被动地认识与接收的位置。

第三，从功能意义上看，美育偏于培养个性人格，它通过培养敏锐的感受力，发展个性情感，养成人的自发性和创造性。德育偏重培养社会人格，通过磨炼意志力，养成人的自觉性和遵从意识。因此，德育和美育在价值取向上有不同的侧重：德育侧重于社会尺度，偏重于现实的原则以帮助受育者适应现实环境；美育则偏重于个性的尺度，偏重于超越的原则，它不能帮助受育者从现实环境中获得实利，但受育者能在个性发展需要的基础上产生出变革现实、追求社会秩序更合乎人道的理想和动力。因此，美育包含着改造社会的超前的理想性。

美育和德育的关系是辩证的关系，主要体现在如下几个方面：

第一，美以善为前提。善，体现着人类普遍的利益要求。人的实践活动具有一定的目的性，而这种目的如果是符合客观事物的发展规律，也就是合理的，就会给人类带来益处，同时也是善的行为。美则是人们对事物的一种情感体验。但美以善为前提，因为美并不是什么超然的、抽象的东西，而是事物的客观性和社会性的统一。亚里士多德曾说："美是一种善，其所以引起快感，正因为它善。"[①] 雨果的名作《巴黎圣母院》中的敲钟人卡西莫多，从外形上看是丑得吓人，但由于他有一颗非常善良的心，所以仍能给人一种美感。所以说，美归根到底离不开善，完善才有美。美以善为前提，也决定了一切审美教育的根本目的，是为了培养和诱发人们善的情感，使个体成为一种完善的人格。

第二，道德状态是从审美状态发展而来的。席勒曾说："要使感性的人成为理性的人，除了首先使他成为审美的人，没有其他途径。"[②] 又说："只有审美的过度才能使社会成为现实，因为它通过个体的个性去实现整体的意志。"[③] 这话有点绝对，但也说明了审美教育具有特别重要的道德意义。道德状态从审美状态发展而来，是由于道德实践是建立在一定的情感基础之上的；要提高人们的道德状态，不能就道德说道德，更重要的是要提高人们的审美情操。所以，德育教育人不要做违反道德的事，无疑是非常重要的，但如果能使人从小就热爱美，厌恶一切丑行，这就具有更加直接和积极的意义。

第三，美以善为最终目的。美不等于善，但美最终是为了善，这是人

① 《西方伦理学名著选辑》上卷，北京：商务印书馆1964年版，第166页。

② 席勒：《美育书简》，徐恒醇译，北京：中国文联出版公司1984年版，第116页。

③ 席勒：《美育书简》，徐恒醇译，北京：中国文联出版公司1984年版，第145页。

类社会的本质所决定的。审美活动也是人类实践活动的一个方面，如果审美活动不能给人们带来益处，那它也难以存在和发展。美最终是为了善，表明美学和伦理学在根本目的上是一致的。把美学与伦理学用之于社会实践的美育和德育，都是为了培养全面发展的人才，创造人类更加美好的世界。

（二）美育与智育的关系

美育与智育的关系问题，也就是美与真的关系问题。美与真的关系非常密切，真、善都是美的基础，离开了真、善就没有美。所以，美育与智育也是不可分割的。

1. 美育与智育的差别

美育与智育有着很大差别，主要体现在以下两个方面：

第一，教育的内容和目的不同。美育以感性的审美对象和审美形式为根据和手段，主要是一种培养审美能力，使受教育者的情感得到表现和升华的过程。在这种过程中，受教育者接触的是以形式—情感为特征的审美对象，例如，自然景观和艺术作品等等。当然，美育也包括知识的教育，但这不是最主要的，其主要目的是培养审美能力、陶冶情感。由于美育过程以受教育者的自发性为基础，因此它能直接满足个体生命的发展要求，使个性得到和谐而自然的发展。智育则是知识的教学过程，它传授以概念—逻辑为特征的知识，例如公式、定理、概念、定义、法则以及判断和推理等过程和环节，其目的在于促进受教育者掌握科学文化知识与技能，发展受教育者的智力结构，与受教育者的生命要求、情感满足要求并无直接的关联。

第二，教育的功能意义不同。美育的功能旨在培养审美能力，促进情感的表现和升华。审美能力的发展虽也需要知识的帮助，但它在本质上不是由具体表象向抽象逻辑的发展，而是愈来愈深入到具体的感性形象中去。智育的任务是促进观察力、想象力和思维力等方面的发展，其中以促进逻辑思维能力的进步为核心。皮亚杰的认知发展理论研究表明，逻辑思维能力的发展从一定意义上讲是一种抽象力的进步，是智力从具体表象向抽象逻辑的发展。审美能力与逻辑思维能力的这种不同发展方向决定了美育与智育的重要差异。以发展逻辑思维能力为主要目的的智育注重培养学生的逻辑判断和推理能力，它要摆脱认识中的主观性以符合客观性，对情感和想象力的发展往往有一定的抑制作用。

2. 美育与智育相互促进

美育与智育虽然有着重要的差别，但是，美育与智育又是相互促进的。

美育对智育的促进作用，首先在于它能够有效地促进人的认识能力的提高。我们知道，智育的过程是对规律的认识，是对知识体系的认识，而美育在个体的成长过程中，审美能力的发展一方面包含着认识能力的发展，另一方面也为认识能力的发展提供必要的基础和条件。因为从某种意义上说，审美能力本身也是一种认识能力，只是它不同于逻辑思维的认识，而是一种特殊的悟解能力。任何审美形式都是个性情感的创造性表现，通过审美形式的体验，我们可以直接领悟到其中的情感生命，可以认识到主观世界的情感和情绪，成为对人生智慧的一种特殊领悟。这种领悟也意味着一种特殊的认识能力的发展，对人的智力的发展具有非常重要的意义。其次，美育所具有的培养创造性思维的功能，对智力的发展具有积极的作用。创造是人类最宝贵的力量，大千世界的一切物质文明和精神文明，都是人类的创造性成果。创造性思维能力是智力的高级形式，是在既有知识和经验的基础上有所发现和创新的能力，是人类智慧的集中体现。而美育具有心理的综合体验和整体性的品质，是人的感知、想象、情感和理智等多种心理功能的统一，往往在感性直观的体验中能激发受教育者的思维，使其深入发现事物内部的本质联系，体现出整体性创造能力。因此，在智育过程中引进美育的形象性和趣味性，引进体验、启悟机制，引进美育的诸多方法，可以促进受育者的观察力、想象力和体悟力以及创造性思维能力的发展。

同样，智育对美育也有重要的促进作用。首先，美育需要有一定的智力准备。一个知识储备越多、对事物认识能力即智力越高的人，他在审美活动中对对象的领悟就越深刻，审美情感反应就越强烈。智育主要培养的正是人的智力，所以对美育必然具有促进作用。其次，美育离不开理性的指导作用，美育就是要把理性渗透到感性的个体存在中去。理性思维由于能够揭示事物的本质，因而能更好地指导人的实践活动。美育作为一种教育实践同样离不开理性思维的指导。如此，为了深入把握美的本质，获得更深刻的美的感受，美育就不能停留在美的感性认识，必须上升到美的理性认识上。因此，美育和智育的结合是必不可少的。

（三）美育和体育的关系

美育以提高人的精神素质为目标，体育则以提高人的身体素质为目标，但两者密切相连。高尚的精神世界，有利于促进身体的健康；健康有力的体魄，是实现人的美好理想、促进人的精神生活提高的物质基础。所以，只有从人的全面发展的角度来认识，才能更好把握美育与体育的关系。

现代体育的一个重要特点是注重身心协调发展，以人的全面发展为宗旨的现代教育决定了体育不应是单纯的身体教育，而应该是以身体教育为主要途径的人的教育。体育的一个重要目的是增进健康，而健康不仅是指生理上的健康，它包含着身体机能的健康和心理功能的健康。美育通过美的熏陶和情感教育，恰恰可以使个体获得丰富的精神价值和心理功能的健康。就是说，美育和体育，在塑造人的内在美和外在美方面，起着互相协调、相互促进的作用。

从历史的发展来看，体育与美育往往是密切联系在一起的。原始的体育活动经常与娱乐或艺术活动融为一体。比如具有宗教礼仪性质的原始歌舞，既是情感的宣泄，又是身体的运动。在古希腊，体育的目的一是培养强壮的身体，作为军事的准备；二是对人体进行健美的训练。这种健与美完全统一的文化传统一直是后来体育和美育健康发展的重要源泉，也是如今将美育与体育相融合的一种文化资源。

从文化性质和功能上来说，美育与体育都以活动本身为目的。两者的教育过程本身就是一种生命活动，它本身就是一种目的。如果说，道德活动和认识活动都以活动的结果为目的，那么美育与体育的目的就在于活动过程本身。虽然美育与体育都包含知识、技能、技术及道德的学习，但这些因素只是手段，不是根本目的，它们都服从于身心协调发展的根本目的。其次，美育与体育都是人的身心全面投入的活动。美育通过美的熏陶和情感教育，促进全身心的协调发展；体育则通过身体的运动促进心理方面的发展和提高。身心全面协调发展的教育理想是美育和体育的基本前提和共同的基础，两者都直接体现了培养全面发展的个性的现代教育的宗旨。

体育对美育也具有促进作用，表现在：第一，体育作为身体的教育，具有促进人体健美的功能。比如健美操就是人对自己的身体进行健美塑造的一种创造活动。第二，体育作为身体协调自由的活动，使运动者和观赏者产生强烈的审美体验。体育活动中常常伴随着审美的情感体验，如在伴有音乐的艺术体操和滑冰中，人们可以获得视觉、听觉的审美愉快，运动者本身也会产生审美愉快。这种体验一方面来自运动中的自我实现感受；另一方面，运动的节奏感也蕴涵着和谐自由的美感体验。随着人类文明的发展，体育愈来愈成为一种给人提供审美享受的运动，观赏性愈来愈强，各种各样的体育运动项目为人们展示了精彩纷呈的审美对象。在这一点上，体育观赏也包含着促进个性情感表现和升华的美育功能。

美育对体育也有着重要的促进作用。第一，在体育中引进美育原则，发掘体育实践和教学过程中的美育因素，可以克服单纯锻炼身体的片面倾向，从而促进身心的协调发展。第二，在体育过程中，培养必要的审美能力，是掌握某些运动技能与技术的重要前提。比如，音乐教育有利于培养人的节奏感，舞蹈教育有利于培养身体的协调能力等等。所以，从美育的方式入手，发掘人的美感潜力，可为体育运动打下良好的基础。第三，美育可促进生理和心理的和谐与平衡，而良好的心理素质和状态，也是体育运动的基础。具有较高审美素养的人，往往能比较自如地调节内心的平衡，也能够使自己迅速地兴奋起来，这种心理能力正是体育运动非常需要的。

四、美育与艺术教育

美育的手段是美，包括自然的美、人的美、文化的美等，但最主要的手段是艺术。美育的主要方式是艺术教育。

从美学史上关于美育作为一种人格教育的种种美育思想中可以明显看出，中外的哲学家、美学家、伦理学家在谈论美育时，几乎一开始就是在谈艺术教育。如柏拉图说艺术能够深入人的心灵深处，用以滋养自己的心灵，能使人的心灵高尚优美。他特别提到音乐教育，主张用音乐美滋润儿童，认为音乐能够使人的性格变得高尚优美。亚里士多德说艺术教育和审美教育有利于人格的健康发展，有益于社会，他特别谈到作为艺术的悲剧和音乐的净化作用。所以古希腊人把审美教育称作“缪斯教育”。“缪斯教育”就是艺术教育。在中国，最早的美育思想也是讲艺术教育。孔子一开始就提出“诗教”与“乐教”问题，明确主张把《诗经》作为一种教育手段，并用事实证明“诗教”对培养温柔敦厚的理想人格的实效。此后两千多年来，中西论述美育问题的理论家们几乎无一不把艺术教育作为审美教育的主要方式来谈论。

西方19—20世纪出现的艺术教育运动，就是倡导用艺术来培养人的“美的灵魂”的运动，以至人们把审美教育直接称为艺术教育，把审美教育论直接称为缪斯教育论，并涌现了一批有影响的艺术教育论著，如韦伯（Ernst Weber，1795—1878）的《艺术教育与教育艺术》、《艺术教育论的理论基础》，德国美学家伏尔盖尔（Johannes Volkelt，1848—1930）的

《艺术与社会教育》，特龙佩尔（Trumper）的《缪斯教育论》，萨尔维尔克（Sallwurk，1839—1926）的《艺术教育》等。[①]

为什么审美教育的主要手段是艺术？因为艺术是美的典型形态和最高形态。正如竹内敏雄所说："艺术一般被认为是审美价值或审美文化的典型。"[②] 从深层看，"艺术的发展无论是种族史还是从个人观点都显示出同人类相平行的状态，其规律和教育的最高理想性相一致"，"艺术的价值规律对规定一般的人才培养目标的价值规律性显示出最大的内在亲近性"[③]。就是说，艺术教育和一般教育理念、教育理想是完全一致的，人类所经历的经验世界和历史、人类的高贵品操和人文精神、人类的智慧和创造力等等，都可以在艺术世界里获得多方面丰富而深刻的体验。这是其他美的形态所难以达到的。

再从各种范畴的艺术美的影响功能看，事实证明，优美的艺术作为一种和谐的美，它与人的生命形式相适应，其美感的自由协调与人追求平衡的本能有着内在的一致性。它可以匡正人的粗俗与鲁莽，培养文雅的风度，激发人们对美好生活、美好人生的向往。崇高的艺术形式上的不和谐或内容的严重冲突可以让人意识到世界的严峻、人生的艰险，使人在惊叹中振奋，激发和培养人的坚强意志与阳刚之气；可以让人学会对伟大的人和事的敬畏。悲剧在激发人们的悲痛之情的同时，使人看到了生活的苦难、人生不幸的一面，它使人惊心动魄，又发人深思；它使人学会崇尚正义，崇尚英雄，同情弱小，憎恨罪恶。喜剧对丑的机敏讽刺可以培养人的机智感，使人学会看穿生活中的虚伪或荒唐悖理的人事，自己也能够更清醒地避免丑；它以美压倒丑的情境使人对生活充满信心和乐观主义；它的幽默品格可以培养人心胸旷达和富于幽默感的人生态度，等等。总之，各类不同形态的艺术美对人的心灵影响，对于建构完美和谐的人性和人格各有积极意义。

20 世纪 50 年代后，随着心理学和大脑研究的进展，在国外人们越来越认识到，艺术绝不仅仅是休闲和娱乐，它涉及的是一种比一般思维更直接、更具有整体性和更具有创造性的思维。大量事实表明，凡是在科学领域做出突破性贡献的人，都是既具有很强的理性思维能力，又具有良好艺

---

① 竹内敏雄：《美学百科辞典》，哈尔滨：黑龙江人民出版社 1986 年版，第 398 ~ 399 页。

② 竹内敏雄：《美学百科辞典》，哈尔滨：黑龙江人民出版社 1986 年版，第 397 页。

③ 竹内敏雄：《美学百科辞典》，哈尔滨：黑龙江人民出版社 1986 年版，第 400 页。

术直觉思维品质。80年代以来，美国哈佛大学著名发展心理学教授加德纳经过多年对心理学、生理学、教育学、艺术教育的研究，证明了人类思维和认识世界的方式是多元化的。他通过大量心理学的实验数据和实例的观察分析，认为人类至少存在八种以上的思维方式（语言智能、数理逻辑智能、音乐智能、身体运动智能、空间智能、人际关系智能、自我认知智能、环境智能），而且这些智能都能从艺术教育中得到发展。[①] 美国国家艺术课程标准指出，艺术教育的价值，一在学生，二在社会。艺术有助于培养完整的人；艺术培养的是直接的感觉经验，有助于使人更完美地理解整体世界，有助于学生理解人类的古今经验，学会借鉴、尊重他人的思维方式、工作方式和表达方式，学会解决问题的艺术方式……艺术教育还有助于为学生的学习注入激情，有助于年轻人对知识的学习、探索、理解、接受和运用。

总之，艺术教育具有最深刻的审美教育效果，艺术教育是审美教育最主要也是最重要的教育方式。

第二节　美育的特征

美育作为一种特殊的教育，具有以下几个特征：

1. 形象感染性

美育是通过各种美的事物来育人，引起人的美感和情绪上的激动，以达到美的陶冶和教育，具有形象感染性的特点。

美育的这个特点，是由美本身的特点决定的。因为各种形态的美，无论是自然美、社会美还是艺术美都是以具体的、可感的形象形式表现出来的，离开了具体的形象就没有美。所以，车尔尼雪夫斯基在肯定德国古典美学中正确的概念时强调："形象在美的领域中占着统治地位。"[②] 在审美教育活动中，正是那些多姿多彩的美的形象，唤起了我们的审美情感和审美欲望，使我们得到了美感享受和精神上的愉悦，从而达到"怡情养性"的目的。

在大自然中，那高耸的山峰、浩瀚的海洋、一望无际的草原、姹紫嫣

① 加德纳：《智力的结构：多元智能理论》，北京：新华出版社1999年版。

② 北京大学哲学系美学教研室编：《西方美学家论美和美感》，北京：商务印书馆1980年版，第251页。

红的鲜花等等，无不令人心旷神怡、流连忘返。假如你去黄山游览，你会如同置身于一个神话般的世界。在层峦奇峰之间，极目远眺，巧石天成，犹如指路的仙人、散花的仙女、观海的猴子、望月的犀牛……还有那千曲枝虬、苍翠奇特的黄山松，或立或卧或俯或仰，犹如伫立迎客的主人、展翅欲飞的凤凰、呼啸下山的黑虎……再有那变幻无穷的云雾，忽如起伏奔腾的浪涛，忽如混沌无际的大海……面对如此千姿百态的动人形象，的确令人陶醉，令人兴奋。

自然美如此，社会美（包括精神美、人格美、生活美等）也如此，都是以具体形象来感染人、教育人的。比如白求恩、张思德、黄继光、董存瑞、雷锋、焦裕禄等等，他们的精神不是抽象的，而是以他们具体的实际行动、光辉的形象而使人受到感染。

艺术美是社会生活和自然的审美反映，是美的高级状态，它的形象较之现实美更集中、更生动、更鲜明。艺术美正是通过生动的形象给人以审美享受和教育的。如雕塑《米洛的维纳斯》、《掷铁饼者》、《拉奥孔》、《大卫》、《巴尔扎克》、《艰苦岁月》；如绘画《蒙娜丽莎》、《清明上河图》、《竹石图》及齐白石的《虾》、徐悲鸿的《奔马》、罗中立的《父亲》；音乐如《多瑙河之波》、《命运交响曲》、《黄河大合唱》、《义勇军进行曲》和各种文学作品诗歌、小说、散文、戏剧等等，无论是视觉形象或是听觉形象还是想象形象，都给人以强烈的形象感染性。

在审美教育中，美的事物是教育的手段。因此，无论是从审美教育的内容来看，还是从它引起受教育者的审美感受来看，审美教育始终离不开感性形象，形象感染性是其独有的特征。

2. 情感体验性

在美育过程中，受教育者对美的接受过程实际上是一种审美过程，而审美过程就是对对象的情感体验的过程。这就决定了美育具有情感体验性特征。

审美的情感体验性又是美的无概念性所决定的。康德曾指出，审美是一种趣味判断或鉴赏判断，它不同于单纯的快感，也与逻辑判断不同。逻辑判断涉及概念，而趣味判断不涉及概念，只涉及对象形式。所以，趣味判断不是一种理智的判断，而是一种情感的判断，不是逻辑的判断，而是体验性的感悟。

比如《断臂的维纳斯》塑像，沉静典雅的表情，转折有致的身姿，表现出一种人性的尊严，一种充满生机、充满活力的力量，一种对于幸福和自由的追求，她在呼唤着生命，激发起人们纯真的感情。但我们对作品的这种评价并不是理性把握、逻辑推理的结果，而是情感体验、感性感悟的结果。这种对生命的赞叹和热爱的肯定性情感超出了生理快感以及狭隘的精神要求，从而使人体验到某种人生理想的愉悦之情。

美的形象之所以能引起人的审美情感，是由于它肯定了人的本质力量，凝结着人的创造智慧与理想，因而最容易与人的情感相沟通，给人带来欢乐和精神鼓舞。一个人审美情感的产生，不会是无缘无故的，必然是情感体验的结果。体验具有亲历性的特点，是人的一种基本生命活动，带有“以身体之，以心验之”的含义。在审美体验中，主体从对审美对象的形式、形象的感知进入其内在意蕴、意味的层次，进入了意义的世界、情感的世界，如高尔基曾谈到他年轻时阅读福楼拜的短篇小说《一颗淳朴的心》时如痴如醉的情景：

> 我记得，在圣灵降临节这一天阅读了福楼拜的《一颗淳朴的心》，黄昏时分，我坐在杂屋式的屋顶上，我爬到那里去是为了避开那些节日里兴高采烈的人。我完全被这篇小说迷住了，好像聋了和瞎了一样——我面前的喧嚣的春天的节日，被一个最普通的、没有任何功劳也没有任何过失的村妇——一个厨娘的身姿所遮掩了。……在这里一定隐藏着一种不可思议的魔术，我不是捏造，曾经有好几次，我像野人似的，机械地把书页对着光亮反复细看，仿佛想从字里行间找到猜透魔术的方法。①

从高尔基的自述中我们可以看到，他完全沉浸到作品所创造的艺术世界中去了，心灵深处受到感染与震颤，并引起了强烈的共鸣，从而加深了对生活的认识。

由此可见，美育是一种情感体验性的教育。而情感的教育与开发，只能通过情感的作用。费尔巴哈说过：“如果你对音乐没有欣赏力，没有感情，那么你听到最美的音乐，也只是像听到耳边吹过风，或者脚下流过的水一样。那么，当音乐抓住了你的时候，是什么东西抓住了你呢？你在音乐里听到了什么呢？难道听到的不是你自己心的声音吗？因此感情只能向感情说话，因此感情只能为感情所了解，也就是为自己所了解——因为感情的对象本身只能是感情。”② 这说明，只有感情的沟通，感情与感情才能发生真实的作用。

---

① 高尔基：《论文学》，北京：人民文学出版社 1978 年版，第 182 ~ 183 页。

② 北京大学哲学系、外国哲学史教研室编译：《十八世纪末— 十九世纪初德国哲学》，北京：商务印书馆 1975 年版，第 551 页。

3. 审美自由性

席勒曾经指出，在审美的国度里，每一个人都是自由的公民。黑格尔也曾说过："审美带有令人解放的性质。"① 美育作为审美的一种方式，其整个过程是自由的，它使人的情感、个性得到了自由的舒展。

美育的自由性从根本上说也是由美的本质特征决定的。美是非功利的，因此美成为自由的象征。康德认为美是不涉及利害和概念的纯形式，即自由形式；审美不受利害和概念的纠缠，是自由的心灵活动。马克思主义则在社会实践的基础上指出，美是内容和形式的统一，是对象的形式特征表现人的自由创造活动内容的感性形象，是在劳动中、实践中自由创造的结果。总之，美、审美是自由的，从而美育是自由的。

在处于自由状态的审美活动中，人才成为真正的审美主体，人的主体性才得到充分的发挥。人的审美自由是与人类的整个社会实践与社会条件密切相连的，而且体现为一个发展的过程。马克思主义认为自由是对必然的认识与对客观世界的改造。但是，人类的审美活动不同于其他的活动，就在于它既表现为一种主体性活动，同时又是一种对象性活动，这是人的生命活动的自由本质的反映。

审美的自由性特征决定了美育只能以自由而不是强迫的方式进行。一个人可以在强制状态下做某件事，却不可以在强制状态下去爱或恨某事某人某物。美育中受育者对美的体验及由此产生的爱或恨都是自由自觉的，不受任何强制。这是美育与其他教育不同之处。智育与德育固然重要，也要调动受教育者的积极性与自觉性，但学科本身的严肃性与逻辑性决定了受教育者必须克制自己的情感，接受与适应理性思维的训练；德育的原则虽然是人为制定的，但也是对社会生活准则的反映，难免带有一定的强制性，否则无法维持人们正常的工作与生活秩序。而只有美育，由于它摆脱了狭隘的物质与精神的束缚，使它在方式上是轻松自如的，是能够满足个人的情感爱好与心理需要的，审美主体总是处于一种精神自由的状态。因此，席勒认为美育的一个重要特点就是"通过自由去给予自由"②。

审美的自由性特点，要求美育必须遵循美自身的发展规律对人进行教育。美育，实际上就是把美的必然性转化为自由。这种转化，是一个不断丰富与深化的过程，所以，美育不是短期行为，不是一劳永逸的事情，而是要伴随着人的一生。当然，对不同的人和人的不同发展阶段，美育的方

① 黑格尔：《美学》第一卷，朱光潜译，北京：商务印书馆1979年版，第147页。

② 席勒：《美育书简》，徐恒醇译，北京：中国文联出版公司1984年版，第145页。

式和内容也应该是有所不同的。

4. 同化与超越

审美教育能使人自觉自愿、主动积极地接受教育，又能使人于不知不觉中受到美的感染，如“春雨潜入夜，润物细无声”。这就是美育对人的潜移默化的过程。在潜移默化中，受教育者不但被熏陶而同化，同时还能使人超越个人的局限、超越现实功利的束缚，进入忘我的审美境界。

美育中的潜移默化是自然而然发生的，是在审美主体主动、欣然接受美的过程中发生的。人们在对美的自由欣赏中，往往会情不自禁地沉醉于赏心悦目的美的形象和情景之中而流连忘返，在这个过程中，审美主体感受到美的无穷魅力，而且还领悟出许多深刻的人生哲理并被同化，从而使自己在现实生活中自然而然地去追求美的理想和美好的生活方式。

美育的这种潜移默化的影响，不是一朝一夕完成的，而是日积月累、逐步加深的“同化”过程。梁启超在谈到小说的作用时有一个很好的说明：

> 人之读一小说也，不知不觉之间，而眼识为之迷漾，而脑筋为之摇扬，而神经为之营注；今日变一二焉，明日变一二焉，刹那刹那，相断相续；久之而此小说之境界，遂入其灵台而据之，成为一特别之原质之种子。①

长期的审美教育可使人形成稳固的心理结构和心理定向，从而对人的性格、气质、精神等等产生长远而深刻的影响。经过长期的美的陶冶，人们会在不知不觉中精神境界趋于高尚，感到不良的、低级的、丑恶的东西是不可容忍的。

人类创造的美总是体现着人对生活、对现实的超越性追求，体现着对世俗欲望的超越，也体现着某种超越性的创造。这就是美育的超越性特征。它使人们能够在接受美的教育过程中，超越世俗功利，超越现实的局限性，在创造性的想象中实现由现实世界向审美世界的转化，实现从物质世界向精神境界的升华。

审美的超越性充分体现了人要求不断开创更广阔的生存空间，不断地更新自我、提升自我、争取更高自由度的独特本性。卡西尔曾深刻地指出：“生活在形式的领域中并不意味着对各种人生问题的一种逃避；恰恰相反，它表示生命本身的最高活力之一得到了实现。如果我们把艺术说成

① 梁启超：《论小说与群治之关系》。引自《中国美学史资料选编》下册，北京：中华书局1981年版，第418页。

是‘超越人之外的’或‘超人的’，那就忽略了艺术的基本特性之一，忽略了艺术在塑造我们人类世界中的构造力量。”① 审美的积极意义正在于：在艺术的“形式”教育中能超越现实世界的各种界限，开创一个使个体的情感生命得以伸展、丰富与升华的人生的新维度。

审美超越最终归结于个体生存的自我超越。在审美中，无论是对物质实在性的超越，还是对社会现实的超越，都根源于并体现了审美主体的自我超越。这种自我超越是对个体现实存在的否定，是向着更高自由的生存状态的飞跃。

审美世界对现实世界来说，是一种理想，它属于未来；但对于个体生存来说，它又是一个真实的、现时态的心灵空间，是情感生命栖息、生长的寓所。审美的生活和诗化的人生，可使人生变得充实和高尚，从而超越充满物欲的世俗人生。审美超越不仅仅具有不断指向未来的意义，更重要的是它改变着人的生存状况，实现着人生境界的转化，激发和更新着我们的生命。

第三节　美育的任务

审美教育是全面发展教育的重要组成部分。美育的总体任务是培养全面发展的人。根据美育的特点和功能，美育的任务体现为促进个人素质的全面发展，包括人的心灵世界的审美化建构和审美能力的培养两个方面。

一、心灵世界的审美化建构

（一）情感感化

美育的心灵世界的审美化建构任务，首先是通过审美教育，丰富和感化人们的情感，帮助人们培养和发展积极、健康的情感，抑制和克服消极乃至邪恶的情感，从而美化人的心灵，完善人的人格。这就是美育的情感感化任务。

情感是人们对客观事物是否符合自己需要、愿望和观念而产生的一种态度和内心体验，它无时无刻不伴随着人的心理活动和实践活动，直接影响着人的精神生活。情感的表现形式是多层次的，根据情感发生的强度、

---

① 卡西尔：《人论》，甘阳译，上海：上海译文出版社 1985 年版，第 212 ~ 213 页。

速度、持续时间的长短和外部表现，可分为心境、激情、热情和情操四种。在一些心理学著作中，心境、激情称为情绪，带有较大的情境性，往往和具体情境相联系，波动性较大，属于低级情感；热情和情操称为情感，它不与主体的本能需求直接联系，而往往与一定的思想有关，理性的因素较多，也较为稳定，属于高级情感。审美情感是人们对客观存在的美的事物的一种情感体验，它包含着广泛、丰富而深刻的思想观念和社会内容。在审美体验中，美的事物、美的形象、美的理想往往使人陶醉，使人激动，使人震撼。在获得美的感受的同时，美育可以帮助人们分清什么是真善美，什么是假恶丑，从而使人的情感得到陶冶和升华。

自然美、社会美和艺术美都是情感感化的手段。

观赏自然美不仅可以丰富人们的生活，启迪人们探索自然奥秘的智慧和热情，而且还可以陶冶性情，激发爱国主义情感，培养高尚的情操。

伟大的音乐家贝多芬诞生于莱茵河畔的波恩，莱茵河畔的美丽风光在他幼小的心灵里留下了美好的回忆，给他的审美感受力以特有的熏陶。在离开故乡十余年后，他写道：

> 我的家乡，我出生的美丽的地方，在我眼前始终是那样的美，那样的明亮，和我离开它时毫无两样。[①]

这成为他艺术灵感的来源之一，《第一交响曲》就是礼赞莱茵河的，而《七重奏》中以变奏曲出现的行板，便是一支莱茵河的歌谣。

方志敏烈士在《可爱的中国》一书中写道：

> 至于说到中国天然风景的美丽，我可以说，不但是雄伟的峨嵋，妩媚的西湖，幽雅的雁荡，与夫“秀丽甲天下”的桂林山水，可以傲睨一世，令人称羡；其实中国是无地不美，到处皆景，自城市以至乡村，一山一水，一丘一壑，只要稍加修饰和培植，都可以成流连难舍的胜景；这好像我们的母亲，她是一个天资玉质的美人，她的身体的每一部分，都有令人爱慕之美。[②]

我国历史上有许多仁人志士，为了保卫祖国的大好河山，英勇地献出了自己宝贵的生命。今天，当我们领略祖国的美好河山时，就能更好地认识我们伟大的祖国，对祖国产生深沉的眷恋之情。有了这种爱国的情感，就能排除一切私心杂念，使心灵得到净化，从而激起我们建设祖国、保卫祖国的热情。现实生活中被称为美的人物有着高尚的情操和坦荡的胸怀，

---

① 罗曼·罗兰：《贝多芬传》，北京：人民音乐出版社 1980 年版，第 7 页。

② 方志敏：《可爱的中国》，北京：人民文学出版社 1963 年版，第 13 页。

他们的先进事迹对培养人的高尚情感具有巨大的作用。而艺术美在陶冶情操、美化心灵方面有着独特的功能。

别林斯基曾高度评价俄国著名诗人普希金的作品对人的情感所起到的感化作用。他说，普希金的诗歌的情感本身就是优美的、雅致的、娴熟的；但它不仅仅是一般人的情感，而且是作为艺术家的人的情感。比如他在著名诗篇《我曾经爱过你》中写道：

我曾经爱过你；爱情，也许/在我的心灵里还没有消亡/但愿它不会再打扰你/我也不想再使你难过悲伤/我曾经默默无语地/毫无指望地爱过你/我既忍受着羞怯，又忍受着嫉妒的折磨/我曾经那样真诚、那样温柔地爱过你/但愿上帝保佑你，另一个人也会像我爱你一样。

这是一首失恋的抒情短诗，却表现出一种高格调的爱。因为这种爱以对方获得幸福为前提，因而是一种高尚、美好的感情，让人读来，情绪不由自主地受到感化，心灵得到陶冶和升华。

（二）心灵规范

苏霍姆林斯基说："美是一种心灵的体操——它使我们的精神正直，良心纯洁，情感和信念端正。"[①] 他认为："赋予学生的知识和创造活动以及他在多种活动中的精神需求的发展和满足以特定方向的审美教育，涉及正在成长的人的精神生活的一切领域，审美教育同人的思想面貌的形成，同儿童和青少年审美和道德标准的形成密不可分地联系在一起。"[②] 鲁迅也说："美术可以辅翼道德。美术之目的，虽与道德不尽符，然其力足以渊邃人之性情，崇高人之好尚，亦可辅道德以为治。"[③] 这些都说明美育对规范人的心灵、培养人的道德情操具有重要的作用。美育的心灵世界的审美化建构任务之一就是促使人的心灵的规范化。

心灵的规范主要是使受育者能褒美扬善。

美和善有着天然的联系，作为一种社会价值，美与善对人的精神发展有着巨大的积极作用。善主要体现于道德，道德指一定社会为了调整人与

---

① 苏霍姆林斯基：《给教师的建议》上，刘殿坤译，北京：教育科学出版社1999年版，第146页。

② 苏霍姆林斯基：《帕夫雷什中学》，北京：教育科学出版社1983年版，第248~249页。

③ 《鲁迅全集》第七卷，北京：人民文学出版社1956年版，第274页。

人之间以及个人与社会之间的关系而为大家共同遵守的行为准则和规范。道德是一种特定的社会意识形态，既是行为准则，又是善恶标准。我们对一个人行为的善恶进行审美评价，从美学或美育的角度来说，就是对这个人的审美评价，两者是密不可分的。在一般情况下，美的事物、美的形象、美的理想所激起的道德情感与审美情感总是一致的。比如，强烈的爱国主义思想感情，推动着人们为振兴中华而努力拼搏，就是审美情感和道德情感紧密交织在一起的。

褒美扬善，就是要使人在倾心赏美的过程中受到教育，促进美好道德的形成。现实生活中的英雄模范、先进人物，他们高尚的思想品德是社会美的集中表现，对人具有强烈的道德感化功能；许多艺术作品反映的生活内容具有强烈的道德倾向，同样具有道德感化功能，如车尔尼雪夫斯基的著名长篇小说——《怎么办?》在历史上曾起过巨大的教育作用。俄国早期的马克思主义者普列汉诺夫对它十分推崇。他曾说，阅读这部小说以后，谁都要对自己的生活再三深思，并严格检查自己的志向和爱好；差不多所有人都从这本书中吸取了道德力量和对美好未来的信心。列宁也曾称赞过这本书："这才是真正的文学，这种文学能教导人，引导人，鼓舞人。我在一个夏天里把《怎么办?》读了五遍，每一次都在这个作品里发现一些新的令人激动的思想。"① 国际工人运动家季米特洛夫也曾叙述过这本书对他的教育："我还记得，在我少年时代，是文学中的什么东西给了我特别强烈的印象？是什么榜样影响了性格？我必须直接地说：这是车尔尼雪夫斯基的书《怎么办?》。我在参加保加利亚工人运动的日子里培养起来的那种坚持力、信心和精神——这一切都无疑地同我在少年时期读过的车尔尼雪夫斯基的艺术作品有关系。"② 芭蕾舞剧《天鹅湖》，描述了齐格菲王子和奥杰塔公主与恶魔抗争，终于取得胜利的爱情故事。它歌颂了真善美，揭露了假丑恶，因而强烈震撼着观众的心灵，有效地促使人们祛恶扬善。这些都具体而生动地说明了优秀的艺术作品所具有巨大的道德感化功能。所以，美育要通过这些美的社会人物和艺术作品的欣赏达到道德规范的作用。

二、审美感受力的培养

审美感受力是人的审美知觉、审美联想、审美想象等多种能力因素的

---

① 《列宁论文学与艺术》（二），北京：人民文学出版社 1960 年版，第 897 页。

② 《季米特洛夫论文学艺术与科学》，北京：人民文学出版社 1959 年版，第 9 页。

综合，是人类独有的一种在特殊情感体验状态下体现出来的审美认知与创造能力。过去，西方一些唯心主义美学家曾认为审美感受力的高低强弱是由人先天的生理和心理因素决定。我们认为，审美感受力有先天因素，但主要是后天的审美训练和教育的结果。只有通过审美教育，积极参加审美实践，融入美的境界，直接感受、体验美的事物，才能逐渐提高自身的审美感受力。美育的任务就是要通过审美教育，使受育者对美的感受力不断地由浅入深、由低级到高级、由片面到完善，从而促进个人审美素质的提升。

（一）审美知觉能力的培养

审美知觉能力是人们进行一切审美、创美活动的出发点，是审美能力中最基本、最初始的能力。通过审美感知，主体才能把握审美对象的感性状态，如颜色、声音、线条、形状等，进而获得美感。现实生活中的美是丰富多彩、无穷无尽的，关键在于我们是否能及时、敏锐地感受它、发现它。由于种种原因，各人的审美感知能力并不一样，苏联著名作家乌斯托夫斯基在《金蔷薇》中曾记载道：印象派绘画的创始人法国画家莫奈曾到英国伦敦游历，他在平常的雾天里画下了著名的威斯敏斯特大教堂，画中教堂尖顶上空笼罩的雾气是紫红色的。伦敦人非常惊愕，认为一定是画家看错了，因为伦敦的雾分明是灰蒙蒙的；可他们走出展厅，仔细观看，却发现那雾确实是紫红色的，因为浓郁的尘烟和伦敦的红砖瓦房使雾气染上了紫红的色彩。这个故事说明，美是无处不在的，对于每个人来说，不是缺少美，而是缺少发现，缺少审美知觉能力。美育的基本任务之一，就是要通过审美实践，培养和提高人们对各种美的事物的知觉能力，使之具有一双能聆听的耳朵和一双能感受美的眼睛。

审美直觉能力是审美中一种特殊的知觉能力，如本书前面谈美感特点时所指出的，它的特点是不通过概念和推理，直接从对象的形式把握事物的内在本质。审美就是直觉。这种能力是长期审美实践的结果。美育的过程也是培养人的审美直觉能力的过程。

（二）审美联想能力的培养

审美联想能力指的是在欣赏中由一事物联系到另一事物（或若干事物）的能力，即由以一物引起对他物的回忆的能力。只要在审美的范围内展开联想，就会使欣赏获取更丰富的内容，引起更强烈的愉快。实际上，审美中的联想是大量存在着的。如白居易听琵琶，林黛玉听《牡丹亭》唱词，就因联想而引起情感的激动；“雨中黄叶树，灯下白头人”，就是由前者联想到后者，而读这两句诗时，人们往往联想到自己年老多病的父母，这就是联想能力的体现。在审美活动中，人们往往联想到自己亲身经历或自己所见所闻的生活现象，从而与原形象相互融合，使原形象更加丰富动人，产生独特效果，从而美感也更加强烈。

审美直觉能力和联想能力都来自生活经验的积累。在生活中获得和贮存的信息越多越丰富，直觉能力和联想能力就越强。一个总是生活在一个小圈子中的人，少见世面的人，生活贫乏，这两种能力必然低下。据科学测定，人脑在1/10秒中可能接受1 000个信息单元，可见，人脑贮存经验信息量是相当大的。一般说，年龄大的比小的多，生活圈子大的比小的多。但现代生活信息不全来自亲身实践，还大量来自书本和各种现代电子媒介，所以，现代人贮存信息的多少已非单以年龄论定了。这就是说，要提高自己的直觉能力、联想能力，除了直接的生活经验外，还要通过书本和各种现代电子媒介摄取更多的知识。

（三）审美想象能力的培养

审美想象能力是人们在直接观照审美对象的基础上，调动过去的积累，对审美对象进行补充、完善或对各种表象进行重新组合，从而创造新的对象的一种能力。如钟子期听俞伯牙弹琴，想象出一种“高山流水”之势；白居易听琵琶，想象出“大珠小珠落玉盘，大弦嘈嘈如急雨，小弦切切如私语”；克利斯朵夫听贝多芬的音乐想象出它像“火”：“有时像一个烘炉，烈焰飞腾，浓烟缭绕；有时像一个着火的森林，罩着浓厚的乌云，四面八方射出惊心动魄的霹雳；有时满天闪着毫光，在九天的良夜亮起一颗明星……缓缓地隐灭了，令人看着中心颤动。”① 这种想象创造了“中心颤动”的美感效果。只有这种想象，才使欣赏活动具有艺术创作的意味；也只有这种想象，欣赏才能进入最高境界，主体从而获得最大的愉快。

审美想象是一种创造性的思维活动。通过想象，人们可以创造和认识没有感知过的事物和形象；还可以超越时空的限制，从而极大地丰富人们的精神。艺术中的以少胜多、实中有虚等审美效果，就是因为充分调动了欣赏者的审美想象力。如齐白石的《蛙声十里出山泉》，画幅上只展现出了蝌蚪从汩汩山泉里流出的情景，但欣赏者却能从蝌蚪的顺水而游想象出

① 罗曼·罗兰：《约翰·克利斯朵夫》。

十里绿岸的蛙鸣。这种审美想象是审美感受中一种重要的思维能力，它是需要一定的学习和审美训练才能逐渐发展起来的。美育的重要任务就是要培养这种想象力。

三、审美创造力的培养

培养与提高人的创造力，是审美教育的直接落脚点，美育的目的就是为了创造人类更加美好的世界。创造是一种超越的实践活动，也是人的本质特性。一个人只有进行创造性的活动，才能够真正认识自我的力量，也才能够更好地生存和发展。

创造力一方面是指专门的创造能力，如发现和解决新问题的思维能力，发明与制作新事物的实践能力等；另一方面是指不断实现和更新着的生命活力，是健康的个体生命的基本特质与能力。后者是创造性的基本内涵，又是前者的基础与源泉。创造性思维是不同于常规而有其新意的思维活动，是人才素质中最重要的组成部分之一。美育则是情感自由解放的过程，具有解放无意识并使之得到释放和提升的功能，从而能减轻对深层心理活动的压抑和束缚，使之不断受到激发，保持旺盛的活力，成为创造精神的契机。比如开普勒发现了著名的行星运动第三定律，很大程度上就得益于他从古老乐曲中得到的灵感。1681 年，开普勒从大量废乱的观察资料中，通过反复计算和分析，发现水星、金星、地球等行星的运动速度与它们的轨道半径有关，而且比例关系很有节奏，像音乐的和声一样，受此触动，他发现了神秘莫测的行星运动定律。可见，美育的形象领悟对于抽象思维的发展，对于激发人们的创造力，具有很大的促进作用。

美育对人的创造力的培育，主要表现在激发和丰富个体生命，使之具有自发涌现的创造欲望和动力，从而为思维和实践的创造力打下基础。我们知道，个体创造性发展的关键期在童年，儿童时代是创造性发展最自由、最迅速的阶段，美育特别是其中的艺术教育是开发和培育儿童青少年创造性的最佳教育形态。马斯洛曾写道："几乎所有的儿童，在受到鼓舞的时候，在没有规划和预先意图的情况下，都能创作一支歌、一首诗、一个舞蹈、一幅画、一种游戏或比赛。"① 我国当代著名画家刘海粟也说过："我很喜欢小孩子的画，真正的大画家要学小孩子的画。我八十多岁了，还在儿童画中得到启发。小孩子的画有纯真的童心。可以说是正气流

---

① 马斯洛：《存在心理学探索》，昆明：云南人民出版社 1987 年版，第 124 页。

溢。”[①] 确实，以自由创造为本性的审美、艺术活动可以充分促进人特别是儿童的创造力的发展；而且，有连贯性的审美教育还能使个人在成年之后，仍保持着活泼健全的“童心”，从而使创造性得到持续的发展。

审美创造能力是人类按照美的规律进行物质创造和精神创造的能力，这种能力是在长期的社会实践中不断丰富和发展起来的。在美学史上有人认为这种能力是先天的，或如柏拉图所说是神力凭附的结果，是先验的、神灵赐予的。这显然是一种错误的唯心主义世界观。现实生活中我们也常听到人们抱怨自己不是天才因而缺乏创造性。实际上，先天的生理、心理素质只不过为创造性提供了可能性，而要真正获得创造性的才能，还得在不断的实践中刻苦地学习和磨炼。黑格尔曾说过：“最大的天才尽管朝朝暮暮躺在青草地上，让微风吹来，眼望着天空，温柔的灵感也始终不光顾他。”[②] 著名画家黄永玉在展出他的《风荷》、《白荷》、《金线红荷》之前，床下卷了近万张的荷花写生。这些事实说明人只有坚忍不拔、持之以恒地学习和训练，才能获得创造性的成果。美育的作用，在于可以引导人们积极参加审美创造的训练和实践，激发他们的个体创造热情，使之具有自发涌动的创造性欲望和动力、高度发达的创造性能力。

【思考题】

1. 什么是美育？如何理解美育的功能性质和特征？
2. 简述西方美育思想的发展。
3. 简述中国美育思想的发展。
4. 为什么说美育是人的全面发展不可或缺的教育？
5. 如何理解美育与德育、智育、体育的关系？
6. 如何理解美育与艺术教育的关系？
7. 怎样理解美育对人的心灵世界的审美化和规范化建构？
8. 什么是人的审美感受力？美育从哪些方面培养人的审美感受力？
9. 什么是人的审美创造力？美育从哪些方面培养人的审美创造力？
10. 结合现实或自己的人生经验谈谈你对美育的意义的认识。

---

① 刘海粟：《人生岂能缺美育》，《文汇报》1982 年 4 月 26 日。

② 黑格尔：《美学》第一卷，朱光潜译，北京：商务印书馆 1979 年版，第 364 页。

参考文献

[1]《马克思恩格斯选集》，北京：人民出版社1972年版。
[2] 马克思：《1844年经济学哲学手稿》，刘丕坤译，北京：人民出版社1985年版。
[3] 马克思：《政治经济学批判大纲》，北京：人民出版社1979年版。
[4]《古希腊罗马哲学》，北京：生活·读书·新知三联书店1957年版。
[5] 柏拉图：《文艺对话录》，北京：人民文学出版社1980年版。
[6] 亚里士多德：《形而上学》，北京：商务印书馆1959年版。
[7] 亚里士多德：《诗学》，北京：人民文学出版社1962年版。
[8] 康德：《判断力批判》（上卷），宗白华译，北京：商务印书馆1995年版。
[9] 黑格尔：《美学》，朱光潜译，北京：商务印书馆1979年版。
[10]《古典文艺理论译丛》，北京：人民文学出版社1963年版。
[11] 鲍姆嘉通：《美学》，北京：文化艺术出版社1987年版。
[12]《别林斯基选集》，上海：上海译文出版社1979年版。
[13] 车尔尼雪夫斯基：《艺术与现实的审美关系》，周扬译，北京：人民文学出版社1957年版。
[14] 普列汉诺夫：《论艺术》，北京：生活·读书·新知三联书店1973年版。
[15] 席勒：《美育书简》，北京：中国文联出版公司1984年版。
[16] 席勒：《秀美与尊严》，北京：文化艺术出版社1996年版。
[17] 冈布里奇：《艺术与错觉》，长沙：湖南科学技术出版社2000年版，
[18] 桑塔耶纳：《美感》，北京：中国社会科学出版社1982年版。
[19] 鲍桑葵：《美学史》，北京：商务印书馆1985年版。
[20] 李斯托威尔：《近代美学史评述》，上海：上海译文出版社1980年版。
[21] 朱光潜：《西方美学史》上下册，北京：人民文学出版社1964年版。
[22] 蒋孔阳：《德国古典美学》，北京：商务印书馆1980年版。

[23] 朱立元：《现代西方美学史》，上海：上海文艺出版社 1993 年版。
[24] 朱狄：《当代西方美学》，北京：人民出版社 1984 年版。
[25] 北京大学哲学系美学教研室：《西方美学家论美和美感》，北京：商务印书馆 1982 年版。
[26] 伍蠡甫：《西方文论选》，上海：上海译文出版社 1985 年版。
[27] 李泽厚、刘纲纪：《中国美学史》第一、二卷，北京：中国社会科学出版社 1987 年版。
[28] 李泽厚：《美的历程》，北京：文物出版社 1981 年版。
[29] 叶朗：《中国美学史大纲》，上海：上海人民出版社 1985 年版。
[30] 北京大学哲学系美学教研室：《中国美学史资料选编》上下册，北京：中华书局 1980 年版。
[31] 郭绍虞：《中国历代文论选》，上海：上海古籍出版社 1980 年版。
[32] 朱光潜：《朱光潜美学文集》，上海：上海文艺出版社 1983 年版。
[33] 朱光潜：《悲剧心理学》，北京：人民文学出版社 1983 年版。
[34] 宗白华：《美学散步》，上海：上海人民出版社 1981 年版。
[35] 李泽厚：《美学论集》，上海：上海文艺出版社 1980 年版。
[36] 蔡仪：《美学论著初编》，上海：上海文艺出版社 1982 年版。
[37] 吕荧：《吕荧文艺与美学论集》，上海：上海文艺出版社 1984 年版。
[38] 高尔泰：《论美》，兰州：甘肃人民出版社 1982 年版。
[39]《美学问题讨论集》，北京：作家出版社 1959 年版。
[40] 赵仕林：《当代中国美学研究概述》，天津：天津教育出版社 1988 年版。
[41] 滕守尧：《审美心理描述》，成都：四川人民出版社 1998 年版。
[42] 克罗齐：《美学原理》，北京：外国文学出版社 1983 年版。
[43] 阿多诺：《美学理论》，成都：四川人民出版社 2001 年版。
[44] 帕克：《美学原理》，桂林：广西师范大学出版社 2001 年版。
[45] 王朝闻：《美学概论》，北京：人民出版社 1981 年版。
[46] 蔡仪：《美学原理》，长沙：湖南人民出版社 1986 年版。
[47] 周来祥：《文艺美学》，北京：人民文学出版社 2003 年版。
[48] 蒋孔阳、朱立元：《美学原理》，上海：华东师范大学出版社 1999 年版。
[49] 杜卫：《美育学概论》，北京：高等教育出版社 1997 年版。

后　记

1985年，华南师范大学中文系正式开设“美学概论”课程，我成为首批担任该课程的授课教师之一，如今转眼已30年。几年前，我曾打算以自己的讲稿为基础，和教研室同事一起编写一本属于自己的美学教材，后来因种种原因中途放弃了。2011年，我的美学课程被列为广东省高校远程教育精品课程，教材建设便成为课程进一步完善所应做的一项工作。为了更好体现自己长期在教学中的体会、思考和对美学原理理论体系的构思，我决定独自完成教材的编写工作。

本教材以本人30年间讲学过程不断修补的讲稿为基础，并纳入本人发表的相关基础理论研究论著的观点和材料，也吸收了教研室部分教师在协助整理本人讲稿过程中补充的文字（借此表示感谢）。经过一年多的劳作，终于完成全书的编写工作。

本教材编写时特别考虑两点：第一，要尽可能适用于大学本科教学，坚持着眼于基础理论和知识的阐述，坚持深入浅出；第二，要体现个性，体现自己的研究成果（本书的每一章都有自己发表过的论著的观点，如关于美作为一种特殊精神价值、美的形态分类、中和美、艺术审美特征和审美创造中的审美实践意象问题等）。

本书写作中借鉴、吸收了前人和时人的一些成果，也谨此感谢。

柯汉琳

2014年8月30日